マルクス経済学と現代資本主義

鶴田満彦・長島誠一 ▼ 編

桜井書店

独占研究会創立50周年記念
『マルクス経済学と現代資本主義』の
刊行にあたって

　独占研究会 (以下, 独占研と略称) は, 種瀬茂, 本間要一郎, 佐藤定幸, 関恒義, 高須賀義博らの呼びかけによって, 1965年4月に発足した。当時の日本経済は, 高度経済成長を通じて戦後重化学工業化を達成し, 米国に追随しながらも世界経済では他の先進諸国に伍して, 資本主義経済大国化しつつある位置にあった。
　こうした状況のなかで, 戦後の資本主義はどのように変わったのか, 日本の高度経済成長はいかにして可能となったのか, ダイナミックに変貌する資本主義の基本原理をどのように再把握すればよいのかといった諸問題が当時の活動的なマルクス経済学者の研究関心をとらえたのは当然であった。とくに戦後経済の資本主義的発展を主導した独占的大企業の戦略と支配構造は, かれらの研究関心の一つの焦点となった。折しも, 海外ではシロス・ラビーニの『寡占と技術進歩』(1962年) やバラン＆スウィージーの『独占資本』(1966年) 等が独占研究の新潮流を生み出しつつあった。このような現実的・理論的環境のなかで, 独占研は歩みを始めたのである。
　独占研は, 当初は独占研究という目標とマルクス経済学の方法とを共有する研究会として, 科学研究費補助金にもとづく共同研究を行って報告書を作成したり, 高須賀義博編『独占資本主義論の展望』(東洋経済新報社, 1978年) を刊行したりしたが, 次第に独占研究という狭い領域からより広い経済学問題に対象領域を移し, 方法や理論的基礎もマルクス経済学・非マルクス経済学を問わず, できうるかぎり共通な言語で既存の理論や分析を一歩でも乗り超えようとする研究的努力の交流と相互批判のフォーラムとなった。報告者には, ほぼ無制限の報告時間を提供して, 主張したいことをすべて発表してもらうかわりに, サロン的雰囲気のなかでも学問的厳密性を重視して, 徹底的に討論を尽くすというのが, 独占研の特色であった。
　日本の経済学界だけをとってみても, 多くの学会や研究会があるが, 権威や

因習に一切とらわれず，特定のパラダイムを共有せず，参加者の専門領域も多様で，会費も会員名簿も会員総会もないという独占研のような研究フォーラムは珍しいであろう。しかし，私たちは，多様な観点や方法にもとづきながらも，学問的真実の追求という点では一致している独占研は日本の経済学界のなかで，単なる希少価値ではなく，積極的価値を有しているものと確信している。

　この独占研が，創立50周年を記念して『マルクス経済学と現代資本主義』という論文集をここに刊行する。ここでマルクス経済学というのは，新古典派経済学の対極にあって，『資本論』にもとづいて，資本主義の歴史的発展とその行方を理論的に説明しようとする経済学の一学派であり，現代資本主義とは，第二次世界大戦後，1960年代頃までは，かつてないほどの高度成長を遂げ，1970年代のブレトンウッズ体制の崩壊，二度のオイル・ショック，ME化・グローバル化で大きく転回し，その後の新興諸国の台頭とは対照的に，経済の金融化と新自由主義的規制緩和によって2008年恐慌に陥り，恐慌後も金融危機・財政危機・経済実体危機のなかで混迷しているcontemporaryの資本主義を指す。しかし，行き詰まりを見せているかに見える現代資本主義の現局面のなかにも，新興諸国をも巻き込んだグローバル化の進展，経済生活における公的領域の拡大と人権と生存権の不可逆的定着，インターネット情報化等による水平的協同の前進というかたちで，未来社会の萌芽が内蔵されているのを見てとることができる。

　本書は，下記の4部から構成されており，各部の執筆者は，（　）内に示したとおりである。第1部「経済学の方法と理論」（鶴田満彦・小幡道昭・佐藤良一・飯田和人・渡辺雅男・長島誠一），第2部「現代資本主義論」（野田弘英・建部正義・前畑雪彦・小松善雄），第3部「国際経済」（柿崎繁・瀬戸岡紘・相沢幸悦・岩田勝雄），第4部「日本経済」（柴垣和夫・小林正人・古野高根・森岡孝二・姉歯曉）。

　ここに明らかなように，本書は，まず歴史の理論化をめざすマルクス経済学の方法と理論をより確かなものとする学問的営為を示し，次いで理論に関わらせて現代資本主義の本性と特質を剔抉し，最後にわれわれがそのなかに生きている国際経済・日本経済の動態と展望を明らかにするという構成になっている。執筆者の大部分は，独占研のレギュラーな参加者ではあるが，各執筆者はそれ

ぞれ理論的出自を異にし，理論的パラダイムを共有しているわけではない。しかし，長きにわたる独占研というフォーラムを通じて，各執筆者は，相互の共通点と相違点を熟知し，了解しているはずであって，そのうえでの協同作業は，シンフォニー的な独自の理論的成果をつくりだしているように思われる。

　独占研50周年を記念する本書が，経済学の規格化・制度化を推進しようとしている一部の経済学者の企図に対して，現状批判的で，自由で多様な経済学の新しい途を切り拓き，さらには，格差と不平等に満ち，維持可能性を喪失しようとしている現状そのものの変革に役立つことを希望している。

　学術書の出版がきわめて困難となっている現在，本書の刊行が可能となったのは，ひとえに桜井書店の全面的な協力によるものである。記して感謝の意を表したい。

2015年4月

鶴田満彦
長島誠一

目　次

刊行にあたって　鶴田満彦・長島誠一　3

第1部　経済学の方法と理論

第1章　『資本論』と現代資本主義論 ……………………………… 鶴田満彦　15
　　はじめに …………………………………………………………………………… 15
　　Ⅰ　資本主義一般を明らかにした『資本論』………………………………… 16
　　Ⅱ　資本主義の歴史的変容 ……………………………………………………… 19
　　Ⅲ　現代資本主義の多様性と不安定性 ………………………………………… 27

第2章　宇野理論とマルクス ……………………………………… 小幡道昭　35
　　はじめに …………………………………………………………………………… 35
　　Ⅰ　マルクスの資本主義像 ……………………………………………………… 35
　　Ⅱ　「マルクス＝レーニン主義」の資本主義像 ……………………………… 37
　　Ⅲ　宇野弘蔵の資本主義像 ……………………………………………………… 40
　　Ⅳ　宇野理論の拡張 ……………………………………………………………… 42
　　Ⅴ　グローバリズム ……………………………………………………………… 45
　　Ⅵ　資本主義の行方 ……………………………………………………………… 47

第3章　置塩理論とその展開 ……………………………………… 佐藤良一　51
　　はじめに …………………………………………………………………………… 51
　　Ⅰ　置塩経済学の源泉 …………………………………………………………… 51
　　Ⅱ　三つの視角 …………………………………………………………………… 52
　　Ⅲ　蓄積の独立性 ………………………………………………………………… 56
　　Ⅳ　置塩定理とその〈自己否定〉(?!) ………………………………………… 59
　　むすび――"Marx" after Okisio ………………………………………………… 61

第4章　抽象的労働説と独占価格論 ……………………………… 飯田和人　67
　　はじめに …………………………………………………………………………… 67
　　Ⅰ　景気循環過程における期間的超過利潤の発生 …………………………… 68
　　Ⅱ　景気循環の周期的変動を超えて持続する独占価格 ……………………… 73

Ⅲ　国家による過去に蓄積された価値の動員 …………………………… 81
　　　おわりに ……………………………………………………………………… 83

第5章　国民所得論と生産的労働 ………………………………… 渡辺雅男　85
　　　――サービス商品という擬制――
　　　はじめに――問題の提起 …………………………………………………… 85
　　　Ⅰ　国民所得論に潜む不合理 ……………………………………………… 86
　　　Ⅱ　交換過程と「サービス」 ……………………………………………… 87
　　　Ⅲ　「賃労働―資本」関係と価値生産 …………………………………… 92
　　　Ⅳ　三位一体的定式と神秘化 ……………………………………………… 95

第6章　恐慌・景気循環論 ………………………………………… 長島誠一　103
　　　はじめに ……………………………………………………………………… 103
　　　Ⅰ　プラン問題と経済学体系と恐慌論 …………………………………… 103
　　　Ⅱ　古典的景気循環 ………………………………………………………… 105
　　　Ⅲ　景気循環と資本主義の存続 …………………………………………… 115
　　　むすびにかえて ……………………………………………………………… 116

第2部　現代資本主義論

第7章　独占・金融資本の理論 …………………………………… 野田弘英　121
　　　はじめに――本章の課題 …………………………………………………… 121
　　　Ⅰ　独占資本主義の展開 …………………………………………………… 122
　　　Ⅱ　金融資本の企業集団の展開 …………………………………………… 127
　　　Ⅲ　独占資本主義の爛熟 …………………………………………………… 133

第8章　国家独占資本主義の現段階 ……………………………… 建部正義　139
　　　Ⅰ　新自由主義型国家独占資本主義かグローバル資本主義か ………… 139
　　　Ⅱ　21世紀型世界経済危機と長期停滞論 ………………………………… 143
　　　Ⅲ　タックスヘイブンと国家 ……………………………………………… 149

第9章　不換制下の貨幣資本蓄積と現実資本蓄積 ……………… 前畑雪彦　155
　　　はじめに ……………………………………………………………………… 155
　　　Ⅰ　純粋金属流通過程での貨幣資本と
　　　　　現実資本（生産資本・商品資本）の関係 …………………………… 156
　　　Ⅱ　兌換銀行制度下の貨幣資本と現実資本の関係 ……………………… 162

Ⅲ　不換銀行制度下の貨幣資本と現実資本の関係 ································ 165
　　Ⅳ　衝撃 (Stoß)・利潤率・利子率 ··· 166

第10章　現代資本主義とアソシエーション ····················· 小松善雄　171
　　Ⅰ　新自由主義型国家独占資本主義の帰結 ·· 171
　　Ⅱ　21世紀も「強欲資本主義の世紀」か ·· 174
　　Ⅲ　マルクスの協同社会主義への戦略設計図 ······································ 175
　　Ⅳ　国家社会主義対もうひとつの社会主義 ·· 177
　　Ⅴ　ベネズエラ革命──協同組合社会主義の実験 ································ 179
　　Ⅵ　民主的資本主義から協同社会主義へ ·· 180
　　むすび ·· 182

第3部　国際経済

第11章　グローバリゼーションと多国籍企業 ···················· 柿崎　繁　189
　　はじめに ·· 189
　　Ⅰ　現代グローバリゼーションの様相 ·· 190
　　Ⅱ　冷戦後の多国籍企業の運動の新たな展開 ······································ 196
　　おわりに ·· 201

第12章　アメリカ資本主義と世界 ····························· 瀬戸岡　紘　207
　　　──その全体像を把握する研究課題──
　　はじめに ·· 207
　　Ⅰ　アメリカ研究の総論にかかわる課題 ·· 207
　　Ⅱ　「コーポリット・リベラリズム」の時代を検証する課題 ···················· 209
　　Ⅲ　「科学技術革命」の意味と効果を再検討する課題 ···························· 210
　　Ⅳ　いわゆる「グローバリゼーション」にかんする研究課題 ·················· 212
　　Ⅴ　東アジアとアメリカとの対抗関係を研究する課題 ·························· 214
　　Ⅵ　イスラム世界からの反撃の背景を研究する課題 ····························· 215
　　Ⅶ　現代ヨーロッパと現代アメリカを比較する課題 ····························· 217
　　Ⅷ　現代資本主義の担い手としての「中間層」を研究する課題 ··············· 218
　　Ⅸ　アメリカ分裂の危機にまつわる研究課題 ···································· 220
　　Ⅹ　資本主義の歴史をアメリカ研究から把握する課題 ·························· 222

第13章　経済統合とヨーロッパ……………………………相沢幸悦　225
　　はじめに………………………………………………………………225
　　Ⅰ　経済統合とユーロ導入……………………………………………226
　　Ⅱ　ユーロとドルの対抗………………………………………………233
　　Ⅲ　緊縮財政とドイツ経済……………………………………………238
　　むすびにかえて………………………………………………………241

第14章　発展途上国問題と東・東南アジア…………………岩田勝雄　243
　　Ⅰ　発展途上国の「自立化」過程……………………………………243
　　Ⅱ　韓国の経済発展の軌跡──発展途上国からの離脱………………247
　　Ⅲ　中国の急速な経済発展……………………………………………250
　　Ⅳ　東・東南アジアの経済発展の特徴と課題…………………………254

第4部　日本経済

第15章　戦後日本資本主義…………………………………柴垣和夫　265
　　　　　──その再生・発展・衰退──
　　はじめに………………………………………………………………265
　　Ⅰ　再生（1945～1954年）……………………………………………265
　　Ⅱ　発展（1955～1990年）……………………………………………268
　　Ⅲ　爛熟あるいは衰退？（1990年～現在）…………………………280
　　むすび──東日本大震災を経て………………………………………285

第16章　戦後日本の設備投資と過剰生産能力………………小林正人　289
　　はじめに──マクロ経済における不均衡の悪循環…………………289
　　Ⅰ　高度経済成長期の設備投資による生産能力の累積と消費需要……291
　　Ⅱ　変動相場制への移行と石油ショックによる産業構造の転換………293
　　Ⅲ　トヨタ生産方式と日本型イノベーション
　　　　──JIT生産と恒常的コストダウン………………………………294
　　Ⅳ　バブル経済の形成と崩壊，過剰生産能力の再形成………………296
　　Ⅴ　舞浜会議と日経連報告書
　　　　──経営者による「企業社会」解体宣言…………………………297
　　Ⅵ　デフレの底流
　　　　──過剰生産能力が「負の利潤原理」として経営者に作用する……299

第17章　バブル経済 ……………………………………………古野高根　305
　　はじめに …………………………………………………………………………305
　　Ⅰ　日本の「20世紀末バブル」…………………………………………………305
　　Ⅱ　米国のバブル …………………………………………………………………313
　　Ⅲ　残された問題点 ………………………………………………………………315
第18章　日本資本主義分析と労働時間 ……………………………森岡孝二　321
　　はじめに …………………………………………………………………………321
　　Ⅰ　日本の戦前と現在の労働時間──断絶と連続 ……………………………321
　　Ⅱ　日本経済論における労働時間問題の軽視とその要因 ……………………329
　　おわりに …………………………………………………………………………335
第19章　消費構造分析の視角 ……………………………………… 姉歯　曉　337
　　Ⅰ　「サービス」化社会という言説 ……………………………………………337
　　Ⅱ　マルクスのサービス概念を再確認する
　　　　──現代の「サービス」消費の増大をどう理解するか …………………341
　　Ⅲ　家計支出にみる消費の「サービス」化の実態 ……………………………343
　　まとめ ……………………………………………………………………………355

第1部 経済学の方法と理論

第1章　『資本論』と現代資本主義論

鶴田満彦

はじめに

　マルクス『資本論』は，W. ペティ，F. ケネー，A. スミス，D. リカードらに代表される17～19世紀古典派経済学の批判的継承のうえに，資本主義という歴史的な経済・社会システムの核心と基本的運動機構を一般的に明らかにするとともに，そのシステムの発展・変容の可能性をも明らかにした代表的な経済学文献である。

　本書のタイトルの一部をなしているマルクス経済学 (Marxian Political Economy) は，この『資本論』を基礎とするものではあるが，マルクスの経済学 (Marx's Political Economy あるいは Marx's Economics) と同一ではない。マルクスが実際にどのように『資本論』を書いたか，あるいは書こうとしたかは，MEGA 第II部門「『資本論』とその準備的労作」(全15巻，23分冊) の36年にわたる編集作業の完結によってほぼ明らかになっている[1]。

　この貴重な成果を資料としてマルクスが書いたこと，書こうとしたことをより正確に知ることは，『資本論』研究の重要な一分野であろう。しかし，経済学のうえで問題になるのは，『資本論』をどのように理解し，それにもとづく経済学がどのように現代の経済問題，たとえばグローバル化，リーマン・ショックに見られるような金融危機ないし恐慌，格差の拡大等の説明に役立つか，それが，新古典派経済学やケインズ経済学やポスト・ケインズ経済学等による説明にくらべて優っているかどうかであろう。

　マルクス自身が自己の責任で公刊できた『資本論』は，第1部初版 (1867年) および第2版 (1873年) だけであり，せいぜい J. ロア訳フランス語版『資本論』第1部 (1872～75年) であった。マルクスの死後，エンゲルスの編集によって『資本論』第2部 (1885年) および同第3部 (1894年) が刊行されたが，いずれにし

ても,『資本論』叙述の事実的基礎をなしていたのは19世紀70年代頃までの英国を中心とした経済生活であり,理論的背景をなしていたのは,前述のとおり古典派経済学である。

19世紀70年代までの事実と理論にもとづく『資本論』,あるいはそれに由来するマルクス経済学は,はたして20～21世紀の現代資本主義を解明するのに役立ちうるのであろうか。もし役立つとすれば,どのような方法によってか。『資本論』にもとづく現代資本主義論は,他のアプローチに比べてどのような優位性をもっているといえるか。これらを検討することが,本章の課題である。

I 資本主義一般を明らかにした『資本論』

『資本論』は,マルクスによる19世紀英国を基盤とした理論的産物であるが,単なる19世紀英国資本主義論ではない。マルクス自身の言葉で表現するならば,次の通りである。「私がこの著作で研究しなければならないのは,資本主義的生産様式と,これに照応する生産諸関係および交易諸関係である。その典型的な場所はこんにちまでのところイギリスである。これこそ,イギリスが私の理論的展開の主要な例証として役立つ理由である」[2]。「近代社会の経済的運動法則を暴露することがこの著作の最終目的である」[3]。

重田澄男の一連の労作が明らかにしているように,マルクスは資本主義(Kapitalismus あるいは capitalism)という語をほとんど使っていないが[4],上の引用文にある「資本主義的生産様式」は,こんにち資本主義と言われているものとほぼ同義であろう。斎藤正美によれば,「生産様式」という概念は,単なる「生産」や「労働様式」とも異なるもので,「生産力の変化を起点に,生産関係,社会関係に伝播運動をしていく様を捉えた概念」[5]とのことであるが,マルクスが19世紀英国で目にした生産様式とは,協業・マニュファクチュア・機械制大工業であり,それらに照応した主要な生産諸関係は基本的には資本・賃労働関係であり,交易諸関係は商品貨幣流通にほかならなかった。いわゆる資本主義の内部でも生産力は発展していくのであるから,生産様式は変化し,それに照応して生産諸関係,流通諸関係,社会諸関係も変化するであろう。

マルクスの天才をもってしても,かれが21世紀の生産様式やそれに照応す

る生産諸関係・流通諸関係・社会諸関係まで見通していたとは考えられない。しかし，マルクスは，古代より中世・近世にかけて，高利貸資本や商人資本としてしか存在していなかった資本が，本源的蓄積を通じて成立した労働力商品化を利用して生産過程を把握し，綿工業基軸の産業革命を通じて労働者を実質的に支配して剰余価値を自ら生産している事実のうちに，資本主義の確立を見出した。そして産業革命を達成した19世紀中葉の英国を例証としながら，「近代社会の経済的運動法則」を理論的・一般的に展開したのである。『資本論』は，いちおう確立した資本主義なるものの生産過程・流通過程・総過程に関する一般的説明にほかならない。

「経済的運動法則」とか「鉄の必然性をもって作用し，自己を貫徹するこれらの傾向」[6]というマルクスの言説は，万有引力の法則のような自然科学的諸法則を連想させるが，もちろん，経済的運動法則は，主体的人間の意思や行動を通じて貫徹するのだから，自然科学的諸法則とは，根本的に性質を異にする。『資本論』第1部のロシア語版は，比較的早く1872年に刊行されたが，それを論評したI. I. カウフマンの論文の一部を，マルクスは第2版への「あと書き」のなかで，つぎのように肯定的に引用している。「マルクスは社会の運動を，諸法則――すなわち人間の意志や意識や意図から独立しているだけでなく，むしろ逆に人間の意欲や意識や意図を規定する諸法則――によって支配される一つの自然史過程とみなしている。……一言で言えば，経済生活は，生物学という他の領域における発展史に似た現象をわれわれに示す。……旧来の経済学者たちは，経済的諸法則を物理学や化学の諸法則と同様なものと考えたので，経済的諸法則の性質を理解しなかった」[7]。マルクスは，経済的諸法則を人間の意欲・意識・意図を通じて作用するものとし，経済生活を，進化・変容する生物に類推したカウフマンのこの一文について「私の現実的方法と彼が名づけるものを，このように的確に描き，その方法の私個人による適用にかんする限り，このように好意的に描いているのであるが，こうして彼が描いたものは，弁証法的方法以外のなんであろうか？」[8]といっている。

マルクスが，経済生活を物理現象や化学現象よりも，進化・変容する生物現象に類推することに肯定的だったとはいえ，19世紀中葉に英国で確立した資本主義が現実にどのように変容していくかについては，事実の歴史的変化を分

析して，明らかにしていくほかない。マルクスは，『資本論』のなかで，資本主義の長期的将来に関するいくつかの印象的な記述をしている。たとえば，資本の有機的構成の高度化にもとづく「相対的過剰人口または産業予備軍の累進的生産」(第1部第23章)，「生産手段の集中と労働の社会化とは，それらの資本主義的な外被とは調和しえなくなる一点に到達する。この外被は粉砕される。資本主義的私的所有の弔鐘が鳴る」(第1部第24章)，「資本主義的生産の進歩のなかでの一般的利潤率の傾向的下落の法則」(第3部第3篇) 等々。

これらの記述は，すぐれた資本主義一般についての分析は生産・流通・分配にわたる資本の循環的な再生産活動を明らかにするだけではなく，資本主義の長期にわたる歴史的傾向についても示唆を与えることができることを示しているのではあるが，それらはあくまでも示唆であり，可能的仮説にすぎず，それらの真偽は，その時々の実証という学問的営為によって確かめられるほかないのである。

これに対して，労働価値法則，資本主義的蓄積の一般的法則，再生産表式に示される部門間均衡法則，利潤率均等化法則等は，経済生活を主体的意思をもった個体の集団が形成する生物的有機体と見たとしても，諸個体の意思や意欲を超えて自己貫徹する法則であって，いかなる時代のいかなる社会にも共通な経済原則に照応したものである。

この点を宇野弘蔵は，つぎのようにいっている。「あらゆる社会に共通な原則が，いい換えればいかなる社会も人間の物質的生活資料の生産，再生産を基礎とすることなくしては存在し得ないという原則があるからこそ，その特殊な形態が問題になるわけであって，経済学がこれを資本主義社会について明らかにしたことは，古代，中世の社会に特殊な形態を明らかにすべきことを明確にするものに外ならない。この点は，社会主義社会についてもある程度いえることである」[9]。

あらゆる社会に共通な経済原則とは，私見によれば，(1)人間の生命・生活の維持（地球環境保全を含む）を通じての労働力の再生産，(2)社会的労働をはじめとする各種資源のさまざまな生産部門への適正な配分，(3)人間がより多くの自由時間を獲得することを可能にする労働生産力の上昇，の三つである。

A.スミスは，これらの経済法則が「見えざる手」となって自律的・調和的に

経済原則を充足していると把握し[10]，現代主流の新古典派経済学も基本的には同様であるが，『資本論』の見地は決定的に異なっている。すなわち，いわゆるプライス・メカニズムに代表される資本主義的経済法則に任せておくならば，短・中期的には資本の過剰蓄積にもとづく過剰生産恐慌を必然的に引き起こし，このような恐慌による暴力的調整を通じて，経済原則をなんとか充足しているとみるのである。しかも長期的には労働力を疲弊化し，自然環境をも破壊する可能性もあるのであって，これらを含む資本主義由来の災害の深刻化を食い止め，経済原則を保持するためにはDeus Ex Machina（救いの神）としての国家を呼び出すほかないのであるが[11]，それでも修復不可能な事態になれば，資本主義システム自体を変革せざるをえなくなるであろう。

人類史の一時期に発生した資本主義は，生産力の発展と世界諸地域のグローバル化に重要な役割を果たしたが，やがては経済原則を充足しえなくなることが誰の目にも明瞭になって，他のシステムに交替するというのが，『資本論』にもとづく経済学の基本的見地である。

II 資本主義の歴史的変容

マルクスは『資本論』第1部第4章の冒頭で「商品生産，および発達した商品流通——商業——は，資本が成立する歴史的前提をなす。世界商業および世界市場は，16世紀に資本の近代的生活史を開く」[12]と書いており，これがウォーラステイン[13]らの資本主義16世紀起源説の根拠の一つとなっている。しかし，前述のように，資本が労働力商品化にもとづいて生産過程を把握し，資本主義が生産様式として確立するのは，英国産業革命の一応の完成をみた19世紀初頭である。マルクスが「近代的産業の特徴的な生活行路」[14]と呼ぶ景気循環が始まるのも，19世紀20年代である。したがって，生産様式としての資本主義は，約200年の歴史を有しているにすぎないといってよい。

現人類ホモ・サピエンスの元祖が地球上に初めて出現したのは，約20万年前といわれ，その人類が最初の文明（メソポタミア・エジプト・インダス・黄河）をもち，書かれた歴史historyをもち始めたのは，約5000年前といわれているから，資本主義の人類史上に占める時間的比率はわずか約0.1％，文明史上に占める

比率でも約4％にすぎないのである。

　しかし，人類史上最近200年にすぎない資本主義期が，地球人口と地球経済規模を爆発的に膨張させた。すなわち，地球人口は西暦1年から1800年までに2.3億人から9.7億人に増えたのに対し，2000年には60.8億人に達している。世界実質GDP（購買力平価，2000年米ドル）は，西暦1年の0.13兆ドルから1800年の0.79兆ドルへ，さらに2000年には，45兆ドルに達している。西暦1年から1800年かかって世界人口は4.2倍に，世界実質GDPは6.1倍に増えたにすぎないのに対し，ほぼ資本主義期に等しい19世紀以降の200年のうちに世界人口は6.3倍，世界実質GDPは57倍にも増えた[15]。この簡単な指標だけからでも，先行期に比べての資本主義のすさまじいまでの成長力をみてとることができる。

　マルクスは，時期的に早く資本主義化した英国がその成長力と競争力によって後進国であったドイツやフランスや米国，ロシア，日本等のモデルになり，「産業のより発展した国は，発展の遅れた国にたいして，ほかならぬその国自身の未来の姿を示している」[16]と述べた。この言明を見る限り，後進国は，すべて英国型資本主義に追随し，英国に似せて自己形成を行うようにも思われる。しかし，英国内の封建的生産様式から〔資本主義的生産様式へ〕の移行でさえ，二重あるいは三重の仕方で行われるとしたマルクスだから[17]，後進のドイツや米国等が英国とは異なった様式で資本主義を形成・発展させると考えたと解する方が自然であろう。

　実際，後進国の資本主義化は，保護関税を設定して先進国資本主義との直接競争を遮断して国内産業を育成したり，先進国の資本と技術を導入して資本主義を移植するという形で行われたりして，「後発の利益」を享受することが多いのである。A. マディソンに拠って英国，米国，ドイツについて1870年と1913年の実質GDP（1990年国際ドル表示）をみると，英国が1002億ドルおよび2246億ドル，米国が984億ドルおよび5174億ドル，ドイツが714億ドルおよび2373億ドルで，1870年には英国，米国，ドイツの順だったのに対し，1913年には米国，ドイツ，英国の順になっている[18]。

　資本主義は，対外関係を通じて相互浸透したり，逆に反発したりするのであるが，同時に内在的にも変容・成長する傾向をもっていることをマルクスは洞察していた。

19世紀初頭に英国が逸早く産業革命を達成して資本主義的生産様式を確立した時期の基軸産業は，綿工業をはじめとする繊維工業であった。しかし，生産技術・生産力が発展し，より精密で，耐久性もある労働手段が需要されるようになると，鉄鋼等の重化学工業が基軸化することになる。重化学工業の確立は，金属，機械，軍事，鉄道，船舶，耐久消費財産業等を発展させる。手工業やマニュファクチュアに対して，機械制大工業の特性は，多かれ少なかれ「規模の経済」(economy of scale) または「収穫逓増」(increasing return) の傾向が作用する点にある。

マルクスは同時代の経済学者のなかでは機械制大工業に内在する収穫逓増の傾向とその含意に注目した数少ない経済学者の一人であった。すなわち「商品の安さは，"他の事情が同じであれば"，労働の生産性に依存するが，この労働の生産性は生産の規模に依存する。それゆえ大資本が小資本を打ち負かす。さらに思い起こされるのは，資本主義的生産様式の発展にともなって，標準的な条件のもとで事業を営むのに必要な個別的資本の最小規模が増大する，ということである。それゆえ小資本は，大工業がいまでは散在的に，また不完全に支配しているにすぎない生産部面に殺到する。ここでは競争の激しさは，対抗する諸資本の数に正比例し，それらの資本の大きさに反比例する。この競争は，つねに，多数の小資本家たちの没落をもって終わり，彼らの資本は，一部は勝利者の手に移り，一部は絶滅する」[19]。ここからマルクスは，「蓄積および集積と区別される本来的集中」[20]の傾向をも指摘している。つまり，必要最小資本規模を一挙につくりだすには，利潤の既存資本への追加としての蓄積にもとづく集積だけでは不十分で，株式形態をも利用した既存資本の集中・合併が必要になる。自由競争的資本主義の独占資本主義への歴史的変容の理論的基礎は，このような必要最小資本規模の増大と資本の集積・集中運動によって説明されるのが当然であろう[21]。

独占資本主義とは，経済部門の一部に必要最小資本規模の巨大化という障壁のために自由には参入できない独占（寡占も含む大企業）部門が形成され，他の部門には比較的に小規模な資本であっても自由に参入できる非独占（中小零細企業・農業）部門が存在して，相互に同質的ではなくなったような資本主義，いわば構造的格差を含むこととなった資本主義のあり方を示している。参入障

壁に囲まれた少数の独占的大企業は，公然あるいは暗黙の合意にもとづいて価格引下げ競争を回避し，長期的には標準以上の高い利潤率を取得する傾向，あるいは放置しておいたならば低下する利潤率の現実の低下を阻止する傾向をもつ。さらに独占的大企業は，価格政策を通じてだけでなく，独占的高利潤による研究開発が可能にする技術革新を内部化することによっても追加的高利潤を取得する。独占的大企業の投資行動は，独占価格を維持するために生産量を制限しようとする限りでは停滞的・制限的であるが，独占的高利潤にもとづく資金調達力をもち，技術革新へのインセンティブをもつ限りでは，積極的・拡大的である。独占的大企業主導の独占資本主義は，供給面からみれば急速な経済成長をとげる可能性をもっている[22]。

　マルクスは「信用制度」が「最初は蓄積の控え目な助手としてひそかに忍び込み，……やがて競争戦における一つの新たな恐るべき武器となって，ついには諸資本集中のための巨大な社会的機構に転化する」[23]と述べて，銀行に代表される信用制度が独占形成に連繋する資本集中のための巨大な社会機構に変容することは予想していたが，実際に独占形成において銀行と産業とがどのような関係を結び，どのような新たな資本形態をつくりだすか，独占を基礎にした新たな資本主義はどのような経済政策を追求するかは，資本主義一般に関するマルクスの叙述と概念にもとづいて，新たな現実である独占資本主義を分析することによって明らかにするほかないのである。20世紀初頭におけるこのような理論的挑戦を代表したのが，R. ヒルファディング『金融資本論』(1910年) やВ. И. レーニン『帝国主義』(1917年) であり，金融資本という新たな資本概念を析出し，銀行の新たな役割を明らかにしたり，金融資本にもとづく帝国主義政策の必然性を明らかにしたりして，かなりな程度にこの新しい課題に応えたのであるが，かれらは多分に『資本論』の論理の単なる延長線上にその課題を果たそうとしたために，さらに現実が変化すると，資本主義一般の記述とそのために必要な概念の構成である『資本論』的論理そのものの修正に迫られるという弱点をもっていた。

　レーニンは，独占資本主義を経済的本質とする帝国主義を「死滅しつつある資本主義」[24]として特徴づけた。マルクスも『資本論』第1部第24章第7節の「資本主義的蓄積の歴史的傾向」では，前にもふれたように「資本主義的私的所

有の弔鐘が鳴る」とまで言っているのだから，レーニンが第一次世界大戦期の帝国主義に「死滅しつつある資本主義」を見出したのも無理からぬことともいえよう。しかし，実際には，第一次世界大戦期にはロシアが資本主義世界から離脱したとはいえ，資本主義は死滅しなかった。マルクスが「弔鐘が鳴る」としたのは，資本主義の歴史性を明らかにしたものであって，どのような時期に，どのような形態で資本主義が他のシステムに交替するかは，その時々の現実の分析によって明らかにするほかないのである。レーニンの「死滅しつつある資本主義」論が現実に適合しなかったからといって，それは，『資本論』体系全体の誤りを意味するものではなく，『資本論』を利用したレーニンの現実分析の一部に誤りがあったことを示しているにすぎない。『帝国主義』の他の部分では，レーニンは，金融資本と金融寡頭制，資本輸出の意義の増大と金利生活者国家化，不均等発展と帝国主義戦争の必然性など，現実適合的な重要な分析を提示している。

　資本主義の歴史的変容は漸次的というよりも，恐慌や戦争や技術革新が契機になって段階的に進行する。自由競争的資本主義から独占資本主義への変容の契機になったのは，19世紀末大不況 (long depression, 1873～1896年) とベッセマー転炉の導入に始まる重化学工業化であった。

　独占資本主義の基礎上でも歴史的変容は進む。19世紀末大不況を経て，20世紀初頭には英国・米国・ドイツ・オーストリア・フランス・ロシア・日本等の諸列強が勢ぞろいし，最初の帝国主義世界大戦としての第一次世界大戦を勃発させ，この大戦のなかでロシアは資本主義を離脱し，ドイツおよびオーストリアの敗北は資本主義世界の大再編をもたらした。独占資本主義の確立から第一次世界大戦に終わる一時期は，いわば古典的独占資本主義であった。

　第一次世界大戦後の国際金本位制の再建と崩壊，1929年恐慌に始まる1930年代大不況 (great depression, 1929～1937年) とその総決算としての第二次世界大戦終結に至る一時期を移行期として，第二次世界大戦後，東西冷戦体制のもとで，ブレトンウッズ体制とGATT体制に支えられて成立したのが，国家独占資本主義であった。それは国家が再生産過程のすべての行路に全面的に介入して経済成長を促進する一方，経済成長の成果の多くを労働者大衆にも分配し，福祉国家化を推進した。マディソンは「世界経済は1950年から1973年にかけて，

それ以前のいかなる時代よりも急速に成長した。それは，過去に比類のない繁栄の黄金時代であった」[25]と述べている。

T. ピケティは，大著『21世紀の資本』(2013年)において，膨大な統計データから世界の長期の資本／所得比率（β）を計測し，βは1910年頃には500％程度であったが，第一次世界大戦，1930年代大不況，第二次世界大戦を通じて低下し，1950年頃には最低の250％程度にまで達したという。その後「繁栄の黄金時代」(マディソン)を通じて徐々に回復するが，1970年頃でも300％程度にすぎない。しかし，1970年代以後はβは急速に回復し，1990年頃には，400％程度，2010年頃には450％程度にまで上昇し，中位シナリオによる予測では2030年頃には第一次世界大戦前の500％程度に戻るとしている[26]。

もとより，ピケティの資本概念は，工場・機械から個人住宅まで含んだ実物資産に国債・株式などの証券も加えたきわめて粗雑なものではあるが，大戦や戦後インフレを通じて資本ストックが減少したのは当然だとしても，第二次世界大戦後，資本主義史上未曾有の高成長をとげた1950～1973年の時期に資本ストックの増加が所得の増加を辛うじて上回る程度にとどまったのは，前述の国家独占資本主義が，経済成長促進的・所得再分配的機能も果たしていたことを示している。

他方，ピケティの資本／所得比率は，マルクスの用語では$\frac{C}{V+M}$にほぼ等しく，これは置塩信雄のいわゆる「生産の有機的構成」[27]で，その逆数である$\frac{V+M}{C}$は利潤率の上限をなす。したがって，1970年代以降，ピケティがいうように資本／所得比率が趨勢的に上昇しているとすれば，利潤率の上限が趨勢的に低下していることを意味する。上限の低下は必ずしも利潤率自体の低下を意味するものではないが，水野和夫がいうように長期利子率が利潤率の指標をなすとすれば，先進諸国の利潤率は1970代あるいは80年代初頭をピークとして2010年代まで低下し続けていることになる[28]。

本書では，第二次世界大戦後の資本主義を現代資本主義 (contemporary capitalism) と呼ぶ。現代資本主義を分析対象として，現代資本主義と先行期との連続・断絶関係，現代資本主義の基本特質，現代資本主義の展開と変容の過程を明らかにするのが，いわゆる現代資本主義論である[29]。現代資本主義は，二つの世界大戦と戦間期の大恐慌とそれへの対策の経験にもとづいて，当初は財

政・金融政策，雇用政策，産業政策等，国家の経済過程への介入を全面的に行う国家独占資本主義として現れ，一時期は「黄金時代」といわれるほどの成功をおさめた。しかし，欧州・日本中心の急速な経済成長ゆえにブレトンウッズ体制に内在する矛盾が表面化し，当時の労働力・資源の制約にも逢着して，国家独占資本主義はグローバル資本主義に変容してゆく。この歴史的変容の重要な転換期になったのは，さきのピケティの事実発見も示唆しているように1970年代であり，直接の契機になったのは1973～74年の第一次石油危機であった。

この転換の基礎には，次のような大きな諸変化があったと考えられる。第一は，石油危機を契機に従来のエネルギー多消費型の重化学工業に替わって，ME（マイクロ・エレクトロニクス）革命に始まる情報産業が新たな産業的基軸となったことである。もちろん，重化学工業が無用になったわけではなく，情報産業を支える重要な支援産業（supporting industries）となった。ME革命（やや後には情報技術に通信を加えて情報通信技術〔Information Communication Technology〕革命）は，コンピュータの小型化・大容量化・低廉化を急速に推進し，研究・開発を含む生産過程・流通過程・消費過程および社会生活に浸透した。

第二は，とくに生産過程・流通過程における情報化・コンピュータ化が，従来の労働のあり方を一変させたことである。すなわち，一方では，一人で一日中コンピュータ画面を黙視し続けるような単純かつ高密度労働があり，他方では，ソフトウエア開発のように創造性を要求される高度な科学的労働があって，労働の一体化が解体に向かった。このような労働の多様化・分散化・個別化は，雇用形態の多様化（非正規労働の増加）をもつくりだして，先進諸国では世界的な規模で労働運動の弱体化をもたらした。

第三は，第一次石油危機を準備した1971～73年のブレトンウッズ体制崩壊（米国による金ドル交換停止および主要先進国における変動相場制導入）が為替リスクのヘッジのためにも金融先物取引の自由化をはじめとする金融自由化を必然とし，一種の金融イノベーションを現出させて「経済の金融化」を促進したことである。「経済の金融化」は，経済における金融部門を肥大化させ，金融部門の利潤シェアのいちじるしい増大をもたらしたが，同時に金融危機をも頻発させた。第二次大戦後1960年代までは主要国における銀行倒産をとも

なうような金融危機は一度も起こらなかったが，J. スティグリッツによれば，1970年から2007年までのあいだに世界中で124回の通貨金融危機が起こったとのことである[30]。そのうちの主要なものをあげれば，1982年メキシコ債務危機，1987年米国ブラック・マンデー，1990年日本バブル崩壊，1997〜99年アジア・日本・ロシア・ブラジル通貨金融危機，2000年米国ITバブル崩壊等があり，さらに2008年リーマン・ショックをピークとする世界恐慌，2010年ユーロ危機が続いている。

　第四は，経済政策では1970年代末以降，規制緩和・民営化の新自由主義が台頭し，支配的になったことである。英国サッチャーリズム，米国レーガノミクス，日本中曽根臨調・民営化路線がその代表である。グローバル化のなかで国家による規制・管理が無効になったという面もあるが，ICT革命による労働運動の弱体化と国家財政危機に便乗して，支配階級が国家独占資本主義の福祉国家的側面を削落して低賃金・低福祉下の蓄積体制を再構築しようとしたというのが真相であろう。

　第五は，この時期のもっとも重要な変容として，アジアNIEsを波頭として中国とインドが急速に工業化し，資本主義大国に躍進したことである。これを世界銀行は「東アジアの奇跡」と呼んだが，グローバル化のなかで主として先進諸国で始まった変容が金融・貿易・資本移動・技術移転等のルートを通じてアジア諸国に作用し，21世紀になると主客転倒して，むしろ新興諸国が世界経済を牽引するという事態になっている。八尾信光によれば，購買力平価で換算した各年の米ドルでのGDPでは，中国は1995年には1.8兆ドルで日本より1兆ドル程度低いが，2000年には3.0兆ドルとなってほぼ日本に並び，2005年には5.4兆ドルとなって日本を超え，2010年には10.1兆ドルで日本の2倍以上となり，2015年には17.1兆ドルでほぼ米国に並ぶとされている[31]。これは，19世紀末から20世紀初頭にかけて米国とドイツが急速に台頭して工業力では英国を追い抜き，資本主義世界を変容させたことに匹敵する衝撃だといってよいであろう[32]。

　このように，産業構造，労働形態，金融制度，国際関係のいずれをとっても，1970年代において重要な変容が始まっているのであって，これは，現代資本主義において国家独占資本主義からグローバル資本主義への移行が生じている

ことを示している[33]。

III 現代資本主義の多様性と不安定性

　資本主義は時間軸でみて歴史的に変容するとともに，同時的にも国別あるいは地域的な多様性をもっている。前述のように，マルクスは英国内でも封建制から資本主義の移行の際，複数の径路があることに注目していたが，確立した資本主義としては英国しか見ていないので，資本主義の諸類型の国際比較についてはほとんど言及していない。

　それに対して帝国主義諸列強の関係を詳細に分析したレーニンは，金利生活者国家的英国帝国主義，植民地支配主導のフランス帝国主義，銀行主導のカルテル的独占を基礎とするドイツ帝国主義，株式会社形態を通じてのトラスト形成を基礎とする米国帝国主義，軍事侵略的なロシアおよび日本帝国主義を区別している[34]。日本資本主義の軍事的・半封建的性格の剔抉に意を注いだ山田盛太郎は，同時代の経済学者のなかではもっとも資本主義の諸類型に関心を寄せた一人といってよい。かれは，日本型のほか英国型，フランス型，ドイツ型，旧露型，米国型の諸類型をあげているが，区別の基準になっているものが，主として「産業資本確立期の農業の型制」なので，いったん確立された型は革命的変革がない限り変わらないとする硬直性をもっていたことは否めない[35]。

　第二次世界大戦後の冷戦期には，ソ連などの社会主義圏を封じ込めるために，諸資本主義は圧倒的な軍事力・経済力をもつ米国を中心として結束していたので，資本主義の諸類型は，関心の外におかれた。とくに戦後から1970年代までの国家独占資本主義期には，欧州・日本は当面米国に追いつくことを目指していたから，諸資本主義の違いは，W.W.ロストウのいわゆる『経済成長の諸段階』(1960年) の差にすぎず，すべての資本主義が最終段階の「高度大衆消費社会」に到達すれば，同一モデルに収斂するであろうという考え方が支配的であった[36]。

　1980年代からはグローバル資本主義が進行し，90年前後にソ連型社会主義が崩壊し，中国も「社会主義市場経済」を目指すことを宣言して，グローバル資本主義が名実ともに確立した頃，資本主義の多様な諸類型に注目する議論が

復活してくる。D. コーツの表現を借りるならば「冷戦の暗闇のなかでは，諸資本主義が組織され運営される複数の様式は，経済運営に関する学術的な文献でも通俗的な文献でも大きな役割を果たすことはなかった。……しかし，冷戦後の時代においては事態はまったく変わっている」[37]。

まさに冷戦終了の時期に資本主義の多様性論の嚆矢となったのが，M. アルベール『資本主義対資本主義』(1991年) で，それは諸資本主義を市場・金融主導のアングロサクソン型 (米・英) と社会・共同体的なライン型 (ドイツ・日本) に二分するものであった[38]。本章の筆者も1994年に諸資本主義を市場優位のアングロサクソン資本主義と社会優位のヨーロッパ資本主義と企業優位の日本型資本主義に三分する論稿を発表している[39]。

諸資本主義が組織され，運営される多様性にもっとも関心を寄せたのがレギュラシオン (調整) 理論で，その成果を集大成した山田鋭夫は，主としてB. アマーブル『五つの資本主義』(2003年) に拠りつつ，次のような現代資本主義の5モデルとそれぞれの代表国を示している。すなわち，市場ベース型 (米・英)，アジア型 (日本・韓国)，大陸欧州型 (ドイツ・フランス)，社会民主主義型 (スウェーデン・フィンランド)，地中海型 (イタリア・スペイン)[40]。

これらの現代資本主義の多様性論は，多くの知見を提供するとはいえ，最終解はもたないのであろう。現代主流の新古典派経済学は，さまざまな資本主義が「市場ベース型」に収斂することを期待しているのであろうが，グローバル資本主義のもとでも労資関係を含む社会関係や文化の国民的・地域的アイデンティティは根強く残存するから，諸モデルの多様性は残るものと考えられる。もちろん，歴史的変容と地域的多様性は相互に交錯し，多様性を構成する各モデル自体が，相互に浸透し合って歴史的に変容してゆくのである。

最後に，現代資本主義の安定性・不安定性の問題を検討しよう。グローバル資本主義としての現代資本主義のもとで金融危機が頻発し，先進諸国の実質賃金は停滞して，資本／所得比率が上昇し，おそらくは利潤率は低下し続けているであろうということは前述した。これらの現象は，現代資本主義が不安定であることを示している。

経済システムの安定性・不安定性は，さまざまな基準や視角から検討されうるが，『資本論』が全体として含意している経済原則を当該システムがどの程

度まで充足しているか，は重要な基準である。前述のとおり，私見では，経済原則は，(1)人間の生命・生活の維持（地球環境保全を含む）を通じての労働力の再生産，(2)各種資源のさまざまな生産部門への適正な配分，(3)人間の自由時間の獲得を可能にするような労働生産力の上昇，の三つである。

　第一に，労働力の再生産についていえば，労働力の再生産を危うくするような貧困と格差拡大が，現代資本主義を特徴づけている。現在，地球人口約72億人のうち約8億人が飢餓人口であるといわれる。地球上で9人に1人は飢えているのである。飢餓人口の大半は途上国にあるが，先進国も飢餓人口を抱えている。グローバル化のなかで，資本が世界中を移動するために先進国対新興国・途上国の国レベルの格差は縮小したが，国や地域の内部での人レベルの格差はむしろ増大している。世界GDPは，約75兆ドルといわれているから，それが72億人に平等に分配されれば，1人あたり1万ドル強となって飢餓は解消されるはずである。貧困と格差の原因は生産面ではなく，分配面にある。

　ピケティによれば，米国において所得階層のトップ10％が総所得に占めるシェアは，1960～70年代には35％以下だったのに対し，1980年代以降急増し，2000年代から2010年代にかけては50％近くにまで上昇している（キャピタル・ゲインを含む）。とりわけトップ1％のシェアは，1970年代の10％以下から2000年代には20％以上に倍増している。ここからピケティは，トップ10％のシェア増加が主としてトップ1％によるものであることを明らかにした[41]。2011年夏に始まるOccupy Wall Street運動のなかで「われわれは99％だ」のスローガンが掲げられたのは，根拠がある。R. ライシュは，このような極端な格差は資本主義を政治的に支えている民主主義をも危うくするとして，「根本的に不公平に見える社会で幸福な生活を送ることや，怒りと不信感に満ちた国で豊かに生活することは不可能なのだ」[42]といっている。拡大する所得格差は，新自由主義のもとでの減税政策によって世襲化され，より大きな資産格差をもたらしている。

　労働力の再生産を保障する重要な一環である地球環境も，主として温室効果ガス（CO_2など）による地球温暖化で危殆に瀕している。現代資本主義における高成長と新興諸国の工業化で，大気中のCO_2の濃度は1959年の316 ppm（100万分率）から1998年には367 ppmに増大したといわれる。『国連気候変動に関する

政府間パネル（IPCC）第4次評価報告書』（2007年）は，2100年までに地球の平均気温がセ氏1.8～4度上昇し，海面水位が38.5 cm上昇するものと推計している。温暖化は異常気象をともない，農業生産や水資源にも影響を与える。海面水位の上昇は，島嶼や低地での人間の生活を不可能とする。近年のシェールガス革命は温暖化に拍車をかけることになろう。

　一時はクリーンなエネルギー変換装置と喧伝された原子力発電も，ウランの精錬や発電所建設の過程で化石燃料を必要とし，使用済み燃料を最終処理する技術をもたず，しかもスリーマイル，チェルノブイリ，福島の事例が示しているように，いったん事故が発生すると天文学的な費用を社会に負担させることが明らかとなった。規制を受けない資本は本来，利潤を私的に内部化し，費用を外部化して社会に負担させようとする傾向をもっているのであって，地球温暖化や原発問題は，資本が生産を適切には担当できず，現代資本主義が経済原則を充足しえなくなったことを示している[43]。

　第二に，資源の適正配分についていえば，資本主義のもとでは資源の配分は利潤追求運動をする資本の配分という形で行われるから，社会的・人間的観点からどのように必要な部門であっても，利潤があがりそうもない部門には資本は流れてゆかない。そのような部門の代表としては，教育，医療，保育，介護などの公共財をあげることができる。

　公共財と資本主義とはもともと相性のよいものではなく，そのために国家が財政を通じて公共財を供給することとなっている。しかし，現代資本主義のもとでは，需要管理政策や恐慌時の大銀行・大企業救済策のために財政支出が増大する一方，グローバル化のなかで法人税引下げ競争やグローバル企業のタックスヘイブンなどを利用した納税回避のために税収は増大しないので，財政赤字が拡大し，公共部門への支出削減や公共部門の民営化が行われている。R. ライシュはこれらの現象を「公共財の劣化」と呼び，「税金で支えられ誰もが利用できる公共財は失われつつある。公共財のかわりを担うのが私営の財だが，使うのは主として富裕層だ。同時に彼らは公共財を支えることをますますしなくなっている」[44]といっている。公共部門を担うことを放棄しようとしている現代資本主義は，経済原則からも離反していると言ってよい。

　最後に，現代資本主義における労働生産性の上昇が労働者の自由時間の拡大

に繋がっているかを検討しよう。自由時間の反対が労働時間であるが，OECD Databaseに拠って1990年と2011年の1人当たり平均年間労働時間をみると，米国が1831時間から1787時間へ，日本が2031時間から1728時間へそれぞれ2.4%，14.9%短縮している。この短縮の一部は，パートタイマーなど非正規労働者の増大を反映しているのであろう。

労働生産性に関する包括的なデータは少ないが，実質GDP成長率は労働生産性上昇率と非雇用労働者増加率の和であることを考慮すると，1990年から2011年にかけて少なくとも米国で30%，日本で20%は労働生産性が上昇しているはずである。これに対して，労働時間の短縮率は余りにも少ない。

マルクスは，人間が諸欲求を満たすために最小の力の支出で行う「必要性の王国」の上に，人間のさまざまな力の発達自体を目的とする「自由の王国」を構想したが，そのためには「労働時間の短縮が土台である」[45]と述べた。労働生産性の上昇をワークシェアリングと連動して，労働時間短縮に結びつけることは，経済原則にそうとともに，未来社会構築の歩みともなるであろう。

注
1) 大谷禎之介「『資本の一般的分析』としての『資本論』の成立――MEGA第Ⅱ部門の完結にあたって」，『季刊 経済理論』第51巻第2号，2014年，参照。
2) K. マルクス『資本論』第1部，新日本出版社新書版，①9ページ，S. 12。以下，『資本論』からの引用にあたっては，新日本出版社新書版の分冊，ページ（翻訳，ディーツ版）のみを記す。訳文は変えてある場合もある。
3) 『資本論』第1部，①12ページ，S. 16。
4) 重田澄男『資本主義を見つけたのは誰か』桜井書店，2002年，参照。
5) 斎藤正美「『様式』分析による生産様式概念へのアプローチ」，『政経研究』第202号，政治経済研究所，2014年12月，51ページ。
6) 『資本論』第1部，①9-10ページ，S. 12。
7) 『資本論』第1部，①25-26ページ，S. 26。
8) 『資本論』第1部，①27ページ，S. 27。
9) 宇野弘蔵『経済原論』岩波書店，1977年，20ページ。
10) A. スミス『国富論』全4冊（水田洋監訳，杉山忠平訳）岩波書店，2000年，参照。
11) P. バランとP. M. スウィージーは，「国家は資本主義の発展においてつねに決定的な役割を演じていた」（『独占資本』小原敬士訳，岩波書店，1967年，86ページ）といっている。
12) 『資本論』第1部，②249ページ，S. 161。

13) I. ウォーラステイン『史的システムとしての資本主義』(川北稔訳) 岩波書店, 1985年, 参照。
14) 『資本論』第1部, ④1088ページ, S. 661。
15) 八尾信光『21世紀の世界経済と日本——1950〜2050年の長期展望と課題』晃洋書房, 2012年, 124ページ。
16) 『資本論』第1部, ①16ページ, S. 12。
17) 『資本論』第3部, ⑨564-567ページ, S. 347-348。
18) A. マディソン『経済統計で見る世界経済2000年史』(政治経済研究所訳) 柏書房, 2004年, 308ページ。
19) 『資本論』第1部, ④1078ページ, S. 654-655。
20) 『資本論』第1部, ④1077ページ, S. 654。
21) 鶴田満彦『独占資本主義分析序論』有斐閣, 1972年, 第3章, 参照。
22) 北原勇『独占資本主義の理論』有斐閣, 1977年, 第2編「独占企業の投資行動」参照。
23) 『資本論』第1部, ④1078ページ, S. 655。
24) В. И. レーニン『帝国主義』(宇高基輔訳) 岩波文庫, 1956年, 203ページ。
25) マディソン, 前掲書, 23ページ。
26) T. ピケティ『21世紀の資本』(山形浩生・守岡桜・森本正史訳) みすず書房, 2014年, 203ページ。本文中の資本／所得比率 $\beta = s/g$ (s：貯蓄率, g：所得成長率) がピケティの資本主義の第二基本法則という長期動学法則であるが, これはつぎのように導かれる。K：資本, Y：所得, I：投資 $= \Delta K$, S：貯蓄とし, 長期においては $K/Y = \Delta K/\Delta Y$ とすると, $\Delta K/\Delta Y = I/\Delta Y$ となり, 事後的には $I = S$ だから $I/\Delta Y = S/\Delta Y = sY/\Delta Y$ となり, 分母・分子を Y で割ると, これは s/g となる。なお, ピケティの資本主義の第一基本法則から導出される $r > g$ (r：利潤率) は, $C : V : M$ (C：不変資本, V：可変資本＝賃金所得, M：剰余価値＝利潤) 一定の前提のもとではマルクス再生産表式からも導かれることを指摘しておく。拡大再生産が順調に行われるためには $sM = \Delta C + \Delta V$ が成立しなければならない。両辺を資本 $s(C+V)$ で割ると,
$$\frac{M}{C+V} = \frac{1}{s} \cdot \frac{\Delta C + \Delta V}{C+V}$$
となる。すなわち利潤率 $r = 1/s \times$ 資本増大率。資本増大率＝所得成長率 g と前提されているから, $r = 1/s \times g$ あるいは $g = sr$。$1 > s > 0$ だから, $r > g$ となる。置塩信雄・鶴田満彦・米田康彦『経済学』大月書店, 1988年, 97ページ, 220ページ参照。
27) 置塩信雄『マルクス経済学Ⅱ——資本蓄積の理論』筑摩書房, 1987年, 182-183ページ。
28) 水野和夫『資本主義の終焉と歴史の危機』集英社, 2014年, 19-21ページ。なお, 異なった論拠からではあるが, 小西一雄『資本主義の成熟と転換——現代の信用と恐慌』(桜井書店, 2014年) も, 現代の利潤率の傾向的低下に注目している。
29) 現代資本主義論の一例としては, 北原勇・鶴田満彦・本間要一郎編『現代資本主義』(有斐閣, 2001年) がある。

30) J. E. スティグリッツ『フリーフォール』(楡井浩一・峯村利哉訳) 徳間書店, 2010年, 9ページ。
31) 八尾信光, 前掲書, 137ページ。
32) 横川信治・板垣博編『中国とインドの経済発展の衝撃』御茶の水書房, 2010年, 参照。なお, 中国・インドの台頭が新たな資本主義を勃興させ, 世界経済の地殻変動をもたらしていることに注目して, 宇野経済学の純粋資本主義論と段階論を批判した小幡道昭『マルクス経済学方法論批判——変容論的アプローチ』(御茶の水書房, 2012年)をも参照。
33) 本章の筆者が現代資本主義のなかの一種のフェイズ概念としてグローバル資本主義という用語を使用したのは, 鶴田満彦編著『現代経済システム論』(日本経済評論社, 2005年, とくに第4章)が初めてで, その後, 鶴田満彦『グローバル資本主義と日本経済』(桜井書店, 2009年), 同『21世紀日本の経済と社会』(桜井書店, 2014年)でより展開されている。
34) レーニン, 前掲書。
35) 山田盛太郎『日本資本主義分析』岩波文庫, 1977年, 7-9ページ。
36) W. W. ロストウ『経済成長の諸段階——一つの非共産主義宣言』(木村健康・久保まち子・村上泰亮訳) ダイヤモンド社, 1961年。
37) D. Coates (ed.), *Models of Capitalism: Debating Strengths and Weaknesses*, Edward Elgar, 2002, I, preface.
38) M. アルベール『資本主義対資本主義』(小池はるひ訳) 竹内書店新社, 1992年。
39) 鶴田満彦「望ましい経済システムを求めて」, 同編『現代経済システムの位相と展開』大月書店, 1994年, 15-20ページ。なお, 同「米英・欧州・日本資本主義モデルの違いを尊重すべきだ」(毎日新聞社『エコノミスト』第83巻第46号, 2005年8月23日)も参照。この論文は, 加筆・修正のうえ, 前掲『21世紀日本の経済と社会』第7章に収録されている。
40) 山田鋭夫『さまざまな資本主義』藤原書店, 2008年, 148-153ページ。
41) ピケティ, 前掲書, 302-308ページ。
42) R. B. ライシュ『格差と民主主義』(雨宮寛・今井章子訳) 東洋経済新報社, 2014年, 104ページ。
43) マルクス=エンゲルスのエコロジー論にもとづき, 現代の新社会運動をも考察しながらエコロジカル社会主義を提唱した文献として, 長島誠一『エコロジカル・マルクス経済学』(桜井書店, 2010年)を参照。
44) ライシュ, 前掲書, 69ページ。
45) 『資本論』第3部, ⑬1435ページ, S. 828。

第2章 宇野理論とマルクス

小幡道昭

はじめに

本稿の課題は，日本のマルクス経済学のなかで「宇野理論」と称されてきた独自の潮流を，長期のマルクス経済学の歴史のなかに位置づけ，その現代的意義を明らかにすることにある。紙数にかぎりがあるので，枝葉にみえる部分はバッサリ切り落とし，マルクスと宇野弘蔵の資本主義像を思いきって単純化して対比し，これに私の考えを添えることにしたい。

I マルクスの資本主義像

はじめに『資本論』について，私がどう理解しているのか，ごく簡単に述べてみたい。マルクス自身の手で刊行・改訂された第1巻に限定すれば，そこから読みとれる資本主義像は，およそ資本主義たるものはみな一つの究極状態に向かって発展してゆくとみる〈収斂説〉によって特徴づけられている。階級対立を激化させながら資本主義的発展の道を突き進むイギリスを，ドイツが追走するという歴史的発展観である。『資本論』第1巻初版の序文にでてくる「産業のより発展した国は，発展の遅れた国に対して，ほかならぬその国自身の未来の姿を示している」(Marx [1867] S. 14) という有名な一節のほかにも次のような記述は随所に散見される。

> 近代社会の時期のうちでも，最近20年間の時期ほど資本主義的蓄積の研究に好都合な時期はない。……すべての国のうちで，イギリスがまたしても典型的な実例を提供する。なぜなら，イギリスは首位の座を確保し，資本主義的生産様式はこの国でのみ十分に発展しており，……生産の巨大な

進展——その結果，この20年のうちでも後半の10年間は，これまた前半の10年間をはるかにしのぐ——については，すでに第4篇で十分に指摘した。(I, S. 678)

　イギリスは資本主義的発展の先頭を走りつづけ，その典型像に加速的に接近しているというのである。
　さらに，この資本主義的発展の帰結は，これも一言でいえば〈内部崩壊論〉によって特徴づけられる。『資本論』第1巻はその前半体系で，労働力商品が一般の商品と同様，価値どおりに売買されることで剰余価値が形成されることを説き，後半体系で，この剰余価値の蓄積が，生産力の急速な上昇とともに，産業予備軍の累積を生むと説く。資本主義は発展すればするほど，一つの究極の姿に接近し，その内部に一握りの大資本と大量の失業者群をつくりだす。ごくごく単純化すれば，この収斂説と内部崩壊論が『資本論』第1巻のコアをなす。そして，階級対立が極点に達すれば，新たな社会体制を求める政治革命が不可避となる。こうして，社会主義への移行は，最先端の資本主義国で革命を通じて実現されることになる。
　ところが，『資本論』第1巻初版が刊行されるころになると，マルクスの革命観も変化の兆しをみせる。この1867年は，アイルランドの実力闘争が一つの頂点に達した年でもあった。こうした状況は，アイルランドをヨーロッパにおける革命の梃子とみるようになっていったマルクスと，第一インターナショナルに参加していたイングランド労働者との間に溝を生み，初期の単線的な革命観が後期の複線的な革命観に転換する一つの契機になったともいわれる[1]。こうして，『資本論』第2巻には，崩壊論的収斂説をこえる説明が現れるようになる。

　　資本主義的生産の基盤の上では，より長期にわたる比較的大規模な作業は，より長期間にわたる比較的大きな貨幣資本の前貸しを必要とする。したがってこのような部面の生産は，個々の資本家が自由に使用できる貨幣資本の限界に依存する。この制度は，信用制度およびそれに関連する結合体，たとえば株式会社によって突破される。(Marx [1885] S. 357-358)

すなわち，個人資本家では不可能だった大規模生産が，「株式会社」の登場によって資本の運動に包摂されるという。ここには，資本主義が歴史的にその姿を変えながら生産基盤を広げてゆくとみる拡張論が顔をのぞかせている。

さらに，このような中心部における資本主義的生産の拡張が，外部に対して分解作用を及ぼすことも指摘される。

> 資本主義的生産の基本条件――賃労働者階級の定在――を生み出すその同じ事情は，いっさいの商品生産の資本主義的商品生産への移行を促進する。資本主義的商品生産は，それが発展するのと同じ程度に，あらゆるより古い，主として直接的自家需要を目的として生産物の余剰だけを商品に転化する生産形態にたいして，分解的解体的に作用する。それは，さしあたり外見上は生産様式そのものを侵害することなしに，生産物の販売を主要な関心事にする――たとえば，資本主義貿易が中国人，インド人，アラビア人などのような諸民族に与えた最初の作用がそうであった。しかし第二に，この資本主義的生産が根を張ったところでは，それは，生産者たちの自家労働にもとづくか，または単に余剰生産物を商品として販売することにもとづく，商品生産のすべての形態を破壊する。(Marx [1885] S. 41-42)

ここには，西ヨーロッパにおける資本主義化が独立に進展するだけではなく，それが同時にまた，世界各地で旧来の生産形態を形式的実質的に包摂し解体するとみる滲透・分解説を読みとることができる。要するに，帝国主義の時代につながる後発資本主義諸国が台頭しはじめていた事態が，資本主義的生産の内的拡張説や外的滲透説に反映されていると考えられるのである。私はこれまでややもすると，マルクスの資本主義像を『資本論』第1巻の収斂説に押し込めてきたきらいがあり，この点は再考しなくてはならないと思っている。

II 「マルクス＝レーニン主義」の資本主義像

マルクスの資本主義像は，その没後，新たな資本主義の地殻変動を経験するなかで，大きく改変される。ハイゲート墓地の草むらに埋もれていたマルクス

の墓が，数百ヤード離れた巨大なモニュメントに改葬されたように，19世紀のマルクスの資本主義像は，20世紀の「マルクス＝レーニン主義」の資本主義像に転換されたのである。

　改変を迫ったのは，ドイツをはじめとする後発資本主義諸国の台頭であり，それが惹起した世界的な植民地再分割と，これに対抗する独立＝革命運動の高揚であった。超長期の観点から俯瞰すれば，20世紀にはいると革命の中心は，西ヨーロッパの先進資本主義諸国から，その外側にシフトしていった。もちろんドイツ革命の可能性もあったし，ユーロコミュニズムの源流も生まれていたかもしれないが，実際に「社会主義」を標榜した諸国は，ソ連邦を皮切りに，その後は資本主義的発展を直接経験したことのない地域に広がっていった。『資本論』を読んでも，これら諸国の現実はでてこない。これらの諸国で「マルクス主義」の旗を掲げるには，『帝国主義論』をはじめとするレーニンの著作の媒介がどうしても必要だった。「マルクス主義」は「マルクス＝レーニン主義」となって，はじめて非資本主義の世界に浸透しえたのである。この普及版のマルクス主義には，マルクスの著作のような難解さはないが，ただ，外見はいかに単純明解にみえようとも，その内面はマルクス以上に複雑な性格をしている。ただ，これも思いきって図式化すれば，二つの表情に描ける。表の顔は，各国各地域の歴史的発展状況に応じて，ブルジョア革命と社会主義革命がそれぞれ追求されるべきだとする〈二段階革命論〉であり，裏の顔は帝国主義の時代においては両者は別個の課題ではないと主張する〈世界革命論〉である。

　第一の顔である二段階革命論の背景には収斂説がある。遅れて資本主義化した諸国が，資本主義のレールの上をひた走るイギリスを追走するとすれば，それよりなお遅れた諸国は，まずこの資本主義のレールに乗ることからはじめなくてはならない。このレールに乗る過程は，『資本論』に即していえば「いわゆる資本の原始的蓄積」ということになるが，それにはまた，封建制を打倒する政治革命が不可避とされた。ブルジョア革命としては，イギリスの清教徒革命と名誉革命が先行するが，その典型とされたのは，原始的蓄積が不徹底であったフランスにおける大革命のほうであった。マルクス主義の正統では，ブルジョア革命で権力を握った資本家階級を労働者階級が打倒するプロレタリア革命を通じて，社会主義への移行が達成されるというテーゼが受け容れられていっ

たのである。

しかし，現代の目で捉えかえしてみると，革命はつねにこのフランス革命と同じく，国王や封建領主，あるいは植民地宗主国による専制を打倒し，伝統や権威を破壊して共和制を指向する広い意味での市民革命であり，民主主義・社会主義・民族主義の混交態以上でも以下でもないことがわかる[2]。ロシア革命はパリコミューンのコピーであり，それはさまざまな植民地解放闘争に援用され，またフィリピンのマルコス打倒から「アラブの春」に至る民主化革命につながっている。自由と平等を求める政治革命が近代の社会主義的主張を育んでいった歴史の流れのなかで，社会主義と革命を表裏と捉える「社会主義革命」という考え方が自然にみえたのはたしかだが，革命で誕生した社会主義が瓦解した現在からあらためて振りかえると，資本主義から次の社会への移行に政治革命が不可欠となる理由は見いだしがたい。ただ20世紀の歴史的経緯のなかで，マルクス＝レーニン主義は，収斂説的な資本主義像に立脚し，単一のレール上で資本主義から社会主義へ移行するとみる二段階革命論として普及し，日本でもこのテーゼを前提とした「日本資本主義論争」を通じて受容されたのである。

マルクス＝レーニン主義にはもう一つの顔がある。レーニンは「帝国主義戦争を内乱に」というテーゼを掲げた。この「革命的祖国敗北主義」にいう祖国は，もちろん戦争を遂行する帝国主義本国であり，さらにその内乱が革命にまで発展したのは，資本主義経済が未熟な帝政ロシアでのみだった。これに対して，この帝国主義戦争が現実に生みだした歴史的事態は，植民地・従属地域での独立解放をめざす運動の高揚であった。第一次世界大戦後の世界では，民族自決型の運動が帝国主義列強の周辺に急速に広まっていったのである。資本主義がその外部に浸透し既存の社会関係を分解する作用をもつ以上，この周辺部分でこれに対抗する運動は，必然的に中心部分の運動と結びつかざるをえない。この連動面を重視する第二の顔を世界革命論とよんでもよいが，ただこの呼称は手垢に紛れている。このもう一つの顔も，ロシア革命直後の社会主義建設をめぐる歴史的論争から距離をおき，現在の視点からあらためて眺めてみる必要がある。

たしかに，一般論としては，本国の階級闘争と植民地の民族解放闘争の連帯

は不可欠であろう。だが，各ネーションの自決と平等を前提としたインター・ナショナルは理念であり，ソーシャリズムは特定のナショナリズムと結合することで，現実の社会的勢力となりえた。この結合は，帝国主義本国の内部では深刻な葛藤を生んでいったのに対して，周辺部では逆に補強しあう関係にあった。「革命的祖国敗北主義」が排外主義を克服する困難に比し，「反帝愛国」が洋行買弁を非難するのははるかに容易だった。資本主義の中心より周辺部で，革命への圧力が高まる構造が存在していたのである。

　そして『資本論』が19世紀末の新たな状況のもとで読み替えられていったように，レーニンの『帝国主義論』もまた，第二次世界大戦後の冷戦構造の文脈に沿って読み替えられていった。世界革命論は，周辺部の革命が中心部の革命の導火線になるといった「帝国主義のもっとも弱い環」説にはじまり，農村が都市を包囲するといった周辺革命論へと変質し，マルクス＝レーニン＝毛沢東主義となって第三世界に広く普及していった。帝国主義の支配・抑圧が周辺部分で顕在化する以上，直接にはまったく資本主義を経験していない地域でも——南米のジャングルのなかでもヒマラヤの麓でも——世界史の観点からみれば，最高の発展段階にある資本主義＝帝国主義を体験しているのであり，すべての反帝国主義運動は，社会主義革命の一環として位置づけられることになる。こうして，20世紀のマルクス主義は，『資本論』の内容とはほど遠い諸国地域において社会主義諸国を簇生させ，第二次大戦後の冷戦構造のもとで，それらはソ連邦の利害にそって組織化され，資本主義に対する社会主義陣営を構成していったのである。

III　宇野弘蔵の資本主義像

　宇野弘蔵の経済理論は，マルクス＝レーニン主義を生みだした20世紀の資本主義を『資本論』に遡って根底から問いなおすものだった。ただそれはまた，宇野自身が意識した問題をこえて，冷戦体制が崩壊しグローバリズムが支配的となった今日，意図せざる意味をもっている。ある対象を精密に見ようとして照明をあてると影ができるが，この影は状況に依存して変化する対象を捉えるうえで，いわば無用の用の役を果たす。

この意図せざる効果については後ほど考えることにして，まず宇野自身の意図したところについて見てみよう。宇野の主張の根幹をなすものは，一言でいえば，『資本論』の収斂説的な資本主義像の転倒である。宇野は，マルクスの収斂説の内実を，非商品経済的な関係が除去され市場の原理が一元的に支配するようになる「純化傾向」に置きなおし，この傾向が19世紀末に鈍化ないし逆転したと捉えることで，資本主義の一つの発展段階として「帝国主義段階」を「自由主義段階」から明確に区別すべきだと考えた。宇野理論の核心は段階論にあり，段階論の原点は「帝国主義段階」の分離にある[3]。

この基本認識から，資本主義の基礎理論たる原理論の対象は，純化傾向が極限まで進んだ「純粋な資本主義」であるという主張が導きだされる。ここでは原理論の内容に立ち入る余裕はないが，その骨格は，資本家，労働者，地主という三大階級のみで構成された社会を想定し，労働力の全面的商品化を基礎に，周期的な景気循環を通じて，諸資本が競争的に社会的再生産を編成処理する資本主義像を構築するものだった[4]。このため，『資本論』の内容も純化され，最大利潤を追求する資本の原理で一元的に構成される単一の資本主義像に結実する。資本主義的蓄積にともなう窮乏化や傾向法則，資本主義的生産様式の発展などは原理的に説明できない要因として捨象され，景気循環も含め，基本的に「繰り返される法則」のみが原理論の主題とされたのである。

原理論をベースにした単一の資本主義像の確立は，段階論の再構成に反作用する。資本主義の「生成」「発展」「没落」の三つの発展段階へのアップグレードである。本来，純化不純化という観点からは二つの局面しか識別できないが，同じ状態を繰り返す単一の資本主義像は，それに近似的に状態が持続する段階を想定可能にする。こうして，純化が過程（生成段階）と状態（発展段階）に二分され，不純化（没落段階）との合成で，三つの発展段階説が完成する。もっともこの三段階説は，宇野が早くから「経済政策」の講義を担当していたことに直接は由来する[5]。もともと「重商主義」というのは，スミスを嚆矢とする古典派経済学が政策批判のために後からつくりだしたラベルにすぎない。ただ経済政策に大きな転換が認められる以上，背後の実体経済にも段階的な区別があるだろうという考えは，別にマルクスの唯物史観をもちだすまでもなく自然にでてくる。不純化に対する純化の更なる分割は，純粋資本主義の想定した原

理論の確立とは別に,経済政策論からの要請でもあった。

　しかし,重商主義,自由主義,帝国主義の三段階に整序された普及版の「段階論」にはクラックが隠れている。これについては,別に論じたことがあるが[6],資本主義の「生成」段階に「重商主義」というラベルを貼ったことは,資本主義の「起源」の理解をある方向に歪める結果となった。宇野自身は資本主義の「起源」と「生成」を特に区別することはしなかったが,それは事実上,イギリスにおける資本主義の生成を資本主義の唯一の起源と見なす単一起源論になっている。羊毛工業ベースの問屋制家内工業から,綿工業に代表される機械制大工業への移行は,たしかにイギリスにおける資本主義の生成と発展の段階を画すといってよいが,資本主義の起源という意味では,これに先行する大陸における羊毛工業の興隆を無視することはできない。この断絶的移行が理解されないと,イギリスに遅れ19世紀末に重工業をベースに台頭したドイツの資本主義も,独自の起源を有することが明らかにならない。「起源はゆくえを照らす」というが,この単一起源説は,次に述べるように今日のグローバリズムを考えるとき決定的な障害となる。すなわち,今日の新興諸国の台頭に内発的な起源を認めず,もっぱら合衆国を中心とした資本輸出が生みだした現象だと捉え,何が起ころうと段階規定はもう変わらないと考える「万年帝国主義段階」説にゆきつくのである。

IV　宇野理論の拡張

　このような宇野理論は,基本的には第一次世界大戦に至る古典的帝国主義の時代をターゲットに形成されたものであった。問題は,このプロト宇野理論によって,第二次世界大戦後の世界をどう捉えられるかという点にあった。宇野の主張を基本的に支持する論者のうちにも,この点をめぐって,二つの拡張があった。

　第一の拡張は,「不純化」の内容を非市場的要因一般の強化に拡張解釈する立場である。宇野自身は,ドイツのような後発資本主義諸国では,一方で重化学工業を軸に急激な経済発展が進むにもかかわらず,他方で農民・小生産者層が温存されるため,国内市場が充分拡大されず,その結果,対外進出の圧力が

高まり，これがイギリスのような先発資本主義諸国との利害対立を招き，やがて軍事的な衝突にいたるというシナリオで，帝国主義段階における戦争の不可避性を論じていた。しかし，ソビエト連邦を生みだした第一次世界大戦は，そのまま資本主義の終焉を告げるものではなかった。資本主義は両大戦期の混乱とそれに続く第二次大戦の後，アメリカ合衆国を基軸に冷戦体制のもとで再び高度成長を遂げることになる。宇野理論が普及したのは，まさにこの高度成長の時代だった。

　この現実にあわせて不純化の内容も読み換えられていった。自由主義段階が，国家の政策的介入を排除し，競争的な市場に委ねる純化傾向によって特徴づけられるとすれば，その逆転の意味は，植民地再分割をめぐる軍国主義化などの強権的側面に限定せずに，経済における非市場的要因の増大一般に広げて解釈することができる。とりわけ冷戦構造下における社会主義の驚異は，今日の想像をはるかに超えたリアリティをもっていた。資本主義の体制維持のために，恐慌や深刻な不況は回避せねばならず，労資対立を調整する諸制度の拡充も不可欠なのだとされた。管理通貨制を基礎にマイルドなインフレーションによって，実質賃金率の上昇を押さえ込むことで恐慌を回避する政策と位置づける独自の「国家独占資本主義論」や，より一般的に財政金融政策を駆使して諸階層間の調和をはかる福祉国家型資本主義への移行を説く財政学的アプローチによって，資本主義の新たな現実が帝国主義段階という枠組みのなかで説明可能となった。帝国主義段階を特徴づける不純化を非市場的要因の拡大一般と再規定するうえで，市場の原理だけで社会的再生産を維持編成する原理論の純粋資本主義像は現実に効力を発揮した。

　冷戦構造により帝国主義国間の戦争が抑え込まれるなかで，レーニンが『帝国主義論』で指摘した「腐朽化」が拡大解釈され[7]，さらには「過剰富裕化論」や「会社主義」「クリーピング・ソーシャリズム」など[8]，さまざまに言い換えられてきた。こうした拡張はおしなべて，高度成長期の資本主義が独自の福祉国家の道を歩みながら，次第に脱資本主義化してゆくという認識を共有していた。不純化＝「革命なき脱資本主義化」論だったのである。

　第二の拡張は，「没落期」の意味内容を資本主義的発展が可能な地域の消失と言う意味に解釈する立場である。イギリスを中心とした資本主義の生成発展

に対して，ドイツを典型とする後発資本主義の台頭は，同時にまた，列強諸国が文字通り全世界を隈無く分割し，植民地・従属国に組みこむ帝国主義の時代の幕開けを告げるものだった。この局面で植民地・従属国に位置づけられた地域では，このあとずっと資本主義的発展の道が閉ざされてゆく。資本主義の不純化は，国内における非市場的要因の増大だけではなく，同時にまた，世界的には非資本主義的な地域の固定化と理解することもできる。没落期という規定は，イギリス起源の資本主義化の波がここで絶たれ，世界中が資本主義に転じることはないという「資本主義の部分性」説を含意しているのである。

帝国主義段階への突入と同時に顕在化した不純化＝部分性は，「長い20世紀」を通じ一貫して維持されていった。第二次大戦後の先進諸国のめざましい高度成長も，植民地・従属国の資本主義的発展を押さえ込むかたちで進み，たとえ政治的独立を達成しても経済的格差は，南北問題というかたちで深化した。先進諸国の資本主義的発展は，グローバルにみれば，もうこれ以上「資本主義の起源」を許さないことを条件としていたのである。

資本主義のレールに乗ることをはじめから拒まれた第三世界では，資本主義的な発展とは異なる道を模索せざるをえない。そうしたなかから「社会主義」を標榜する諸国が誕生し，紆余曲折はあれ，ともかく存続してきたという歴史的事実は，それを世界史的にみれば，資本主義の時代から社会主義の時代への「過渡期」に突入したと解釈できる。宇野も，資本主義が封建制のもっとも発達したヨーロッパ大陸からではなく，不完全であったその縁辺で（フランスではなくイギリスで）はじまったことに言及し，同じように，社会主義もまた，先進資本主義諸国の内部ではなく周辺部分からはじまることを示唆していた。少なくとも，当時のソ連邦を社会主義国とみることに些かの疑念も呈していない。それは，ソ連邦の崩壊など，まだだれも予見しえなかった当時のイデオロギー状況からすればごく自然なことである。だからまた，そうしたイデオロギーが霧散すると，「宇野はただ，ソ連邦が成立し社会主義諸国が存続するようになっても，資本主義は依然として帝国主義段階であることに変わりはないといっただけで，通俗的な過渡期論などに与したことはない」と，後知恵で擁護したくなるのもわからぬではないが，それはやはり贔屓の引き倒しというものだろう。

1960年代末のイデオロギー状況下で宇野理論は，当時のマルクス主義の正統に対する鋭い批判を内包していた。冷戦構造下のソ連邦は，第三世界における民族解放闘争と周辺の社会主義諸国を軍事的経済的に支援しながら，それらを自己防衛のためにコントロールしてきた。こうしたソ連邦の戦略は，もちろん複雑な歴史的状況によって規定されたものではあるが，根底においては，収斂説に立脚した一国社会主義論と二段階革命論に基礎をおくものだった。しかし，たとえば1968年「プラハの春」にみられるように，この時期こうした社会主義的抑圧の限界が露呈しつつあった。さらにベトナム戦争の激化は，第三世界における民族解放闘争の躍進と，これに呼応する先進諸国において反戦・反体制運動の高揚を生んでいった。帝国主義段階＝没落期説に内包されていた資本主義の部分性説は，これら二つの闘争を連結する世界革命論には魅力的であった。宇野は第二次大戦後の早い時期から一貫して，当時支配的であったスターリン主義に批判を加えていたが，収斂説批判をコアとする宇野理論は，冷戦構造の軋みに独自の解釈を与える可能性を秘めていた。宇野の意図からは大きく外れるものだったかもしれないが，この可能性こそ，高度成長に陰りのみえはじめた1960年代末に，宇野理論が若い世代に受け容れられていった素地だったのである。

V　グローバリズム

　宇野理論を取り囲んでいた状況は，1980年代にはいると，大きく様変わりしていった。かつて収斂説への批判を宇野に迫ったのと同レベルのこの地殻変動は，やがてグローバリズムの名でよばれるようになっていった。帝国主義という用語が，多様で矛盾をはらんだ複雑な諸現象を総称する単一のラベルとして定着していったのと，グローバリズムの場合も似たところがある。この種のラベルは，その語義にこだわり語源を詮索しても無駄で，必要なのはラベルの下に潜む複雑な現象を明確な言語で概念化することなのである。
　このグローバリズムには，大きくいって二つの捉え方がある。一つは，この地殻変動を，合衆国中心の制度・慣習が世界標準となり，画一的なルールで貿易・金融などの拡張や労働力移動の加速が進む現象と捉える立場である。グロ

ーバリズムの内実は，アメリカナイゼーションであり，第三世界における工業化は，あくまでも先進諸国の対外進出の結果だと捉える先進国主導説である。この立場からすると，グローバリズムはまた，1980年代以降，英米を起点に先進諸国を席巻したネオリベラリズムと表裏一体のものに映る。

　もう一つの捉え方は，逆に第三世界の側に原動力を求めるものである。この地殻変動の根底をなすのは，1970年代から第三世界のごく限られた地点で徐々に進んでいた工業化の流れであり，この源流はやがてNICs, NIEsなどとよばれるようになり，さらに，巨大な人口を抱えた大国がこれを呑み込むかたちで，今日の新興経済諸国の台頭につながっていったとみる後進国底流説である。この立場からすれば，この底流におされるかたちで，先進諸国のネオリベラリズムも「経済の金融化(ファイナンシャリゼーション)」も派生したことになる。むろん，先進諸国の対外進出と後進国の内的発展は複雑に連動しており，簡単に分離できるわけではない。ただ，ネオリベラリズムが挫折するなかでグローバリズムの流れが止むことがなかった事実をふまえると，長期の観点からすれば，後進国底流説が本質だと私は考えている。

　いずれにせよ，このようなグローバリズムの現実は，宇野理論の単なる「拡張」ではなく，抜本的な「再転換」を迫るものだった。事実，その第一の拡張たる楽天的な脱資本主義論は，グローバリズムの底流におされ，先進諸国が挙ってネオリベラリズムに転換する段階で早くも現実性を失った。戦後の高度成長期に続いた賃金上昇は過去のものとなり，バブルと長期不況のもとで所得格差が拡大し，ついには遺物扱いされ続けてきた『資本論』の窮乏化論が脚光を浴びさえする。もっとも，先進諸国内部の格差拡大は，新興諸国の発展を底流とし従来の南北間の格差縮小と同時並行的に進行した点には注意する必要がある。逆にいえば，それまで先進諸国が福祉国家のもとで階級対立を緩和できたのは，第三世界の工業化を抑え込めたからだということにもなる。むろん，内部の格差は外部との格差と反対方向に動くなどと単純に一般化するわけにはゆかないが，先進諸国だけを切り離し，その内部の格差拡大に注目するのは単視眼に過ぎる。ネオリベラリズムの問題は，新たな資本主義の勃興というグローバリズムの底流を基礎に捉える必要があるのである。

　このような観点からみると，より一般的な問題は，資本主義の爛熟が，社会

主義へ自然に移行するようなものではなく，逆に営利か厚生かをめぐる社会的コンフリクトを剥きだしにするところにある。このようなコンフリクトを理解するためには，資本が非市場的な要因を解体し，包摂・内面化してゆく局面に焦点を合わせた新しい理論が不可欠となる。しかし，純粋資本主義に基づく原理論では，変容はカテゴリカルに理論の対象外とされ，これに立脚する中間理論としての段階論も，不純な諸要因をただ列挙するだけで，歴史的発展は視界に入ってこない。

　グローバリズムの現実は，第二の拡張たる資本主義の部分性説にとっても致命的であった。資本主義化の道が閉ざされていたからこそ，帝国主義段階は没落期と規定できたのであり，新たな資本主義が発生する没落期というのは，どうみても語義矛盾となる。宇野の段階論支持者のなかには，それなら新たな第4段階を足せばよいと簡単にいう人もいるが，それはできない相談である。純化・不純化論には二段階がよく似合い，三段階が関の山，次から次へと増設を許せば，歴史的発展とは無縁の「類型化」で終わる。ましてや過去への「逆流」などといったのでは，戻りようにも戻る先のない新たな起源の存在は完全に視野の外に脱落してしまう。

　求められているのは，単なる段階区分の組み替えではなく，段階構成の方法なのであり，それには段階論の範囲にとどまらず原理論に遡り，純化・不純化論の基礎たる純粋資本主義論を批判し，新たな原理論を構築するほかない。こうした認識にたち，これまで私は私なりに，グローバル資本主義の新たな現実に接近する理論を模索してきたが[9]，いまだ解決の基本的方向さえ定かとはいえない。ただ，宇野が帝国主義段階の新たな現実に直面し，マルクスの資本主義像を批判的に捉えかえしたのと同じ目線で，宇野の資本主義像を批判的に検討することが解決の糸口となることまでは確信できる。

VI　資本主義の行方

　今回は，マルクスや宇野弘蔵が資本主義の行方をどのように捉えてきたのかを論じてきたので，最後にこの点に関して現時点での私の考えを添えておこう。宇野が帝国主義段階の限界とみた資本主義の部分性説が妥当性を失ったとすれ

ば，資本主義の行方を考える場は，再び先進諸国に戻ることになる。新たに資本主義化を遂げつつある諸国・諸地域の発展に容喙する資格は先進諸国にない。資本主義的発展は多くの問題を生むであろうが，それは発展する諸国の人びとの自治に委ねるべきなのである。

　ただ，これから資本主義的発展を追求する諸国と同じレール上で，先進諸国が競争し続けることには無理がある。事実，先進諸国の側ではすでに軌道の転換がはじまり，営利企業の活動が，教育，医療，介護，育児，学問，芸術，文化，スポーツ，娯楽など，消費生活の多様な領域に深く滲透し，資本による再構築が高次元で進んでいる。これまで資本主義が発展の基盤としてきた物的生産の範囲を逸脱し，同じ原理で人間生活の隅々に効率化が求められるなかで，手段を目的化するグロテスクな状況が生まれている。そこでは社会的コンフリクトが高まるなかで，営利追求とは異なる社会生活の編成原理が自ずと創出されてゆくであろう。

　むろん，現時点で将来の社会のあり方が決定されているわけではない以上，その具体像を演繹的な理論で描くことはできない。ただ，これまでの資本主義の歴史的発展をふまえ，その原理像を再構築することでみえてくるのは，熟成に続く離脱の道である。この離脱を促す原動力が，生産とはいえない領域への営利企業の止めどない滲透・分解作用にあるとすれば，離脱の内容は，市場そのものの全面的廃棄にはならない。投入と産出の間に技術的関係が存在し，客観的に効率性を計測できる物的生産の領域で，営利企業が活動することに不合理はない。また，生活過程の局面でなされるさまざまな消費的労働も，今後ますます社会的な性格を強めてゆくとすれば，賃金を通じた社会的評価を無理やり排除する必要はない。肝要なのは，生産とは異なる社会生活の領域において，それに相応しい労働のスタイルと，新たな社会的剰余の分配方式を創出することなのである。

　この場合，基本になるのはすべての労働者がなんらかのかたちで賃金を稼得できる職に就けることである。ただそれは，生産規模の拡大を必ずしも必要としない。成長なくして雇用の拡大はない，といったイデオロギーが支配的であるが，原理的に考えれば，物的生産の拡大は就労の確保に必須の条件ではない。一人当たり労働時間の短縮，単純なワークシェアリングだけでなく，社会的な

労働のスタイルから考えなおしてみる必要がある。私が誰かに何かを教えて賃金を得て，その賃金で今度は誰かに何かを教えてもらえば，たしかに所得を生み国民所得の増大に繋がるが，それは物的生産の拡張にともなう経済成長とは次元の違う話なのである。

　こうした先進諸国の軌道転換における最大の困難は，労働力の移動の問題である。もし労働のスタイルと評価を社会的な合意に基づいて決定するとすれば，決定単位を自治の理念でローカライズすると同時に，労働力の移動をコントロールする必要がある。国境を越えた人びとの交流や貿易は自由におこなえばよい。資本主義的発展の目覚ましい地域に資本が移動するのも，相手国のルールに服するかぎり問題はない。ただ，労働力に関しては移動を抑え，煩労には高い評価を与えてローカルに確保すべきなのである。このような労働力ベースの地域主義は，けっして排外主義を意味するものではない。低賃金の移民労働に依存してでも，ともかく成長を維持しなければならないというイデオロギーが，結果的に排外主義を助長するのである。いずれにせよ，資本主義の行方を考えてゆくうえでは，資本主義化と脱資本主義化がモザイク状に併存することの困難性を充分自覚する必要があるのである。

注
1) Davis [1967] 訳書120ページ以下およびKevin [2010] Chap. 4. 参照。
2)「1794年の夏には，フランスは戦いに勝利をおさめはじめていた。領土全域が解放され，いわゆる自然国境まで回復されていた。1789年から94年までのあいだに，さまざまな理念が乱立し言語さえ統一されていなかったフランスが，単一国家に変貌をとげたのである。／フランスには民族主義(ナショナリズム)がめばえていた。フランスは伝統と歴史をのりこえ，他国のさまざまな要求を断固としてしりぞけることができたのである。ここに，フランスから世界の各地にしだいにひろまってゆく三つの主題が登場したのであった。これらはその後さまざまのかたちでつちかわれてゆくのであるが，ともあれ，民主主義と民族主義，そして社会主義という革命のこの三つの大義はすべて，1789年7月14日のバスティーユ陥落に端を発したものであったのだ。」(Taylor [1980] 訳書33ページ)
3) 宇野 [1962]。
4) 宇野 [1950・52]，宇野 [1964]。
5) 宇野 [1971]。
6) 小幡 [2014] 第7章。

7) 大内 [1970] 第5章。
8) 馬場 [1986]，柴垣 [1997]。
9) 小幡 [2012]，小幡 [2013]，小幡 [2014]。

引用文献

Anderson, Kevin B., *Marx at Margins: On Nationalism, Ethnicity, and Non-Western Societies*, 2010.『周縁のマルクス——ナショナリズム，エスニシティおよび非西洋社会について』(平子友長監訳) 社会評論社，2015年。

Davis, Horace B., *Nationalism and Socialism: Marxism and Labor Theory of Nationalism*, 1967.『ナショナリズムと社会主義』(藤野渉訳) 岩波書店，1969年。

Marx, Karl, *Das Kapital*, Band I, 1867, nach der vierten Auflage 1890, in *Marx-Engels Werke*, Band 23, 1962.

Marx, Karl, *Das Kapital*, Band II, 1885, in *Marx-Engels Werke*, Band 24, 1963.

Taylor, A. J. P., *Revolutions and Revolutionaries*, 1980.『革命と革命家たち』(古藤晃訳) 新評論，1984年。

宇野弘蔵『経済原論』岩波書店，1950・52年。
宇野弘蔵『経済学方法論』東京大学出版会，1962年。
宇野弘蔵『経済原論』岩波書店，1964年。
宇野弘蔵『経済政策論 改訂版』弘文堂，1971年。
大内力『国家独占資本主義』東京大学出版会，1970年。
小幡道昭『マルクス経済学方法論批判——変容論的アプローチ』御茶の水書房，2012年。
小幡道昭『価値論批判』弘文堂，2013年。
小幡道昭『労働市場と景気循環——恐慌論批判』東京大学出版会，2014年。
柴垣和夫『現代資本主義の論理——過渡期社会の経済学』日本経済評論社，1997年。
馬場宏二『富裕化と金融資本』ミネルヴァ書房，1986年。

第3章　置塩理論とその展開

佐藤良一

はじめに

　日本という状況のなかで，社会科学としての経済学がどのような地平に到達したのを明らかにするという課題には，理論の歴史的展開と理論的多様性の両面から取り組む必要がある。あらゆる種差の理論を歴史的に跡づけるには大冊でも不十分であろう。ここでは，置塩信雄一人を軸として，マルクスがどのように生かされてきたか，そして置塩後にどのような課題が残されているかを検討することを通じて，主流派経済学に代わる対抗理論としての政治経済学が備えるべき観点を明らかにしたい[1]。経済学が社会科学の一分肢であるがゆえに，社会の〈有り様〉が人々の暮らしにとって望ましい帰結をもたらさない現実があれば，それを匡正するための実践的道筋を示すという責務を負っている。そのことは，人々にとって〈善き社会 Good Society〉がどのような条件を備えるべきなのかという問いにも連なっている。置塩理論を一つの参照枠として，現代の政治経済学に提起されている課題も検討される。

I　置塩経済学の源泉

　置塩は数理マルクス経済学のパイオニアとして世界的に知られるが，当初からマルクス経済学者であったわけではない。じっさい個人的に『資本論』を読むことがあっても「学生時代にマルクス経済学の授業を受けたことはなかった」[2]。当時，置塩が集中して学んだのはヒックス『価値と資本』に代表される近代経済学であった[3]。しかし，大学卒業（1950年）当時の時代状況が，社会を全面的・歴史的に把握したいという欲求を高めた。政治経済体制の選択という重大な問題に向き合わない近代経済学に無力感をいだいて，マルクス経済学へ

の関心を深めていった[4]。1950年代の前半に「収束条件とWorkingの問題」，「経済感応度について」，「生産力と有効需要」，「交換論について」，「均衡発展の可能性」といった諸論考を発表した。これらは，その後の置塩経済学体系の中核になっていった[5]。

　置塩経済学の源泉の一つがマルクスにあることは言うまでもない。マルクスから「1. 資本主義社会を過渡的なものとして把握すること，2. 経済学の対象が生産関係であること，3. 価値概念が資本主義的生産関係分析にとって不可欠なこと，4. 階級関係の分析を中軸とすること」を学んだ。『資本制経済の基礎理論』で学問上の恩恵を受けた経済学者と理論上の基礎概念を挙げている。リカード(「基礎部門」の概念)，マルサス(「支配労働量」の概念)，ケインズ(貨幣賃金率と実質賃金率の関係)，バヴェルク(剰余問題の提起の仕方)，ボルトケヴィッチ・柴田敬(数学的方法による古典的命題の再構成)，ヒルファーディング(複雑労働の還元の問題)，カーリン，ワルト，森嶋通夫(均衡解の存在，安定性についての数学的方法)[6]。ここに，「近代(ブルジョア)経済学」と言うだけで拒否することなく，あるいはイデオロギーと分析ツールを峻別して，自らの理論を構築していくという態度が表れている。

II　三つの視角

　置塩経済学の基本軸は変わらずに維持されていた。社会を総体として分析する方法をマルクスに学び，その成果は若き日に最初の単著として『再生産の理論』にまとめられた。〈存立〉，〈再生産〉，そして〈移行〉の三つの視点から社会が捉えられる。社会認識の点では極めて伝統的マルクス経済学者である置塩の方法は，生産力(人間の自然制御能力)と生産関係(生産をめぐる人と人との関係)の二つの基本軸から構成されているとも言い換えられる。

　経済学が引き受けるべき問題群は次のように表現される。

(Q1) 特定の生産関係が定着し，機能し得るためには，人間社会はどのような歴史的段階になければならないか。
(Q2) 人々は特定の生産関係に規定されてどのような経済活動をおこなうか。

(Q3) 人々の経済活動の合成結果として，どのような経済現象が生ずるか。
(Q4) さまざまな経済現象の間にはどのような相互関連があるのか[7]。
(Q5) 特定の生産関係を持続させるように，経済諸現象はどのように作用するか。
(Q6) 経済諸現象が人間の自然制御能力をどのように変化させるか。
(Q7) 経済諸現象は，どのようにして，特定の生産関係を廃棄し，そして新しい生産関係を生み出す諸条件を醸成するか。

(Q1) が特定社会の〈存立〉根拠を，(Q2)～(Q5) が社会の〈再生産〉のメカニズムを構成し，(Q6)(Q7) は他の社会形態に置き換えられる〈移行〉のメカニズムを構成している。存立，再生産，そして移行の三つの視角から特定社会を把握し，量的・質的に分析を進めねばならない[8]。人間も生物の一つであるかぎり，生命を維持するためにさまざまな財貨を消費しなければならない。自然界から直接にすべてを入手し得ないとすれば，人間の利用に合うように生産しなければならない。なにを，どれだけ，どのようにといった問題を解かねばならないが，そのためには〈量的〉分析が必要不可欠である。社会の〈移行〉も経済学の検討領域に含めるにしても，歴史貫通的に通用する量的分析が可能となるような尺度が求められる。しばしば引用される文章であるが，置塩は次のように断じている。

> 特定社会の諸現象を，人間社会を貫く一般的法則にまでたちかえって分析しようとする場合，経済学における基本的測定単位は各種生産物の物量単位と労働時間であることが明らかになる。私は労働価値説の基礎をここに見た[9]。

いかなる〈人間社会〉であろうとも，モノがあり，ヒトがいる。ヒトが自然界に直接働きかけて労働する状態から，道具を使う程度の自然制御能力の高さを前提するならば，生産財と消費財という二種類のモノの存在は想定されてよい。さらに，それまでの生産知識の蓄積を体化した生産技術も既知としよう。ここでは議論をさらに単純化するためにモノは生産財としても，消費財として

も用いられると想定する。モノの物量単位を [kg]，労働する時間の長さを分や秒ではなく，時間 [h] で測る。モノを 1[kg] 生産するのにモノ a[kg] とヒトの労働を τ[h] 必要とする技術が知られている。すなわち，

　生産技術：$(a[\text{kg}]/[\text{kg}], \quad \tau[\text{h}]/[\text{kg}]) \rightarrow 1[\text{kg}]$

　もし x[kg] 生産するのであれば，

　$(a[\text{kg}]/[\text{kg}] \times x[\text{kg}], \quad \tau[\text{h}]/[\text{kg}] \times x[\text{kg}]) \rightarrow x[\text{kg}]$

つまり，ax[kg] のモノと τx[h] の労働から x[kg] が得られるという関係がある。

　もし a が 1 に等しければ，新たに何も生み出していない。生産に消費した量を下回るだけしか生産できなければ，生産を繰り返すという意味での〈再〉生産は不可能になってしまう。モノが再生産されるためには次式が満たされねばならない。

　　(1)　$1-a>0$：純生産可能条件

これだけでは不十分である。ヒトの関与をまったく必要としない完全オートメーション社会を夢想しない限り，生産にはヒトの労働が必要である。ヒトが生存するためにはモノが必要であり，b[kg] の消費財があれば，労働 1[h] 生み出す労働力が得られるとしよう。純生産される量 ($=1-a$) は，次の不等式を満たさねばならない。

　　(2)　$1-a>b\tau$：労働生産性の再生産条件

この条件の含意をもう少し考えてみよう。現在の技術の下で 1[kg] のモノを生産するのに直接・間接に必要な労働量を t[h]/[kg] で表すことにすれば，次式で求められる。

　　(3)　$t=at+\tau \quad \therefore t=\dfrac{\tau}{1-a}$

純生産可能条件が満たされていれば，t は正になる。新たな物が生み出されているという意味で生産がおこなわれていれば，純生産可能条件は満たされているし，人間社会が持続してきたという歴史的事実からも，この条件は満たされてきたと言える。

t の大きさは計算できたので，b[kg] のモノを労働の観点から測り直せば b[kg]×t[h]/[kg]＝bt[h] となる．ヒトが繰り返し生産活動に参加できるという意味で，労働力が再生産されるには次式が満たされねばならない．

(4) $\quad 1-bt = 1-b\dfrac{\tau}{1-a} > 0$

容易に確かめられるように，上式は，先に示した「労働生産性の再生産条件」になっている．なぜ「労働生産性」というのか．ここまで，経済量には次元 (dimension) を明示してきたが，t の次元は [h]/[kg] となっていた．この逆数 $1/t$ の次元は [kg]/[h] となる．つまり，直接・間接に費やされる 1[h] の労働当たりに生産されるモノ [kg] の大きさになっている．社会に生きるヒトが協働してどれほどのモノを得ているかが測られているのである．ヒトの生存が保証されるため求められる労働生産性についての制約がここにある．

(5) $\quad \dfrac{1}{t} > b$

モノの生産が繰り返され (純生産可能条件)，そして労働する能力を備えたヒトが生存を続ける (労働生産性の再生産条件) という二つの条件が満たされれば，〈特定の生産をめぐるヒトとヒトとの関係〉のもとで人間社会は「再生産」される．労働生産性の再生産条件が満たされていれば，純生産可能条件も満たされるので，労働生産性が一定水準以上にあればよい．人間社会の存続のためにはモノ，ヒトの両面で「余り slack, surplus」がなければならない．

以上の極めて単純な社会で検討してきたのは，問題群の(Q1)だけである．「余り」が存在することから，(Q2)から(Q7)の問題を検討することが求められると言ってもよい．モノを生産する能力水準が与えられたとして，生産にかんする分析を進めようとすれば，生産をめぐるヒトとヒトとの関係がどのように切り結ばれているかを明確にしなければならない．だれが (直接労働の担い手はだれか)，なにを (生産物の種類と量)，どのように (技術選択，生産決定の担い手) 生産するのか，そして生産の成果をどのように分配するのか．資本制経済のもとにあっては，生産手段を所有している資本家が諸々の生産決定をおこない，直接労働を労働者が担う．いかなる人間社会でも満たされねばならない労働生産性の再生産条件は，どのように表現されるのであろうか．

労働者は貨幣賃金率 $w[¥]/[h]$ を受け取り，価格 $p[¥]/[kg]$ の消費財を購入するので，得られる消費財の量は $w/p(=R[kg]/[h])$ となる。労働力の再生産が可能となるには

(6)　$1-Rt>0$　$i.e.$　$\dfrac{1}{t}>R$

となっていなければならない。資本制経済が存立するためには，労働生産性は実質賃金率の水準を上回らなければならない。商品／貨幣経済でもある資本制経済で，貨幣賃金率は労働市場で，消費財価格は財市場でそれぞれ決定される。その合成結果として決まる実質賃金率がつねに上の不等式を満たす保証はない。資本制経済が長く存続してきたという歴史的事実から翻って，どのようなメカニズムをつうじて，それが満たされてきたのかを問う意味が生まれ，そのことが，具体的には問題群となってくるのである。三つの視角にもとづいて人間社会を分析するという方法の意義はここにあるのである。

III　蓄積の独立性

労働生産性に着目しながら解釈した第(6)式は「剰余条件」とも呼ばれる。周知のように「利潤の源泉が剰余労働の搾取にある」ことを論証した「マルクスの基本定理」である。

これまでと同様に生産財としても消費財としても利用可能な一つの財を想定すれば，利潤が存在するためには，次式が正値解をもたねばならない。

(7)　$p>ap+\tau w$

条件として $1-a>0$ $(\because (1))$，$1-Rt>0$ $(\because (6))$ が導かれる。つまり，純生産可能条件と剰余条件である[10]。

この論証では実質賃金率を〈所与〉として利潤［正値解］の存在が論じられているに過ぎないという意味で〈静学的〉という性格をもつ。しかし，動的存在である資本制における利潤存在を説くには不十分であることは言を俟たない。変動を繰り返しながらも，資本制経済が剰余条件を満たすか否かを説くことが必要不可欠なのである。

置塩・蓄積論として結実した理論研究の源は，マルクス，ケインズ，そしてハロッドであった。マルクスから社会総体の把握方法，階級対立，ケインズからは投資需要の規定性，そしてハロッドから投資の不安定性（不均衡累積過程）を学び，独自の置塩理論が創り上げられた[11]。

単純な一部門経済を想定し，実質賃金率もさし当たり所与とすれば，生産量は次式で決まる。労働者は賃金を全額消費に振り向けている。

(8)　　$X = aX + R\tau X + I$

補塡需要，労働者の消費需要は生産に誘発されて決定され，投資（I）だけが〈独立〉して決定される。生産規模はこの独立的に決定される蓄積に左右される。あるいは，利潤率の動向をみながら生産決定されるとすれば，そして利潤率が実質賃金率（R）の減少関数であることを考慮すれば，(8)式は次のように表現できる[12]。

(9)　　$X(R) = aX(R) + R\tau X(R) + I$

実質賃金率は，独立的に与えられる投資需要にたいして財市場の需給を一致させるように決定されるのである。経済のワーキングは蓄積需要の動きに決定されるという意味でも，きわめて重要であり，したがってどのように蓄積が決定されるかという問いにたいする回答が理論モデルの生命線になっている。

詳細は置塩（1967）『蓄積論』に譲るが，置塩モデルは資本蓄積率および実質賃金率から構成される次の縮約体系となる[13]。ただし，以下で δ：設備稼働率，σ：正常資本係数，l：労働係数である。

(10)　　$g_{t+1} = g_t + \beta(\delta_t(g_t) - 1)$

初期の資本蓄積率 g_0 が $\delta(g^*) = 1$ を満たす g^* に等しければ，資本設備は正常稼働され，そのもとで生産された財はすべて売り尽くされる。つまり，財市場の需給一致と正常稼働が満たされ，さらに利潤率も一定となるので，資本にとってきわめて望ましい状況であり，次期以降も同じ状態が持続される。つねにこの状態が実現されるという保証はなにもない。初期の資本蓄積率 g_0 が g^* から乖離すれば，その不均衡が累積していく。そのさい，実質賃金率がどのよ

うに振る舞うであろうか。

実質賃金率の次式にしたがって変動するので，

$$(11) \quad R_t = \frac{\delta(g_t)\sigma - g_t}{l\delta(g_t)\sigma}$$

g_0 が g^* に等しければ，一定値

$$(12) \quad R^* = \frac{\sigma - g^*}{l\sigma}$$

をとる。資本蓄積率が均衡値（g^*）から上方（下方）に離れると，現実の実質賃金率が均衡値（R^*）から下方（上方）に乖離し，その程度は累積していく[14]。蓄積率，実質賃金率は，上昇あるいは低下の一方向への運動を続ける。

ひとたび均衡から乖離すると，例えば，実質賃金率は低下し続けることになる。資本制経済のもとでは労働を担うのは労働者であって，自らの労働力を再生産するためには実質賃金率（すなわち，労働単位当たりの消費財の量）は一定水準（$\underline{R}$）以上でなければならない[15]。低下し続ければ，この $\underline{R}$ を下回ることになってしまう。社会を分析する三つの視角に立ち戻れば〈再生産〉のメカニズムを解き明かすことに通ずる。

つまり，社会としての〈存立〉条件を満たしていても，再生産条件が満たされなければ，持続し得ない。資本制経済は不均衡を累積するシステムであったとしても，歴史的には長い期間にわたって存続している。ここに説かれるべき問いがある。

独立に決定される蓄積需要の振る舞いを核にして，資本制経済の動きが決まるのだが，その振る舞いに任せておけば，実質賃金率の絶対的低下＝労働力再生産不能という契機が生まれ，自らの存在が否定されてしまう。つまり，資本制という経済システムは自らを否定する契機を内包しつつワークしているのである。別の言い方をすれば，資本制経済の存続を前提する限り，不均衡累積過程は逆転されざるをえないのである。不均衡累積性と逆転の必然性を結合すれば，資本制経済において，資本蓄積率をはじめとする主要経済変数は，上昇と低下を繰り返すという意味で〈循環〉という運動形態をとらざるをえないのである。資本制経済における景気循環の必然性である。

IV 置塩定理とその〈自己否定〉(?!)

　資本制経済が利潤を駆動力として推移するシステムであるかぎり，利潤率の振る舞いに最大限の関心が寄せられるのは当然である。システムの存立を問題にすれば，利潤率の長期的動向が焦点になる。利潤率の低下が不可避であれば，資本制経済の存立も危うくなる。マルクスは利潤率が傾向的に低下することを「法則」として定立した。マルクスの〈論証〉をめぐって，これまで無数の紙が消費されてきた。言うまでもなく，マルクス経済学者としての置塩もこの法則をめぐって議論している。「置塩定理」は世界的に知られているが，この定理をもって，置塩は利潤率の傾向的低下法則の「否定論者」とされることもある。しかし，これは〈誤読〉と言わざるをえない。

　マルクスはつぎのように考えた。

　周知のように利潤率は

$$(13) \quad r = \frac{M}{C+V} = \frac{M/V}{1+C/V}$$

と定義される。ここで，剰余価値率（M/V）が一定と想定する。そのもとで，資本の有機的構成（C/V）が高度化（上昇）すれば，利潤率の低下は不可避となる。言うまでもなく，利潤率は剰余価値率と資本の有機的構成の二つに規定されているので，両者の動きによって，利潤率は上昇することも，また低下することもある。そこで，剰余価値率一定の想定をめぐる議論が起こることになった。置塩は，その点に直接にかかわらない議論を展開する。資本の有機的構成を「生産の有機的構成」と読み替える試みをした。

　利潤率は

$$(14) \quad r = \frac{M}{C+V} = \frac{V+M}{C} = \frac{N}{C} = \frac{1}{C/N}$$

とも書き直せる。ここで，生きた労働（$N=V+M$）に対する死んだ労働（C）の比率を，資本の有機的構成に倣って「生産の有機的構成」と呼ぶ。生産の有機的構成が上昇するならば，剰余価値率が上昇しても，利潤率は低下していくことになる。

はたして，生産技術は生産の有機的構成を上昇させるように変化しているのだろうか。ポイントは資本制経済の下での技術進歩がどのようなタイプであるかを確定することに帰着する。1960年代に経済成長論が隆盛だった頃に，成長と技術進歩は重要な論点だった。得られた結論の一つは，均衡成長の実現と両立しうる技術進歩はハロッド中立に限られるというものだった。現在の文脈に即して言い直せば，生産の有機的構成が一定となる。マルクス流の低下法則の〈読み方〉は，第一に，資本制経済の存続にとって技術進歩のタイプが最重要な意味をもつということ，そして第二に，現実に技術がどのように進歩してきたかは実証の問題であって，有機的構成の上昇を〈前提〉する形での〈法則〉は定立しがたいということである。

ここまではマクロ的な議論であった。新しい技術がどのように生み出されるのかは，経済的要因だけで決まるものではない。科学的知識の発見・展開は，文化的・社会的・政治的等々の要因が複雑に絡み合っている。もちろん，経済的要請から新たな技術が生み出されることもあろう。とはいえ，目前にある既存の生産技術から〈選択〉するのは資本家である。新技術導入の基準を考慮した場合に，低下法則がどのように〈読まれる〉べきか，が要点であり，それに答えたのが〈置塩定理〉なのである。定理はつぎのように定式化される。

> 消費財で測った実質賃金率が一定であり，現行の賃金・価格で測った単位費用が低下するような新技術が基礎部門で導入されれば，新たに成立する均衡での均等利潤率は上昇する。

均等利潤率が〈上昇する〉という結論だけをみて，置塩を低下法則の〈否定論者〉と見做す向きもあった。しかし前提を認め，さらに論理的に考えれば，この結論は〈もっとも valid〉であり，一点の曇りもない。「問題は前提にあり」と断じて，定理を〈否定(!?)〉したのは，ほかならぬ置塩自身であった[16]。資本制経済が貨幣的生産経済である限り，実質賃金率が一定という想定は満たされない。貨幣賃金率と消費財価格は，それぞれ労働市場と消費財市場の競争に拠って決定されるが故に，両者の比，すなわち実質賃金率が一定となる保証はなにもない。置塩定理は，新技術が導入される前後で成立している均衡状態を

比較して導かれている。いわゆる，比較静学の結果である。ところが，資本制経済における競争が常に均等利潤率をもたらすような状態に行きつく（新たな均衡の成立）という保証もない。

　二つの仮定をはずしたモデルを構成し，シミュレーションの方法で得られたのは置塩定理にとって〈否定的〉結論であった。すなわち，技術変化がなければ，資本家間の競争によって剰余労働（利潤）は消失してしまう。正の利潤を得ようとするならば，新技術を絶え間なく導入しなければならない。

　利潤率の傾向的低下法則との理論的対峙をつうじて，置塩が示したのは，資本制経済が存続するために技術変化が有している重要性であった。一つは，技術進歩のタイプであり，もう一つは，技術導入の常時性であった。

むすび——"Marx" after Okishio

　置塩は約半世紀——神戸大学経済学部助手になった1950年から1990年に退官するまでの40年間，ついで大阪経済大学に移ってからの10年間——にわたって経済学研究の最前線に立ち続けた[17]。理論家としての置塩の主たる分析対象は資本制経済の動態であり続けた。『資本論』を「資本制社会を，人間社会の一つの過渡的形態としてつかみ，その基礎から，その傾向的運動にいたるまで分析し，資本制社会がまことに過渡的なものであり，その胎内に社会革命を孕み，自己否定を準備することを示した研究」[18]と位置づけつつ，展開順序を変更し，また異見を含む形で『蓄積論』を書き上げた[19]。

　かつてSteedmanは，*Marx after Sraffa*（1977）で労働価値説不要論を説いた。一つの理論体系の妥当性は，いうまでもなく選びとられる問題に依存する。たんに均等利潤率を成立させる価格体系を求めるだけであれば，価値概念は〈無用な迂回〉に過ぎなくなる。歴史的時間のなかでさまざまな形態をとってきた人間社会を対象とする立場をとるならば，社会の生成・発展・没落という過程が分析対象に選ばれる。とはいえ，人間社会の一形態である資本制経済という対象も変容しているのも事実であり，それを受けて，理論と対象との関係があらためて問われる。さらに言えば，資本制としてなにが変わり，なにが変わっていないのかを確定し，理論が引き受けねばならない要素としてなにがあるか

を見極める作業が求められるわけである。

　置塩が理論研究を続けていた半世紀にも，政治経済学にはさまざまな潮流があった。正統派マルクス主義，分析的マルクス主義，蓄積の社会的構造派，レギュラシオン派，スラッファ派，構造的マクロ理論等々[20]。それぞれの理論は，理論家が現実と格闘するなかで生み出されてきたわけであり，現象を分析するために案出された概念も違っている。理論と理論との種差を問題視するのではなく，必ずしも完全な体系ではなかったとしても，マルクス体系が資本制経済を分析する基礎になるとの共通理解が得られると前提したときに，置塩を〈読み解いた〉後に，なにが課題として残されるかを反省しなければならない。そうした意味を込めて，"Marx" after Okishio と提示した。

　分配を政治的課題として解決済み，あるいは分配状態を単なる与件と捉えて，純粋に財貨の生産・配分の効率性の問題のみを経済学が取り扱うべきであると言う新古典派の態度を棄却するのが，政治経済学である。人々の暮らしに望ましい帰結をもたらさない現実に働きかけ，それを匡正する実践的道筋を示す責務を負う政治経済学は，生産物の分配が拠っている資産の所有に踏み込まねばならない。ここに〈善き社会 Good Society〉実現のために政治経済学が取り組まねばならない要点がある。とはいえ，実現可能性の問題は別にしても，私的所有から公的所有に変更すれば，すべてが終わるわけでもない。置塩理論という舞台で資本家および労働者という存在はきわめてステレオタイプ化されている。現実と理論との間に距離があるとしても，その距離は理論を無化するということではなく，現象を読み解く上での有効性は失われない。そのことを了解しても，労働者も，選択の幅をもちえている現在，抽象度のきわめて高いモデルにあっても新たな人間像を想定する必要がある。

　政治的手段による再分配をとってみても，グローバル化が進展している現在，ボーダーを超えて資産が移動してしまうなかでの実効性を確保する方法が求められる。基本的に閉鎖体系である置塩理論では，十全には現実分析になり得ないという弱さもある。

注
1）　置塩信雄の著作目録として「置塩信雄博士記念号」『国民経済雑誌』162(3)，1990年，

「置塩信雄教授略歴・業績目録」『大阪経大論集』47(6), 1997年。
2) 早坂忠氏との対談のなかで述べている。置塩 (2004) 121ページ。
3) 「近代経済学」の〈読み〉については置塩 (1976) を参照。
4) Cf. Arestis and Sawyer (2000).
5) 置塩の著作目録については中谷 (1990) を参照。
6) 置塩 (1965) 6-7ページ。
7) この相互関連の「同時的および異時的関係の分析。そのための数学的手法の採用は不可欠である」(置塩 (1986) 8ページ)。
8) 三つの視角という類似性に限れば、それはアメリカ・ラディカル派の三次元アプローチ (A Three-dimensional approach) と同じであろう。水平次元 (競争), 垂直次元 (命令／統制), そして時間次元 (変化)。S. Bowles, R. Edwards and F. Roosevelt, *Understanding Capitalism*, 3rd ed., Oxford: Oxford University Press, 2005を参照されたい。
9) 置塩 (1957) 3ページ。
10) 生産財と消費財からなる二部門経済で利潤が存在するためには、次の価格体系
　（ⅰ）$p_1 > a_1 p_1 + \tau_1 w$　（ⅱ）$p_2 > a_2 p_1 + \tau_2 w$　（ⅲ）$w = p_2 R$
が、正値解 (p_1, p_2, w が正) をもたねばならない。そのための条件として、$1-a_1 > 0$　$1-Rt_2 > 0$ が導かれる。
11) Goodwin (1967) は労資対立を中心に据えたモデルを展開した。実質賃金率が労働市場の逼迫度に応じて変化するモデルであるが、財市場の需給がつねに一致しているという想定がなされている。資本制の重要な特質を踏まえて、規則的循環を生み出すモデルを構成したという点で理論的意義は大きいが、Say法則を前提している点が最大の弱点となっている。財市場の均衡と設備の正常稼働が満たされ続けても、労働市場に不均衡が存在する状況での循環運動発生を捕食者―被食者モデルで明らかにした点は多くの関心を引き寄せた。Goodwinモデルの二部門化については、Sato (1985) を参照。
12) 生産決定：$X = X(r)$, 利潤率：$r = (1-a-\tau R)/a = r(R)$ より $X = X(R)$
13) 詳細は置塩 (1967) の数学付録を参照。
14) 正確に表現すれば、次のようになる。〈稼働率の利潤率に関する弾力性が1を下回る〉という条件のもとでは、実質賃金率は資本蓄積率と反対方向の運動をおこなう。弾力性条件が満たされずに実質賃金率が資本蓄積率とともに上昇していったとしても、設備稼働率はいずれその物的上限に到達し、その時点以降は、実質賃金率は確実に低下していく。置塩 (1967) 315-317ページを参照。なお、数学モデルの展開および異端派のなかでの置塩モデルの位置づけについてはSato (2004) を参照のこと。
15) 不均衡累積の〈根拠〉は資本制の基本的矛盾にある。具体的には、(1)「資本制経済が商品形態による搾取社会であること」、(2)「労働者が搾取され、労働者の消費需要が制限されていること」、そして(3)「資本家が私的利潤のために生産の諸決定を無政府的に下すこと」。置塩 (1967) 199-200ページを参照。

16) Okishio (2000).
17) 置塩信雄 (1993)で「経済学者としてなにをやったか」をつぎの四つに整理している。(1)アダムスミスの問題：資本制経済の不安定性，(2)投下労働量と数学：労働価値論の解明，(3)社会主義とは何か：所有と決定，(4)資本制のゆくえ：技術変化と資本制。
18) 置塩信雄 (1976) 8-9ページ。
19) 中谷 (2014)を参照。
20) 三土 (1999)，森岡 (2010；2014)を参照。

参照文献

[1] 三土修平 (1992)「搾取論の回顧と展望」『経済理論学会年報』第29集，191-205ページ。
[2] 三土修平 (1999)「分析的マルクス主義と置塩理論」『愛媛経済論集』第18巻第3号，1-18ページ。
[3] 森岡真史 (2010)「置塩経済学の理論と方法」『季刊 経済理論』第47巻第2号，89-100ページ。
[4] 森岡真史 (2014)「置塩経済学と森嶋経済学」『季刊 経済理論』第50巻第4号，60-72ページ。
[5] 中谷武 (1990)「置塩信雄教授の経済学」『国民経済雑誌』第162巻第3号，115-135ページ。
[6] 中谷武 (2014)「置塩『蓄積論』再考」『季刊 経済理論』第50巻第4号，5-15ページ。
[7] 置塩信雄 (1957)『再生産の理論』創文社。
[8] 置塩信雄 (1965)『資本制経済の基礎理論』創文社 (増訂版，1978年)。
[9] 置塩信雄 (1967)『蓄積論』筑摩書房 (第二版，1976年)。
[10] 置塩信雄 (1976)『近代経済学批判』有斐閣。
[11] 置塩信雄 (1977)『マルクス経済学——価値と価格の理論』筑摩書房。
[12] 置塩信雄 (1977)『現代経済学』筑摩書房。
[13] 置塩信雄 (1978)『現代経済学の展開』東洋経済新報社。
[14] 置塩信雄 (1980)『現代資本主義分析の課題』岩波書店。
[15] 置塩信雄 (1986)『現代資本主義と経済学』岩波書店。
[16] 置塩信雄 (1987)『マルクス経済学 II——資本蓄積の理論』筑摩書房。
[17] 置塩信雄 (1987)『現代経済学 II』筑摩書房。
[18] 置塩信雄 [編著] (1988)『景気循環』青木書店。
[19] 置塩信雄 (1993)『経済学はいま何を考えているか』大月書店。
[20] 置塩信雄 (2004)『経済学と現代の諸問題——置塩信雄のメッセージ』大月書店。
[21] 置塩信雄・伊藤誠 (1987)『経済理論と現代資本主義』岩波書店。
[22] 置塩信雄・新野幸次郎 (1957)『ケインズ経済学』三一書房。
[23] 置塩信雄・野沢正徳編 (1982)『日本経済の民主的改革と社会主義の展望』大月書店。
[24] 置塩信雄・鶴田満彦・米田康彦 (1988)『経済学』大月書店。

[25] 佐藤良一 (2011)「公理的外部——置塩理論再説」法政大学比較経済研究所／長原豊編『政治経済学の政治哲学的復権』法政大学出版局。
[26] Arestis, A. and M. Sawyer (2000) *A Bibliographical Dictionary of Dissenting Economists*, 2nd ed., Aldweshot: Edward Elgar.
[27] Goodwin, R. M. (1967) "A Growth Cycle," in C. H. Feinstein ed., *Socialism, Capitalism and Economic Growth: Essays Presented to Maurice Dobb*, Cambridge: At the University Press.
[28] Howards, M. C. and J. E. King (1992) *A History of Marxian Economics*, Vol. 2, 1929-1990, Macmillan (摂津純雄訳『マルクス経済学の歴史』ナカニシヤ出版, 1998年).
[29] Okishio, N. (1961) "Technical Changes and the Rate of Profit," *Kobe University Economic Review*, No. 7, pp. 85-99. (in Kruger, M. and P. Flaschel eds. (1993) *Nobuo Okishio—Essays on Political Economy*, Peter Lang.)
[30] Okishio, N. (1977) "Notes on technical progress and capitalist society," *Cambridge Journal of Economics*, 1, pp. 93-100.
[31] Okishio, N. (2000) "Competition and Production Prices," *Cambridge Journal of Economics*, 25, pp. 493-501.
[32] Sato, Y. (1985) "Marx-Goodwin Growth Cycles in a Two-Sector Economy," *Zietschrift für Nationalökonomie*, 45, pp. 21-34.
[33] Sato, Y. (2004) "Okishio's Theory of Accumulation in the Tradition of Heterodox Economics," DP #04E003, Institute of Comparative Economic Studies, Hosei University.
[34] Sato, Y. (2012) "Okishio Theory Revisited in the Light of 'Axiomatic Externality'," *Journal of International Economic Studies*, No. 26, pp. 51-65.

第4章　抽象的労働説と独占価格論

飯田和人

はじめに

　マルクス学派の場合，価格論は労働価値論を基礎に展開されることが一般的である。それは再生産可能価格論[1]であると同時に剰余価値論としても展開されるが，これは利潤の源泉を労働によって産出された価値生産物（＝純生産物）の中に明らかにしようとするためである。

　独占価格論においても事情は同じである。この価格論が独占利潤の源泉を問題にする以上，その理論的基礎には必ず労働価値論が据えられる。こうした独占価格論の通説的な地位におかれているのが剰余価値再分配論[2]である。これは，独占利潤の源泉のすべてを当該の独占部門以外の部門（主に非独占部門）で産出された価値もしくは剰余価値に求め，その移転・再分配として独占的超過利潤の源泉を説明する理論である。さらに言えば，この剰余価値再分配論は，いくつかある労働価値論の類型の中でも最も一般的な体化労働説を基礎に展開されている。

　これに対して，小論がここで展開する独占価格論は，独占利潤の源泉のすべてを剰余価値再分配論で説明することもなければ，体化労働説を基礎に据えることもない。ここで依拠する労働価値論は，抽象的労働説と呼ばれる理論的類型に属している[3]。これは，体化労働説が抽象的人間的労働を価値の実体として労働・生産過程で自存するものとして捉えるのに対して，市場すなわち流通過程において商品が貨幣に転化することによって商品生産労働が抽象的労働として実現される，と認識する。言い換えるなら，抽象的労働説は商品の貨幣への転化（W—G）によって労働が抽象化され，それがまた価値を生産する抽象的労働として実現されるという論理をとるのである。

　したがって，この抽象的労働説では，市場で実現された労働はすべて価値を

生みだした労働として認められる。つまり，市場で評価される限り，あらゆる商品生産労働は価値形成労働であり本源的所得（＝国民所得）の源泉になる。それゆえにまた，ここで社会的総労働は，それが市場で実現された限りにおいて新しく生み出された価値（＝純生産物）の合計すなわち国内純生産（NDP）を産出した労働としても捉えられることになるのである。

もちろん，独占価格もまたそこに含まれる独占利潤も，基本的にはこれと同じ理論によって説明される。つまり，当該商品が市場で貨幣によって実現される限り，それを生産した労働は価値形成労働であり本源的所得の源泉になるということであり，この意味では独占価格も通常の競争的価格と変わらないのである。では，この独占価格と通常の競争的価格との違いはどこにあるのか？

通常の競争的価格は，景気循環過程に付随する市場の需要と供給の変化に応じて不断に変動を繰り返すのに対して，独占価格の場合は，そうした周期的変動を超えて価格を維持できるというところにある。

また通常の競争的価格の場合，好況期にはその供給に対して需要が上回ることから価格が上昇し，その結果として意外の利潤（＝超過利潤）を獲得できるが，不況になると逆に，その減退する需要に対して供給過多となって価格が下落し，好況期に獲得した超過利潤を相殺するような形で意外の損失（マイナスの超過利潤）が発生する。したがって，この場合，景気循環の1サイクルを通してみれば，この種の超過利潤はプラス分とマイナス分が相殺されてしまうと考えることができる。これに対して，独占価格の場合は，こうした周期的変動を超えて価格を維持できるところから，景気循環の1サイクルを通してみても，その独占的超過利潤が同じように維持可能なのである。

それでは，こうした景気循環の周期的変動を超えて維持される独占的高利潤の源泉は何なのか？　これを抽象的労働説に基づいて解明していくことが小論の目的である。

I　景気循環過程における期間的超過利潤の発生

さて，景気循環過程では総需要と総供給との乖離がつねに見られるが，需要不足（供給過剰）のときには商品の安売りや売れ残りを原因として企業利潤が

縮小し，逆に供給不足（需要過剰）のときには商品の価格上昇によって超過利潤が発生する。

こうして景気循環の諸局面に応じて発生するプラスとマイナスの超過利潤を期間的超過利潤と呼ぶとすれば，この期間的超過利潤がマイナスの局面ではある種の「価値破壊」が行われ，それがプラスの局面においては逆に「価値の創造」が行われると見ることができるであろう。そこで，抽象的労働説にとってまず問題とすべきは，この「創造された価値」が何を原因としているのかということである。

実は，こうした価値の創造は，過去の蓄積された価値（＝蓄蔵貨幣）が流通に入り込むことで商品の価値を生きた労働が新たに生産した価値よりも過大に実現し，これらが市場で新たな価値として社会的承認を受けることで可能になる。では，どのようなメカニズムを通して過去の蓄積された価値が流通過程に投入され，またどのようにして期間的超過利潤を含む商品の価値が実現される（すなわち価値の創造が行われる）のか？

すでに述べたように，問題の期間的超過利潤は景気循環の各局面において総供給と総需要とが乖離するところから発生する。そして，こうした総需要と総供給の不一致は，総供給を与えられたものとすれば，総需要（＝消費需要＋投資需要）の変動によってもたらされることになる。いまここで消費需要についてはその供給と等しいと仮定すれば，経済全体の総需要と総供給の不一致は，もっぱら生産手段に対する需要（投資需要：補塡投資＋純投資）と供給の違いによって与えられることになるであろう。

ここからは事柄をより単純に示すために，上に示した前提に基づいて景気循環の各局面における総供給と総需要との変動を論ずることにしよう。

このような前提下では，経済全体の総需要と総供給の不一致は，いわゆる償却基金，蓄積基金といった投資準備金等への組み入れと，それら基金の取り崩しによって行われる実際の投資（更新投資および純投資）との比較において，そのどちらが大きいかによって規定されている。したがって，ここで経済全体の総供給よりも総需要が上回るのは，上述した償却基金や蓄積基金などの取り崩し（＝現物補塡）額がそれら諸基金への組み入れ（＝貨幣補塡）額よりも大きくなる場合である。

むろん実際には，このような過去に蓄積された価値の流通過程への動員は信用を媒介にして行われる。それは，基本的には〈預金―払出〉および〈貸付―返済〉という，いわゆる還流の法則と中央銀行の金融政策とによって規定されているが，ここにおいては，事柄をさらに単純化するために投資については〈預金―払出〉という環流の法則だけを前提し，信用創造をともなう〈貸付―返済〉や中央銀行の金融政策については捨象することにしたい。
　そこで，この基金取り崩し（投資）額が基金組み入れ（貯蓄）額よりも大きい場合には，経済全体として総需要が総供給を超過する状態となって在庫の縮小から生産の拡大が始まり，やがて産出量水準の増加傾向を生み出していく。これはいわゆる好況期の特徴であり，ここにおいては経済全体でプラスの超過利潤が発生し増加していくことになる。
　しかしながら，また実際の景気循環にあっては，このような景気の拡大は長期にわたって永続することはない。一定期間後には，諸資源のボトルネックや投機的取引の崩壊などによってピークアウト局面を迎えることになるのである。
　景気が後退局面（そのドラスティックな現象が恐慌）に転換するきっかけや障害はさまざまなものがあるが，仮にこれらの障害をすべてクリアしたとしても，資本主義経済には乗り越えられない限界がある。それは，産業予備軍の枯渇から生まれる賃金上昇と利潤率低下すなわち資本過剰である。恐慌とそれに引き続く不況過程は，基本的にはこの過剰資本の整理・解消のプロセスとして捉えられるのである。
　さて，景気が反転して不況過程に入ると，そこでは基金組み入れ（＝貨幣補塡）額がその取り崩し（＝現物補塡）額よりも大きくなる。この場合，経済全体として相対的に供給過剰の状態となり，在庫の増大からやがて生産調整が始まって全体の産出量水準は縮小傾向となる。これは不況期の特徴だが，このような商品の売れ残りが発生し在庫が増大していく局面では，さきほどの好況過程とは逆のメカニズムが働いて経済全体でマイナスの超過利潤が発生するのである。
　いずれにしても，このような不況過程では，経済全体としてマイナスの超過利潤が発生し，他方，好況過程ではプラスの超過利潤が発生しているわけで，このことによって景気循環全体として期間的超過利潤はプラス・マイナス・ゼ

ロになると考えることができる。ただし，これは不況過程で発生したマイナス分を好況過程のプラス分で穴埋めするというよりも，好況過程で発生したプラスの超過利潤分を恐慌・不況過程で発生するマイナスの超過利潤分で帳消しにされるという形でのゼロサム・ゲームだということである。以下，この点についてもう少し詳しく論じておこう。

景気が底離れし，前回の景気循環におけるピーク時の産出量水準に追いつくまでを景気回復期とし，それを超えて産出量水準が増大し，やがてピークアウトの時期に至るまでを拡張期とすれば，好況過程は景気回復期と拡張期との2期に分かれる。

このうち，景気回復期は，前回の循環でつくりだされた経済の潜在的成長力が実現されていくプロセスである。と同時に，前循環の不況過程で発生したマイナスの期間的超過利潤をプラスの期間的超過利潤で取り戻していく過程でもある。他方で，景気の拡張期は新しい潜在的成長力をつくりだしていくプロセスともなる。とりわけ，この間の資本設備の増強によって，前回の景気循環を上回る潜在的成長力が培われるのである。

ただし，このプロセスも永続しない。やがて，この好況過程は，景気の過熱を経て恐慌・不況過程に転換するが，そこで発生するマイナスの期間的超過利潤は景気拡張の過程で増大し続けたプラスの超過利潤を相殺していくことになるのである。また，言うまでもなく，この恐慌・不況過程で発生するマイナスの超過利潤は，景気拡張期に発生したプラスの超過利潤を帳消しにするだけではなく，その部分を超えてマイナスを増加させていく可能性もある。そして，このさらなる期間的超過利潤のマイナス分が，次の景気循環の好況過程の回復期におけるプラスの超過利潤で穴埋めされることになるのである。

すでに論じたように，基金取り崩し（投資）額が基金組み入れ額（貯蓄）よりも大きい場合には経済全体として総需要が総供給を超過する状態となり，プラスの超過利潤が発生する。もちろん，このような超過利潤部分は，先行する総需要の増大に追随する形での産出量水準の増加によって実体化されていく限り，いわゆるインフレ的な超過利潤ではなく，実体的な価値（＝純生産物）の裏づけをもつ超過利潤となる。要するに，潜在的成長力の範囲内であれば，需要はそれ自らの供給をつくりだしていくことが可能だということである。

逆に，不況過程ではマイナスの超過利潤が発生するが，ここにおいては先行する総需要の減退に引き続く産出量水準の減少によってそのマイナス分が実体化される。つまり，そこで発生したマイナスの超過利潤は各企業の損失となって，それぞれ蓄積基金の取り崩し等によって実体的な価値として穴埋めせざるをえないのである。あるいは，この不況過程で企業や銀行倒産等による価値破壊が発生すれば，好況過程でプラスの超過利潤という形で実現された実体的な価値は現実的に破壊され消滅していくのである。

こうして1循環をならせば，景気循環の好況過程と不況過程で発生したプラスとマイナスの超過利潤は相殺されると見ることができるが，注意すべきは，これはあくまでも景気循環の中で周期的な変動を繰り返す通常の競争的価格を想定した場合に限られるということである。言い換えるなら，通常の競争的価格の場合，インフレ・デフレといった貨幣の尺度基準の変更による価格変動を捨象した上で，その供給構造や需要構造に変化がない（生産性不変，嗜好や所得水準の変化さらには海外部門の捨象）とすれば，景気循環過程の中での，ある一定期間の価格上昇は他の期間の価格下落によって相殺され，こうした価格変動から発生するプラス・マイナスの期間的な超過利潤は（ある種のゼロサム・ゲームとして）無視することができる，ということなのである。

これに対して，独占価格はそうはならない。それがいったん独占価格として設定されるなら，それは景気循環による周期的変動を超えて維持され，その独占的超過利潤もこの景気循環を超えて持続させられることになるからである。そこで問題は，このような景気循環の周期的変動を超える，独占価格からもたらされる独占的超過利潤の源泉は何か？

結論を先取りして言えば，問題の独占的超過利潤の源泉は，過去の蓄積された価値である。それが流通に入り込むことで当該商品の価値を過大に実現し，これらが新たな価値として社会的承認を受けることによって独占的超過利潤が実現されるのである。言い換えるなら，この独占的超過利潤は，過去の蓄積された価値（その提供者）からの収奪によって成り立っている，ということである。では，独占資本は，どのようにして過去の蓄積された価値を流通過程に導き，これを収奪することによってその独占的超過利潤を実現していくのか？この問題については節を改めて論ずることにしよう。

II　景気循環の周期的変動を超えて持続する独占価格

　独占には，基本的に買い手独占（＝需要独占）と売り手独占（＝供給独占）とがあり，そこからまた独占価格は買い手独占によって指令された価格と，売り手独占によって指令され設定された価格との2種類が存在する。このうち買い手独占は〈企業対企業〉との関係であり，売り手独占の場合には，その関係だけではなく〈企業対消費者〉の関係が含まれている。ここでは，まず前者から検討してみよう。

　買い手独占は，買い手側の独占資本と，それにより指令された独占価格での販売を強制される売り手側の非独占資本との関係であるが，いま売り手側の非独占部門の供給構造が以下のようになっていたとする。

生産者	個別的価値	生産物価値	資本構成
		（ C ＋ V ＋ M ）	（C／V）
A企業	105	95C＋ 3V＋ 7M	31.67
B企業	113	98C＋ 7V＋ 8M	14.00
C企業	134	93C＋20V＋21M	4.65
D企業	146	91C＋25V＋30M	3.64
E企業	150	90C＋29V＋31M	3.10

　ここで，この生産部門モデルの供給構造の内容から説明しよう。ここにおいては，まず各企業の個別的価値生産物（V＋M）が捉えられ確定される。それは，各企業において商品1単位あたりの生産に実際にかかった労働時間に社会的労働1単位あたりの貨幣評価を乗ずることによって算出される[4]。こうして計算されたものは，単なる各企業の個別的な価値生産物ではなく，貨幣を通して社会的に評価された価値生産物である。

　次に，こうして与えられた各企業の個別的な価値生産物から，既知である各企業における商品1単位あたりの賃金（V）を差し引き，残りを剰余価値M部分として価値生産物の構成（V＋M）を確定する。その上で，これも既知である各企業の商品の不変資本（C）部分を組み込んで，各企業の商品の個別的価値とその構成（C＋V＋M＝生産物価値）を表示したものが上記の表である。し

たがって，この生産部門モデルでは，当然のことながら各生産者の供給量のウエイトが考慮されていないことは注意を要する。

　そこで，このような供給構造をもつ市場において，そこに社会的価値（＝市場価値）が与えられるなら，それと個別的価値との差額であるプラスとマイナスの特別剰余価値が発生することになる。たとえば，ここで社会的価値が仮に134なら，A企業はその個別的価値105が市場では135で通用するのでプラス30の特別剰余価値を獲得できるということである。

　この論理は，言うまでもなく剰余価値再分配論である。つまり，A企業の獲得するプラス30の特別剰余価値は同一部門の他企業の生み出した剰余価値の移転・再分配分なのである。ただし抽象的労働説に立つ場合，このような剰余価値再分配論を援用する際には注意を要する。というのも，抽象的労働説では，市場で評価された労働はそのまま価値を生産した労働として認められるからである。そうである以上，そのような労働が生産した価値の中に移転・再分配された価値部分が入り込んでいるということ自体がおかしい，ということになろう。では，この問題はどう考えるべきか？

　留意すべきは，このような移転され再分配された剰余価値が現れたのは，それぞれの商品を生産した諸労働に抽象的労働説固有の尺度基準（＝社会的労働1単位当たりの貨幣評価）を乗じて社会的に評価・換算され価値（＝個別的価値）を算出し，これと各労働が実際に市場で実現された価値（＝社会的価値）とを比較したことからであった。この比較によって，プラスとマイナスの特別剰余価値がその差額分として導き出されたのである。それなしには，この差額分が表に現れることはない。したがって，このような論理的操作をしない限り，商品生産労働は，各市場で与えられた貨幣量（＝価格）で実現され，それらは当該の商品生産労働が生産した価値として社会的に認められる。すなわち，抽象的労働説がそのまま適用されるのである。

　では，何ゆえにこのような特殊な剰余価値再分配論を措定したのか？　実は，ここで前提されているように個別生産部門内で市場メカニズムが作用する場合，このような剰余価値の移転・再分配が行われることも事実であり，それはまた資本の運動を介して遂行され実現されるのである。ここでは，そうした価格形成に伴う資本の運動を抽象的労働説の立場から理論的に組み込むために，この

ような論理的操作を施しているということである。

　さらに言えば，ここで剰余価値再分配論を措定した理由はもう一つある。いま問題にしているのは独占的超過利潤の源泉である。そこで解明されるべきは，この源泉が生産された剰余価値総額（したがってまた，そこから再分配された剰余価値）だけでは足りず，それ以上の価値（すなわち過去の蓄積された価値）が動員されることでこの不足分が充たされる，ということであった。そのために，ひとまず再分配された剰余価値額を提示し，その上でこの再分配された剰余価値額を超える独占的超過利潤の源泉は何かという問題を提起することで，ここでの課題に応えようというわけである。

　さて，そこで買い手の独占者は，すでに提示したような売り手の供給構造を前提しながら独占価格（＝買い取り価格）を指令する。その際まず言えることは，買い手の独占者にとって最も有利な価格は，当該部門の最優秀の生産条件をもち，最も低い個別的価値で供給可能なA企業の生産物価値105だということである。

　ただし，この価格では，次に生産性の高いB企業がマイナス8の特別剰余価値（105－113＝－8）を余儀なくされ，これによってB企業が自ら産出した剰余価値8Mをも失って，利潤ゼロの状態に陥ることになる。となれば，B企業以下のすべての企業が文字通り赤字経営を余儀なくされ，この市場から退場せざるをえなくなる。これでは，買い手独占も，必要な需要量を充たすことは不可能である。そのため，独占者は自らの需要量と当該部門の供給構造を勘案しながら，その買い取り価格を決めなければならないのである。

　この場合，独占者にとって最も合理的で有利な買い取り価格は119もしくは120であろう。独占者が，このような買い取り価格（＝独占価格）を指令した段階で，この価格は当該部門で供給される商品の社会的価値として通用することになり，この社会的価値と個別的価値との差額である特別剰余価値が発生する[5]。そして，こうして発生した特別剰余価値の中に独占者が収奪すべき超過利潤の源泉が存在するのである。

　そこで，いま仮に価格が119に設定された場合を想定すると，この部門の限界供給者E企業は，自らの剰余価値31Mに相当する価値部分（150－119＝31）が市場メカニズムを通して他者に移転・再分配され利潤ゼロの状態に陥る。た

だし，その買い取り価格が120に設定された場合，かろうじて1MだけがE企業の利潤（31M−〔150−120〕=1M）として残されることになる。そこで，この独占者は当該部門の限界供給者の費用価格（90C+29V=119）よりも1ポイント高い120に買い取り価格を設定したと仮定しよう。

生産者	個別的価値	生産物価値	特別剰余価値
A企業	105	95C+ 3V+ 7M	+15ΔM
B企業	113	98C+ 7V+ 8M	+ 7ΔM
	120	指令された独占価格（買い取り価格）	± 0
C企業	134	93C+20V+21M	−14ΔM
D企業	146	91C+25V+30M	−26ΔM
E企業	150	90C+29V+31M	−30ΔM

この仮定の下では，A企業は，その個別的価値105と販売価格（=社会的価値）120との差額+15の特別剰余価値（ΔM），B企業は+7の特別剰余価値を獲得し，C企業は−14，D企業は−26，E企業は−30のマイナスの特別剰余価値を余儀なくされる。

この場合，この部門全体のマイナスの特別剰余価値の総額は70であり，このうち22は同じ部門内部のA企業とB企業のプラスの特別剰余価値として配分され，残りの部分（−48ΔM）は独占者（買い手）がこの部門（供給者）から収奪した価値分となるのである。

次に，売り手独占をみていこう。売り手側の独占部門の供給構造が以下のような構成になっていたとする。ここで，当該生産部門モデルの供給構造の成り立ちと各生産者の個別的価値の構成は，先ほど説明した買い手独占の場合と全く同じである。

生産者	個別的価値	生産物価値	資本構成
A企業	106	95C+ 5V+ 6M	19.00
B企業	123	98C+12V+13M	8.17
C企業	146	96C+25V+25M	4.00
D企業	165	94C+36V+35M	2.61
E企業	180	97C+43V+40M	2.26

そこでいま，このような供給構造をもつ生産部門において，いわゆるプライ

スリーダーによって価格が指令され，他の企業はこうして設定された独占価格に追従するものとしよう。ここでプライスリーダーとなる企業は，その生産条件が最も優れ供給量のウエイトも高い企業であるが，ただし上記の生産部門モデルにおいては，先ほどの買い手独占の場合と同様に各企業の供給量の大きさ（ウエイト）が明示されず，個別的価値の違いだけが示されているにすぎない。むろん，常識的には生産性の高い企業の供給量のウエイトは高く生産性の低い企業のウエイトは低い。いずれにしても，ここで言うことは，プライスリーダーは当該部門の需要量と供給量とを勘案しつつ，他部門からの参入者を阻止しうるような価格を設定しなければならない，ということである。

そこで，いまこの部門のプライスリーダーが170という価格を指令し，これを当該部門の販売価格として設定したとしよう。この価格は，当該部門の限界供給者であるE企業の費用価格（C＋V）よりも30ポイント上回る価格である（170－〔97C＋43V〕＝30）。

そこで，プライスリーダーがこのような販売価格（＝独占価格）を指令し，部門内の他の企業がこれに追従する限り，この価格は当該部門で供給される商品の社会的価値として通用し，この社会的価値と個別的価値との差額である特別剰余価値が発生することになる。

生産者	個別的価値	生産物価値	特別剰余価値
A企業	106	95C＋ 5V＋ 6M	＋15ΔM
B企業	123	98C＋12V＋13M	＋47ΔM
C企業	146	96C＋25V＋25M	＋24ΔM
D企業	165	94C＋36V＋35M	＋ 5ΔM
	170	指令された独占価格（販売価格）	± 0
E企業	180	97C＋43V＋40M	－10ΔM

この場合，当該部門で最も生産性の高いA企業の個別価値106は，市場では170で通用するところから，＋64の特別剰余価値（ΔM）を獲得できる。同じようにB企業は＋47，C企業は＋24，D企業は＋5であり，限界供給者のE企業にだけはマイナスの特別剰余価値（－10ΔM）が発生し，この部分は市場メカニズムを通して同一部門内のより生産条件の優れた企業に分配されることになる。

さて，ここにおいては上述した市場メカニズムを通してプラスとマイナスの特別剰余価値が発生するが，このうちプラスの特別剰余価値の総額は＋91である。これに対してマイナスの特別剰余価値は－10である。では，この差額の価値部分（＋81）はどこからきたのであろうか？　つまり，その源泉は何なのか？

　当然，考えられることは，それが他部門で生産された価値・剰余価値の移転・再分配分だということであろう。そこで，ここにおいてもまた，その論理を適用するとことにしたい。そうするのは，抽象的労働説に立ちながら剰余価値再分配論を適用した先程と同じ理由である。つまり，ここでは，景気循環の周期的変動を超えて持続する独占価格からもたらされる独占的超過利潤の源泉だけを問題にするということである。

　その独占的超過利潤の源泉こそが，実は過去に蓄積された価値なのである。要するに，過去に蓄積された価値が流通過程に動員されることで，この種の独占価格が実現され，そのことを通してまたその中に含まれた独占的超過利潤が実現されるということである。では，この過去に蓄積された価値はどのようにして流通過程に導かれたのか？

　まず確認すべきは，この過去に蓄積された価値の本源的な存在形態は蓄蔵貨幣であり，それはまた償却基金，蓄積基金さらには各種の消費準備金等々の形態で存在しているということである。そして，これらはまた発達した信用制度の下では銀行等の金融機関に預けられ，預貯金の形態で流通過程の外部に蓄蔵されている。

　好況期においては，これらの過去に蓄積された価値が，投資や消費の拡大を通して流通過程に大量に動員され，上昇を続ける諸物価を先導しつつ，そこで取引される諸商品の価値を実現していく。そして，この限りにおいては，問題の独占的超過利潤を含む独占価格も，通常の競争的価格も別に違いはないのである。つまり，好況過程においては，独占価格であれ通常の競争的価格であれ，そこにプラスの超過利潤を発生させるような総需要の増大は，いずれの場合も，その背後に過去に蓄積された価値の流通過程への大量動員が存在しているということである。

　ところが，すでに確認しているように，通常の競争的価格は恐慌やそれに続

く不況の下では，減少する総需要に対応しての価格下落をまぬがれず，そこからまたマイナスの超過利潤を余儀なくされる，ということに注意しなければならない。その結果，この場合には1循環をならせば例の期間的超過利潤はプラス・マイナス・ゼロになってしまうのである。

これに対して，独占価格は，このような景気循環の周期的変動を超えて持続させられる傾向があり，むしろ逆に不況下でこそ独占資本はカルテルその他の手段によって独占価格を維持しようとする傾向が強い。独占的超過利潤が景気循環を超えて持続させられる理由は，この不況過程で独占価格が下方硬直性をもつところにある。そして，問題は，この不況過程で独占価格を維持するための過去に蓄積された価値の流通過程への動員がどのようになされるのか，ということである。

そこで，買い手独占と売り手独占の2形態あるうち，まずは買い手独占のケースではどうであろうか？　買い手独占の場合，不況下では買い手の需要が減退していくにもかかわらず，その買い取り価格（＝独占価格）はほとんど低下しない。この場合，供給側は非独占部門や非独占資本（中小，零細企業）であり，その減退した需要に応じた供給量，生産量では生産物1単位当たりのコストが上昇していくにもかかわらず，その販売価格は低いままに維持され続けるのである。

このような場合，これらの中小，零細企業は，その存続のためにも独占資本の指令した低価格での供給を続けることを余儀なくされる。そして，それによって生じた赤字分は，結局のところはこれまでに蓄積してきた自己資金で穴埋めしながら，その経営を存続していかなければならなくなるのである。こうした赤字補塡に用いられるのが，まずは好況時に積み立てられた蓄積基金であり，それでも足りない場合に取り崩されるのが減価償却基金等である。これらは，言うまでもなく過去に蓄積された価値そのものであった。

次に，売り手独占のケースではどうであろうか？　ここにおいては不況下にあっても高く設定された独占価格がそのまま維持され続ける。この商品の需要者が同じ独占資本である場合，自ら指令する独占価格にこれを上乗せし転嫁することが可能だが，中小，零細企業の場合にはそうはいかない。結局のところ，赤字補塡を余儀なくされて蓄積基金や償却基金を取り崩していかざるをえなく

なるのである。

　この売り手独占の需要者が消費者である場合も同様である。彼らの所得は不況下で減少を余儀なくされているのだが，それでも生活必需品に独占価格が設定されている場合には，他の消費を切り詰めてもこの購買を続けなければならない。ここで切りつめられた消費の対象となる商品が非独占部門によって供給されている場合，この部門はその影響を受けて需要の減退から赤字経営を余儀なくされる可能性もある。そうなれば，同じようにその赤字補塡のために過去に蓄積された価値を動員せざるをえないのである。

　他方，消費者はその独占価格の設定された生活必需品を確保するために他の消費を切り詰めるが，それでもまだ不足する場合には，これまでに蓄えてきた消費準備金等を取り崩すことになる。この場合には，消費者自身が過去に蓄積された価値を流通に動員することで，直接的に独占価格を維持し，そこにふくまれた独占的超過利潤を維持するということになるであろう。

　以上，買い手独占と売り手独占のケースに分けて，不況下の独占価格を維持するために，どのようにして過去に蓄積された価値が流通過程に導かれ，この独占価格に含まれた独占的超過利潤が実現されていくのかをみてきた。

　もちろん，個々の経済主体（消費者や企業）にとっては，その過去において自ら蓄積してきた価値（蓄積基金，償却基金，消費準備金等々）には限りがあり，これらを取り崩しても間に合わないこともある。そのようなときには，銀行などの金融機関からの融資によって資金を調達することになるが，この融資資金の基礎にあるのは自分以外の他者によって形成された，いわば社会全体の「過去に蓄積された価値」なのである[6]。

　この他に，赤字を補塡していくためには，証券などの金融資産やそれ以外の資産（不動産や貴金属等々）を売却して貨幣を調達することも当然のことながらありえよう。これらの資産が換金され，その貨幣が流通過程に動員される限りでは，これもまた過去に蓄積された価値とみることは可能であるが，それ自体は，むしろ「過去に蓄積された富」[7]として捉えられるべきであろう。

III　国家による過去に蓄積された価値の動員

　かくして，買い手独占においては供給者たる非独占部門からの収奪によって，売り手独占においては需要者たる非独占部門や消費者からの収奪によって，独占的超過利潤は維持されている。それはまた，過去に蓄積された価値や富を源泉として実現され，独占資本主義の発展とともに膨張し続けていくのである。

　それというのも，独占資本主義の発展につれて独占部門したがってまた独占価格が設定される部門はその経済規模を拡大していく傾向をもち，逆に通常の競争的価格が展開される非独占部門はその経済的規模を相対的に縮小していく。かくして，独占資本主義の発展とともに，この拡大していく独占的超過利潤は，より拡大された規模での過去に蓄積された価値の流通過程への動員を不可避とするからである。

　ただし，この独占価格，さらにはそこに含まれる独占的超過利潤を維持するために，過去に蓄積された価値を取り崩さざるをえないのは，非独占部門の企業（中小，零細企業）や消費者だが，かれらが流通過程に動員できる過去の価値にも一定の限界がある。しかも，独占資本主義が発展すればするほど，独占価格が設定される独占部門の経済的規模は拡大し続けることから，それら非独占者によって過去に蓄積された価値の流通過程への動員だけでは間に合わなくなるような事態も当然に出てくることになる。

　では，こうした不足分は何によって穴埋めされるのか？　結論から言えば，これは財政出動による国家資金の供給に頼らざるをえないということである。そして，実際のところもまた独占資本主義のある段階（国家独占資本主義）からはそうなったのである。

　独占資本主義といえども景気変動はまぬがれない。その場合，好況期には過去に蓄積された価値が大量に流通過程に動員され，一定期間中は総需要が総供給を上回り続けることから，ある種の価格維持政策をともなう景気対策は必要としないが，不況期にはそうはいかなくなる。そこで，この不況下で政府による景気対策（＝有効需要創出政策）が展開されたとすれば，それは結果的に件の独占価格（さらにはそこに含まれる独占的超過利潤）を下支えすることにな

るのである。

　もっとも，このような景気対策のための財政出動がいわゆる均衡予算のもとで行われるなら，それは単なる財政による所得もしくは価値の再配分機能として把握されるべきであろう。その限りにおいて，この種の独占的超過利潤の源泉は，例の剰余価値再分配論の理論的枠内で処理できるはずである。

　しかし，それが国債の発行による赤字予算を組んで実施されるのなら，問題は別になる。この国債発行は，ここでの理論的脈絡に従って言えば，政府によって行われる過去に蓄積された価値の流通過程への動員の一形態として把握されなければならない。要するに，それは，政府が国債の発行を通して過去に蓄積された価値を調達・動員し，これを財政支出の形で流通過程（市場）に投入しているということだからである。

　この場合，国債の買い手は，基本的には自らの経常的な所得の中から国債購入代金を支払うわけではなく，預貯金等の金融資産を用いて（そのポートフォリオの一環として）国債を購入するはずである。そして，その購入資金が預貯金（＝蓄蔵貨幣）の取り崩しによって捻出されるなら，それはいわば間接的な形で民間の所持する過去に蓄積された価値を政府が流通過程に動員したということになる。また，国債がその購入者の別の資産を売却することによって得た資金で購入されたとすれば，それは過去に蓄積された価値ではなく富がそのために動員された，ということになるであろう。

　その際，国債の買い手は過去に蓄積された価値や富を国債という富の一形態に変換したわけだが，他方で国債の発行者である国家にとっては，そのことによって国民に対する借金を負ったということである。もちろん，この借金は，いずれ国民から徴収した税金によって国債所有者に返済（償還）されなければならない。だとすれば，このような国債の発行に依存した財政支出によって維持された独占価格，もしくはそこに含まれる独占的超過利潤とは，将来の国民が税金として支払われなければならない価値の収奪，その先取りによって成り立っているということになるのである。

おわりに

　このような国債の発行に依存した財政支出，したがってまた財政赤字は，言うまでもなく不況期における景気対策の結果としてだけ生み出されるわけではない。それ以外の理由はさまざまに存在しているのである，しかしながら，このような独占価格もしくはそこに含まれる独占的超過利潤を維持するための政策が，独占資本主義のもとでの国家財政の悪化の原因の一部となりうること，これは，独占資本主義を分析する上での極めて重要な論点の一つなのである。

注
1) ここで再生産可能価格とは以下の二つの意味を持つ。①社会的再生産そのものを可能にする価格，②商品の生産者にとって繰り返し供給することが可能な価格である。古典派経済学における自然価格やマルクスの生産価格がそれに該当する。
2) この剰余価値再分配論の古典的類型としてヴェ・セレブリヤコフ『独占資本と物価』(堀江邑一・団迫政夫共訳，清和書店，1937年) があげられる。わが国では，マルクス学派の独占価格論はほとんどこの類型に属するが，なかでも古典的文献として取り扱われるべきものとして，松石勝彦『独占資本主義の価格理論』(新評論，1972年)，本間要一郎『競争と独占』(新評論，1973年) の2点をあげておこう。
3) 小論は，「関係主義的な抽象的労働説と国民経済計算」(『東京経大学会誌 経済学』第277号，2013年2月)，「抽象的労働説と再生産可能価格」(明治大学『政経論叢』第81巻第3・4号，2013年3月) に続く，抽象的労働説に関する三部作の完結編である。
4) この社会的労働1単位あたりの貨幣評価は，抽象的労働説における価値の尺度基準であり，国内純生産額 (NDP) を社会的総労働時間で除すことによって与えられる。詳しくは，前掲拙稿「抽象的労働説と再生産可能価格」50-52ページを参照されたい。
5) このような社会的価値と個別的価値との差額として特別剰余価値が発生するためには，いわゆる一物一価法則の存在が前提となる。ただし，ここで言う「一物一価」とは，自由競争市場における価格法則という意味ではなく，単に同種同質の商品の市場に成立した一つの価格 (＝社会的価値) というほどの意味である。前者の場合，供給者にとってこの一つの価格は市場から与えられるのに対して，後者は供給者自身 (ここではプライスリーダー) によって設定され指令されうる価格なのである。
6) どんなに強力かつ巨額な信用が展開されたとしても，経済全体の「過去に蓄積された価値」を超えるような規模にはなりえない。それほどにこの過去に蓄積された価値は大きいということであり，資本主義が発展すればするほどそれは巨額なものとなる。
7) 平瀬巳之吉『独占資本主義の経済理論』(未来社，1959年) は，ここで論じた独占的

超過利潤の源泉を「蓄積された過去の富」の中に求めている。それは「過去において生産され，現在ではすでに流通界から姿を消し，諸個人の財産となっている富」である。平瀬独占価格論は，これらの過去の富が貨幣に換えられて流通に動員されることで独占的超過利潤が実現されるという論理をとる（前掲書，286-304ページ参照）。この平瀬理論は自らを「貨幣＝流通利潤論」と称するもので，景気循環過程で発生する期間的超過利潤をも守備範囲に収めた，抽象的労働説にもとづく独占利潤論とはその理論的枠組みは異なっている。しかしながら，独占的超過利潤の源泉を「過去に蓄積された価値」に求める筆者の発想そのものは，この平瀬独占理論から極めて大きな示唆を受けていることは間違いのないところである。なお，近年この平瀬独占価格論を取り上げた文献として「独占資本主義の理論——平瀬・白杉論争とその今日的意義」（一井昭『ポリティカル・エコノミー『資本論』から現代へ』桜井書店，2009年）がある。

第5章　国民所得論と生産的労働
──サービス商品という擬制──

渡辺雅男

はじめに──問題の提起

　スターリンは1952年に発表された彼の最後の著作『ソ同盟における社会主義の経済的諸問題』のなかで,「私は, 教科書草案中に国民所得にかんする新しい章を無条件にいれるべきだと考える」という発言を行った[1]。「教科書」とは当時日本でも学習運動が繰り広げられた『経済学教科書』のことである。理由も述べずに行われたこの唐突で権威主義的な発言は, 当のソビエトで「一種異様な重みをもってマルクス主義経済学者にその解明〔対応〕を迫った」が, 引き起こされた状況は日本のマルクス経済学においても同様であった[2]。国民所得論に対するマルクス経済学者の関心が一気に高まるきっかけとなった有名なエピソードである。

　だが, その後の議論は, 野々村一雄が言うように, もっぱら国民所得分析の実質的な諸問題の解明に向かい,「国民所得分析が与えられた国民経済の総過程的な把握のなかでいかなる位置を占めるか」という問題, すなわち「国民所得分析の位置ないし限界の問題」には向かわなかった[3]。しかも, 議論は「生産的労働のみが国民所得を生産する」という基本命題から出発したが, この基本命題が提起されるや「生産的労働とはなにか」「価値を生産する労働とはなにか」「サービス労働は価値を生産するか」といった疑問がつぎつぎと発せられて, 人々の関心はいつしか国民所得論から離れ,「生産的労働」や「サービス商品」をめぐる論争へと強く傾斜していったのである[4]。

　出発時の不幸な状況はその後の論争の内容にも暗い影を落としている。なぜなら, 結果的にその後の論争は,（1）国民所得論の基本命題をそれこそ無条件に受け入れてしまい, その背後にある神秘化の論理に対しては無批判・無頓着

となってしまったからであり，(2)一方でサービス商品という国民所得論の擬制概念を無批判に受け入れたことで，また他方でそれとは鋭く対立するマルクスのサービス論 (J. B. セーへの批判に際して展開されたマルクス独自の「使用価値としてのサービス」論) を無視あるいは軽視したことで，「いわゆるサービス」と「本来のサービス」という対立概念を無意識のうちに抱え込み，それにより深刻な自己撞着に陥ってしまったからである。

 もちろん，この呆れるほど長い論争のなかでも，多少の方法論的反省が行われなかったわけではない。例えば，(2)についてはかなり早い時期に問題点の指摘が行われていた[5]。だが，(1)については，問題についての自覚も欠けたまま今日に至っている。マルクスは『資本論』第3巻第48章で分配部面における三位一体的定式の不合理を取り上げ，そのような定式を生むに至った神秘化の論理を批判しているから，問題解決の突破口を探るとしたら，手がかりをこの「神秘化」論の批判に求めることがむしろ自然であると言えるのではないだろうか。

I 国民所得論に潜む不合理

 現行の国民所得論の「商品」概念は二つの基本命題から成り立っている。市場で取引される商品には有形の財貨と無形のサービスがあるという第一命題と，財貨もサービスも年々の(労働)生産物であるという第二命題である。

 だが，この二命題は一見して不合理である。第一に，無形のサービスと言っても，その実体はきわめて曖昧であり，有形・無形の区別も感覚的，直感的である[6]。第二に，サービスがすべて生産物であるかどうか，これもまた疑問である。例えば，介護サービス，医療サービスがどのような意味で「生産」なのか，それが問われることはない。

 こうした不合理が生まれるのは，国民所得論では，どんな経済活動も市場で取引される商品という形式を通して捉えられると信じられているからである。「経済活動はすべて取引 (transactions) によって表現される」[7]という大前提から出発するのが国民所得論である。この点に関して，かつて都留重人は，国民所得を「交換妥当の概念」であると喝破し，市場経済に包摂されない部門 (政府

部門や家計部門）が市場の外に広がっている事実を指摘しつつ，経済活動を市場部面でのみ捉えることの誤りを批判した[8]。ただ，国民所得論が批判されるべきはこの点にとどまらない。むしろ，最大の批判は，国民所得論が，市場に包摂された経済活動をおしなべて生産活動と捉えてしまっている点にこそ向けられるべきである。なぜなら，例えば，介護，医療，教育といった明らかに生産活動とは言えない社会的機能，さらには商業，信用，消費といった非生産的な経済活動が，第三次産業の名の下でサービス生産を行うものと考えられているからである[9]。次元の異なる第三次産業を第一次，第二次産業部門と同一の次元で論じることにそもそもの無理がある[10]。

　ところが，こうした不合理は，「サービス」を商品として想定したとたんに見えなくなる。なぜなら，それによって，人々の視野と関心は市場部面に限定されてしまうからである。市場ではすべての取引対象に貨幣が支払われており，すべての労働がなんらかの取引対象を産出（生産）するものと信じられている。市場を支配する常識がそうしたものであるならば，この常識に従うかぎり，事態に不合理を感じるいっさいの動機はそもそも存在しなくなる。「サービス」についての詮索も，あえてこれを行う必要はない。こうして「サービス」商品は反証を許さない擬制（fiction）となるのである。

II　交換過程と「サービス」

　国民所得論が展開される本来の場は，交換過程であり，市場である。交換過程は(1)取引の対象，(2)取引の場，(3)取引の主体という三つの要素によって構成されているから，交換過程がどのような神秘化を引き起こしているのか，各要素に即して考えてみたい。

1　取引の対象

　まず，取引対象と使用価値の関係である。以下の三つの引用文はきわめて示唆的である。

　①「商品を生産するためには，彼〔労働者〕は使用価値を生産するだけではなく，他人のための使用価値，社会的使用価値を生産しなければならない。

｛……商品となるためには，生産物は，それが使用価値として役だつ他人の手に交換によって移されなければならない。｝」[11]
　②「どの売買行為でも，およそ交換過程が行われるかぎりでは，たしかに対象物は手放される。いつでも，売られる対象の所有は譲り渡される。しかし，価値は手放されない。」[12]
　③「役立ち（サービス）というのは，商品にせよ労働にせよ，ある使用価値の有用的な作用にほかならない。」[13]

　ここから明らかになるのは，以下の点である。「商品にせよ労働にせよ」取引対象は社会的な使用価値を備えて市場に現れる。取引対象が商品である場合，その後の事態は比較的理解しやすい。市場に登場した商品は有用性（使用価値）を備え，交換過程で持ち手を変換する。所有の譲渡が行われるからである。交換が終了したとたん，取引対象は消費の場に引き渡され，消費対象へと姿を変える。消費過程では対象は新たな持ち主の恣意的支配に委ねられ，消費者に対して「有用的な作用（＝サービス）」を行う。

　では，取引対象が労働である場合はどうだろうか。この場合でも，事情は同じである。労働機能にも有用性（使用価値）がある。取引対象である労働は交換過程でその持ち手（所有者）を変換する。労働者は一定時間買い取られて，消費の場に招き入れられる。労働者はこの消費過程で新たな持ち手（顧客であり消費者である）のために有用的な作用（＝サービス）を行う。

　こう考えてくると，一見無造作に並べられたかに見える上記三つの引用文は，取引対象（商品にせよ労働にせよ）の使用価値について，その生産（①），交換（②），消費（③）と，連続する一連の過程のそれぞれ異なる局面を記述したものであることに気がつく。そこにおいてサービスは使用価値の実現（消費）に関して問題になるにすぎない。

　次に，取引対象と価値との関係であるが，これについても，『資本論』のなかの有名な一節が思い起こされる。

　「ある物は，価値ではなくても使用価値であることがありうる。それは，人間にとってのその物の効用が労働によって媒介されていない場合である。たとえば空気や処女地や自然の草原や野生の樹木などがそれである。」[14]

　マルクスは社会的使用価値を有しながら，しかし労働生産物ではない例とし

てここで「空気や処女地や自然の草原や野生の樹木など」を挙げた。だが，皮肉なことに，当時商品化されていなかったこれらのいくつかが，現在では商品化され，市場で取引されている。水資源あるいは空気（二酸化炭素排出権）である。だが，市場でいくら取引されるようになったからといって，労働生産物でないこれらの取引対象が価値を持つと主張することはできないだろう。市場で取引されるようになったということは，それらが価格をもち，社会的使用価値として認められるようになったということ以上の意味を持たないからである。この点を指して，マルクスは次のように述べている。

「次のことを銘記しておかなければならない。というのは，それ自体としては少しも価値をもたない物，すなわち，土地のように労働の生産物でない物とか骨董品や特定の名匠の作品などのように少なくとも労働によって再生産することのできない物の価格は，非常に偶然的ないろいろな組み合わせによって規定されることがありうるということである。ある物を売るためには，その物が独占できるものであり譲渡できるものであるということのほかには，なにも必要ではないのである。」[15]

このように人間の労働生産物でなくても，取引対象になりうる。自然素材も商品化され，市場で取引されうる。ある物や活動が市場でデビューするためには，社会的使用価値を持てばよいのであり，「それが独占されまた譲渡されうるものだということ以外には，なにも必要としない」のである。こうして取引に携わる交換当事者の意識から価値への関心が消えていく。

2 取引の場

取引が行われる場は市場であるが，この市場は等価交換の場であると同時に暴力的支配の舞台でもある。

「商品は，自分で市場に行くことはできないし，自分で自分たちを交換し合うこともできない。だからわれわれは商品の番人，商品所有者を捜さなければならない。商品は物であり，したがって，人間にたいしては無抵抗である。もし商品が従順でなければ，人間は暴力を用いることができる。言いかえれば，手ごめにすることができる。」

マルクスはこの文章に注として以下の文章を付け加えている。「当時のフラ

ンスの一詩人は，ランディの市場にあった商品のうちに，服地や靴や革や農具や皮などのほかに『みだらな女たち』をも数えている。」[16]

つまり，市場は暴力によって支配されたあらゆる対象を，それが社会的使用価値を有する限り受け入れる。取引対象は，広くは商品と呼ばれ，そのうちには物財だけでなく，人間も，あるいはその労働も数え入れられる。

すべてを呑み込むこのような市場を発展させる原理は社会的分業である。

「商品のための市場は，社会的分業によって発展する。いろいろな生産労働の分離は，これらの労働のそれぞれの生産物を互いに商品に転化させ，相互にとっての等価物に転化させ，それらの生産物を互いに市場として役だたせる。」[17]

だが，分業の介在によって，市場での神秘化にはさらに拍車がかけられる。価値と価格の区別に対する無頓着が市場の常識であり，また，分業がすべての活動に社会的独立という外観を与えるかぎり，そこから生まれてくる意識は以下のようなものである。市場で取引されているから，あるいは社会的分業によって独立しているから，取引対象は価値生産物であり，労働は生産的労働である。もちろん，そのような意識は虚偽であり，そのように意識された内容は誤りである。なぜなら，「分業，すなわちある一つの機能の独立化は，もしその機能がそれ自体として生産物を形成し価値を形成するものでないならば，つまり，独立化される前からすでにそういうものでないならば，その機能をこのようなものにするものではない」[18]からであり，あるいはまた，「売買期間は相変わらず価値をつくりだしはしない〔からである〕。商人資本の機能によって一つの幻想がはいってくる。だが，ここではまだこの幻想に詳しく立ち入らないとしても，次のことだけははじめから明らかである。すなわち，それ自体としては不生産的であっても再生産の必然的な一契機である機能が，分業によって，多数の人々の副業から少数の人々の専業にされ，彼らの特殊な業務にされても，この機能そのものの性格は変わらないということである。」[19]

価値を生産しない労働機能（流通や金融）がどれだけ市場に深く包摂されても，どれだけ社会的分業の下でその機能を独立化させても，価値を創造する労働になることはできない。しかし，分業の進展と市場の広がりはこうした現実を神秘化し，虚偽の意識で置きかえる。

3 取引の主体

先に見たように,「商品は,自分で市場に行くことはできないし,自分で自分たちを交換し合うこともできない」から「商品の番人,商品所有者」が商品を市場に運び込んでやらなければならない。取引対象の生産者がその所有者であるのか,それとも別の他者であるのか,それがさしあたりの問題である。

市場での取引対象が商品の場合,二つのケースが考えられる。第一のケースは,商品の生産者と商品の所有者が同一人格の場合である。第二のケースでは,前者と後者が異なる人格に分かれる場合である。この場合,市場に現れる所有者は生産者と別人格の商人(商業代理者)となる。対象が労働の場合も,同様である。第一の場合は,労働の遂行者(労働者)とそれを市場で販売する人格とは同一である。独立自営の労働者の場合である。第二のケースは,賃労働―資本の関係が取引以前に存在していて,そのうえで取引が開始される場合である。この場合,労働現場での労働主体と市場での交換主体とは異なる。

絶対的に生産的とはいえない介護労働者・医療労働者を考えてみよう。あるいは「みだらな女たち」を考えてみてもよい。介護を行う者は介護労働者,それを雇って介護機能を他者に販売する者は介護施設の経営者,それぞれ別の人格である。売春行為を客に対して行うのは「みだらな女たち」自身であり,彼女に客を取らせて上前を掠め取るのは彼女の用心棒(ヒモ)や置屋の主人である。両者は別の人格であり,そこには通常,搾取関係が存在する。介護(医療)施設の経営者であれ,置屋の主人であれ,彼らは介護労働者や医療労働者あるいは売春行為者の雇用主(労働機能の所有者)であって,市場に労働機能を商品として持ち込む商品保護者である。

マルクスは彼らのことを次のように語っている。「(みだらな女たちを含む)これらの物を商品として互いに関連させるためには,商品の番人たちは,自分たちの意志をこれらの物にやどす人として,互いに相対しなければならない。したがって,一方はただ他方の同意のもとにのみ,すなわちどちらも両者に共通な一つの意志行為を媒介としてのみ,自分の商品を手放すことによって,他人の商品を自分のものにするのである。」[20]

介護(医療)施設の経営者にとって,あるいは置屋の主人にとって,介護(医療)労働者の行う介護(医療)機能,あるいは性労働者の性行為が大きな意

味をもっているとしても,それは,彼らがサービス(役だち)を求めているからではない。サービスはあくまで予想された(期待された)可能性として顧客の側に存在するのであって,経営者にとっては市場で労働機能が取引される際の一条件にすぎない。経営者にとっての最大の関心は,市場での売買取引がどれだけの額で成立するか,雇用する労働者からいかに多くの労働量を搾り出すことができるかという収益性と搾取の問題である。

では,これらの労働者の価値生産性の問題はどうなのだろうか。

たしかに介護(医療)労働者は自分自身,労働力の所有者である。だから,彼らの収入は介護労働,医療労働という要因に連関させられており,これらの要因から発生したかのようにみえる。その限りでは,介護労働者や医療労働者は,他の生産的労働者と同様,彼らが労働機能を果たすことで,賃金を経営者から受け取る。介護労働,医療労働,あるいは売春行為を行う労働者が労働力の所有こそ「商品のいろいろな価値成分をこれらのそれぞれの所有者たちに帰属させ,したがってそれらを彼らにとっての収入に転化させる原因である」[21]と考えるのも頷ける。だが,「価値は,収入への転化から発生するのではなく,収入に転化させられ収入という姿をとることができるようになる前に,そこに存在していなければならない。」[22] はたして,介護労働や医療労働や売春行為は,市場に持ち込まれる以前に,言い換えれば,顧客がその機能に対して貨幣を支払う以前に,価値を「定在」させていたのだろうか,価値を生産・創造していたのだろうか。それは収入が発生する市場部面に視野を限定させているかぎりわからない。

III 「賃労働―資本」関係と価値生産

介護・医療労働者が介護・医療施設の経営者に雇用され,あるいは性労働者が置屋に囲われるようになると,取引主体と労働主体の分離が一般化する。極端なケースとして,介護・医療労働者が,介護企業や医療企業に雇用される賃労働者である場合を考えてみよう。近代的な賃労働―資本関係がこうした明らかに生産とはいえない部面で成立した場合である。これは都留の想定をはるかに超える事態である。

第5章 国民所得論と生産的労働　93

　だが，それはマルクスの想定内の事態である。手がかりは不生産的な賃労働者のケースである。マルクスの議論では商業労働者，保険業の例にあたる。前者は流通部面で成立した賃労働―資本の関係であり，後者は金融部面で成立した賃労働―資本の関係である[23]。

　商業的賃労働者の場合，「彼の収入が単なる労賃として現れ，自分のした労働への支払いとして現れるかもしれない」し，あるいは病院勤務の医師の場合のように，彼の収入は「比較的高給な労働者一人の労賃にしか匹敵しないかもしれない」[24]。ただし「彼の労働は価値を創造する労働ではない」[25]のであって，それは彼が本源的に生産機能を担う生産労働者ではないからである。このことは金融部面でも変わらない。なぜなら，社会的総生産を考えてみたとしても，「利潤つまり剰余価値の一部分，したがってまた新たに追加された労働だけを（価値から見れば）表している剰余生産物の一部分は，保険財源として役だつ。その場合，保険会社が別個の事業としてこの保険財源を管理するかどうかは，少しも事の性質を変えるものではない。」[26]だから，保険労働者は，たとえ保険会社に雇用される賃労働者になったとしても，彼が価値不生産的である点は変わらない。これもまたマルクスが保険業について想定していた範囲内の事態である。

　労働がさまざまな分野で資本に包摂されていくのと足並みを揃えるように，商人資本や金融資本のような価値不生産的な資本も一般的利潤率の形成に参加していく。

　「商人資本は，剰余価値の生産には参加しないにもかかわらず，剰余価値の平均利潤への均等化には参加するのである。それゆえ，一般的利潤率は，すでに，商人資本に帰属するべき剰余価値からの控除分，つまり産業資本の利潤からの控除を含んでいるのである。」[27]

　「科学的分析の進行のなかでは，一般的利潤率の形成は，産業資本とその競争から出発して後にはじめて商人資本の介入によって訂正され補足され修正されるものとして現われる。」[28]

　だから，商人資本の分析は価値不生産的な資本の分析の第一歩であって，たとえば以下の記述もこれら雑資本が可変部分と不変部分に分かれている点で，なんら他の資本と変わりないことを理解するための有力な根拠である。

「われわれがここで考察する費用は，買うことの費用であり，売ることの費用である。すでに前にも述べたように，このような費用は計算や簿記や市場取引や通信などに帰着する。そのために必要な不変資本は，事務所や紙や郵便料金などから成っている。その他の費用は，商業的賃労働者の充用に前貸しされる可変資本に帰着する。」[29]

産業資本家たちからすれば，労働者の生活過程は資本を再生産するための必要契機に属す。ただし，それは産業資本家が売りつけた商品の消費過程である。資本の再生産の必要契機であるが，労働者個人の不生産的な消費過程である。これらの生活過程が消費される商品にまったくなんらの価値も付加しないとすれば，この生活時間は，それが生活者本人でなく，他者である「サービス」労働者によって負担されることになっても，その性格は変わらないということは明らかである。「このような機能は価値を増殖しもしないし剰余価値を創造しもしない。……これらの操作に費やされる労働時間は，資本の再生産過程での必要な操作に費やされるのではあるが，しかし少しも価値をつけ加えはしない。」[30]

福祉や医療，あるいは教育といった社会的機能についても，事情は同様である。こうして価値を創造することはないが，しかし，価値創造には今日絶対に必要であるような機能は，ひとたび民営化されれば「資本─賃労働」関係に包摂される。もちろん，だからといって，彼らを価値生産的な賃労働者であると考えることはできない。マルクスはこの点に関して次のように述べている。

「生産規模が発展すればするほど，同じ割合でではないにしても，産業資本の商業的操作，したがって価値および剰余価値を実現するための労働やその他の流通費もますます増大する。そのために商業賃金労働者の充用が必要になり，このような労働者が固有の事務所を形成するようになる。商業賃金労働者のための出費は，労賃の形でなされるとはいえ，生産的労働の買入れに投ぜられる可変資本とは区別される。それは，直接には剰余価値を増加させることなしに，産業資本家の出費，前貸しされるべき資本の量を増加させる。なぜならば，この出費によって支払われる労働は，ただすでに創造されている価値の実現に用いられるだけだからである。」[31]

「商業労働者と直接に産業資本の使用する労働者とのあいだには，産業資本

と商業資本とのあいだに生ずるのと，したがってまた産業資本家と商人とのあいだに生ずるのと同じ区別が生ぜざるをえない。……このような店員たちの不払労働は，剰余価値を創造しないとはいえ，商業資本のために剰余価値の取得をつくりだすのであって，結果からみればこの資本にとってはまったく同じことである。」[32]

商業資本についてここで言われている「区別」は，まさにいわゆる「サービス資本」についても当てはまる。だが，現象の皮相な観察者の目にこのような「区別」は入らない。神秘化がさらに進行しているからである。

商業賃金労働者について，マルクスはさらにつぎのようにも指摘している。
「一面から見れば，このような商業労働者も他の労働者と同じに賃金労働者である。第一には，労働が商人の可変資本によって買われ，収入として支出される貨幣によって買われるのではなく，したがってまた，個人的サービスのためにではなく，ただそれに前貸しされる資本の自己増殖という目的だけのために買われるかぎりで，彼は賃金労働者である。第二には，彼の労働力の価値，したがって彼の労賃が，他のすべての賃金労働者の場合と同じように，彼の独自な労働力の生産＝再生産費によって規定されていて，彼の労働の生産物によって規定されてはいないというかぎりで，彼は賃金労働者である。」[33]

この点に関するかぎり，いわゆる第三次産業で雇用される「サービス労働者」も賃労働者であり，価値生産的な労働者となんら表面的には変わるところがない。だから「区別」よりも「同一視」することのほうが皮相な観察者にははるかに心地よいわけである。

IV 三位一体的定式と神秘化

ここまでの分析で問題についていくつかのケースが識別できた。
①価値生産的な産業的賃労働者：彼らは剰余価値を直接に創造する。
②価値不生産的な商業賃労働者：彼らは剰余価値を創造することはないが，商業資本のために剰余価値の取得をつくりだす。
③価値不生産的な金融的賃労働者：マルクスが挙げているのは保険業の例で

ある。保険労働者も剰余価値を創造することはないが，保険資本のために剰余価値の取得をつくりだす。

上記は，生産部面を資本が包摂することによって引き起こされたケース（①）と，流通・分配部面を資本が包摂することによって引き起こされたケース（②と③）である。つぎに，消費部面を資本が包摂することによって引き起こされるケース（④）を考えてみよう。

④価値不生産的な個人的消費部面の賃労働者：彼らは価値を創造しない。なぜなら，個人的消費は資本の生産活動の一般的条件だからである[34]。すでに価値は生産過程で創造され，流通過程で実現されているのであるから，消費過程では使用価値の実現が行われるだけである。もちろん，消費過程は資本の再生産の必要契機である。だが，だからといって消費労働が剰余価値を生産することはない[35]。それは，消費資本のために剰余価値の取得をつくりだす。

資本の包摂が生産，流通，分配，消費といった経済部面を超えて社会部面にまで進むと，「賃労働―資本」関係は社会の諸分野を覆うようになる（⑤）。

⑤価値不生産的だが，さまざまな社会的機能を果たす賃労働者：教育労働者，医療労働者，介護労働者等々も，雇用されるその経営単位がひとたび民営化されれば，「賃労働―資本」関係の下に置かれる。社会機能を果たすこれらの労働者は，剰余価値を創造することはないが，こうした社会的生活条件の分野を支配する雑多な「サービス資本」のために剰余価値の取得をつくりだす。

市場を介して「賃労働―資本」関係はつぎつぎと労働分野を支配下に収めていくわけで，ここに列挙した①から⑤までの各ケースは，資本が労働を包摂する歴史的段階を表現していると理解することもできるだろう。また，資本が市場を制圧し，平均利潤率が形成されていく理論的過程と理解することもできるだろう。いまや民営化されていないのは，国家の官僚組織と警察・軍隊だけかもしれない[36]。市場が経済部面だけでなく，社会部面，国家部面，はては国際部面にまでその包摂の度合いを強めていることは新自由主義の時代の顕著な特徴である。こうした状況を考えてみると，市場の常識に立つことは一見，現実的で，正当なことのように見える。すべての関係が普遍的な取引関係に還元さ

れようとしているからである。市場の背後で剰余価値の創造と分配がどのように行われているか，そのメカニズムは表面から見るかぎり分からない。剰余価値を創造するだけでなく取得する資本がつぎつぎと形成されているからである。もちろんこうした「剰余価値の取得」に資本が参加できるためには，まずもって一般的利潤率の形成に資本が参加することが必要であり，そのために資本は独自の課題をクリアしなければならない。それがいかに困難であるかは第三次産業が国民経済の中で確立してきた歴史的過程を一瞥してみればよくわかる。だが，ひとたび成立してしまえば，「剰余価値の創造」が行われる次元と，「剰余価値の取得をつくりだす」次元との関係は，それぞれの国民経済のなかに埋め込まれて構造化されている。剰余価値の創造と取得はいわば原因と結果の関係に立つ。国民経済のそうした構造的な因果連関を無視し，市場の表面にたち現れる平板な均衡図式にすべてを還元してしまうのが「交換妥当の概念」たる国民所得論のなせる業なのである。「剰余価値の創造」であれ「剰余価値の取得」の創造であれ，いずれにしても「これは，(どの) 資本にとっても結果からみれば全く同じこと」だからである。しかし，国民所得論がそれを理論的に追認するだけであれば，それは科学の名に値しない。神秘化を追認しただけのことだからである。

　神秘化の結果として，交換過程では「サービス」の商品化，つまり「サービス商品―サービス価格」という定式が成立し，分配過程では「サービス労働―サービス労賃」という定式が成立する。「サービス」という商品擬制，みなし規定を生産過程に導入することで，すべての「労働に貨幣を支払うのだというブルジョアの深い認識」[37]に安んじて浸ることができるというわけである。だが，こうした定式が説明しているのは，マルクスが言うように「前者は理由で後者は帰結であり，前者は原因で後者は結果である」[38]という単純な自己了解にすぎない。実際，どれだけ心安らぐ認識であれ，そこでは「いっさいの媒介がなくなっているのであって，……〔労働も〕その最も一般的な，しかしそれゆえにまたそれ自身からは説明のできない，不合理な定式に，還元されているのである。」[39]

　だから，この定式はそもそもからして不合理である。介護労働 (医療労働) あるいは性行為が実際に買い手に直接与えるサービスは，本来，消費過程 (介

護の現場，医療の現場，あるいは売春の現場）で顧客を相手に行われる労働機能の役だちである。マルクスが言うように，消費部面の「役だち」にすぎないサービスがどうして「社会的に規定された量の労働を創造するというのだろうか？」[40]

にもかかわらず，この不合理な定式はいまや生産，流通，分配のすべての部面で普遍的に成立している。生産部門でサービス労働はサービスを産出し，市場でサービス商品はその価格を実現し，分配過程でサービス労働者はその社会的機能に基づいて彼らの所得を受け取る。この通俗的連関を理論的に追認することが俗流経済学による「サービス」談義の基本的課題である。国民所得論が唱える「三面等価の原則」とはそうしたものである。「俗流経済学は，ブルジョア的生産諸関係にとらわれたこの生産の当事者たちの諸観念を教義的に通訳し体系化し弁護論化することのほかには，実際にはなにもしないのである」[41]とマルクスが喝破したのは，この意味にほかならない。

言うまでもないことだが，ある一定分量の「介護サービス」（介護労働の機能）がどれだけの価値において自らを表示するかは，福祉の社会的発達水準に依存する。言い換えれば，生産的労働の成果である価値生産物のどれだけの分量が不生産的労働の成果である「サービス」なるもの（不生産的労働の機能）において自己を表示するかは，福祉や医療，あるいは生産力一般の社会的歴史的発展段階に依存する。その証拠に，医療報酬であれ，介護報酬であれ，現実にそれはある種の「政策的配慮」から決定され，財源も保険で確保されている[42]。

それにもかかわらず，「サービス」部門で労働を行う賃労働者にとっては，彼の所得の源泉は「サービス」労働である。少なくともそう意識されている。彼の労働機能が収入の源泉であるという了解が感覚的に共有されているのである。商業的賃労働者も，保険業の賃労働者も，その賃金は彼らにとっての本源的収入である。彼らが一般的利潤率の形成に参加する可変資本によって雇用されている以上，それは当然であるように見える[43]。

資本制的地代の発生についてマルクスは次のように述べている。

「われわれが土地所有を取り扱うのは，ただ，資本によって生みだされた剰余価値の一部分が土地所有者のものになるかぎりでのことである。だから，われわれは，農業が製造工業とまったく同様に資本主義的生産様式によって

支配されるということを前提する。すなわち，農業が資本家によって営まれており，この資本家を他の資本家から区別するものは，さしあたりは，ただ，彼らの資本とこの資本によって動かされる賃労働とが投下されている要素だけだということを前提する。われわれにとっては，借地農業者が小麦などを生産するのは，製造業者が糸や機械を生産するのと同じことである。資本主義的生産様式が農業をわがものにしたという前提は，この生産様式が生産と市民社会のあらゆる部面を支配しているということ，したがってまた，この生産様式の諸条件，すなわち資本の自由な競争，ある生産部面から別の生産部面への資本の移転の可能性，平均利潤の均等な高さなどが完全に成熟して存在しているということを含んでいる。」[44]

この記述におけるマルクスの口吻を借りるなら，資本主義的生産様式がサービス業をわがものにしたという前提は，資本主義的生産様式が経済（直接的生産過程だけでなく商業，金融，等々の経済諸過程）および市民社会のすべての部面（教育，医療，介護，等々）を支配するに至ったこと，したがってまた，資本主義的生産様式の諸条件——資本の自由な競争，ある生産部面から別の生産部面への資本の移転の可能性，平均利潤の均等な高さ，などのような——が完全に成熟して存在するということを意味する。ただ，「サービス」という擬制商品を想定するいっさいのドグマのもとでは，「剰余価値のいろいろな部分の相互間の疎外と骨化との形態は完成されており，内的な関連は決定的に引き裂かれており，そして剰余価値の源泉は，まさに，生産過程のいろいろな質料的要素に結びついたさまざまな生産関係の相互にたいする独立化によって，完全にうずめられているのである。」[45]

こうして生産関係の「経済学的神秘化」は完成の域に到達する。「サービス」商品という擬制が国民所得論の基本命題となるのも，あくまで資本制的生産様式の諸条件が完全な成熟に達したことの経済学的反映である。

注
1) スターリン「ソ同盟における社会主義の経済的諸問題」スターリン全集刊行会訳『スターリン戦後著作集』大月書店，1954年，254ページ。
2)〜3) 野々村一雄『国民所得と再生産』岩波書店，1958年，13ページ。例外は，広田純「国民所得論——現行概念の批判」『講座・近代経済学批判』第3巻，東洋経済新

報社，1957年。
4） 拙稿「書評：金子ハルオ『サービス論研究』」『土地制度史学』第165号，1999年10月。
5） 拙稿「労働のサービスと非物質的労働」『一橋研究』第3巻第3号，1978年12月 http://hdl.handle.net/10086/6424，同「サービス概念の再検討――J・B・セーの「生産的サービス」論とマルクス」，同上誌，第5巻第2号，1980年9月 http://hdl.handle.net/10086/6352（どちらも拙著『サービス労働論――現代資本主義批判の一視角』三嶺書房，1985年に第3章，第4章として所収）。
6） 理論的には，拙稿「サービスとはなにか――問題の理解と提起をめぐる誤り」『一橋社会科学』第4号，2008年1月 http://hdl.handle.net/10086/15837 を参照。学説史的には，ドゥロネ・ギャドレ『サービス経済学説史――300年にわたる論争』(拙訳) 桜井書店，2000年を参照。
7） 倉林義正「国民所得の循環」篠原三代平・林栄夫・宮崎義一『国民所得の理論』1961年，有斐閣，第1章，3ページ。
8） 都留重人「「国民所得」概念への反省」『一橋論叢』第12巻第6号，1943年12月，556ページ http://hdl.handle.net/10086/4798，同「所得と福祉」『都留重人著作集』第1巻，1975年，講談社，516ページ。
9） 国民所得論ではかねてから「生産境界の問題」という独自の問題が意識されているが，それが真剣に追究された形跡は見られない。
10） もちろん，第三次産業のなかには第一次・第二次産業の細目機能が自立化した生産部門も混在している。詳しくは前掲拙著『サービス労働論』第9章を参照
11） K.マルクス『資本論』第1巻，大月書店，55-56ページ（ディーツ版，S. 55）。強調は引用者。
12） 同上書，第3巻，431ページ（S. 357）。
13） 同上書，第1巻，252ページ（S. 207）。
14） 同上書，第1巻，55ページ（S. 55）。
15） 同上書，第3巻，818ページ（S. 646）。
16） 同上書，第1巻，113-114ページ（S. 99-100）。
17） 同上書，第3巻，823ページ（S. 650）。
18） 同上書，第2巻，165ページ（S. 136）。
19） 同上書，第2巻，160ページ（S. 133）。
20） 同上書，第1巻，113ページ（S. 99）。
21）～22） 同上書，第3巻，1109-1010ページ（S. 875）。
23） 日本標準産業分類では保険業と金融業が大分類Jを構成している。
24） K.マルクス『資本論』第3巻，363ページ（S. 301）。
25） 同上書，第3巻，363ページ（S. 302）。
26） 同上書，第3巻，1085ページ（S. 855）。
27）～28） 同上書，第3巻，359ページ（S. 297-298）。

29)～30) 同上書，第3巻，361-363ページ (S. 300-301)。
31) 同上書，第3巻，374ページ (S. 310)。
32)～33) 同上書，第3巻，366-367ページ (S. 303-305)。
34) 姉歯曉『豊かさという幻想』桜井書店，2013年。
35) 消費労働について詳しくは，前掲拙著『サービス労働論』第7および第8章を参照。
36) 国家事務についても民間企業への業務委託は着々と進行中であり，傭兵企業や民間警備会社の進出も国防・警察の分野で昨今顕著である。刑務所の民営化に踏み切った国もある。
37) K.マルクス『資本論』第3巻，1049ページ (S. 826)。
38) 同上書，第3巻，1046ページ (S. 824)。
39) 同上書，第3巻，1048ページ (S. 825-826)。
40) 同上書，第3巻，1046ページ (S. 824)。
41) 同上書，第3巻，1047ページ (S. 825)。
42) 小山秀夫「介護報酬」『社会保障研究』第36巻第2号，2000年9月，227ページ。
43) 本源的所得と派生的所得の区別については，K.マルクス『資本論』第2巻，457ページ (S. 372) を参照。
44) 同上書，第3巻，793ページ (S. 627)。
45) 同上書，第3巻，1063ページ (S. 838)。

第6章　恐慌・景気循環論

長島誠一

はじめに

　恐慌は資本主義経済の内在的諸矛盾の爆発であると同時に，恐慌による強力的均衡化によって資本主義は再建されていく[1]。いいかえれば，資本主義経済は「恐慌を内在したシステム」であるとともに「恐慌に依存したシステム」でもある[2]。資本主義批判の経済学体系において恐慌論（景気循環論）は要の位置にある。マルクスは経済学批判6部門プランを後世に残したが，戦後の日本でのマルクス経済学はこのプランの解釈をめぐって論争されてきた（「プラン論争」）。本章では，プラン解釈によって経済学批判体系と恐慌論の諸潮流が形成されてきたことを簡単に整理し（Ⅰ），筆者自身の数理モデルを基礎として景気循環論を展開する（Ⅱ）。最後に，景気循環運動によってもろもろの諸均衡が達成され資本主義が存続してきたことを論じる（Ⅲ）。紙数の制約により，景気・恐慌学説については割愛する[3]。

Ⅰ　プラン問題と経済学体系と恐慌論

　マルクスは経済学批判プランと草稿を後世に遺したが，エングルス編の現行『資本論』全3巻はこのプランのどの範囲までを解明しているかをめぐって「プラン論争」が起こった。マルクスのプランは，Ⅰ資本（資本一般，競争，信用，株式会社），Ⅱ土地所有，Ⅲ賃労働，Ⅳ国家，Ⅴ外国貿易，Ⅵ世界市場，の6部門から構成される。日本のマルクス経済学では，宇野弘蔵は現行『資本論』は資本・土地所有・賃労働の前半3部門を解明しており，国家・外国貿易・世界市場の後半体系は残されていると解釈した。そして，前半体系を「原理論」として「純化」させ，後半体系を段階論，各国資本主義を歴史・個別的に分析

する現状分析に経済学を分化させた (宇野三段階論)[4]。宇野とは対極的な解釈は，戦前から恐慌論体系を研究していた久留間鮫造によって提起された。久留間は，現行『資本論』は基本的に「資本一般」であり，それ以外の分野は『資本論』を上向した領域に残されているとした（「資本一般説」）[5]。佐藤金三郎はマルクスのプランができる時期に書いた草稿『経済学批判要綱』を研究することによって，現行『資本論』は資本の一般的規定を与えるために競争以下賃労働までの前半体系の基本規定を含むようになり（「資本一般の拡充説」），それ以外の固有の研究が『資本論』の外に残されたと提起した（「両極分解説」）[6]。筆者もこの佐藤説を支持するが，『資本論』の外に残された研究は特殊研究となるとしたことには異論がある。こうしたプラン解釈の違いは，経済学体系の内容や資本主義の「基本矛盾」なり「根本的矛盾」把握の違いと連動して異なった恐慌論を生みだしてきた。

　恐慌論を経済学体系のどの抽象次元で説くべきなのか。宇野が「純化」した「原理論」は競争や信用も含まれるから，恐慌論は「原理論」と同じ次元でその循環性や周期性の「必然性」を論証しようとするものになる[7]。宇野原理論を批判する研究者たちは，価値（生産価格）の世界では恐慌の「必然性」は論証できないとして，不均衡が累積化する価値から乖離した市場価格の世界を景気循環の中で説かなければならないと考えた。マルクス自身も，恐慌の現実性を論じるためには競争や信用に媒介された資本の現実的運動を分析しなければならないと言明していた。その中間的立場を富塚良三は設定した。すなわち，「恐慌の必然性」を「基礎的論定」と「周期性」とに区分し，前者は「資本一般」の総括として『資本論』の枠内で与え，後者は景気循環論として与えようとした[8]。

　このように「恐慌の必然性」を論証しようとする抽象次元は異なるが，共通していたのは「恐慌の必然性」は説きうるし説かなければならないという考えだった。こうした研究潮流に対して久留間鮫造は，マルクスは「恐慌の必然性」という言い方はどこにおいてもしていないのだから，「恐慌の可能性を現実性に転化させる諸契機」を明らかにすべきだと主張した[9]。筆者もかつては「恐慌の必然性」は説きうると考えたが，数理モデル上で厳密に検討すると，好況期の実態の違いによって恐慌を引き起こすさまざまな契機が存在するとし

なければならないことを知り，一義的な要因によって「恐慌の必然性」を説くことは不可能であると考えるようになった[10]。そのような見解は，やはり数理モデルを展開した置塩信雄も支持するようになった[11]。筆者自身の景気循環論は次節で説明するが，従来の景気・恐慌学説は一つだけの要因なり側面によって恐慌を説明しようとする部分理論になってしまっていることをあらかじめ指摘しておきたい。

II 古典的景気循環

　筆者の景気循環論を展開し，その過程で従来の恐慌論にも言及していこう。自由競争段階を想定するから，制度的前提は自由競争と金本位制である。現代資本主義（国家独占資本主義）はこのどちらの制度も変化しているから当然，独占資本主義や国家独占資本主義の恐慌の形態変化や景気循環の変容を解明する課題が残されているが[12]，本節での古典的景気循環論は形態変化や変容を明にするための「基準」を与えることになる。

1　予備的考察
　分析の方法として，マルクスの再生産表式を三部門（労働手段，労働対象，生活手段）に拡充し，生産期間をマルクスと同じく1期導入した期間分析を採用する。
　(1) 投資関数
　景気・恐慌学説の分岐点は投資関数の違いにあるといえる。代表的な投資関数には加速度原理（サムエルソン）・利潤原理（カレツキー）・ストック調整原理（ハロッド）などがあるが，マルクス派の恐慌論についていえば，宇野恐慌論では供給に見合う需要が自動的に発生すると想定しているから，事実上投資関数が不在である。富塚恐慌論では投資増→市場価格上昇→利潤率上昇→投資増，となっており利潤原理に分類される。置塩蓄積論の投資関数はハロッドの資本係数を稼働率（操業度）に置き換えたものであり，一種のストック調整原理型といえる。本章の投資関数は利潤原理であるが，投資行動は現実には需要・技術・競争・信用・期待などによって規定される。自由競争の下では，個々の資

本は自分の投資による供給増大が市場全体に及ぼす影響を事前に知ることはできないから，投資の結果が自分自身におよぼす影響（価格や操業度の低下による利潤減少）を投資を決定する時点において考慮することはできない。自分の眼先の利潤がどれだけ獲得できるかという予想によって投資を決定する（期待利潤率による投資決定）。しかし不確実は未来に対する予想であるから，期待利潤率は最大限過去の実績を重視して決定される。

(2) 価格調整と数量調整

資本主義経済では私的な個別資本の利潤期待によって投資が決定されるから，生産する時点において事前に社会的需要を知ることはできない。しかもその投資が基本的に需要を規定するから，個別資本は絶えず変動する需要に直面して対応しなければならない。市場の変動に対する資本の対応は，①生産量を維持して価格で調整するか，②価格を維持しながら生産量（操業度）を調整するか，③価格と生産量を同時に調整するか，のいずれかである[13]。筆者は，価格支配力によって独占価格（寡占価格）が設定される独占段階では価格維持＝操業度調整が支配的になり，自由競争段階では操業度維持＝価格調整があてはまると考えてきた[14]。拙著『現代の景気循環論』では，価格調整型・数量調整型・ミックス型の蓄積モデルを数値解析して，サイクルと長期動向を検出した[15]。本章では，超過需要状態である好況期には機械設備をフル稼働するが，超過供給状態にある不況では操業度も下げると想定する。

(3) 蓄積メカニズム

恐慌論研究において，投資が利潤を決定するのかそれとも利潤が投資を決定するのか，あるいはどのようなプロセスで蓄積が進み利潤が獲得されるのかについては明確ではなかった。マルクスの再生産表式では「価値どおりの販売」が前提されているから，実現された剰余価値（利潤）から蓄積額が部門間にどのように配分されて次期の生産（成長）が展開するかが考察されているが，その反対であって，投資が実行されることによって剰余価値（利潤）が実現する関係にある（投資が利潤を決定する）[16]。筆者は蓄積メカニズムを以下のように想定する。

①期首の労働手段・労働対象・労働力の部門間配置が決まっているから，期末の生産量は技術的係数によって自動的に決定される。

②問題は期末の生産物に対する需要がどう形成されるかにある。そして投資需要の大きさによって需要額が規定される。次期に使用（調達）したい労働手段の量（労働手段の実物需要）は期待利潤率に依存するが，それに調達したい労働手段の予想購入価格を掛けたものが労働手段への投資額となる。期待利潤率がプラスであれば労働手段を拡大すると想定し，予想価格は三部門とも同じと仮定する。投資資金は資本の蓄積欲に応じて信用機構が内性的に供給するものと想定する。貸し付けられた資金は来期末に実現される売上高から返済されるものと想定する。

③労働手段の供給量と需要額（投資額）が決まるから，労働手段の価格（市場清算価格）が決まる。在庫を含めた数量調整はないと仮定しているから，全生産物は調整された価格（市場清算価格）によって実現し，需給変動は価格変動によって表現される。

④労働手段投資額と労働手段価格が決定されたから，次期に実際に使用できる労働手段量が決まる。労働手段の実物需要と実際に調達できる労働手段量とは一致しない。

⑤次期使用する労働手段量が決まったから，次期使用する労働対象量も決まる。

⑥次期の労働対象を調達するためにその価格を予想して，労働対象への投資額を決める。

⑦労働対象の供給量と需要額（投資額）が決まったから，労働対象の価格が決まる。

⑧次期に使用する労働手段が決まっているから，次期に必要とする雇用労働力が決まる。

⑨次期の雇用労働力が決まるから，労働市場で貨幣賃金率が決まる[17]。標準的雇用率以上に雇用率が高まれば貨幣賃金率は上昇すると想定する。

⑩単純化のために労働者は賃金所得をすべて消費に回すと想定し（労働者は貯蓄しない），資本家は消費しないと仮定すれば（カレツキー経済），生活手段の需要額が決まり，生活手段の価格が決まる。

⑪かくして，生産量と需要額から市場価格（市場清算価格）（労働手段・労働対象・労働力）が決まり[18]，実現される利潤が確定する。投下資本額は固定資

本（労働手段）・流動不変資本（労働対象）・可変資本（労働力）であり，利潤は売上高から減価償却費・労働対象（原材料）と賃金のコストを控除したものである。

⑫今期の実現利潤率が決まった。次期使用する労働手段・労働対象・労働力の量とそれらの部門間配置が決まっているから，次期期末の生産量が決まる。モデルを完結させるために今期末の期待利潤率を前期末の実現利潤率に代行させれば，蓄積メカニズムは自動的に進行していく[19]。

2 好況

期末の供給量＜期末の実物需要（次期使用したい調達量）となり，超過需要状態になって好況が始まったとしよう。

(1) 加速的蓄積

販売価格が上昇し利潤率が上昇する。補填投資は新技術を採用して行われるから，資本の技術的構成が高度化して労働力が節約されたり，資本係数が低下して，コストの面からも利潤率が上昇する。補填投資が中心であれば，「販売なき購買」（固定資本の現物補填 R）＞「購買なき販売」（固定資本の貨幣的補填 D）となり「超過需要」が発生する。かくして利潤率は上昇し，それは期待利潤率を上昇させ，新技術や超過需要は投資の利潤率への反応係数を高めるから，蓄積が増加する。この蓄積増加は一層の価格上昇と利潤率上昇をもたらし，利潤率上昇と蓄積増加の好循環が出現し，蓄積が加速的に進展していく。

(2) 不均等発展

各部門の利潤率は均等化していないから，加速的蓄積による生産の急拡大は不均等に進展する。補填投資需要は真っ先に労働手段需要を急増させる。他方で，新技術の導入は技術的構成を高め失業をつくりだすから雇用率の上昇は弱く，貨幣賃金率の上昇は生産手段（労働手段と労働対象）の価格上昇に遅れる傾向がある。その結果，生産手段の利潤率＞生活手段の利潤率となり，蓄積はより生産手段部門に向かい，労働手段部門を中心とした生産手段部門の不均等発展として好況が進展しはじめる。

①生産手段の不均等発展：部門構成（各部門の生産手段の比率）の高度化率＝蓄積比率であれば部門間の成長率の比が一定となる生産手段の不均等発展と

なり，部門構成高度化率＜蓄積比率となると不均等発展は一層深まり，逆であれば不均等発展は弱まる[20]。この過程で生活手段の均衡を維持すべき実質賃金率はどう変動するか。全生産物実現の仮定の下では，雇用労働力×貨幣賃金率＝生活手段×生活手段の価格，であるから，生活手段／雇用労働力＝貨幣賃金率／生活手段の価格（＝実質賃金率），となる。生産手段の成長率＞生活手段の成長率は，生産手段の雇用労働力の成長率＞生活手段の雇用労働力の成長率＝生活手段の成長率，を意味するから，実質賃金率は低下する[21]。

　この生産手段の不均等発展過程は「生産と消費の矛盾」を潜在的に激化させている過程でもある。すなわち拡大再生産の潜在的基盤である余剰生産手段は累増していく。さらに建設期間の介在によって生産手段の不均等発展は強まり，余剰生産手段は一層累増する。また，好況後半になると新投資が中心となり，固定資本の補填がR＜Dに逆転して「超過供給」圧力が形成される。しかし累増する余剰生産手段を吸収する以上の新投資が続けば，さしあたり好況は持続していく[22]。

　②生活手段の不均等発展への転化：生産手段を中心とした加速的蓄積過程で雇用労働力（現役労働者軍）は増大するし，雇用率の上昇は貨幣賃金率を上昇させるので，生活手段需要は急増する。しかし，生活手段の供給は生産手段が不均等に発展しているので急増する需要に追いつけず，生活手段価格は急上昇する。他方で生産手段の価格は余剰生産手段が累増していくから上昇が鈍化するかもしれないし，鈍化しなくても生活手段価格の上昇よりも小さくなる可能性がある。こうした相対価格の逆転が起これば，生活手段部門の利潤率＞生産手段部門の利潤率，となり生活手段の不均等発展に転化する[23]。

　この生活手段の不均等発展の下では，生活手段（量）の成長率＞雇用労働力の成長率，となり生活手段の均衡を維持するためには実質賃金率は上昇しなければならない[24]。不均等発展の度合いは生産手段の不均等発展と同じく，部門構成の低下率＝蓄積比率の低下率であれば成長比率一定の不均等発展となり，蓄積比率の低下の方が大きければ生活手段の不均等発展は強まり[25]，逆であれば不均等発展は弱まる。そして実質賃金率の上昇の利潤率低下作用が，資本の技術的構成の高度化や資本係数の低下の利潤率上昇作用を上回れば利潤率が低下しはじめ[26]，やがて蓄積は鈍化していく。

③信用による膨張：こうした加速的蓄積を貨幣面から支えるために信用機構が貨幣を内生的に供給する。不況期には貨幣資本は銀行に滞留し貸付競争も激化しているので利子率は低下しているが，投資需要の増加とともに銀行は貸付を増大する。機能資本どうしが貸し付けあう商業信用は，販売が順調なので生産・流通を一層拡大する。銀行にも貸付が順調に返済される。かくして，商業信用も銀行信用もともに利子率は低位で安定的に拡大し，加速的蓄積を一層促進させる。

しかし信用関係が順調であっても，信用創造によって実体経済の不均等発展は強まり，その背後で進展しているさまざまな不均衡を一層累積化させている。商業信用と銀行信用が順調である限り，信用貨幣による支払決済で十分だから，中央銀行への金兌換請求は生じないで，いわば信用主義が支配する。

3 恐慌——恐慌の可能性を現実性に転化させる諸契機

好況期の加速的蓄積過程は，さまざまな不均衡を累積化させやがて恐慌による強力的均衡化を必然にする。しかし，好況の態様に応じて複数のケースが起こりうる。好況期の不均等発展過程において，需給を均衡させるべく実質賃金率が変動しなければ，需給のバランスが崩壊し過剰生産恐慌となる。しかしこれは「恐慌の可能性」であり，現実性にまで進めるためには，その契機を特定しなければならない。

(1) 産業予備軍の枯渇

加速的蓄積が労働力供給を上回って進展すれば（労働力に対する資本の過剰蓄積），産業予備軍の減少は雇用率を上昇させ，貨幣賃金は上昇していく。しかし実質賃金率は第1部門の不均等発展の場合には低下し，第2部門の不均等発展に転化すれば上昇しなければならなかった。次項で考察するように両ケースはともに蓄積を鈍化させ停止させるが，そうなる前に産業予備軍が枯渇する事態（完全雇用）に進むケースが存在する。就業労働力が増加しないから，労働時間が延長されない限りサープラス（余剰生産手段と余剰生活手段）が絶対的に増加せず，剰余価値・利潤は増加しなくなる（マルクスの「資本の絶対的過剰生産」)[27]。社会全体（マクロ）がこのような状態に突入すれば，全体として蓄積が停止し過剰生産恐慌になる。もしミクロ次元で労働力の引き抜き合戦

が行われたとしても，引き抜きに成功した部門は均衡を維持すべき成長率が達成されたとしても，引き抜かれた部門では均衡成長率を維持することができずに成長率が急低下するので，過剰生産恐慌に突入する。

(2) 実質賃金率の上昇＝利潤率の低下

第2部門の不均等発展に転化すれば，労働力需要（したがって資本蓄積）以上に生活手段供給が不均衡に発展し，均衡を維持すべき実質賃金率は上昇しなければならなかった。もしも実質賃金率が上昇しなければ，生活手段の過剰生産が生じる。しかしこれはあくまでも「恐慌の可能性」であり，実質賃金率が上昇し均衡が維持されていくことを前提にしておこう。実質賃金率の上昇は利潤率を低下させるように作用し，それが技術的構成の高度化や資本係数の低下による利潤率上昇作用を上回るようになれば，利潤率は低下する。利潤率の低下は相対価格が悪化している生産手段部門の利潤率をより低下させる。それによるこの部門での蓄積の鈍化は，生産手段部門の利潤率を一層低下させるとともに，生活手段需要を鈍化させ生活手段部門の利潤率も一層低下させる。この両部門の蓄積鈍化によって過剰生産恐慌に突入していく。

(3) 実質賃金率低下の下限

第1部門が不均等に発展していくことは，蓄積したがって労働力需要が生活手段供給以上に不均衡に発展していくことを意味するが，均衡を維持すべき実質賃金率は低下しなければならなかった。もしなんらかの事情によって実質賃金率が低下しなければ生活手段不足が生じ，やがては第2部門の不均等発展に転化するだろう。やはり均衡を維持するように実質賃金率は低下するものとして考察していこう。しかし，実質賃金率には労働力の再生産を保証すべき最低限が存在する。この下限以下に低下すれば労働者は働く意欲なり動機を喪失してしまう。労働者は工場に出勤することをやめるか，本格的にストライキに立ちあがるだろう。ともに再生産過程への労働力供給の減少をもたらすし，後者は資本主義が解体される危険性を生みだす。労働力供給の減少は産業予備軍枯渇以上に深刻な事態であり，(1)と同じような経路をへて過剰生産恐慌に突入する。

(4) 信用の制限

(1)から(3)の不均衡の累積によって過剰生産恐慌が勃発すれば，販売（実

現)の順調さに基礎をおいていた商業信用の連鎖が破壊され,不信の連鎖に転換する。銀行に貨幣需要が殺到するが,銀行への返済はやはり過剰生産によって困難化しているから,銀行は貸付を制限する。好況期の信用主義から重金主義へと急変する。このように信用制度が攪乱されれば,利潤率の急落と利子率の急騰に挟撃されて過剰生産恐慌は一層激化する。しかし過剰生産恐慌が起こる前に,金の対内外流出や,投機活動用資金需要による銀行の貸付抑制や,投機活動の崩壊(取引所恐慌)などによって貨幣・信用が制限されて,それに現実資本側が巻き込まれて過剰生産恐慌になることは歴史上たびたびあった。

4 不況

以上のような諸契機によって過剰生産恐慌になれば,超過需要状態から超過供給状態に転換する。価格機能が正常に働き下方転換がスムーズに進行すれば(「静かなる均衡化」),自動的に成長率は低下しやがてマイナスとなり縮小再生産になる。しかし価格機能が攪乱されて正常に機能しない場合には(「暴力的均衡化」),激烈な恐慌が勃発し一挙に縮小再生産になるだろう。以下の考察では,価格機能は正常に機能するものとする。

好況期に累積化した不均衡は,不況期に反対の不均衡が累積化することによって整理・解消されていく。蓄積と労働力供給との不均衡による産業予備軍の減少・枯渇は,恐慌・不況期の失業の急増によって解決される(産業予備軍の確保)。生活手段の不均等発展による不均衡は実質賃金率を上昇させたが,第2部門の不均等縮小によって低下に逆転する[28]。生産手段の不均等発展による不均衡は実質賃金率を低下させたが,第1部門が不均等に縮小することによってやはり逆転する[29]。信用の制限も恐慌が一段落すれば,貨幣資本は銀行に滞留し,利子率は蓄積の停滞を反映して低下していく。

(1) 蓄積の累積的縮小

不況期は超過供給状態であるから価格や操業度が低下していく。期待利潤率がマイナスであれば新規の固定資本投資はまったく起こらない。もちろん成長産業が存在すれば,長期的な需要拡大を見越して新投資は起こるだろう。さらに更新期を迎えた資本は生き残るために補塡投資に向かうから,労働手段への需要は減少しているが存続している。残存固定資本が操業されるから,労働対

象と労働力への需要は労働手段ほどには減少しない。しかし，価格・操業度低下→実現利潤率低下→期待利潤率低下→蓄積減少→価格・操業度の一層の低下，という悪循環が進行し，蓄積が累積的に減少し，縮小再生産が進展していく。

しかし好況期の拡大再生産が不均等であったように，不況期の縮小再生産も不均等に進展する。ひとたび過剰生産恐慌になって縮小再生産になれば，恐慌の打撃（過剰生産の度合い）は不均等に発展していた部門が大きいと想定しよう。すなわち，好況期に第2部門が不均等発展（実質賃金率の上昇）であったならば第2部門の不均等縮小に，第1部門の不均等発展（実質賃金率の下限）であれば第1部門の不均等縮小になる，としよう。

(2) 不均等縮小

下方への転換が産業予備軍の枯渇によって引き起こされたのであれば，利潤量の拡大の停止による利潤率の急落は，利潤率が相対的に低く発展が遅れていた部門に大きな打撃を与える。すなわち，生産手段が不均等に発展していた場合は，生活手段の利潤率が急落しやがて縮小再生産に突入するだろう（生活手段の不均等縮小）。生活手段が不均等に発展していた場合には，生産手段部門の利潤率が急落しやがて縮小再生産に突入するだろう（生産手段の不均等縮小）。

①生活手段の不均等縮小：生産手段の縮小率（＝生産手段の雇用労働力の縮小率）＜生活手段の縮小率（＝生活手段の雇用労働力の縮小率），となるから全体として生活手段の縮小が雇用労働力全体の縮小よりも大きくなり，好況期の生活手段の不均等発展とは逆に実質賃金率は低下し，実質賃金率は調整化（平均化）される。生活手段の利潤率＜生産手段の利潤率＜0，状態が持続化するから，累積的に生活手段は縮小していくが，生活手段の不均等縮小が深化する場合には，好況期と同じく実質賃金率が逆転する可能性はある。また相対価格の逆転が生じれば生産手段の不均等縮小に転換することもある。

②生産手段の不均等縮小：生産手段の縮小率（＝生産手段の雇用労働力の縮小率）＞生活手段の縮小率（＝生活手段の雇用労働力の縮小率），となるから全体として雇用労働力の縮小率が生活手段の縮小より大きくなり，好況期の生産手段の不均等発展とは逆に実質賃金率は上昇し，実質賃金率は調整化（平均化）される。生産手段の不均等縮小はやはり持続化するが，生活手段の不均等縮小と同じく，実質賃金率や相対価格は逆転する可能性がある。

(3) 信用の緩和

恐慌期には信用逼迫が起こり，支払手段需要が銀行に殺到し利子率は急騰した。しかし倒産や債権・債務関係の整理が一段落すれば，貨幣は銀行に滞留する。現実資本の蓄積は鈍化・停止しているから，固定資本の現物補塡が多少は進むにしても，投資需要が冷え込んでしまう。それでも銀行は貸し付けなければ利潤が獲得できないから，銀行間では激しい貸付競争が展開する。また，中央銀行へ金が還流してくるから，信用制度の貸付能力は回復している。その結果，利子率は低下していく。

(4) 資本破壊の進行

恐慌・不況期の価格や操業度の低下は資本破壊を引き起こす。価格が低下し続け旧い機械設備の費用を下回るようになれば，資本は物理的に廃棄（スクラップ）される。この場合には資本が価値的にも使用価値的にも消滅する。操業度が低下し続ける場合には，遊休機械設備が減価償却されなければ価値が回収されず，価値喪失が起こる。価格以上に費用が上昇すればやはり資本は廃棄される[30]。以上は生産資本の破壊であるが，商品資本も在庫品の物理的腐朽化として資本破壊が進行する。こうした資本破壊の進展は，好況期に過剰に蓄積された資本の整理過程であり，利潤率を回復するように作用する。

5 回復

不況の整理過程で，景気が回復する諸条件が経済内部から自動的に生じてくる。資本主義経済は不況が慢性化するのではないし，まして自動的に崩壊するのではない。

(1) 利潤率回復―利子率低下

好況末期においては利潤率の低下と利子率の上昇に挟撃されて恐慌に突入した。不況期にはこの衝突が緩和されていく。資本破壊や実質賃金率の低下は利潤率を回復させる。他方で利子率は低下していく。かくして景気が自動的に回復する条件が形成されてくる。

(2) 産業予備軍の確保

産業予備軍が枯渇してしまえば，実質賃金率が上昇しようとも（生活手段の不均等発展）低下しようとも（生産手段の不均等発展），恐慌に突入した。いず

れの契機によって恐慌が起ころうとも不況期の縮小再生産の持続化は失業をもたらすから，産業予備軍が確保され累増していく。縮小再生産が生産手段の不均等縮小として進行すれば実質賃金率は上昇し，生活手段の不均等縮小として進行すれば実質賃金率は低下した。前者はそれ自体が不況の「歯止め」として作用するだろう。後者は利潤率を回復させるが，景気全体が回復しないで実質賃金率が低下し続け，「下限」にぶつかったとすれば，労働力供給が急減する。この急減は「雇用率」を急上昇させるから，貨幣賃金率が急上昇し，生活手段の価格低下も鈍化し，相対価格が逆転して生産手段の不均等縮小に転化するかもしれない。そうなれば実質賃金率は上昇に転じるから，やはり不況の「歯止め」となるだろう。

(3) 補塡投資の集中化

資本破壊は利潤率を回復させるが，資本破壊を強制された資本が生き残るために補塡投資に走ることもある。不況期の「生きるか死ぬか」の安売り競争に勝つ最後の手段は，新技術を採用してコストを大幅に低下させることである。不況期にも機械設備の更新期になった資本は現物補塡するが，これが不況の「歯止め」として作用する。更新期に達していない資本も，競争戦に勝ち抜くために新技術での補塡投資に踏み切るだろう。こうした新技術での補塡投資が競争によって強制されて必然化する。固定資本の現物補塡は「超過需要」をもたらすから，そのある程度の集中化は労働手段への需要を一挙に喚起する。かくして景気は回復していく。

III 景気循環と資本主義の存続

1 平均化機構としての景気循環

恐慌は労働者に失業を強制し，富の物的基礎である生産能力を破壊していく。このように人的・物的犠牲を強制しながら，資本主義経済は諸々の均衡を達成していく。いいかえれば，人的・物的犠牲を払わなければ均衡を達成できない経済システムである[31]。恐慌・不況期に産業予備軍を確保し，剰余価値生産・資本蓄積の根本的条件を再建する。また好況期に諸価格が不均等に騰貴して利潤率も不均等に上昇するが，恐慌・不況期に反対の不均等運動が起こることに

よって諸価格が均等化し利潤率も均等化される。このように景気循環運動が平均化機構となる[32]。この平均化機構によって価値法則(生産価格法則)が貫徹し,資本主義経済の生産・分配・消費が規制され,いわば経済原則が資本主義的形態をとって実現されていく。

2 景気循環と金本位制

信用関係によって景気の膨張や収縮が過度に進められた。また金本位制下では,金の対外・対内流出入によって信用が調節され,景気循環も金によって規制された。貨幣用金は公定価格として固定しているから,一般商品価格の循環的運動とは反対の動きをする。すなわち,好況期には金の相対価格は悪化し,不況期には好転する。こうした一般物価とは反対の運動によって,景気循環を金供給したがって信用の側面が間接的に規制している[33]。しかし,金生産が景気循環運動そのものを生みだしているのではない。現実資本の世界が景気循環運動をすることの貨幣資本の世界の反応にほかならない。景気循環運動によって均衡化が達成され,価値法則(生産価格法則)が貫徹することによって金本位制が維持される。景気循環と金本位制とはこうした相互規制関係にあり,価値法則貫徹の表裏関係として理解すべきである。

むすびにかえて

現在の景気循環を解明するためには,自由競争と金本位制の下での古典的景気循環を基準としながら,(1)独占資本主義と恐慌の形態変化,(2)国家独占資本主義と景気循環の変容,(3)20世紀末からの世界的な金融経済化の諸影響,を考察しなければならない。

注
1) K.マルクス『資本論』第3巻,新日本出版社版,第9分冊,425ページ。
2) James O'Connor, *Natural Causes: Essays in Ecological Marxism*, Guilford Press, 1998, pp. 161-163.
3) 近代経済学系統の景気学説やマルクス経済学系統の恐慌学説については,拙著『景気循環論』青木書店,1994年,の第1・2章を参照。

4) 宇野弘蔵『経済学方法論』東京大学出版会，1962年．
5) 久留間鮫造「マルクスの恐慌論の確認のために」，『大原社会問題研究所雑誌』第7巻第2号，1930年（同『増補新版 恐慌論研究』大月書店，1965年，所収）．
6) 佐藤金二郎「『経済学批判』体系と『資本論』」，『経済学雑誌』第31巻第5・6号，1954年．
7) 宇野弘蔵『恐慌論』岩波書店，1953年（著作集第5巻）．
8) 富塚良三『増補 恐慌論研究』未来社，1975年．
9) 久留間鮫造『マルクス経済学レキシコンの栞』No. 7, 大月書店，1973年．
10) 前掲拙著『景気循環論』，および拙著『現代の景気循環論』桜井書店，2006年．
11) 置塩信雄編著『景気循環 その理論と数値解析』青木書店，1988年．
12) 筆者の形態変化論・変容論については，前掲拙著『現代の景気循環論』第2・3章，参照．
13) A. スミスやD. リカードの古典派経済学と近代のJ. M. ケインズやP. スラッファの世界は数量調整であり，J. S. ミルを分水嶺とする新古典派経済学の価格調整と鋭く対立している（塩沢由典『リカード貿易問題の最終解決』岩波書店，2014年，参照）．数量調整型の景気循環モデルとしては，たとえば，マイケル・カレツキー（*Theory of Economic Dynamics*, 1954. 宮崎義一・伊東光晴訳『経済変動の理論』新評論，1958年），ロイ・ハロッド（*Economic Dynamics*, 1973. 宮崎義一・伊東光晴訳『経済動学』丸善，1976年），置塩信雄（『蓄積論』筑摩書房，1967年）などがある．
14) 拙著『独占資本主義の景気循環』（新評論，1974年）第8章，拙著『現代資本主義の循環と恐慌』（岩波書店，1981年）第4章，拙稿「現代資本主義の循環と恐慌」（富塚良三・吉原泰助編『資本論体系9-1 恐慌・産業循環（上）』有斐閣，1997年）．
15) 前掲拙著『現代の景気循環論』第5・6・7章．
16) 利潤の実現については，ケインズやカレツキーの有効需要の原理が正しい．利潤の規定関係については，前掲拙著『景気循環論』の第4章第1節，参照．マルクス自身も『資本論』第3巻第15章では有効需要を資本蓄積欲と分配関係に規定されると明言していた．もしマルクスが恐慌論の完成に向かっていたならば，投資（需要）が利潤（剰余価値）を実現するとしただろうし，搾取（生産・供給）と実現（消費・需要）の両側面を同時に取り入れていたであろう．
17) 労働市場で決定されるのは貨幣賃金率なのか実質賃金率なのかは景気・恐慌学説でも異なっている．マルクスや宇野やグッドウィンは雇用率によって実質賃金率が決定されると考えた．ケインズは貨幣賃金率が決定されるとした．置塩は，実質賃金率を維持すべく生活手段価格を予想して貨幣賃金率を決定するとした．本章のモデルでは，労働者は雇用を優先させていかなる貨幣賃金率でも受け入れざるを得ない立場にあると想定する．
18) 投下資本の価格は，期末に決まる価格（再調達価格）とする．投下資本は再調達価格によって再評価される．
19) 以上の蓄積メカニズムの数理的表現については，前掲拙著『現代の景気循環論』第

5章第3節，参照。
20) 前掲拙著『景気循環論』143-145ページ，参照。
21) さらに生産手段部門が不均等に発展すれば，実質賃金率は上昇に逆転する可能性はある（前掲拙著『景気循環論』第7章第3節，参照）。好況期に実質賃金率が低下するとしたのが，置塩信雄『蓄積論』(筑摩書房，1967年) である。
22) 富塚恐慌論では，この第1部門 (生産手段部門) の自立的・転倒的発展の背後において，実質賃金率が上昇し最後の臨界点としての「資本の絶対的過剰生産」によって恐慌が発生する，と説明している。第1部門の不均等発展が深化して生活手段の需給を均衡化させるべき実質賃金率が低下から上昇に逆転する状況になれば，富塚説は成立する。しかし実質賃金率が低下すべきときに，かりに実質賃金率が上昇するとすれば，第2部門 (生活手段部門) では供給不足となり再生産が攪乱される。井村恐慌論もこの第1部門の自立的・転倒的発展過程を詳論しているが，新投資の抑制そのものは説明されていない（井村喜代子『恐慌・産業循環の理論』有斐閣，1973年，第5章，参照）。そのためには利潤率の動向を明確に規定しなければならない。
23) 二部門 (流動資本) モデルでの数値解析の結果は，両部門の成長率は単純再生産点を軸とした循環的変動をしている。すなわち，第1部門の不均等発展は次第に弱まり，やがては第2部門の不均等発展に転化し，両部門の成長率が低下し，やがて第1部門の不均等縮小から第2部門の不均等縮小をへて，第1部門の不均等発展に戻ってくる（前掲拙著『景気循環論』図10-3，134ページ）。
24) この過程で仮に実質賃金率が上昇しなければ，第2部門 (生活手段部門) の過剰生産が発生する。それを論証するためには，実質賃金率低下の「必然性」を論証する必要があるだろう。
25) この場合にも実質賃金率の逆転が起こりうる。
26) 宇野恐慌論の実質賃金率上昇＝利潤率低下論はこのようなケースにおいて成立する部分理論である。
27) K.マルクス『資本論』第3巻第15章，新日本出版社版，第9分冊，428-429ページ。
28) この説明は完全操業を前提としているが，現実には不況期には操業度調整（低下）が起こる。操業度低下によって就業労働力が減少するが，同時に生活手段量も減少するから，実質賃金率はやはり低下するだろう。
29) 操業度低下は生活手段量を減少させるが，就業労働力も同時に減少させるから，実質賃金率はやはり上昇するであろう。
30) 前掲拙著『独占資本主義の景気循環』第2章第3節，参照。
31) 新古典派経済学ではたえず数量（生産）調整が起こり不均衡は累積化しないと想定して，事実上セー法則の世界にある。したがってその景気循環論は「外生的」にならざるをえない。この点でマルクス派の恐慌論のほうが根本的に優れている。
32) 高須賀義博『鉄と小麦の資本主義』世界書院，2001年。
33) 馬場宏二『世界経済 基軸と周辺』東京大学出版会，1973年。

第2部 現代資本主義論

第7章　独占・金融資本の理論

野田弘英

はじめに——本章の課題

　本章の課題は20世紀の独占資本主義の蓄積運動の特徴を産業企業と金融機関の関係に着目しつつ理論的に分析することである。いいかえると本章は独占資本の蓄積構造を実物形態（現実資本）と貨幣形態（貨幣資本）の二面においてとらえ，その二面の絡み合いの関係を大づかみに考察することを目標とする。

　20世紀初頭，産業企業と金融機関の関係についてヒルファディングはその著書において「非生産的階級の貨幣」が銀行を介して産業に固定化される傾向に注目し，「産業の銀行への依存は所有関係の結果である」ととらえ，「このような仕方で現実に産業資本に転化されている銀行資本」を「金融資本」と名づけ，それは株式会社の発展とともに発展し，産業の独占化をもってその頂点に達すると，論じた[1]。

　株式会社と独占化の発展とともに銀行の産業への融資がすすみ，資産家を代表する銀行の対産業支配が深まるという彼の指摘は，先駆的で鋭い。だが産業の独占化には限度がある。主要な産業部門に独占体が成立すると，独占化は停止し，ときに独占体が解体する事態さえ生まれる。そうなると銀行の対産業支配の傾向にも変化が生じざるをえない。

　主要産業での独占の成立を前提すれば「産業資本に転化されている銀行資本」というヒルファディングの金融資本規定は不十分である。この不備にレーニンは批判を加え，「生産の集積，そこから成長してくる独占体，銀行と産業の融合あるいは癒着」という独占を重視する金融資本規定を与えた[2]。

　本章は基本的にこのレーニンの規定を継承する。本章の分析対象は独占資本であり，独占資本の高次の発展形態としての金融資本を考察する。

　また本章は20世紀初頭から中葉にかけての独占資本主義の成長と成熟の過

程を対象とする。その成長・成熟過程の特徴は，世界大戦の大きな戦禍を免れ，独占資本主義の中心であり続けたアメリカ経済の動向にもっともよく現れている。したがって本章の考察も事実上主にアメリカの独占資本主義の展開が対象となる。

なお20世紀末葉になると米ソ冷戦体制の解体と新興国の台頭という激動の中で独占資本主義は異質化の契機をはらむ新局面を迎えるが，その考察は本章の課題ではない。

I 独占資本主義の展開

1 蓄積の法則と独占形成

20世紀初頭の独占形成の誘因として重要なのは重化学工業における固定資本の巨大化である。

労働人口の供給制約に対応して労働節約的な技術革新による資本の有機的構成の高度化がすすむと，産業構造に占める生産手段生産部門の比重が高まり，とともに資本集約的産業である重化学工業が産業の中心的位置に立つようになる。それは鉄道，通信などのインフラ機構の成長を背景とする産業構造の革命的変化であるが，資本集中による巨大集積を実現した重化学工業では不況期の設備廃棄による損失が膨大化するため次第に不況を打開する設備更新投資が停滞し，不況長期化の傾向がうまれる。

これに対抗して少数大企業間では盲目的な投資競争を制限する衝動が高まり，独占的な協定によるカルテルが結成され，さらには企業合同による独占会社トラストがうまれる。これらに対して独占禁止法によって明示的な独占形成が制限されても，事実上プライス・メーカーである企業を中心とする少数大企業間の競争制限（寡占）は存続する。

独占形成の前提となる資本集中傾向も，資本構成高度化傾向も，いずれも新鋭の大規模生産を追求する競争戦がもたらす資本蓄積の一般的法則である。その競争戦は資本の集中・集積を社会的に不均等に進行させ，重化学工業という先進的産業に少数の巨大資本を生み出し，独占形成を可能にする環境を生む。競争による蓄積法則の強制が独占形成の前提条件を生み出すのである。

しかし少数大資本の形成は直ちに独占形成をもたらすわけではない。大資本間の競争を困難にする特殊歴史的状況——19世紀末葉の「大不況」という市場問題——に直面して初めて大資本間の独占的協定が生成し確立する。独占資本の特質は資本価値破壊の回避という内的衝動をはらむ点にある。

独占形成は主要国の生産力上昇による世界市場の飽和状態の所産であり，したがってそれは19世紀の先進国イギリスの世界市場支配に対する独，米など新興国の挑戦でもあった。イギリスの緩慢な独占形成と新興国の迅速な独占形成との差異はこの点に由来する。

2　産業独占と企業集団

このような特定産業の特定市場における独占形成はしかし企業間競争を排除するものではない。短期的視点の投資に代わって大企業は長期的計画的投資を実行する。独占企業の投資は長期戦略に基づくところに特色があり，長期戦略に基づく大企業間の競争は独占資本主義の成長とともに熾烈な展開をみせる。

独占企業の戦略的行動は，まず，市場シェア確保のために予備生産能力を恒常的に保有するところにあらわれる。既存市場の独占的支配を維持するために大企業は市場が拡大していく局面では迅速に予備能力を稼働させて供給量を増大し，価格上昇を抑制して価格高騰がよびおこす企業の新規参入を防ぐ。逆に市況が悪化する局面ではいちはやく操業度を下げ，供給量を削減して価格暴落を回避し，一時的・大量的な価値破壊を防止する。

このように独占企業は将来の市況を予測しつつ供給量調整によって大幅な価格変動を抑制し市場シェアを維持する。販売価格を変動させる価格調整型から供給量を変動させる操業度調整型へ企業の供給行動が変化する結果，価格は供給側のコストと一定利潤の加算によって決定される傾向が生じる。フルコスト原則の管理価格の原点はこの操業度調整を前提とする独占価格の設定にある。

独占形成とともに価格競争は相対的に後退するが，製品差別化をはじめ非価格競争は激しくなり，大企業は独占利潤に支えられて長期戦略としての技術革新を遂行し，当該部門における上位生産条件の独占を維持しようとする[3]。

独占企業の戦略的行動は，また，異種産業部門をふくむ企業集団の形成をもたらす。

まず市況変動への操業度調整による迅速な対応のためには大企業は生産要素の調達を円滑に弾力的に行わねばならない。ことに鉄鋼，非鉄金属，化学等の素材供給型産業は資源多消費型産業の代表であって，生産には原料の速やかな大量調達を必要とするから，自然資源(「土地」)に制約される原料の供給部門との密接な関係が不可欠である。原料独占のための植民地支配という帝国主義政策の背景にもこのような独占企業の蓄積衝動が存在している。

また市況が悪化して操業短縮をよぎなくされるばあい，固定費の圧力を吸収する最低限の操業度を維持するには素材産業は顧客である加工組立産業との長期の緊密な関係を必要とする。

こうして重工業独占形成の動きは関連産業部門を包摂する企業集団の形成を導き，原料から完成品までの一貫生産体制の追求によって景況に左右されない安定的利潤をめざす動きが生じる[4]。

それぞれの企業集団は，集団を率いる大企業の存立基盤によって鉄鋼独占に拠点を置くもの，石油独占に拠点を置くものなど，さまざまであるが，企業集団形成の競争は既存の特定産業の独占的支配をもおびやかす圧力となる。異種部門をふくむ企業集団を率いる大企業間の競争は独占資本主義段階の新たな競争形態である。

このような既存独占企業の市場支配を揺るがしかねない競争圧力の下で大企業は長期的計画的な技術革新による市場支配の基盤強化を迫られ，それが独占資本主義の経済成長をもたらす内的動機として作用する。

独占企業はさらに本源的生産要素である労働力(「労働」)を供給する労働団体との密接な関係によって蓄積基盤を確立する。独占企業の利潤の一部は労働団体上層部との関係強化に振り向けられ，労働者階級は複雑な利害の分断状況に直面する。

3　余剰生産力と余剰資金の結合

操業度調整型の独占企業の長期戦略それ自体は，企業の将来予想が正しければ，大幅な景気変動を抑制して持続的な経済成長を作り出す要因となる。しかし将来予想にはしばしば狂いが生じる。

産業構造に占める重化学工業の比重が増大する独占形成期には，企業投資が

投資を呼び，企業部門主導の投資波及によって需要が創出され，大企業の市場シェア拡大競争は長期化し激化する。企業は予備能力を見込む大規模な実物投資を敢行するため投資の有効需要効果が先行し，生産力効果が遅れ，企業の投資競争はときに過熱化した大型好況を作り出す。

だが，金融的要因を別にすれば，労働人口や原燃料など実物的要因の供給制約の壁によって企業の投資需要拡大が阻まれると，過去の投資の生産力効果が顕在化し，市況は反転して悪化する。計画的な予備能力のはずであった独占企業の余剰生産力は意図せざる過剰能力としてあらわれてくる。

このばあい企業の独占的支配力がいまだ脆弱であれば企業間の独占的結合は解体し，企業間には価格引き下げ競争が再現する。

だが企業の市場支配力が強固であって，この過剰能力の圧迫のもとでも独占価格が維持されれば，独占価格は製品の買い手である中小企業や消費者の実質的購買力を削減し，それがさらに大企業の過剰能力を高めるという悪循環によって経済の停滞傾向があらわれる。不況になると資本価値破壊の回避という独占資本の内的衝動が顕在化する[5]。

この経済の停滞傾向を阻止するには有効需要付加によって民間企業の余剰生産を吸収することが必要である。ここで余剰生産力と余剰資金の結合機構が作動する。

民間投資需要によらない内需拡大の要因としては政府の財政支出がある。公共事業や軍事支出とともに社会保障関連支出も大きな役割を発揮する。ただし金本位制の下では発券銀行の貸出は制約され，公債発行には市中消化の堅い原則があり，財政の赤字累積は許容されないため，財政規模に制約されるビルトインスタビライザー機能が重要になる。

公債の市中消化を財源とする財政支出それ自体は，民間の余剰資金を吸収して有効需要へ転化し，民間の余剰生産力を稼働させる働きをする。だがこのような余剰生産力を吸収する財政支出はたえず経費膨張の圧力をうけ，発券銀行の介入による公債発行拡大への要請を強めざるをえない。ここに金本位制から管理通貨制への移行を必然にする要因が成長する。

内需拡大要因としては民間金融機関の融資動向も見落とせない。企業投資の減少傾向とともに企業への貸出機会を見いだせなくなった金融機関の余剰資金

は個人向けローンへ流入する。住宅投資や耐久消費財購入を促進する融資は，個人による最終消費を拡大して民間企業の余剰生産力を吸収する役割をもつ。

だが個人向けローンは個人の将来所得による返済という不確かさをともなうため，他方で国債投資のような安全な資金運用の場が拡大しなければ，安全性・流動性原則を軽視し収益性原則の追求に偏った金融機関の融資動向を生む。そのためこのローンの発展とともに国債市場の育成や住宅金融への公的資金投入などへの要請が高まる。ここにも金本位離脱を促す要因が成長する。

4 資本輸出と領土拡張

独占資本主義の国際関係を特徴づけるのは資本輸出の役割である。独占資本の支配的地位の確立とともに投資機会の減少傾向があらわれると国外への資本の輸出が一段と勢いを増してくる。

資本輸出には，大別すれば，直接投資によって現地生産を長期に継続する形態（利潤を生む資本）と証券投資によって金融的収益を追求する形態（利子を生む資本）がある。前者は投資先の国民経済の長期的発展と結びつきうるが，後者はかならずしもそうではない。証券投資は状況の変化に敏感に反応していつでも引き揚げられ，投資先の国民経済をかく乱する可能性がある。

実際はこの資本輸出の二形態は絡まり合いながら展開する。だが20世紀初頭の先進国の資本輸出を代表するのはイギリスを典型とする証券投資型のそれである。

このばあい資本輸出は長期利子率の低い先進国・宗主国から長期利子率の高い開発途上国・植民地へ向けて行われる。それは先進国の過剰資金の排出形態であるが，先進国向けの第一次産品を産出する途上国へ資金が流入して実質的には途上国による第一次産品の先進国への輸出を促進し，途上国による先進国製品の輸入を促進することになる。

またイギリスから証券投資を受け入れて実物投資を推進したアメリカの例のように，国内外の広大な経済領域を支配する国々の間には資本輸出による相互依存関係が作り出される。すでに世界市場支配と植民地支配を確立していたイギリスと，豊富な投資機会を与えるフロンティアをもつアメリカとの間には敵対関係は生じない。

だがドイツのように急速に工業生産力を成長させながらも支配する経済領域が狭い国のばあい，工業製品の販路を提供し安価な原料を供給する経済領域を戦い取らなければならない。すなわち政府は関税障壁によって国内産業を保護しつつ補助金によって企業のダンピングによる輸出を支援する。さらに企業・政府一体となって資本輸出を組織化して途上国への進出をこころみ，獲得した経済権益の保護を名目に掲げて領土拡張にいどむ。

こうして先進国の投資機会減少傾向の圧力が帝国主義的海外進出を激化させる。これが20世紀の世界大戦をもたらした経済的背景の一つである。

II　金融資本の企業集団の展開

1　資本集中機構——信用制度と株式会社

独占形成をもたらす資本集中は集中の社会的機構である信用制度と株式会社を利用しつつ進行する。

資本集中の主な形態は既存個別資本の結合としての企業の集中合併である。

最低資本規模増大とともに甚大な価値破壊をまねく競争戦を回避しようとする衝動が強まるにつれて，企業集中は推進される。とくに株式会社は，大資本が中小資本を圧倒するという競争戦の結果を大株主支配として先取りする仕組みを取り入れ（経営意思統一における持株多数決制），競争する諸資本の結合を促進する。

資本結合が発展すると会社経営から排除される株主が増加し，彼らの間で株式が売買されるようになる。こうして株式証券流通が発展すれば，集中合併のための金融の利用も活発になり，集中は加速する。

資本集中はまた資金集中という形態でも進行する。それは形成中の資本の配分変更によって資本集中を先導する形態であって，社会的な資金の集積場である信用制度が重要な機能を発揮する。この機能については多少細かな説明が必要であろう。

形成中の資本は未投下の蓄積資金として企業の予備資金や引退資本家（レントナー）の資金などの形態で存在し，企業社会の共同利用可能な資金として金融機関に集積されている。ことに最低資本規模が増大すると引退資本家が増加

し，レントナー資金は厚みをましてくる。

　再生産拡大の局面では，それら貯蓄資金は実物投資に吸収されていくが，経済変動にそなえる予備金の役割を担う部分などは金融機関に堆積し，また再生産縮小の局面になると，それらは実物投資に吸収されない遊休資金として滞留する。これに対してたえざる蓄積推進をめざす企業社会では信用制度の活用によって予備金の共同利用による再生産拡大や，遊休資金の動員による再生産の縮小阻止が追求される。

　もっとも金融機関には再生産での使途のない貯蓄資金のみでなく，特定の使途をもつ資金も流入しているから，金融機関からの資金調達による企業の投資は，自発的貯蓄に基づく投資の枠をこえて貯蓄形成に先行する投資という性格をもたざるをえない。

　金融機関は既存貯蓄の移転を仲介するだけの単なるトンネル機関ではない。金融機関はさまざまな源泉の資金を集中して一個独自の貸出可能資金を形成し，個別的分散的な資金によっては不可能であった実物投資を実行可能にするという能動的役割をもつ。すなわち金融は貯蓄の投資への転化の媒介という役割にとどまらず，たえざる不均衡をうむ再生産の変動過程に介入し，金融に支えられた強力企業によって弱小企業が淘汰される資本集中過程を先導する。

　預金貨幣を管理する商業銀行のばあい預金源泉は主に使途の定まった短期資金であるから，銀行の資本信用と証券業務に依存する企業投資は貯蓄に先行する投資という性格が明瞭である。そのため資本信用は「無から有をうむ」銀行の信用創造活動として重視される。20世紀初頭の信用創造学説台頭の背景にはこのような高度の信用の発展がある[6]。

　もっとも商業銀行以外の金融機関も預金取引を軸に商業銀行と密接な関係をもち，両者あいまって信用制度という有機体を作り上げているから，長期の貯蓄資金も金融諸機関を通して商業銀行へ流入し，中長期信用を支えているのが現実である。

　商業銀行と金融諸機関の関係が緊密化し，銀行・金融諸機関による貸出業務と証券業務の密接な連関をもつ展開によって産業企業の資本借入と証券発行が支えられるのである。

　このばあい信用利用によって事業拡大を達成する個別企業の観点に立てば，

銀行の融資による事前の投資は，将来の再生産拡大による蓄積資金形成の先取りを与えるものととらえられるであろう[7]。

しかし社会的観点に立てば，勝利する企業の対極には敗北する企業が存在し，勝利企業による事後の投資金融の確定化において吸収される資金には敗退資本片も含まれる[8]。

社会総体としてみれば資本信用において金融機関は企業に対し資本集中の先取りを与えるのである。

2　金融資本と金融的支配

資本集中による独占化がすすむと産業企業と金融機関の緊密な関係が形成される。その結果，産業独占と金融独占の結合による企業集団が形成される。これが独占資本の高次の形態としての「金融資本」である。

産業企業が金融資本の構成母体となる根拠はまずそれが証券市場という資本流動化機構をそなえていることにある。

独占企業としての株式会社は社会に広く名の知れ渡った存在であり，その発行証券の流通力は高く，資本は現実機能資本と証券擬制資本とに二重化する。

株式証券市場は会社の自己資本の拠出である出資取引に金融取引に似た性格を与え，株式は社債に似た証券性をうけとる。そのため産業の現実機能資本が継続企業体としての運動を強めるのに対して産業の貨幣資本の所有者は証券売買によって転々交代し，長期・大額の現実資本の運動が短期・小額の貨幣資本のプールによって支えられる。

とともに証券は利子生み資本の投下対象として独自の価格をもつ擬制資本運動を展開する。利潤をうむ産業資本が利子生み資本の形態を包摂するところに産業資本一般とは区別される金融資本としての株式会社の特色がある。

その株式会社では企業経営への支配は持株支配という金融的形態をとる。長期継続的な現実資本の運動は次第に専門経営者に委ねられ，経営者任免権を中心とする企業支配権は再生産外部で移転しうる持株支配という金融的形態をとる。

また株式会社は金融市場の社会的資金の調達によって投資を行うことができる。産業企業は資本借入と証券発行によって短期・小額の資金の社会的集積場

から長期・大額の資金を調達し,金融機関との長期継続的な関係を作り出す。

実際19世紀末から20世紀初頭にかけて英,米,独などの主要国では企業合同運動が展開するとともに国内の産業証券発行高が増加し,反対に海外証券発行高が減少する。それは主要国において資本集中による独占形成がすすみ,企業の資本借入と証券発行がすすんだことを示している。国々によって程度の差はあれ,金融資本の企業集団の形成は主要国に共通にみられる傾向である。

金融資本の集団形成とともに企業に対する再生産外部からの金融的支配も発展する。

一般に株式会社が巨大化し株式所有の分散がすすむと委任状機構を利用する経営者の勢力が強まる。とともにこの経営者支配現象を「少しの支配力もない富の所有,および少しの所有もない富の支配」[9]の出現とみる見解も広まってくる。

だが委任状機構の利用はレントナー化する一般株主の利益を代表するかぎりで可能であって,彼らの信任を失えばその議決権を集約し代行することはできない。

彼らレントナー化する株主の利害は利子生み資本を管理する金融機関の利害と基本的に一致する。金融機関は金融市場の独占的支配を通して産業の蓄積を監視し調整する位置にあり,必要であれば株式保有を増し,また委任状抗争や寄託株によって一般株主の議決権を動員して持株支配を実行することもできる。産業企業の経営者支配現象は利益共同体を形成する金融機関の承認の下に成り立っているのである。

もっとも金融機関がどれほど対産業支配に注力するかはどれほど深く産業に貸出資金を投入しているかにかかっている。銀行を中心とする金融機関の対産業支配は産業企業からの資金需要の変動に規定される。

3　銀行のモニタリング機能

金融資本の企業集団において預金貨幣を管理する銀行の位置が重要なのはそのモニタリング機能のためである。銀行は顧客のために貨幣の出納を中心とする貨幣取引業務を代行することによって預金勘定に映し出される顧客の営業状態を熟知しうる立場にある。また銀行は他の金融機関に比べて流動性・安全性

原則をより重視する経営を追求するから，顧客に対するモニターは厳密になる。それは企業集団の蓄積基盤の安定にとって必要な機能である。

　たとえば信用に依存する投機熱が高まる好況末期，企業は変動に備える予備資金をも投機的投資に投入して破滅を招きがちになるが，その危険な状況は銀行の預金勘定に映し出され，銀行の準備金を減少させるから，銀行は準備金の予備的保有を強め，モニタリング機能発揮によって顧客の行動を抑制する。

　逆に不況末期には貸出可能資金が豊富化する状況を背景として銀行は遊休資金の動員による再生産縮小阻止において重要な機能を発揮する。

　遊休資金がふえる不況期に銀行は合理化資金供給によって企業の革新を促進し，また回復初期の貨幣の投機的需要一定の下で生じる流通貨幣（取引貨幣）量増加がもたらす証券価格下落・利子率上昇傾向に対しても，銀行は証券界への融資や証券投資を拡大して証券価格下落・利子率上昇を抑制し，企業の投資意欲を刺激する。

　このように本来銀行は企業集団の蓄積の規律性を監視し維持する立場にある。それは景気変動の特定局面において企業の投資意欲と銀行の貸出意欲とが相反する方向に変化することに由来する。

　だがこの銀行の機能は企業の資金需要を前提に発揮される。資本集中による独占化が進み，企業の外部資金調達による投資が進む過程では銀行の融資制限による過剰蓄積の抑制や銀行の融資拡大による企業投資の促進は可能である。

　しかし独占資本主義が成熟し，実物投資機会の減少傾向が生じると，企業の投資資金の需要が減少し，銀行の機能も変容する。

　独占企業の側では高利潤の取得と投資機会減少とがあいまって設備投資における内部資金の比率が高まり，外部資金比率が低下する。また非独占企業の側では低い利潤率のために外部資金の調達力は弱い。こうして実物投資に吸収されない過剰資金が生じ，銀行のモニタリング機能を後退させる。

4　過剰資金と投機

　再生産外部に排出される過剰資金はまずは海外投資に吸収され，さらには証券流通市場へ流入して証券資産価格を乱高下させる。ことに資本輸入国であったアメリカ自体が直接投資に傾斜する巨大な資本輸出国として成長するに至っ

て，実物投資に吸収されない資金は証券市場へ流入し，証券投資の熱狂を生み出すようになる。

証券投資は利子・配当（インカム・ゲイン）のみでなく売買価格差による譲渡益（キャピタル・ゲイン）をも狙って行われる。価格変動が激しくなると短期的・投機的な譲渡益を求める証券売買が膨張し，投機の渦がしばしば証券市場を揺り動かすようになる。

過剰資金の投機的運動が活発になれば，企業の利潤産出が停滞し企業利潤に根源をもつインカム・ゲインの伸びに限界が生じても，キャピタル・ゲインを期待する投機熱は亢進する。ついには「企業が投機の渦巻きのなかの泡沫となる」[10]という異常事態さえ生み出される。

また個別経済主体が証券資産を豊富に抱え込み，証券価格上昇・利子率下落が十分にすすむと，経済が停滞して遊休資金が生じても，それは容易には証券投資に吸収されなくなる。なぜなら近い将来の利子率上昇による証券価格下落の可能性が強まれば，証券資産の価値下落による莫大な損失の危険が高まるから，彼らはむしろ証券を売却して損失を事前に回避しようとするからである。

こうして証券形態よりも貨幣形態で資産を保有しようとする個別主体の衝動が働いて，証券価格上昇・利子率低下が生じない流動性の罠に陥る危険性も生まれてくる。それは不況を長期化させる要因である。

このような独占資本主義の成熟がもたらす経済の長期停滞傾向はそれを打開するための政府・中央銀行の積極的な経済政策をよびおこす。

中央銀行はもはや市中銀行の準備金不足を充足する最後の貸し手という受身の立場にとどまってはいられない。市中の過剰資金の運動を抑制するために中央銀行は公開市場操作に乗り出し，さらに市中銀行の預金（支払）準備率の操作という強力な金融政策にも踏み出さざるをえなくなる。

だが市中の過剰資金を生み出す根本の原因は利潤率低下による実物投資機会の減少傾向である。期待利潤率の改善による民間企業の投資意欲の回復がなければ長期停滞による過剰資金の排出を抑制することはできない。金融政策は金融市場の利子率動向に働きかけるだけであって冷え込んだ利潤率への期待を回復させるには限界がある。

この限界を打開するには大胆な財政政策が必要になる。その政策展開の転機

となったのは世界大恐慌と世界大戦を機に深まった民間経済への国家の介入である。

III 独占資本主義の爛熟

1 管理価格と管理通貨

　第二次大戦後，米ソ冷戦体制下において資本主義諸国はアメリカを中心とする経済圏を形成する。

　この戦後資本主義の特徴は金本位離脱によって政府の資金動員体制を柔軟にし，財政支出を拡大したことにある。そのため一国の再生産活動に占める政府（公的）部門の比重が増大し，政府部門への資源配分の増大を前提として民間（私的）部門の資本蓄積が進展する。このような国家独占資本主義の蓄積過程はフルコスト原則の大企業の価格設定（管理価格）を定着させ，管理価格維持機構としての有効需要付加機構の作動によって不況期に下がるべき物価が下がらなくなり，物価水準の長期的な上昇傾向——インフレーション——が生み出される[11]。

　政府の財政支出拡大の重要な契機は冷戦体制下のアメリカに典型的な産官軍複合体の形成である。電子，原子力，宇宙等の新興産業は政府の軍事・公共支出と結びついて成長し，先端技術の開発と有効需要付加による生産力吸収との両面において国家の介入が深まる。このような財政支出拡大の財源は，税収のみでなく，公債発行や政府系金融機関による資金調達にも依存せざるをえず，それは結局金本位離脱の恒久化を促す。

　戦後アメリカの通貨当局は，IMF加盟の外国通貨当局に対しては金1オンス＝35ドルという比率での金ドル交換を約束しながら，民間向けの兌換は停止した。対民間兌換の停止は連邦準備制度の貸出が金準備の制約からゆるやかに解放され，貨幣制度がインフレ許容的になったことを意味する。実際インフレの事実上の進行の結果，1971年には全面的な金ドル交換停止が現実化する。

　また財政膨張によって個人向けローンの発達も助長される。

　財政のビルトインスタビライザー機能により景気変動が緩和され，個人の所得が安定すると，個人向けローンも伸びる。また流動性の高い安全資産である

国債という資金運用対象が拡大し，これによって銀行は流動性・安全性原則を確保しつつ住宅金融・消費者金融という高リスクで高リターンの分野への進出を伸ばすようになる。これら個人向けローンの拡大によって住宅建築，自動車，家電等の産業の発展が促進される。

このように戦後の独占資本の管理価格を前提とする再生産体系は管理通貨制下の有効需要付加機構によって支えられるようになった。

2 金融資本と金融的支配の変容

需要サイドの需要付加機構を組み込んだ蓄積過程が進展すると，企業部門では利潤の安定によって大企業の内部資金が豊富化するとともに，供給サイドの技術革新による新投資競争への誘因が減退し，設備投資の自己金融化傾向が生まれる。企業による外部資金調達の動機は新規設備投資から次第に企業の集中合併の推進に重点が移動する。

この集中合併の波は企業のコングロマリット化と多国籍企業化の二面において進展する[12]。

特定産業の支配を確立した大企業は，景気変動への抵抗力強化をもとめて，関連部門のみならず新成長産業など直接関連のない部門にも侵入する。コングロマリット合併による事業多角化によって企業は継続企業体としての活動を強化しようとするのである。その動向は多業種と取引関係をもつ金融機関との結合によって促進される。

また大企業は多国籍企業化を追求する。先進国と途上国の間だけでなく，先進国相互間でも直接投資形態の資本輸出が浸透し，企業内分業の輪が世界的な広がりをもつようになる。ここでも世界的に活動する金融機関との結合によって企業の多国籍化が促進される。

こうして金融資本的企業集団は新たな形態で再編成される。設備資金調達を軸とする産業企業と金融機関の結合関係は次第に弛緩するが，集中合併金融を軸とする両者の緊密な関係は多業種に及びかつ世界的広がりをもって展開される。株式会社の設備投資の自己金融化がただちに金融資本的集団編成の解体をもたらすわけではない。

かつてP.スィージーは株式会社の内部金融増大による銀行の対産業支配力

の低下に注目し，銀行家の支配を連想させる「金融資本」という用語に代えて「独占資本」という用語を使用すべきだと提起したことがある[13]）。

この彼の見解は，「金融資本」とはまずなによりも資本流動化機構をもつ独占的株式会社を特徴づける用語であることを軽視している。

株式会社は金融機構と不可分の関係にあり，金融市場を構成する証券市場の存在を前提に成立する。設備金融も，支配権移転をともなう集中合併金融も，また証券市場での金融的・投機的利得の追求も，金融機構と不可分離の株式会社制度の下で発展するが，それらは銀行の対産業支配をもたらすとはかぎらない。銀行家の支配と金融資本規定を直結させ，用語の変更を提言する彼の見解は妥当とはいえない。

もっとも金融資本の集団編成の変容とともに金融的支配の形態も変化する。

戦後の企業の内部資金豊富化下における集中合併は会社自体が株主となって推進され，持株支配の主体として会社自体（経営者）が台頭する。だが他面，企業の内部資金増大や個人所得の安定によって貯蓄資金を集積した機関投資家も成長する。保険会社，銀行信託部，投資信託，年金基金等の機関投資家は機関株主として登場する。こうして会社経営者と機関投資家の関係が対立をふくみつつ漸次緊密になる。

一方，貨幣市場ではかつて金本位下の金融逼迫期に示された大銀行の支配力は後退し，管理通貨制の下では逼迫期の中央銀行の影響力が増大する。もっとも市中銀行は，集中合併金融などの対企業融資のみでなく，公債投資や個人向け金融へ進出し，政府債務や個人債務の残高への影響を通して景気変動にも作用を及ぼす。ことに個人向け金融の発展は最終消費の局面における銀行と産業の関係強化を生み出すことになる。これら政府や個人の債務残高の調整は政府・中央銀行の景気対策の手段として重要になるのである。

3　インフレによる蓄積の限界

このようなアメリカを中心とする戦後資本主義の蓄積を特徴づけるのはマイルド・インフレである。

物価上昇に対する賃金上昇の遅れは実質賃金を低下させて企業収益改善を生み，蓄積を刺激する。インフレはまた政府・企業・家計の実質債務を軽減し，

債務者利潤をもたらす。さらに先進工業国のインフレは工業製品と第一次産品との鋏状価格差をもたらし，先進国の交易条件を改善する。これら経済成長の促進要因はすべてマイルド・インフレによる「貨幣錯覚」の所産といえる[14]。

戦後のブレトン・ウッズ体制下では，アメリカの緩やかな経済成長とドル資金散布を背景として，アメリカから石油化学，自動車等の先進技術と資本を導入した日独などの高い経済成長が実現し，国際収支（外貨準備）の天井の制約を日独などは技術革新と輸出増進によって克服した。それが資本主義圏のマイルド・インフレによる資本蓄積の実態である。

しかしこのアメリカと日欧との間の経済の不均等発展はアメリカの貿易収支を悪化させ，日欧諸国保有のドル債権を累積させ，ついにアメリカを金ドル交換停止に追い込む。とともに制御不可能なインフレが顕在化する。

ことに産油国の団結による石油価格の引き上げは工業製品と第一次産品との鋏状価格差を解体させる価格革命であり，国家に依存する爛熟した独占資本主義の蓄積過程に組み込みえない資源国の行動の出現を意味する。金ドル交換停止と石油危機は制御不可能なインフレに対処する個別経済主体の行動を呼び起こし，「貨幣錯覚」を利用する蓄積を困難にする。スタグフレーションはインフレによる蓄積の限界を露呈させた。

こうした事態に対処して新自由主義的経済政策が展開される。それは国家に依存する資本蓄積構造を是正する試みであり，膨張した政府部門への資源配分を制限し，民間部門への資源配分を増大させて賃金上昇や金利上昇を抑制する動きである。米ソ冷戦体制の解体はこれらの動向にさらに拍車をかけた。しかしその後の世界金融危機に至る経過はこれらの経済政策の限界を示している。

注

1） R.ヒルファディング『金融資本論（改訳版）』（林要訳）大月書店，1961年，345-346ページ。
2） 邦訳『レーニン全集』第22巻，大月書店，1957年，260ページ。
3） シュムペーターは独占企業が長期戦略としてのイノベーションの担い手として優れていると指摘する（『資本主義・社会主義・民主主義』第8章，中山伊知郎・東畑精一訳，東洋経済新報社，1995年）。
4） 入江節次郎はコンビネーションを独占資本段階の「生産の集積」の形態と位置づけ，

コンビネーションを利潤率均等化の障害の克服形態と捉えたヒルファディングの段階認識の不十分さを指摘している（『帝国主義論序説』ミネルヴァ書房，1967年）。
5） J.シュタインドルは独占段階に定着する過剰能力（操業度調整）が独占の投資を抑制し，経済の停滞状況をもたらすという（『アメリカ資本主義の成熟と停滞』第10章，第14章，宮崎義一・笹原昭五・鮎沢成男共訳，日本評論社，1962年）。これに対し長島誠一は独占資本の長期予想に基づく操業度調整型投資行動によって経済は必ずしも長期停滞に陥らないと指摘し，長期停滞論を批判する（『独占資本主義の景気循環』第7章，第8章，新評論，1974年）。一方，北原勇は独占資本主義段階では資本蓄積の「停滞基調」が支配すると論じる（『独占資本主義の理論』第3編第1章，有斐閣，1977年）。これらの論争点については本間要一郎が整理している（『現代資本主義分析の基礎理論』第2章2，岩波書店，1984年）。
6） 野田弘英『金融資本の構造』第4章1，新評論，1981年。同「流通手段と貸付資金」，『東京経大学会誌』223号，2001年3月。
7） 鎌倉孝夫『信用理論の形成と展開』第Ⅱ部第2章第3節，有斐閣，1990年。
8） 鈴木芳徳『信用制度と株式会社』第2章，新評論，1974年。
9） バーリー＝ミーンズ『近代株式会社と私有財産』（北島忠男訳）文雅堂銀行研究社，1958年，88ページ。
10） ケインズ全集7『雇用・利子および貨幣の一般理論』（塩野谷裕一訳）東洋経済新報社，1983年，157ページ。
11） 伊東光晴『現代経済の理論』Ⅱ第3章，岩波書店，1998年。
12） 宮崎義一『現代資本主義と多国籍企業』第2章，第4章，岩波書店，1982年。同『現代企業論入門』第6章，有斐閣，1985年。
13） スィージー『資本主義発展の理論』（都留重人訳）新評論，1967年，331ページ。
14） インフレによる実質賃金低下・恐慌緩和を軸に国家独占資本主義論を展開したのは大内力である（『国家独占資本主義』第4章，東京大学出版会，1970年）。これに対し高須賀義博は国独資下の完全雇用経済の不安定性を強調し，そこにスタグフレーション発生の原因をもとめている（『現代資本主義とインフレーション』第3章3，岩波書店，1981年）。

第8章　国家独占資本主義の現段階

建部正義

I　新自由主義型国家独占資本主義かグローバル資本主義か

　筆者は，資本主義の現局面をケインズ型国家独占資本主義からの新自由主義型国家独占資本主義への移行として捉える。拙著『21世紀型世界経済危機と金融政策』(新日本出版社，2013年)によれば，その特徴は以下のように整理される。

　転換点は，スタグフレーションであった。というのは，スタグフレーションは，ケインズ型国家独占資本主義が目指した不況かインフレかの選択ではなく，不況とインフレとの併存状態を招来したからである。1970年代後半以降，スタグフレーションの発現と財政赤字の累積という事実に直面して，「ケインズ革命」(新古典派経済学からケインズ経済学へ)にたいする「反革命」(ケインズ経済学からふたたび新古典派経済学へ)が試みられ，経済学的にはミルトン・フリードマンなどのマネタリズムが，思想的・政策的には市場原理主義ないし新自由主義的政策が，ケインズ経済学・ケインズ主義的政策に代位することになった。

　問題は，市場原理主義と国家独占資本主義との関係をどのように判断するかという点にある。はたして，市場原理主義は，その語感が与えるように，国家ならびに国家独占資本主義から無縁な存在なのであろうか。そんなことはありえない。筆者によれば，市場原理主義的政策は，ケインズ主義的政策と同様に，否，それどころか，後者と同等あるいはそれ以上に国家および国家独占資本主義的政策と癒着的である。つまり，独占資本は，ケインズ主義的政策タイプであれ，市場原理主義的政策タイプであれ，国家を最大限に利用しつくさずにはおかないというわけである。古典的な自由主義は，国防・警察・司法分野を除いて，国家を利用しようなどとは考えなかった。近代的な新自由主義は，それだけ堕落したということであろうか。あるいは，現代資本主義は，ケインズ型

であれ新自由主義型であれ，国家の支援なしには存続を保障しえないということであろうか。おそらくその両方が正解ということになるであろう。

新自由主義型国家独占資本主義とは，ケインズ型国家独占資本主義がその限界に直面するなかで，独占資本が，社会福祉政策の見直し，労働組合の切り崩し，各種の規制緩和，国有企業の民営化などの手段をつうじて，労働者と国民の犠牲のもとに，資本蓄積体制（したがって，利潤極大化体制）の危機を根底から打開しようとする，ほかならぬ国家独占資本主義の枠組みのなかでの試行・巻き返しであり，そのかぎりでは，それは，国家独占資本主義という局面（その基礎には独占資本主義という資本主義の段階規定が厳存する）のなかでの一小局面を形成するものにすぎない。そして，ここで，なぜ，国家が正面に出てこざるをえないのかといえば，社会福祉政策の見直しについても，労働組合の切り崩し——サッチャー政権による炭鉱労働組合およびレーガン政権による航空管制官労働組合の切り崩しを想起されたい——についても，各種の規制緩和についても，国有企業の民営化——中曽根政権による国鉄の民営化および小泉政権による郵政の民営化を想起されたい——についても，国家の強力なリーダーシップなしには，独占資本の新たな利害関係に合致する方向で，これを実現するには多大な困難を伴わざるをえないからである。他方，独占資本や国家の側でも，折からのグローバリゼーション（この推進者もまた新自由主義的潮流に乗じた独占資本であった）の進展のなかで，労働者や国民の意に抗しつつ，国際競争力の維持・強化というスローガンのもとに，こうした施策を強行する口実を見出すことが可能になった。

要するに，ケインズ型国家独占資本主義も新自由主義型国家独占資本主義も，独占資本と国家の思惑が一致しているという側面については，両者のあいだに本質的な差異を求め難いというのが，ことの真相にほかならない。

以上である。

ところが，筆者の立場とは異なり，資本主義の現局面を「グローバル資本主義」として把握する向きがむしろ一般的である。たとえば，鶴田満彦氏は，『グローバル資本主義と日本経済』のなかで，次のように指摘する。すなわち，「第二次大戦後は，第一次大戦までの古典的独占資本主義に対して，国家独占資本主義あるいは福祉国家資本主義の時代である」[1]，「1974～75年恐慌とそ

の後のスタグフレーションの過程を契機として，資本主義は，低成長，情報化，金融化，グローバル化，福祉削減・民営化の新自由主義などの諸現象によって特徴づけられる新しい局面を展開してきた。……新しい局面を特徴づけるネーミングは，ある程度まで便宜的であってよく，独占資本主義を基礎としながら，古典的独占資本主義や国家独占資本主義あるいは福祉国家資本主義と段階的に区別される含意があればよいと思われるのであるが，筆者は，ジョージ・ソロス『グローバル資本主義の危機』……などとともに，『グローバル資本主義』と規定した」[2]，と。

それでは，こうした一般的な見解にもかかわらず，なぜ，筆者は，新自由主義型国家独占資本主義という概念規定にこだわろうとするのか。その理由は以下の点に求められる。

まず第1に，局面の連続性と断絶性の両側面を視野に入れるためである。鶴田氏もひとまずは，「第二次大戦後は，国家独占資本主義あるいは福祉国家資本主義の時代であった」ことを認める。しかし，それに続く局面を「グローバル資本主義」として位置づけるならば，二つの時代の断絶性ばかりが目立って，両者の連続性という側面が視野から消え去ることになるであろう。じっさい，「低成長，情報化，金融化，グローバル化，福祉削減・民営化の新自由主義などの諸現象」は，「国家独占資本主義あるいは福祉国家資本主義」のもとでは見出すことができないものであった。他方，こうした断絶性を認めつつ，同時に，ケインズ型国家独占資本主義と新自由主義型国家独占資本主義とのあいだには国家独占資本主義としての共通性が存在すると理解するならば，両局面の連続性という側面も併せて視野に収めることが可能になるであろう。歴史には完全な飛躍などありえない。たとえ，革命による清算・断絶といえども，新社会の建設にあたって過去の遺産を引き継がざるをえないのである。

第2に，新自由主義者およびマネタリストによるケインズ経済学ないしケインズ主義的政策にたいする攻撃の周到さとその執拗さに注目するからである。早くも1947年にモンペルラン協会が設立された（フリードリヒ・A・ハイエクが初代会長，フリードマンも参加）。1963年にフリードマン『合衆国貨幣史1867—1960』（1930年代の世界大恐慌のケインズ的解釈に代わるマネタリスト的解釈の提示，アンナ・J・シュワルツとの共著）の出版。1970年にフリード

マンが「貨幣的経済理論における反革命」と題する講演を行う。1974年にハイエクが，1976年にフリードマンがノーベル経済学賞を受賞。1979年にサッチャー政権，1981年にレーガン政権，1982年に中曽根政権の登場。そして，その極めつけが1989年のベルリンの壁の崩壊に際してのフランシス・フクヤマによる「歴史の終焉」という宣告である。もって，新自由主義者およびマネタリストによる，ケインズ経済学ないしケインズ主義的政策にたいする「反革命」がいかに周到かつ執拗に準備されたかをうかがい知ることができるであろう。問題は，経済学的側面ばかりではなく，イデオロギー的・政治的・政策的側面にもかかわっていたのである。1973年のチリでのクーデターによるアジェンデ政権の打倒とピノチェト政権の成立に際して，フリードマンが快哉を叫んだと伝えられるが，それが事実であったとしても，そこには何の不思議もありえない。

　第3に，新自由主義とグローバリゼーションは相互に対立するものではない。むしろ，両者はきわめて馴染み深い関係にある。企業の多国籍化は新自由主義の理念と矛盾するものではないし，資本の国際的な自由移動は新自由主義が積極的に推奨するところである。じっさい，1970年代末からの新自由主義の世界的な定着と手を携えるかたちで，企業の多国籍化も資本の国際的な自由移動も加速度的に進展するにいたった。

　最後に，グローバリゼーションという概念の使用には，その推進主体は誰か（したがって，階級関係の所在）という観点が曖昧にされるという危険性が含まれている。じっさい，アズビヨン・ヴォールは，『福祉国家の興亡』のなかで，次のように論定する。すなわち，「最初に検討しなければならないことは，よく使われている——しかも，間違って使われている——グローバリゼーションという概念である。社会的論議でこの概念は神話的な地位を手に入れてきた。グローバリゼーションは，この概念の根底にあるものを明らかにしないまま，社会のあらゆる種類の発展的傾向を説明する要因として使われている。同時に，グローバリゼーションはある種の必然性のようにも語られる——自然法則のように，不可逆的なものというわけである。あれこれのことが起きるのはグローバリゼーションの結果だというのである」[3]，「たとえば，『ここ数年の所得格差の拡大は，経済のグローバリゼーションと資本市場の発展を反映した資本所

得の増大によるところが非常に大きい』という文章を読んだとする。そこでは主体も，関係するさまざまな利害も，構図から姿を消している。所得格差の拡大は，われわれが問題にしている必然的な発展の一つの不幸な副作用ということなのだろうか。それとも，われわれが経験してきたようなタイプのグローバリゼーションを背後で動かしている勢力にとっては，資本所得の増加や根本的な再分配こそが重要な目的なのだということなのか。／グローバリゼーションというのはこのように曖昧な概念であり，さまざまな主体によりさまざまな仕方で解釈されるため，本書ではこれを分析概念としては使用しない。1980年ごろからの世界経済の進展を特徴づけるうえでは，新自由主義，すなわち資本主義的利害の攻勢という概念のほうがはるかにふさわしい概念である」[4]，と。筆者は，ヴォールによるこの論定に基本的に同意する。やはり，階級関係という側面を考慮する場合には，資本主義の現局面を特徴づける概念としては，「グローバル資本主義」よりも，新自由主義ないし新自由主義型国家独占資本主義というそれが優れているように思われる。ちなみに，「グローバリゼーションを背後で動かしている勢力」とは，明示するまでもなく，多国籍企業と大手金融機関ならびにその経営陣（本稿の文脈では独占資本の主体）を指している。なお，ヴォールの著書のなかには，「労働と資本の間の既存のバランス・オブ・パワーの下で，調整された資本主義というケインジアン・モデルはブレトンウッズ会議以降主導権を獲得した」[5]，という文章も見出される。

II　21世紀型世界経済危機と長期停滞論

　筆者は，『21世紀型世界経済危機と金融政策』のなかで，「21世紀型世界経済危機」の内実を，以下のように整理した。

　第1に，ユーロ危機に代表されるように，現下の世界経済危機は，財政危機，金融危機，実体経済危機が同時に発生しているばかりではなく，それらが相互に絡まりあいながら悪循環を形成していることである。こうした事実は1929年世界大恐慌のケースにも，2008年のリーマン・ショックのケースにも見出すことができないものであった。というのは，これらのケースでは，財政危機は問題として存在しなかった（1929年当時，世界経済は金本位制下にあり，健

全財政が維持されていた）か，現在ほど深刻なかたちでは表面化していなかった（2008年）し，それどころか，財政政策の発動によって，実体経済危機がいくぶんかは緩和されさえしたというのが現実だからである。しかも，こうした三重苦に陥っているのは，ユーロ圏にとどまらない。アメリカや日本も同断である。

第2に，この問題とも関連して先進国においては，財政政策および金融政策の発動の余地がますます制限されたものになりつつある。つまり，実体経済危機緩和のための従来の二大政策の寿命が尽きようとしている。

第3に，筆者が唱えるケインズ型国家独占資本主義ならびに新自由主義型国家独占資本主義の限界がもはや明瞭になり，それにともない，これら二つの国家独占資本主義の理論的支柱をなしてきた，ケインズ経済学および新自由主義経済学（マネタリズム，合理的期待形成理論，効率的市場経済理論）の破綻がいまや顕在化しつつあることである。くわえて，近い将来，体制側から見て，これら二つの国家独占資本主義，あるいは，これら二つの経済学に代わるものが登場する見込みは存在しない。

最後に，1970年代末以降のケインズ型国家独占資本主義から新自由主義型国家独占資本主義への移行にともない，急速に進行しはじめた貧富の格差が，いまでは1920年代の水準あるいはそれを超える水準にまで達し，その結果，労働者や国民のあいだで，「我々は99％」——1％の最富裕層への富の集中にたいする告発——，「ウォール街を占拠せよ」——「ウォール街は損失を社会に負わせ，利益を一人占めにした。これは資本主義ではない」（ジョセフ・スティグリッツ）——なるスローガンに象徴されるような，世界的規模におよぶ反格差運動が展開され，そこでは資本主義そのもののあり方が俎上に載せられるにいたっていることである。

あるいは，同じ内容を，以下のように再整理した。

じつのところ，筆者は，現下の経済危機（「21世紀型世界経済危機」）は，資本主義経済にとって，2008年のリーマン・ショック以降の国際金融危機＝世界的大恐慌よりもより深刻な状況を呈していると考えている。その理由は，第1に，前回の危機は，金融危機と実体経済危機の二重苦という悪循環にすぎなかったが，その延長線上に生じた今回の危機は，それらに財政危機がくわわった三重苦という悪循環となっており，そうした意味で資本主義経済が歴史上ま

さにはじめて経験するものであること，第2に，前回の危機は，財政政策と金融政策の全面的な発動によって，ひとまずは小康状態をとりもどすことができたが，今回の危機ではその財政政策と金融政策そのものが限界を迎えるにいたり，それどころか，副作用と弊害が目立ちはじめていること，第3に，この結果，前回の危機は，より激発的で短期的な性格を帯びていたが，今回の危機は，より構造的で長期的な性格を帯びていること，最後に，前回の危機では，先進国と発展途上国とのあいだのデカップリング論が唱えられたが，中国経済の現状に代表されるように，今回の危機では，こうした論理はもはや妥当しなくなっていること，これらの点に求められる。そして，公共事業（財政政策），金融緩和（金融政策），成長戦略（実体経済政策）という三本の矢からなる「アベノミクス」もまた，大局的には，この「21世紀型世界経済危機」の分析に照らしつつ，その帰趨が判断されるべき性質のものであるといえよう。

　当然のことながら，「21世紀型世界経済危機」にたいするこうした認識にたいしては，現時点においても，筆者の見解に基本的な変化はない。じっさい，2015年1月のギリシャにおける総選挙で，欧州連合（EU）が同国に課した財政緊縮策に反対する急進左派連合が圧勝したが，それにともない，国際金融市場が緊張の度合いを高めるとともに，早くも，同国の財政危機の再燃が叫ばれるばかりではなく，ユーロ圏発の世界経済危機の再発への懸念も表明されはじめている。また，「21世紀型世界経済危機」と「アベノミクス」との関係については，拙稿「『21世紀型世界経済危機』と異次元金融緩和」（『労働総研クォータリー』2014夏季号，2014年7月）のなかで，次のように論じた。すなわち，「『アベノミクス』の性格は，ケインズ型〔財政政策〕と新自由主義型〔金融政策および実体経済政策〕のハイブリッド版，しかも，新自由主義型が優勢なそれと位置づけることができるであろう」，「金融危機という言葉を金融政策の副作用の表面化という側面をも含めた広義の意味で把握するならば，財政危機，金融危機，実体経済危機の三重苦なる『21世紀型経済危機』は，わが国においても依然として継続中であることが無理なく理解される」，と。

　しかし，それにもかかわらず，ここでは，若干の補足が必要であろう。
　第1は，先進国における金融政策の変更という問題である。先進国の中央銀行は，国際金融危機＝世界的大恐慌に直面して，金融緩和の名のもとに政策金

利をつぎつぎに引き下げたが，ついにはゼロ金利という制限に直面するにいたる。いわゆる「ゼロ金利制約」である。そこに登場してくるのが「量的緩和」政策にほかならない。連邦準備制度理事会 (FRB) は，2009年3月，2010年11月，2012年9月の三度にわたって，イングランド銀行は，2009年3月に，「量的緩和」政策を導入した。また，日本銀行は，2013年4月の「量的・質的金融緩和」をつうじて，「量的緩和」政策を導入した（2014年10月に「量的・質的金融緩和」を拡大）。さらに，欧州中央銀行 (ECB) も，2015年1月に「量的緩和」政策を導入した。つまり，FRBを除き，民間金融機関が中央銀行に保有する当座預金残高（準備）ないしマネタリーベース（当座預金残高プラス中央銀行券発行高）の増加を介して物価の上昇あるいは景気の浮揚を図ろうというわけである。これは，理論的にはマネタリズムに依拠する政策以外の何ものでもない。

　しかし，等しく「量的緩和」政策と称されてもFRBの政策は他の中央銀行のそれと性格が異なることに留意が必要である。あるいは意外に感じるかもしれないが，FRBは2009年以降の三次に及ぶ「量的緩和」政策を「Quantitative Easing」政策と自称したことはない。FRBによる正式名称は，「Large Scale Asset Purchase: LSAP」すなわち「大規模資産購入」というものである。だから，「量的緩和」政策という表現はマスコミによって付与された俗称にすぎない。つまり，こういうことになる。LSAPは，一般に誤解されているところとは違って，商業銀行が各連邦準備銀行に保有する当座預金残高（準備）を増加させることによる，いわゆる「量的緩和」効果を期待したものではなく，基本的には，政策金利としてのフェデラル・ファンド金利 (FF金利) がゼロ金利という制約に直面するなかで，長期国債や資産担保証券 (MBS) などの大規模資産購入にともなう長期金利の引き下げによる，設備投資および個人消費の活性化を目的とするものであった，と。その意味で，LSAPは，非伝統的政策と呼ばれながら，短期金利にではなく長期金利という金利に働きかけようとする点において，あくまでも伝統的金利政策の枠内にとどまる政策であると位置づけてよいであろう。それにもかかわらず，非伝統的政策と呼ばれるのは，伝統的政策が，短期金利のコントロールを目標として短期資産の売買にポイントを置いてきたのにたいして，そのかぎりでは伝統的政策の枠組みを超えて，長期金利のコントロールを目標として長期資産の売買にポイントを置いていたことに

起因している．ちなみに，2010年10月～2014年4月にかけての，日本銀行による「包括的金融緩和」政策は，FRBのLSAPと同質の政策であった．

ところで，「量的緩和」それ自体には，物価を上昇させる能力も景気を浮揚させる能力もないことは，ベン・バーナンキ前FRB議長を含む米英の中央銀行家が一致して認めるところである．それどころか，最近では，「量的緩和」政策の副作用・弊害が無視できないほどの程度に達しているというのが，ことの真相にほかならない．その典型は，日本銀行による「量的・質的金融緩和」である．同政策のもとで，「2％の物価安定目標を，2年程度の期間に実現する」という公約の達成が絶望的となるばかりか，日本銀行は，完全に「財政ファイナンス」の領域にのめりこむにいたっている．発行日の翌日に同行が市中銀行から長期国債を購入することと財政法で禁じられた同行による国債の直接引き受けとはどこが異なるといえるのであろうか．日本銀行には金融機関にたいする「最後の貸し手機能」が付与されているが，これでは金融機関ならぬ政府にたいする「最後の貸し手機能」の発動がなされているとみなすべきであろう．また，これだけ大量の長期国債を抱え込んだ（2015年末には名目GDPの約60％に達することになる）以上は，日本銀行による「出口」政策の模索も事実上不可能になったといわなければならない．というのは，長期国債の金融機関への売却はおろか，国債の買い入れペース（現時点のバランスシート上の年間増加目標額は80兆円である）のスローダウンを試みるだけでも，その市場価格の暴落ならびに長期金利の急騰を招かざるをえないからである．じっさい，FRBは，資産買い入れ規模を漸次的に低減しつつ，2014年10月に，「大規模資産購入」政策を最終的に終了させたが，これは長期金利の低下にともなう同政策の副作用としての住宅市場や株式市場におけるバブルの萌芽を未然に摘み取ろうとする意図にもとづくものであった．

第2は，日欧に比べた最近のアメリカ経済の堅調ぶりをどのように見るかという問題である．たしかに，住宅市場，自動車市場は好調である．しかし，それは「大規模資産購入」政策ならびに「シェール革命」の成果にもとづくものであって，アメリカ経済の真の実力を反映するものではない．また，失業率の低下についても，長期失業者の求職の断念やパートタイム労働者の増加という要因が考慮に入れられなければならない．そのうえで，筆者が重視するのは，こ

れはアメリカに限ったことではないがそこにおいてとりわけ顕著な，貧富の格差の拡大と中間層の解体という側面である。じっさい，ロバート・B・ライシュ（クリントン政権の労働長官）は，『格差と民主主義』のなかで，次のように記述する。すなわち，「1960～70年代には，米国の富裕上位1％の人々が手にする所得総額は，GDPの9～10％であった。それが大不況前の2007年には倍増して，23.5％になった。しかもその間に，上位1％の人々のなかでも，さらに最富裕のトップ10％の人々が手にする所得は3倍に膨れ上がった。……富裕層上位400人だけで，下半分の所得階層にあたる1億5000万人の勤労所得をすべて合算したよりも，さらに多くの富を集中しているのである。一方，標準的な勤労者の年間賃金の伸びは鈍化しており，この30年間で（物価上昇分を差し引くと）280ドルしか上昇していない。つまり1世紀の3分の1以上の時間をかけて，1％の伸びすら実現していないのである。2001年以降は，実質賃金の中央値も下落し続けている」[6]，と。くわえて，トマ・ピケティも『21世紀の資本』（山形浩生・守岡桜・森本正史訳，みすず書房，2014年）のなかで，アメリカの格差拡大の大半は，最も裕福な「1パーセント」に起因するものであり，国民所得に占めるシェアは1970年代の9％から2000～2010年には約20％にまで上昇したこと，2008年の金融危機以降も格差の構造的拡大は止まっていないことを明らかにしている。つまり，貧富の格差の拡大と中間層の解体をつうじて，長期的・構造的には国民の購買力は確実に低下しているというわけである。まさにこの点がアメリカの実体経済面における最大のアキレス腱であり，こうした背景を重視するならば，アメリカ経済の一見した堅調ぶりもじつは意外に底が浅いものであることが容易に理解されるであろう。要するに，アメリカ経済といえども，「21世紀型世界経済危機」の例外ではありえないというのがここでの結論である。

　こうしたなかで，「長期停滞（secular stagnation）論」が世界的な注目を集めつつある。そのいずれも体系的なかたちで展開されているとは必ずしも言い難いが，たとえば，第1期オバマ政権の国家経済会議（NEC）議長であったローレンス・サマーズは，長期的な停滞とは，「安定した持続的な金融環境のもとであっても，望ましい経済成長率や雇用水準を達成していくことが難しい状態を意味する」，と定義し，「米国は，ここ数年，そして現在も，十分な水準の経済成長率や雇用を達成していない。金融の環境は安定しているにもかかわらず，そ

れを達成できないという意味において、長期的停滞に入っていると言えるだろう」、と説明する。他方、カウシィク・バス世界銀行上級副総裁は2014年1月24日付の『朝日新聞』のなかで、「L字型低迷論」という主張を提起する。すなわち、「エコノミストたちはこの数年、長く待ち望まれる経済回復の形を表すために、アルファベットを使い尽くしてきた。楽観的な『V字型』に始まり、少し悲観的な『U字型』に移り、ついには絶望的な『W字型』に至った。しかし今、より深刻な不安が広がりつつある。(経済成長が停滞し続ける)『L字型』への懸念である」、と。これらの考え方は、筆者が唱える「21世紀型世界経済危機」論とは理論的淵源を異にするものではあるが、それにもかかわらず、両者は、世界経済の現局面を過去に例のないタイプの「長期的停滞」ないし「構造的危機」として把握しようとする姿勢において共通性を有している。「長期的停滞論」の今後の展開を期して待つことにしたい。

III　タックスヘイブンと国家

　多国籍企業による租税回避措置が話題になっている。スターバックスがイギリスで巨額の収益を上げながら、イギリス政府にほとんど法人税を納めていないことが世界的な注目を集めた。また、アメリカでは、上院国土安全保障・政府問題委員会常設調査委員会がアップルのティム・クック最高経営責任者(CEO)を召喚して、公聴会で詰問するという事態も生じた。その他、グーグル、アマゾン、マイクロソフトなども非難の対象とされている。

　ここでの課題は、税をめぐる多国籍企業と国家の角逐なる問題をどのように理解すべきかという点にあるが、さしあたり、グローバリゼーションと国家の関係なる問題の解明から取り掛かることにしたい。

　まず、木畑洋一氏は、『二〇世紀の歴史』のなかで、国民国家とグローバリゼーションの関係を、以下のように整理する。すなわち、「ここで注意しておくべきは、このグローバリゼーションが、国民国家の衰退や消滅を決して意味していない、という点である。現在の世界において、国民国家は後退、衰退していっており、国民国家を超える形でグローバリゼーションが進行している、といった議論がしばしばなされることがあるが、そのような主張……には強い

留保が必要である。……『長い二〇世紀』という観点から見れば，それを特徴づけた帝国世界が変容，解体した後，国民国家によって世界が覆われる状況の下でグローバリゼーションが進んでいるというのが，現在の姿なのである」[7]，と。歴史家により，1970～1990年代に及ぶ帝国世界の形成と解体過程の俯瞰から導き出されたこの結論にたいしては，十分な配慮がはらわれるべきであろう。

　そうなると，今度は，国家と多国籍企業や大手金融機関との関係が問題になるが，この点については，ヴォールの『福祉国家の興亡』のなかに，以下のような記述が見出される。「資本はいまや，グローバル市場で最大限の利益を得るために，これまでにないほど国家に依存している。さらなる自由化……を進めているのは国家である。多国籍企業や金融機関にとって有利な，……国際レベルの協定の交渉を数多く行っているのは国家である。国家は資本の力を前にして，退いたりしたことはない。それどころか，いまだかつてない規模で資本の利益のための道具となっているのである」[8]，「激しくなる一方の国際市場競争や，国境を越えて自由に移動する資本の運動は，国家に対する圧力を高めている。そうした圧力の増大……に国家がさらされていること自体は，べつに国家の衰退を意味するものではない。このことはまた国家の強化をもたらす要因でもある——ただ，その立場を強めた経済界の利益を守る道具としての意味においてである」[9]，と。ここでもまた，国家の衰退が否定されていることが注目される。それはともかく，この論理に従うならば，多国籍企業の「無国籍企業」化など，およそありえないことが理解されるであろう。つまり，多国籍企業と国家の利害関係は基本的に一致しているというわけである。この視点の堅持は重要である。なお，「国際レベルの協定の交渉」の最近の顕著な実例として，環太平洋経済連携協定（TPP）をあげることができるであろう。TPPとは，環太平洋圏において，中国勢力圏に対抗するかたちで，日米の多国籍企業相互間の軋轢を抱えながらも，その権益を擁護・拡大しようとする試み以外の何ものでもありえない。

　さらに，次のような事実にも留意が必要である。2008年のリーマン・ショックにあたって，アメリカ政府が，シティグループ，バンク・オブ・アメリカ，JP・モルガン・チェイスなどの商業銀行，ゴールドマン・サックス，モルガン・スタンレーなどの投資銀行ばかりではなく，GMやクライスラーなどの自

動車メーカーにまで，公的資金を投入しつつ救済を図ったことは記憶に新しい。はたしてこれは何を意味するのであろうか。この事実は，大手金融機関や多国籍企業にとって最後の救済者は国家そのものにほかならないことを明瞭に示している。とりわけ興味深いのはAIGのケースである。AIGは，アメリカ本国における保険事業によって破綻したわけではない。その部門にはとりたてて問題がなかったにもかかわらず，ロンドンのクレジット・デフォルト・スワップ（CDS）部門での巨額の損失が同社を破綻に追い込んだというのがことの真相である。つまり，アメリカ政府はAIGの海外損失を国民の税金で補塡したということになる。この事実は，まさに，大手金融機関・多国籍企業と政府との骨がらみの癒着関係を雄弁に物語るものであるといえよう。大手金融機関・多国籍企業はけっして国家から離れることができない存在なのである。

　以上を要するに，税をめぐる多国籍企業と国家の角逐なる問題はこうした理論的基盤のうえにたって考察されるべきだということである。一方では，大手金融機関・多国籍企業は，海外への進出にあたっても，国内の規制緩和にあたっても，法人税の切り下げ（「法人税を下げないと海外に出て行くぞ」という脅しと各国間の税切り下げ競争）にあたっても，可能な限り政府を利用し尽くさずにはおかない。他方では，政府も可能な限りそれに積極的に対応しようとする。そして，その次の段階が，大手金融機関・多国籍企業による内外での租税回避措置の追求ということになる。こうした内実こそが，とりもなおさず，新自由主義型国家独占資本主義の本質にほかならない。さらに，そこに，先進国における財政危機という問題が絡んでくる。財政危機に直面した政府は，いまや，税収の確保という側面からも，国民からの批判の回避という側面からも，ある程度まで，多国籍企業の租税回避措置に手をつけざるをえない状況に追い込まれている。それが，先に見たスターバックスやアップルなどへの課税措置に結びついてくるというわけである。ことがらの経過をこのように整理するならば，われわれは，税をめぐる多国籍企業と国家の角逐なる問題は，両者相互間の「コップの中の嵐」にすぎないそれとして位置づけることができるであろう。

　ところで，多国籍企業による租税回避措置ということになれば，かならず引き合いに出されるのがタックスヘイブンの問題である。しかし，ここでもまた，事態はそれほど簡単ではない。というのは，タックスヘイブンの育成・擁護と

いう側面でも国家が関わってくるケースが存在するからである。

ここでは,その典型例としてイギリスの場合をとりあげることにしよう。

ロラン・パラン他は,『タックスヘイブン』のなかで,以下のように指摘する。「ユーロ市場と,イギリスのサテライト・タックスヘイブンなくして,世界第一の金融センターとしてのシティの輝かしい成功を理解することは不可能だ。形式は抜きにして,シティ,ジャージー島,ケイマン諸島,英領ヴァージン諸島,バミューダ,その他のイギリスの領土を,世界最大のタックスヘイブンならびにマネーロンダリング向け導管として機能する一つの統合的グローバル金融センターとしてあつかうべきだ」[10]。また,志賀櫻氏も,『タックス・ヘイブン』のなかで,以下のように指摘する。「シティのすぐ近くには,ジャージー,ガーンジー,マン島という王室属領が控えている。……シティは,これらすぐ近くのタックス・ヘイブンを簡単に利用することができる。遥か太平洋の彼方の島々に目を奪われて,本家ロンドンのオフショア金融活動〔ユーロドル市場〕を見逃してはならない。タックス・ヘイブンの全容は,先進国の金融センターを含めた多重構造を全体として眺めることによって初めて理解できるのである」[11]。問題は,ユーロダラー市場やサテライト・タックスヘイブンの育成・擁護にあたり,イギリスの政府・中央銀行がどのような役割を果たしたかという点に求められるが,前者については,『ポンドの譲位』のなかでの金井雄一氏による,次のような証言がある。「西ドイツなどは,国内における通貨管理力の弱体化を懸念して,ユーロダラー市場の拡大を妨げようとした。それに対し,イギリスはロンドンにおけるドル預金の増加を妨げなかった。ユーロダラーの増加を『イングランド銀行は歓迎し,促進した。それは,穏やかな規制手法と外国銀行に対する開放政策とあいまって,ユーロ市場 (Euromarkets) を発展させた』のである」[12]。また,後者については,志賀氏自身による,次のような証言がある。「1999年,マネー・ロンダリングを取り締まる国際会議のファイナンシャル・アクション・タスク・フォース (FATF) において,英国大蔵省がBVI〔ブリティッシュ・バージン・アイランド〕を擁護しようとする態度が奇妙であって,どうにも合理的説明がつかないのにブラックリストから落とされてしまった」[13]。

要するに,タックスヘイブンと国家のあいだにさえ,こうした微妙な関係が

伏在しているというわけである。

　タックスヘイブンをめぐっては，いまひとつの重要な側面に留意を促したい。それは，「新自由主義的グローバル化」の主柱としての役割である。この点について，パラン他による先述の著書は，以下のように指摘する。すなわち，「本書の趣旨は，タックスヘイブンが租税回避と脱税の導管であるばかりでなく，もっと大きな金融の世界……に属するということだ。個々のタックスヘイブンは，小さくて取るに足りない存在に見えるかもしれない。だが，総じると，世界経済において中心的役割を果たし，『新自由主義的グローバル化』と表現されるものの柱の一本として機能している」[14]，と。

　つまり，タックスヘイブンは，「新自由主義的グローバル化」とも緊密な結びつきを有しているというわけである。

注
1) 鶴田満彦『グローバル資本主義と日本経済』桜井書店，2009年，98ページ。
2) 同上，101-102ページ。
3) アズビヨン・ヴォール『福祉国家の興亡』（渡辺雅男訳）こぶし書房，2013年，81ページ。
4) 同上，81-82ページ。
5) 同上，61ページ。
6) ロバート・ライシュ『格差と民主主義』（雨宮寛・今井章子訳）東洋経済新報社，2014年，8-9ページ。
7) 木畑洋一『二〇世紀の歴史』岩波書店，2014年，266-267ページ。
8) ヴォール，前掲書，148ページ。
9) 同上，149ページ。
10) ロナン・パラン／リチャード・マーフィー／クリスチアン・シャヴァニュー『タックスヘイブン──グローバル経済の見えざる中心のメカニズムと実態』（青柳伸子訳）作品社，2013年，231-232ページ。
11) 志賀櫻『タックス・ヘイブン──逃げていく税金』岩波書店，2013年，50-51ページ。
12) 金井雄一『ポンドの譲位──ユーロダラーの発展とシティの復活』名古屋大学出版会，2014年，222-223ページ。
13) 志賀，前掲書，22ページ。
14) パラン他，前掲書，389ページ。

第9章　不換制下の貨幣資本蓄積と現実資本蓄積

前畑雪彦

はじめに

　マルクスが世を去るまで執筆を続けた『資本論』第2部「資本の流通過程」の草稿は，貨幣資本蓄積と現実資本蓄積の問題を第3部初稿「5）信用。架空資本」で駆け抜けるように書いた後に，部分草稿を含めて8稿を重ねた。「信用。架空資本」で記された「信用の件〔Creditgeschichte〕全体の中でも比類なく困難な」(MEGA II/4.2, S. 529.) この問題は，マルクスが眼前に見る19世紀中葉のピール条例に拘束されたイングランド銀行制度下の産業循環における，貨幣市場の利子率で表される貨幣資本蓄積と再生産過程の利潤率で表される現実資本蓄積の関係ならびに貨幣資本蓄積と一国に存在する貨幣量との関係についての問題である。兌換制度下では，物価は産業循環に規定されて激しい上下波動を描き，利子率は恐慌後の不況期には低く，中位の活況において平均的高さに上昇し，過剰生産に立脚する貨幣恐慌時に暴騰する運動を描いた。つまり物価と利子率は信用制度によって促進される資本の再生産過程の限界突破過程では並行して上昇し，恐慌時に物価は暴落し利子率は暴騰した。そして物価と利子率の産業循環ごとにくりかえすこの対照的運動は，それを抑えるはずのリカード数量説に立つピール条例によってかえって増幅され，このため恐慌によって条例はたびたび停止された。

　『資本論』第2部の貨幣資本と現実資本（生産資本・商品資本）の関係の分析は，「5）信用。架空資本」で究明を試みた貨幣資本蓄積と現実資本蓄積の問題を根底的に解決するための，第1部貨幣論を前提する，用意周到に準備された方法的研究の一面をもつ。すなわち，ここでは，産業資本から派生する副次的資本形態である利子生み資本・商人資本を捨象し，基本形態である産業資本の再生産過程のみを考察対象に据え，そして信用制度を捨象する純粋金属流通を

仮定して，価値と価格の一致する需給均衡条件下で，貨幣資本と現実資本（生産資本・商品資本）の連動関係を資本変態運動に規定される時計仕掛けの精密な歯車の嚙み合いの関係として解明している。

　本稿は，この方法を踏襲して，貨幣資本と現実資本（生産資本・商品資本）の関係を，①純粋金属流通下──『資本論』第2部──の解明，②兌換制の信用制度を導入した場合の解明，③不換制下の解明の3段階に分けて比較分析し，それらの間の内的紐帯を摑み出し[1]，最後に，産業循環運動を起動する衝撃（Stoß）と利潤率と利子率を導入して，数量説に立つ中央銀行の量的緩和政策を含むアベノミクスと現実資本蓄積の関係について解明する。

I　純粋金属流通過程での貨幣資本と現実資本（生産資本・商品資本）の関係

　この問題を個別資本の再生産過程──これは循環論と回転論からなる──と社会的総資本の再生産過程との二つの視点から考察する。

1　個別資本の再生産過程（循環・回転）視点からの考察

　マルクスは第2部の資本変態論で，貨幣資本循環形態，生産資本循環形態，商品資本循環形態を一般的商品流通との関連でそれぞれ解明した。図に基づいて，まずこれら循環形態における貨幣資本の性格を信用制度と利子率それゆえ金融政策の観点から研究しておきたい。

　貨幣資本循環形態　ここにおける貨幣資本のみが一方的 G—W の形態で現実資本蓄積を媒介する。また現在市場 A に示される商品の流通過程に対してはこの形態で追加的流通手段の供給を媒介する。循環運動の出発点をなす貨幣資本は直接的生産過程に続く将来市場 B における W′—G′ の実現可能性が存在する場合にのみ現在市場 A で投下される。この可能性がなければ貨幣資本は前貸しされない。また追加的流通手段の供給も行われない。この貨幣資本の投下条件は利潤率と利子率である。利潤の可能性がある場合には，利子率の上下動は，この貨幣資本の投下を促進したり抑制したりする。しかし利潤の可能性がない場合には，どんなに低い利子率でも貨幣資本の前貸しを引き起こすこ

貨幣資本循環形態

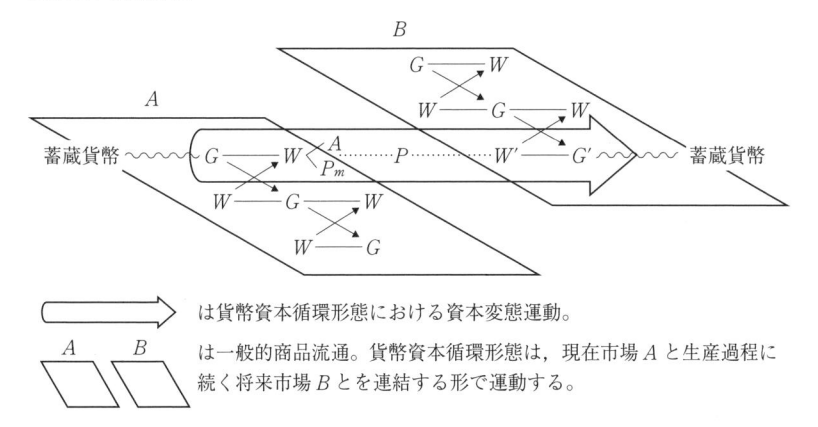

⇒ は貨幣資本循環形態における資本変態運動。
▱ ▱ は一般的商品流通。貨幣資本循環形態は，現在市場 A と生産過程に続く将来市場 B とを連結する形で運動する。

とはできない。この循環形態における貨幣には資本の本性とこれに働きかける金融政策の有効性と限界性とが明瞭に示されている。

　この資本循環形態は初期資本主義の発展理論である重商主義とケインズが把握する循環形態であり，需要供給・購買販売・生産消費の実体経済を構成し連動する3契機を貨幣（第3規定の貨幣）が起動する完了的事業循環として，現在市場 A の貨幣通流に沿って乗数倍の需要波及効果を持つ，経済変動を媒介する循環形態である。

　生産資本循環形態　ここにおける貨幣資本は，$W-G-W\genfrac{}{}{0pt}{}{A}{Pm}$ の流動的統一の中間項として，前貸し資本価値の流通手段として機能する。また g は w—g—w の過程的統一の中間項として，所得の流通手段として機能する。ここでは貨幣資本は，商品の流通過程との関係では所与の大きさを持つ商品対商品の交換における流通手段としてのみ機能している。これは貨幣をもっぱら流通手段の規定性でのみとらえる古典派・新古典派の把握する資本循環形態である。そして彼らは数量説的主張からこの流動的統一の貨幣量を金融政策でコントロールできると妄想するが，この貨幣量は利子率によっても，中央銀行のバランスシートによっても任意に動かすことはできない。だからこの性質の貨幣に働きかける黒田日銀の「量的・質的金融緩和」政策は幻想である。すなわちこの貨幣量は商品の流通過程内にすでに存在する貨幣量としてその外部からコントロールできない。この貨幣量は商品世界の内在的法則である貨幣流通法則

生産資本循環形態

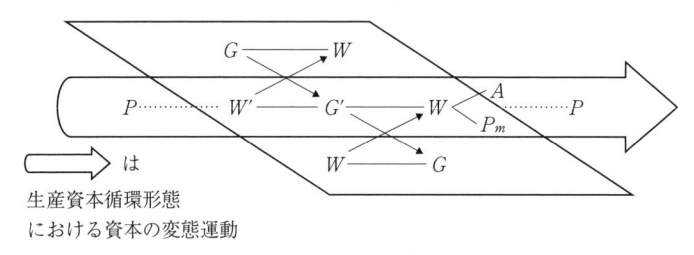

```
              G → W
              ↘ ↗
P······W'─── G' ───W<A
              ↗ ↘    Pm ·······P
              W — G
```

⇨ は
生産資本循環形態
における資本の変態運動

▱ のなかは一般的商品流通。生産資本の循環形態においては，このような仕方で，資本変態と一般的商品流通とが連結している。

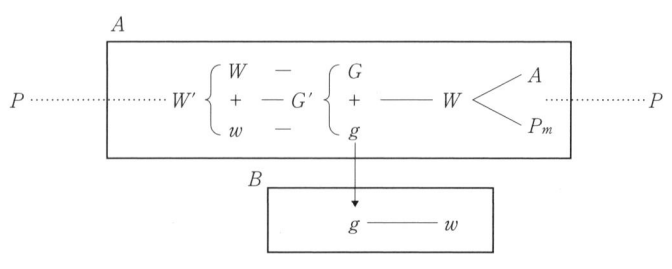

$$A$$
$$P\cdots\cdots W' \left\{\begin{array}{c}W\\+\\w\end{array}\right. \begin{array}{c}-\\-\\-\end{array} G' \left\{\begin{array}{c}G\\+\\g\end{array}\right. \cdots\cdots W <^{A}_{P_m} \cdots\cdots P$$

$$B$$
$$g \longrightarrow w$$

A は資本の流通過程。
B は A から派生する所得（剰余価値）の流通過程。

によってのみ規定される。この循環形態は均衡的な再生産を表す。そしてこの循環形態が現実資本蓄積を表す限りではこれはすでに説明した貨幣資本循環形態で自らを表す。

商品資本循環形態　この循環形態はＣプラスＶプラスＭの価値構成を持つ商品のＷ—Ｇ—Ｗの流動的統一から始まり，したがって資本流通と資本家ならびに労働者の所得流通との相互制約関係を商品流通の開始点から，商品対商品の実物バランスで示す。これは年間総生産物の流通を最初に考察した重農学派ケネーがそのために取り上げた循環形態であり，ここでの貨幣資本は，生産資本循環形態と同じく資本と所得の流通手段を表す。つまりここでの貨幣は先の循環形態における貨幣と同じ性質を持つ。したがって前に述べたようにこの貨幣資本量は本来的に金融政策によって操作できない——しかしこの循環形態で取り上げられる社会的総資本の流通過程に対する流通手段の前貸しが，ピー

商品資本循環形態

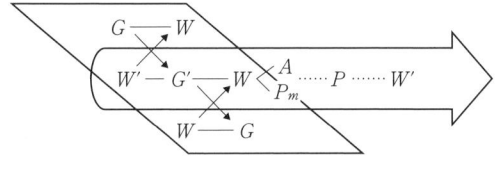

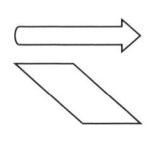

$$W'\!-\!G'\!-\!W\!\begin{array}{c}G\!-\!W\\ \\ W\!-\!G\end{array}\!\!\!<\!\!\!{}^{A}_{P_m}\cdots P\cdots W'$$

⇒ は商品資本循環形態における資本変態。

▱ は一般的商品流通。商品資本循環形態においては，図のような仕方で，一般的商品流通と資本変態とが連結している。

$$W'\begin{cases}W\!-\!\\ +\\ w\!-\!\end{cases}\!-\!G'\begin{cases}G\!-\!W\\ +\\ g\!-\!w\end{cases}\!\!<\!\!{}^{A}_{P_m}\!\cdots P\cdots W'$$

ル条例によって人工的に妨げられるなら，数量説が夢想する不足ではなく「流通手段の現実の不足」(K.マルクス『資本論』第1部，大月書店，159ページ，ディーツ版，S. 134. 以下同様) が生じ，不必要な攪乱が生じる――。この形態は生産資本と同様に均衡的な再生産循環を表す。しかし重農学派と古典派を超えるマルクスの独自性は，これが現実資本蓄積を表す場合には生産資本循環形態と同様に，完了的事業循環である貨幣資本循環形態で自らを表す点の認識である。この点は決定的に重要である[2]。

以上の循環形態の認識を基礎に，貨幣資本と現実資本（生産資本・商品資本）との関係を，回転論から，貨幣資本を中心に類型化すると，次の三つの型に分類できる。

(1) プール型

次図は前貸総流動資本の完全回転を想定した場合の，創業後何年もたつ市場の既存の構成部分をなす資本の存在形態である。このような資本は資本の3循環形態の統一の形態で存在する。そして貨幣資本は現実資本（生産資本・商品資本）と空間的に相並ぶ，前貸総流動資本の一加除部分としてつねに存在する[3]。

網かけ部分のG―Wは流動資本の諸成分の漸次的購買による貨幣資本の漸

	第1局面	第2局面	第3局面	
第1局面	$G-W(P)$	$P\cdots W'$	$W'-G'$	貨幣資本循環形態
第2局面	$P\cdots W'$	$W'-G'$	$G-W(P)$	生産資本循環形態
第3局面	$W'-G'$	$G-W(P)$	$P\cdots W'$	商品資本循環形態

次的減少。網かけ部分の W—G は前貸し流動資本を表す商品の漸次的販売による貨幣資本の漸次的増大。同一資本の漸次的 W—G と漸次的 G—W が同時並行することで，前貸し総流動資本の一定部分が常に貨幣資本形態で存在する。

(2) ししおどし型

現実資本（生産資本）の機能継続とこれに基づく一方的 W—G（現実資本である商品資本の機能）の繰り返しによる，固定資本（C）の償却基金と蓄積元本（M）との漸次的積立としての貨幣資本蓄積。満額に達した際の両者の貨幣資本の一方的 G—W での一挙的投下（償却基金の投下は固定資本の現物更新，蓄積元本の投下は現実資本蓄積）。

(3) 賃金型

現実資本蓄積の本質的契機である貨幣可変資本の前貸しは，直接的生産過程に対しては追加労働力の導入であるが，商品の流通過程に対しては追加流通手段の供給である。「発達した資本主義的生産，したがって賃労働制度の支配を前提すれば，明らかに，貨幣資本は，それが貨幣資本の前貸しされる形態である限り，一つの重要な役割を演じる。賃労働制度が発達するにつれて，すべての生産物は商品に転化し，したがってまた——いくつかの重要な例外はあるにしても——すべての生産物がその運動の一段階として貨幣への転化を通らなければならない。流通貨幣量は，諸商品のこのような換金のために充分でなければならない。そして流通貨幣量の最大部分は労賃の形態で供給される。すなわち，可変資本の貨幣形態として産業資本家によって労働力の支払いに前貸しされ労働者の手では——その大部分が——ただ流通手段（購買手段）としてのみ機能する貨幣の形態で，供給される。」(『資本論』第2部，590ページ，S. 474)。

2　社会的総資本の再生産過程における貨幣資本と現実資本の関係

ここでは，現実資本はすべて年度期首の流通過程で商品資本の形態で存在す

ると仮定し，貨幣資本はこの商品資本の価格を実現すべき貨幣資本として，またこの貨幣資本の種々の供給諸源泉として，そして両者の関係は信用制度との対比で年間再生産過程の内在的契機としての金属流通の自然発生的形態で解明されている。

先行する循環・回転論との関係を踏まえて，両者の緊密な連動関係と社会的再生産過程における貨幣資本の役割を考察してみよう。

(1) プール型を構成している個別の現実資本は，ここでは，商品対商品の価格を持つ社会的再生産過程の実体的均衡条件として解明され，前貸し総流動資本のうちつねに貨幣形態にある資本部分は，この両商品の交換に必要な流通手段の前貸し（G—W—G の形態的貨幣還流を描く貨幣の前貸し。この貨幣は年度期首の現在市場において還流する）ならびにその供給源泉の規定において明らかにされている。すなわちここでの貨幣資本の役割は社会的再生産の実体的均衡条件ではなく，それらの交換のための単なる形式的な条件として規定されている。金融政策との関連では次の点が重要である。ここでの貨幣資本需要は価格を決められた商品対商品の交換に必要な流通手段に対する需要である。例えば，第Ⅰ部門の1000の価格を持つ商品と第Ⅱ部門の1000の価格を持つ商品との交換で，第Ⅱ部門がこの交換のために必要な1000Gを銀行に対して需要する場合，所与の利子率が3パーセントであるとき，それが4パーセントに上昇しても2パーセントに下落しても，これよって1000Gに対する需要量は縮小したり増大したりしない。この1000Gは価格を持つ両極商品の交換の必要によって規定されているからである。この需要は，すでに述べた人工的な高金利を除けば，利子率変動に対して非弾力的なのである。古典派・新古典派の黒田日銀はこの商品対商品の構造においてのみ市場を理解するが，価値形態論・価値尺度論の欠如からこの構造の中間項に中央銀行は任意の流通手段量を投げ入れることができ，そしてその数量によって価格が決まるとする数量説を妄想する。

(2) ししおどし型の個別資本は，ここでは，一方的 G—W と一方的 W—G の社会的対応として，固定資本の現物更新と貨幣補塡の対応と現実的蓄積と貨幣的蓄積の対応とにおいて，社会的再生産過程の貨幣対商品の貨幣的均衡条件として解明されている。すなわちここでの貨幣（第3規定の貨幣）[4] したがって

貨幣資本の役割は対極の商品と並ぶ社会的再生産過程の実体的均衡条件そのものとして規定されている。そして資本の前貸し（$G-W {<}^{A}_{Pm} \cdots P \cdots W'-G'$ の実体的貨幣還流を描く貨幣の前貸し。この貨幣は次年度以降の将来市場において還流する）は，現実資本蓄積を媒介する貨幣資本投下として，社会的総資本の拡大再生産の必然的な貨幣的契機として解明されている。金融政策との関連で言えば，この資本前貸しに対する需要は，すでに貨幣資本循環形態で見たように利子率の上下動に対して弾力的である。ケインズはこの構造においてのみ市場を理解している。この認識は古典派・新古典派に対する抽象的対立を形成している。

(3) 賃金型はここでは次の点が重要である。現実資本蓄積は剰余価値の必要資本量に到達するまでの蓄蔵貨幣形態での貨幣資本蓄積を必要とする。この後に行われる追加労働力の購買のための貨幣可変資本前貸しは，すでに述べたように，一方では直接的生産過程への追加労働力の導入であり——この供給源泉は労働時間の外延的内延的延長と潜在的相対的過剰人口である——，他方では商品の流通過程への追加流通手段の供給である。この追加供給が行われる場合，他方の極で剰余価値の蓄積元本としての貨幣資本蓄積が対応すれば，この極で流通手段の蓄蔵貨幣としての引き揚げが対応して，流通手段量の大きさは不変である。言い換えれば一国に存在する実在的金属貨幣総量を構成する蓄蔵貨幣量と流通手段量の配分比率は不変である。しかしこの対応がなければ，蓄蔵貨幣量は減少し追加分だけ流通手段量は増大する。反対に現実資本蓄積が停滞し貨幣的蓄積がそれを上回れば蓄蔵貨幣量が増大しその分だけ流通手段量が減少する。つまり一国の実在的金属貨幣総量の構成部分である両者の配分割合の変化が生じる。

II 兌換銀行制度下の貨幣資本と現実資本の関係

ここでは，頂点に中央発券銀行1行が存在し，これが傘下にある多数の市中銀行（預金銀行）に対して預金業務と貸出業務を並行的に行い，また中央銀行を含む全銀行が準備の調達と運用によって銀行券債務と預金債務に対する支払準備を調節するインターバンク市場があり，そして市中銀行それぞれが，傘下

の資本の再生産過程（実体経済）の担い手である多数の資本家と個人に対して，預金業務と貸出業務を並行的に行う，ピラミッド状の完成した銀行制度を想定してみよう。またこの制度において一国の全金属蓄蔵貨幣は，世界貨幣準備，兌換・預金債務支払準備，国内金鋳貨流通準備の，相互の間で危険な衝突を引き起こしうる3機能を果たす最小化した一個同一の金属準備として，つまり信用制度全体の貨幣資本性質を持つ軸点として，各市中銀行の中央銀行当座預金の形態で，中央発券銀行の地下室に集中していると想定しよう。

　その上でさらに次の2つを前提しよう。①資本流通の過程における所有権移転は各市中銀行の要求払預金の振替・振込で行われ，最終的には各市中銀行が持つ中央銀行当座預金間の振替で行われる。②マルクスの時代のイングランドのように小額面銀行券は発券されておらず，労働者の所得流通過程における所有権移転は金鋳貨が用いられている[5]。

　以上の内容を持つ利子生み資本と信用制度において，さきに説明したプール型・ししおどし型・賃金型が再現する。すなわち金属流通の自然発生的形態が信用制度の意識的形態において再現する。

　プール型は企業の市中銀行当座預金の形態で再現する。当座預金はそこからの出金とそこへの入金の並行性により，つねに一定の残高を維持する。この並行性を担保するのは銀行制度の外側に存在する流動資本の完全回転によるW—GとG—Wの並行性である。そこで，この並行性のずれを埋めるわずかな必要支払準備（1パーセント程度）を資産面に置いて，残りの大部分を貸し付けることができる。預金は無準備の債務となる。そしてさらに，必要準備は中央銀行預け金の形で，当該銀行の中央銀行当座預金となる。こうして各市中銀行の支払準備は中央銀行当座預金の形態をとり，現金準備は中央銀行地下室に集中する。そして各市中銀行において入金と出金の並行性のずれから生じる必要支払準備の過不足は，インターバンク市場で，そのときに与えられている利子率に基づく，準備の過剰側の貸しと不足側の借りによって調節される。この際の貨幣資本の移動は中央銀行当座預金間の振替で行われる。この振替はすべて預金帳簿上に記載されている観念的計算貨幣数値のプラスマイナス計算で行われる。つまり預金帳簿上の貨幣は観念的計算貨幣として機能する。この場合，地下室にある金準備はつねに不変不動である。

ししおどし型は利子付き定期預金の一方での取り崩しと他方での積み上げの社会的対応の形態で再現する。取り崩し側で定期預金が当座預金に転化し，積み上げ側の当座預金に振り替えられ・振り込まれ，この当座預金が定期預金に転化する形で行われる。この場合，取り崩しと積み上げを迫る契機は銀行システムの外側にある資本の再生産過程の契機であるが，しかしこのシステムの外側から固定資本の償却基金・蓄積元本が入金し外側へ出金するわけではない。だからこの点では内生的貨幣供給論の吉田暁氏が正しい。定期預金の一方での解消と他方での形成においてそれが固定資本の現物補塡・貨幣補塡と現実的蓄積・貨幣的蓄積と規定されるのはこのシステムの外側に立つ定期預金所有者の資本回転上の契機としてである。この場合，定期預金の社会的総額は振替・振込によって不変である。この振替・振込において預金帳簿上の貨幣は観念的計算貨幣として機能している。中央銀行地下室の金属準備は不変不動である。

賃金型は，現実的蓄積の契機である追加貨幣可変資本の前貸しである限り，ここでは，すでに述べたように商品の流通過程に対しては追加金属貨幣の供給である。この追加金属流通手段はそれだけ中央銀行地下室の金属蓄蔵貨幣を減らす。他方の極でこれに応じる貨幣的蓄積によって金属流通手段が蓄蔵貨幣として引き揚げられ，中央銀行当座預金の形態で地下室に運び込まれれば，金属蓄蔵貨幣の大きさは不変である。すなわち一国にある実在的金属貨幣の構成要素である労働者の所得流通過程にある金属流通手段量と中央銀行地下室の金属蓄蔵貨幣量の割合は不変である。したがって，現実的蓄積による追加金属流通手段の供給量が他方の極の貨幣的蓄積を上回れば，商品の流通過程における金鋳貨量は増大し，インターバンク市場で取引される中央銀行の支払準備金量は減少する。他の事情を不変とすれば，金融ひっ迫となり，バンクレートは上昇する。反対ならば商品の流通過程における金鋳貨量の減少となり，インターバンク市場で取引される支払準備金量は増大する。金融緩和となり，バンクレートは下落する。

兌換制の世界では，例えばイギリスならば，貨幣は商品の £ 価格という観念的形態ならびに £ 預金という観念的形態と労働者の所得流通過程にある £ 金鋳貨と中央銀行地下室の £ 金属蓄蔵貨幣との，すなわち価値尺度・計算貨幣である観念的貨幣 £ と金属流通手段プラス金属蓄蔵貨幣の合計の実在的貨

幣である £ 金貨・£ 金地金とが存在する。そして観念的形態の £ 預金はその額だけのイングランド銀行地下室にある実在的 £ 金量に対する金請求権である。そしてこの観念的な金請求権に対して実在的金量はとるに足りない大きさである。「「われわれの制度は次のようになっている。われわれには3億ポンドの負債があり，現行の国定鋳貨でその支払いが一瞬のうちに要求されることもありうるのである。しかもこの国定鋳貨は，われわれがそれを全部この支払いに充てるとしても，2300万ポンドそこそこしかないのである。このような状態は，いつわれわれに痙攣をおこさせるかわからないのではないだろうか？」／それだからこそ，恐慌の時には信用主義から重金主義への急展開が起きるのである」（『資本論』第3部，689ページ，S.552）。すなわち，自然発生的な金属流通過程に対してこの意識的に仕上げられた信用制度は，観念的計算貨幣の硬い貨幣への急変の可能性である貨幣恐慌の可能性の具体的形態なのである。

III　不換銀行制度下の貨幣資本と現実資本の関係

　ここでは前節のすべての規定が不換制に独自の形態で，そしてIT化したペーパーレスの形態で再現する。すなわち資本の流通過程の振替・振込は以下に述べる貨幣性格の電子化した国際的光速度預金振替・振込システムとして，労働者の所得流通過程の金鋳貨流通はそれに代位する不換中央銀行券流通として，それぞれ再現する。不換制では，日本で言えば，商品の観念的価値形態である ¥ 価格は，¥ という貨幣名を持つ現金（日銀券・硬貨）で実現され，同じく ¥ 預金は，¥ という貨幣名を持つ現金に対する請求権になっている。そしてこの実在的貨幣は兌換されない。すなわちここでは，貨幣は，観念的貨幣としては ¥ として，実在的貨幣としては ¥ という貨幣名を持つ不換の日銀券と硬貨として存在するのであるが，後者はその名目額の金とは兌換されない。こうしてここでは ¥ 預金という観念的形態で存在する貨幣請求権の巨大な堆積物は日本銀行が無制限に発券できる ¥ 紙券に対する請求権となっている。そして観念的計算貨幣 ¥・$・£・€ 等の硬い貨幣への急変は，それら観念的貨幣の，それら貨幣名の印刷されたそれら中央銀行券への急変の形態をとり，これに対して各国中央銀行は，それらの無制限発券力に基づく「無制限流動性供

給宣言」によって対応できる。以上から，ここでは，貨幣流通法則は紙幣流通の独自な法則という形態で，媒介的に貫徹する[6]。そしてここから，不換制の中央銀行のマンデートは，兌換制のそれが信用制度全体の軸点である金準備の維持であったのが，決済システムの円滑化確保による金融秩序の維持と通貨価値の安定とこれに基づく国民経済の健全な発展（雇用の拡大）となる。

　もうひとつの独自性を指摘しておきたい。ここでは，インターバンク市場において支払準備の最終的調節を行うオーバー・ナイト取引については，中央銀行は，その金利を無制限発券力に基づいて完全にコントロールできる。市中銀行の預金債務に対する支払準備である日銀当座預金が，主として労働者の所得流通過程における日銀券流通量の絶対的増減を原因——これが市場の内在的要因である——として，必要当座預金量に対して過剰になったり不足したりする場合，ここでの金利は過剰当座預金のインターバンク市場への放出競争によりゼロに向かって垂直的に下がるか，不足当座預金のこの市場からの獲得競争により青天井で垂直的に上がり続ける。これに対して，完全な非営利的性質と無制限発券力をもつ，この市場の限界的準備吸収者であり供給者である中央銀行は，過剰量を吸収することで，不足量を供給することで，またこれらの量を加減することで，先の性質を持つオーバー・ナイト金利をゼロを含む任意の目標金利に誘導できる。オーバー・ナイトが政策金利といわれるゆえんである。

IV　衝撃（Stoß）・利潤率・利子率

　ここでは産業循環における利子率と一国の実在的貨幣量との関係を兌換制と不換制とにおいて比較分析的に考察する。
　産業循環には，その根底に利潤率の傾向的低下法則が作用しているが，この法則は兌換・不換の制度的相違を超えて貫徹している。
　兌換制度下：社会的再生産過程における貨幣的均衡条件とは，一方的 G—W ＝一方的 W—G　であった。産業循環を考察するここでは，この条件が不均衡化していることが出発点となる。すなわち資本主義的生産がその内在的限界内に収縮している状態は，一方的 G—W ＜一方的 W—G　であり，供給力は過剰で物価は低下し，雇用労働者数と賃金は最低である。労働者の所得流通過程の

金鋳貨量は最低で中央銀行地下室の金準備量は最大である。したがってバンクレートは最低である。この条件下で，生産期間が長期を要する鉄道建設ブームの衝撃（Stoß）が生じ，この資本の前貸しを契機として資本主義的生産がその内在的限度を超えて膨張し完全雇用に向かうとすれば，さきの不均衡状態は，波及効果を持つ需要リードで改善し，そして逆の不均衡状態へと進んでゆく。すなわち　一方的 G─W＞一方的 W─G　への転換である[7]。物価は上昇し，労働者の所得流通過程における金鋳貨量は最大化へと進行し中央銀行の金準備は最小化に向かう。これとともにバンクレートは上昇してゆく。しかし，同時に，この過程は，円滑な還流と利潤率上昇との対比での相対的低金利によって，信用制度が資本の再生産過程の限界突破を金融投機を随伴しながら促進する過程である。賃金騰貴による利潤率の2次的低下が生じるならば，資本蓄積需要の急減とこれによる供給過剰が現れ，支払期限を決められた過去の取引を終わらせるための支払手段需要の殺到による金利急騰と商品の投げ売りによる物価暴落が生じる。過剰生産に立脚する貨幣恐慌の爆発である。貨幣恐慌は次の三つの契機からなる。第1は商品の流通過程における観念的計算貨幣から実在的貨幣への貨幣の機能転化。第2は貨幣市場に対する支払手段需要の急増による利子率急騰。第3は債権債務関係の崩壊・収縮である。こうして信用に媒介された資本主義的再生産過程は物価暴落をともなって一挙に収縮し，その内在的限界内に引き戻される。すなわち雇用の収縮・失業の増大・賃金の最低限への下落による労働者の所得流通過程における金鋳貨量の最小化と中央銀行金準備量の最大化によるバンクレートの低下である[8]。

　不換制度下：長期にわたる　一方的 G─W＜一方的 W─G　の不均衡状態において3本の矢のアベノミクスが展開している。1本目の黒田日銀の「量的・質的金融緩和」政策は，その隠れた狙いの円切り下げはそのとおりになった——2012年末の1ドル＝80円は14年末には1ドル＝120円。しかし狙った輸出数量の増大効果は，輸出産業の海外展開が進んだため今までのところ出ていない。1本目が作用しているのはこれまでは円安と輸出大企業の円利潤増大とこれら企業の株価上昇による富裕層の資産効果だけである——が，正面のベース・マネーターゲットによるマネーストック拡大政策は効果を表していない。なぜなら説明したようにそれは数量説的幻想だからだ。2本目の機動的財政政

策が効果を表している。そこでこれとの関係で利子率と実在的貨幣量との不換制に独自の関係を考察しよう。東日本大震災復興と国土強靱化の公共需要ならびにオリンピック需要が，生産の後に続く将来市場に与えられ，このケインズ的衝撃 (Stoß) によって，現在市場において建設部面を中心に資本の前貸しが行われている。建設労働者の雇用拡大を中心に完全雇用に向かうならば（失業率はリーマンショック後の2009年7月の5.5パーセントから14年12月現在3.5パーセントへ低下，同期間の有効求人倍率は0.47から1.1へ上昇），すなわちアベノミクスが最も理想的な形で実現するならば，これは資本主義的生産がその内在的限度を超えて膨張したことを意味する。貨幣的均衡条件における　一方的G—W＜一方的W—G　の不均衡から　一方的G—W＞一方的W—G　の不均衡への転換である。供給過剰から需要超過への転換であり，需要リードによる生産と雇用の拡大プロセスの進行である。そこで物価上昇の進行とともに完全雇用が実現するならば，賃金騰貴により利潤率の2次的低下が生じ，これによる蓄積需要の縮小から過剰生産が発生する。完全雇用に向かう過程とこれとともに生じる賃金の増大は，労働者の所得流通過程における金鋳貨に代位しそれに照応する不換日銀券流通量の増大を意味する。過剰生産の露呈による完全雇用からの縮小は，雇用拡大過程の到達点でもたらされた流通必要貨幣量の最大量がその最小量へ収縮することを意味する。こうしてここに最大流通必要量を満たした不換紙幣量の，流通必要量縮小による過剰の内生的発生と，紙幣減価と価格騰貴による過剰紙幣の流通過程への吸収である紙幣流通法則の作動が，労働者の所得流通過程 A—G—W の流動的統一の過程で生じる。ここでは完全雇用状態時に雇用された労働者が，生産縮小の結果，後払い賃金を持つ消費財に対する失業した購買者として，縮小した生産者の価値生産物の商品対商品の交換構造に侵入する追加需要者として登場することが，紙幣流通法則を執行する。流通手段としての実在的円紙幣の減価は価値尺度としての観念的円の減価に反射し，この円ですべての商品価値が尺度されることから，すべての商品の需給均衡価格が，円の減価した新しい価値に基づいて法則的に上昇する。そしてこの上昇した価格にとって過剰紙幣は必要な紙幣として商品の流通過程に吸収される。この過程は失業の増大とインフレーションの同時進行であるスタグフレーションである。

実在的貨幣である円紙幣の減価を反射する観念的貨幣円の減価は，銀行制度上の円表示の全債権債務関係の減価であり，債権者損失（最大の損失者は国債保有者）と債務者利得（最大の利得者は政府）との同額の同時発生である。すなわち円で表示された観念的架空貨幣資本の減価である[9]。そこで，インフレーションの可能性が現れるときには，債権者損失を回避すべく，例えば国債保有者はこの売却に動く。そこで国債価格の暴落と長期利子率の暴騰の可能性が生じる。黒田日銀は，インフレ期待を引き起こそうとするが，この期待は，期待された政策発動の初発ではなく，アベノミクスが理想的な形で実現され，出口が問題となるとき以降に，現実的な期待となると同時に，そのときには，貨幣市場における国債価格暴落による長期利子率上昇の可能性と再生産過程における物価上昇への対応として，中央銀行は二つのマンデートの危険な衝突に陥る可能性がある。すなわち物価安定に対しては長期金利の引き上げが必要であるが，金融秩序維持に対しては国債価格暴落を防ぐためこれを買い上げて長期金利の低下が必要となる。

アベノミクスは成功するがゆえに失敗する。

注
1) 考察対象の各発展諸段階の独自性の解明とそれらの間の内的紐帯を分析的に把握する方法がマルクスの研究方法である。それは上向法ではない。久留間鮫造編集『マルクス経済学レキシコン2 方法1』大月書店，1969年，ならびに同「栞」参照。
2) 拙稿「第2編 資本の流通過程と貨幣資本」，伊藤武編著『貨幣と銀行の理論』八千代出版，2版，1995年，参照。
3) この貨幣資本を把握する重要性をマルクスは次のように記している。「ここで一般的に注意しておきたいのは，事業のために必要な資本の一部分が絶えず貨幣資本，生産資本，商品資本という三つの形態を次々に通っていくだけではなく，同じ資本の別々の部分が，たとえこれらの部分の相対的な大きさは絶えず変動するにしても，絶えず相並んでこの三つの形態をとっているということを，経済学者たちは非常に忘れがちだということである。ことに，経済学者たちが忘れているのは，いつも貨幣資本として存在している部分のことである。ところが，まさにこの事情こそは，ブルジョア経済の理解のために非常に必要なのであり，したがってまた実際上もそのようなものとして痛感されることなのである」（『資本論』第2部，313ページ，S. 258-259）。
4) 貨幣対商品における貨幣は，商品との対立的規定性にある貨幣として，第3規定の貨幣である。『資本論』第1部，169-170ページ，S. 143-144，参照。

5）西村閑也「第33章　信用制度の下での流通手段」（『資本論体系6 利子・信用』有斐閣，1985年）169ページ参照。マルクスの時代，企業間取引は預金振替・振込であり，そして最低額面のイングランド銀行券は5ポンド券であることから，労働者の週賃金約1ポンドは1ポンド以下の金貨（1ポンド＝20シリング金貨・10シリング金貨）で支払われた。この論文の最大の難点は，預金の貨幣機能を古典派・新古典派と同じく無批判的通俗的に流通手段と理解し，預金を預金通貨と把握している点である。ここから，西村氏は有意義で重要な論点を，歴史的事実の発掘とともに，多数提起しながら混乱している。預金の貨幣機能は本文で述べるように観念的計算貨幣である。拙稿「預金通貨論批判——貨幣の二重化とそれぞれの異なる貨幣機能」，『21世紀とマルクス』桜井書店，2007年，同「マルクス計算貨幣概念と「ペイメントシステム」の電子化——支払い手段に含まれる無媒介的矛盾の不換制下の独自形態——」，『経済』2007年12月号，No.147, 参照。

6）拙稿「「量的・質的金融緩和」とインフレーションの発生メカニズム——再生産過程と紙幣流通法則の作動——」，中央大学『商学論纂』第55巻第5・6号，2014年3月20日，参照。

7）『資本論』第2部，384-387ページ，S. 316-318, MEGA II/11, S. 304-308, 参照。

8）世界市場恐慌の爆発においては，これに，各国中央銀行間の金準備の再配分の契機が加わる。『資本論』第3部，629-630ページ，S. 509-510, 参照。

9）不換制下の貨幣資本蓄積と現実資本蓄積の問題は，ここで扱った一国の実在的貨幣量と利子率で表される貨幣資本蓄積の問題だけでなく，観念的架空貨幣資本蓄積と現実資本蓄積の問題がある。これは別稿で扱う。

第10章　現代資本主義とアソシエーション

小松善雄

I　新自由主義型国家独占資本主義の帰結

　現代資本主義と一口にいっても，1929年世界恐慌以降のケインズ型国家独占資本主義と1974年第一次石油危機以降の新自由主義型国家独占資本主義（国独資）の二つの形態があり，現在は前者から後者に移行している。前者には1945年から1974年までのいわゆる"資本主義の黄金時代"が含まれ，後者は，強欲資本主義の黄金時代といってもよいと思われる。

　この新自由主義型国独資＝強欲資本主義は2010年ドキュメンタリー映画『インサイド・ジョブ　世界不況の知られざる真実』でアカデミー賞を受賞した学者にして映画監督のチャールズ・ファーガソンの『強欲の帝国　ウォール街に乗っ取られたアメリカ』（原書初版：2013年，藤井清美訳，早川書房，2014年）のひそみにならっていえば，「ウォール街に乗っ取られた（ハイジャックされた）」金融資本主義＝ファイナンス主導資本主義であり，銀行資本＝銀行独占が産業資本＝産業独占に優越性をもつヒルファーデングの『金融資本論』の金融資本，それもIT（情報技術）革命で高機能化したコンピュータ，インターネットを応用して産み出されたデリバティブ（金融派生商品）によって増幅されたきわめて投機資本の性格を濃化させた金融資本の復活といえるのではないであろうか。

　ではなぜ，こうした事態——ケインズ型国独資の新自由主義型国独資への反転が起こったのか。デヴィット・ハーヴェイは『新自由主義——その歴史的展開と現在』（2005年，渡辺治監訳，作品社，2007年）において，この反転を1930年代に成立した労使間の「階級妥協」を維持するために完全雇用を確保し景気循環を抑制しようとしたケインズ主義的財政金融政策が1970年代の資本蓄積危機——スタグフレーションによる資産価値（株・不動産・相場）の暴落という経済的脅威にくわえ先進資本主義国における社会民主主義，共産党への支持の広がり，

アメリカでの公民権運動，ベトナム反戦運動，環境保護運動の高まりといった政治的脅威をもたらしたと捉え，この二重の脅威に対する経済エリート・上層階級の「階級権力」の回復・再構築の一貫する動きにより引き起こされたものとみているが，至当である。では，その後の軌跡と帰結はどうであったか。

ここでは，リーマン・ショックを起こさせた原動力と事後処理過程を，リーマン・ショック後公表された議会報告書や数々の民事訴訟での証拠資料にもとづいて明らかにしようとしたものとしては最近の部類に属する前掲のファーガソンの著書『強欲の帝国』を素材に，私見を交えて述べてみよう。

1974年にフリードリヒ・ハイエクが，1976年にミルトン・フリードマンがノーベル経済学賞を受賞したことで，新自由主義理論は経済学の世界で権威をかちとり，現実の経済政策に浸透していく。そうしたイデオロギー的雰囲気のもとインフレヘッジとして金利の自由化・証券化・国際化を三本柱とする「金融革命」が始まる。この金融市場規制緩和はレーガン政権，クリントン政権，ジョージ・W・ブッシュ政権のもとで継続的に推し進められていく。その間，ロバート・ルービン，アラン・グリーンスパン，ローレンス・サマーズらによってグラス・スティーガル法（1933年銀行法）の商業銀行業務と投資銀行業務の分離を定めた条項が廃止され，ルービン，グリーンスパン，サマーズらによって店頭デリバティブに対するあらゆる規制を禁止する法律が成立，狂宴の舞台が整えられる。

貧困層を喰い物にしたサブプライム・ローンという脆弱な粘土の足で支えられてCDO（債務担保証券）やCDS（クレジット・デフォルト・スワップ）というデリバティブによって巨大な逆ピラミッドを築き上げた，金融史上類例をみない信用バブルの形成・崩壊過程のクロニクルは他に譲るとしても，みのがせないのは次の事実である。

「実際，2000年代のサブプライム融資の多くは，持ち家率の向上とは全く関係ないものだった。初めての住宅購入に使われたのは，サブプライム・ローンの10パーセントに満たなかったのだ (Center for Responsible Lending, "Subprime Lending. A Net Drain on Home Ordership," CRL Issue Paper, no. 14, March 27, 2007.)。(……) その多くがバブルによってあおられた投機，つまり転売を目的とする住宅購入のために使われた。しかも，多くのローンが借り手に対する詐欺であり，借り手はだまされて不当に金利の高いローンを借りさせられた。」(同

邦訳，72-73ページ）

こうして大量の投機マネーが金融詐欺に投じられたのである。それゆえファーガソンは銀行業は「犯罪事業」(Criminal Enterprise) と化したとみて，金融危機は金融部門の犯罪集団化の当然の結果であるとする。そこでその帰結について，こういうのももっともとしなければならない。

「要するに，アメリカのニューエリートたちは，その莫大な富の多くを生産性の向上によってではなく，主として，アメリカや世界の他の人びとから強制的に富を移転させることで手に入れたのだ。(……)／強制的な富の移転という点では，一つの産業がとくに際立っている。金融サービス産業だ。ニューエリートたちの非道徳性や破壊性や強欲さがこれほどむき出しにされてきた産業はほかにない。アメリカの金融部門の新しい富の多くは，昔ながらのやり方で，すなわち盗み取ることで，獲得された。規制緩和と業界再編が進むにつれて，アメリカの金融部門は次第に，犯罪産業に近いものになり，その行動はやがて巨大なグローバル規模のポンジ・スキーム［高配当をうたって投資家から資金を集め，それを原資に利益配分を繰り返す投資詐欺。この言葉は2000年代の金融バブルを指す比喩として使われることも多い］──2008年の危機を引き起こした金融バブル──を生み出した。それはまさに世紀の犯罪だった。アメリカ経済の停滞とヨーロッパの債務危機という形で，世界がその影響に何年も苦しめられることになる犯罪だったのだ。」（同，24-25ページ）

だが，ことは金融サービス業が犯罪産業化したことにとどまるものではない。アメリカ資本主義が金融資本主義＝ファイナンス主導資本主義化することで経済成長率は低下し，社会階層間の所得格差が急激に拡大してきている。ファーガソンはこのことを『21世紀の資本』の著者ピケティらの共同論文から抽出した図「GDPの伸びと金融部門の成長および格差の拡大」というデータによってこれを実証しているが，ここにはまた主流派近代経済学＝新自由主義エコノミックスの理論的・実践的破綻が一目瞭然に示されている。

だがオバマ政権はなぜ前政権とほとんど見分けがつかない政策を探っているのか。ファーガソンはその主因をアメリカの民主党の資金源がクリントン政権以降，決定的に「金融寡頭勢力」に依拠するものに変容したことに求めているが，それと並んで，利益相反──学問の利益とビジネスの利益とが相い反する関

GDPの伸びと金融部門の成長および格差の拡大

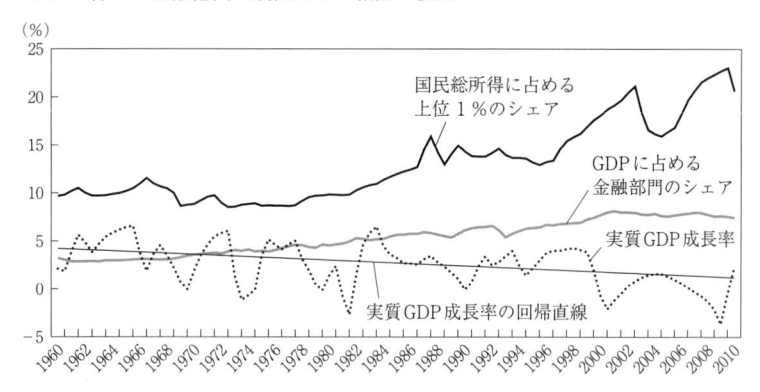

(グラフ：1960年〜2010年。国民総所得に占める上位1％のシェア、GDPに占める金融部門のシェア、実質GDP成長率、実質GDP成長率の回帰直線)

出所：Facundo Alvaredo, Anthony B. Atkinson, Thomas Piketty and Emmanuel Saez, The World Top Incomes Database (http://topincomes.parisschoolofeconomics.eu/)

係に立った場合，ビジネスの利益のために学問の利益を棄却するアカデミック・フリーダムの退廃を挙げる。第8章"The Ivory Tower（象牙の塔）"ではこういう。「過去30年の間に規制緩和やアメリカの政治におけるマネーの力の増大と並行して，アメリカの学問研究の大きな部分がカネで左右される活動になり下がったのだ。」（同，309ページ）「有力な産業から，主としてコンサルティング料を教授に直接支払うという形で，（学問の世界の基準では）大量のカネが流れ込むようになった。この問題は今ではずいぶん広がっているので，経済学，経営学，公共政策学，法学などの学問分野は，それぞれの分野に固有の利益相反によってひどく歪められている。」（同，310ページ）「政府の政策や裁判や世論に影響を及ぼすために学術的『専門知識』を売るという行為は，今では数十億ドル規模のビジネスになっている。」（同，311ページ）「学問の独立性が金融産業をはじめとする有力産業によって徐々に破壊されていることは，金融部門の力の増大よりはるかに大きな，さらに気がかりな変化である。」（同，351ページ）[1]
政界・財界のみならず学界を知悉している者の発言だけに重い。

II 21世紀も「強欲資本主義の世紀」か

ここでの問題意識は，如上の把捉にたって1929年世界恐慌以来，最悪の金

融危機——2008年のリーマン・ショック以降，その破綻が露呈した強欲資本主義が続いたらどうなるのか，その超克は根底，根源からしていかにして可能かということにある。

歴史の皮肉か，新自由主義が支配的になる転換点の1974年，アメリカでは「従業員退職所得保障法」(略称ERISA) が成立し，以降，機関投資家の最大勢力が年金基金となっていく[2]。

ドラーカーはいち早く『見えざる革命』(1976年，佐々木実智男・上田惇生訳，ダイヤモンド社，1976年) を著し，この動向によってアメリカは「年金基金社会主義」(Pension Fund Socialism) になっているとしている[3]。これは誇称であるが，エリサは課税控除型従業員持株制 (ESOP) を奨励したので，以降，アメリカの大企業ではこれが支配的になり，従業員の企業支配に関心がもたれていく[4]。

ちなみに桑原靖夫氏は「米国で労働者所有企業がふえている　日本型経営に対抗するコープESOP」(『エコノミスト』1985年6月3日号) で「風雪に耐えた合板コープ」，「製作所をよみがえらせたESOP」などの諸事例をあげて生産協同組合，ESOPが概して「従業員の高い勤労意欲と生産性」(115ページ) からその一般的評価は高く，1980年代の中頃，ESOP企業だけをとってみても，「そこで働く従業員は既に全労働力のおよそ8％を占める」(118ページ) ほど，草の根レベルに拡大しつつあると報じている。

労働者持株制はワーカーズ・コープ (労働者生産協同組合) への転嫁の可能性を秘めているところから，この転化可能性の問題は21世紀の変革勢力にとっての主戦場になりうるアリーナであると思われる。

III　マルクスの協同社会主義への戦略設計図

欧米では，およそ自主・自発的な結社をアソシエーションと呼称しているが，経済団体としては生産協同組合がそのもっとも尤なるものとされている。それゆえアソシエーション＝協同組合といってもよいと考えられる。

若きマルクス，エンゲルスは社会主義—共産主義を受容したさい，当初から協同社会主義 (co-operative socialism) の立場にたっていたし，『フランスの内乱』ではどんな疑念の余地もないほど明白にワーカーズ・コープ＝労働者生産協同

組合の連合体を「可能な共産主義」と呼んでいる。著名な箇所であるが，念のため，引用しておこう。

「諸君，コミューンは，多数の人間の労働を少数の人間の富と化する，あの階級的所有を廃止しようとした。それは収穫者の収奪を目標とした。それは，現在おもに労働を奴隷化し搾取する手段となっている生産手段，すなわち土地と資本を，自由な協同労働の純然たる道具に変えることによって，個人的所有を事実にしようと阻んだ。──だが，それは共産主義だ，『不可能な』共産主義だ！という。（……）もし協同組合的生産が欺瞞やわなにとどまるべきでないとすれば，もしそれが資本主義制度にとってかわるべきものとすれば，もし協同組合の連合体が一つの協同計画にもとづいて全国の生産を調整し，こうしてそれを自分の統制のもとにおき，資本主義的生産の宿命である不断の無政府状態と周期的痙攣（恐慌）とを終わらせるべきものとすれば──諸君，それこそは共産主義，『可能な』共産主義でなくてなんであろうか！」（村田陽一訳『フランスにおける内乱』国民文庫，86-87ページ）[5]。

そのマルクスは1948年革命の敗北後，ロンドンにあってアーネスト・ジョーンズの『ノート・ツウ・ザ・ピープル』に協同組合について3つの論説を寄せているが，ハメルとプラハラードの『コア・コンピタンス経営　未来の競争戦略』（一條和生訳，日本経済新聞社，1995年，のち日経ビジネス文庫，2001年）にならっていえば，そこで早くも「戦略設計図」(Strategic Architecture)を提出している。つまりマルクスらは社会主義像について協同社会主義を採っていただけでなくそれへの移行過程論も提起していたのである[6]。それはワーカーズ・コープが小さく固まることなくそのあげる高利潤をもって新しいワーカーズ・コープをつくりだし，それらを国民的規模のものに発展させていくという戦略である。この戦略はその後の『第一インターナショナル創立宣言』，『フランスの内乱』，『ゴータ綱領批判』でも一貫して主張されている。

しかし，その後のドイツ社会民主党主流にあってはラッサール崇拝が根強く，したがってラッサールの国家社会主義論が払拭できなかったことによって，この，マルクスの協同社会主義と移行過程論は革命の原則路線として継受されるところとはならず，戦術レベルでのポリシーの領域に屈曲されるにとどまる。そしてこの傾向は基本線においてロシア社会民主党ボリシェヴィキ派にも支配

IV 国家社会主義対もうひとつの社会主義

　1917年,10月革命が成功するが,レーニン,スターリン,トロツキーが描く社会主義像はマルクスの用語で言えば国家社会主義 (Staatsozialismus) のそれであって,たとえばレーニンは20世紀,もっとも世に膾炙され権威とされた『国家と革命』において生産手段の「社会的所有」ということを生産手段の「国有化」・「公有財産」化と同一視し (菊地昌典訳,世界の名著52,中央公論社,1966年,56ページ),社会主義を以下のように特徴づけている。

　「前世紀70年代のある機知にとんだドイツ社会民主党員は,郵便事業を社会主義経営の見本と呼んだ。まさにそのとおり。こんにちの郵便事業は,国家資本主義的独占の型にのっとって組織された経営である。(……)／国民経済全体を郵便事業のように組織すること。(……) ——これこそ,われわれの当面の目標である。」(同,516-517ページ)「共産主義の第一段階 (社会主義のこと——引用者) では,すべての市民が,武装した労働者である国家に雇われる勤務員に転化される。すべての市民が,一つの全人民的な国家的『シンジケート』の勤務員と労働者になるのだ。そして,すべての市民が仕事の規準を正しくまもって平等に働き,平等に賃金を受け取ること,これがすべてである。」(同,567ページ)[7]

　またスターリンは『ソ同盟における社会主義の経済的諸問題』において生産手段の「社会化」を生産手段の「国有化」と同一視し (飯田貫一訳,国民文庫,1953年,17ページ),こういう。

　「現在,わが国には,社会主義的生産の二つの基本的形態が存在している。すなわち,国家的——全人民的——形態と,全人民的とは呼べないコルホーズ的形態とである。国家企業では,生産諸手段と生産物とは全人民的所有となっている。ところが,コルホーズ企業では,生産諸手段 (土地,機械) は国家に所属しているとはいえ,生産物は個々のコルホーズの所有となっている。」(同,23ページ)

　ここでは国家企業＝国家的所有が「全人民的所有」,コルホーズ企業＝「協同

組合的所有」が非全人民的所有とされていて，国家的所有が協同組合的所有の上位に位置するものとされている。

なおまた，トロツキーは『裏切られた革命』においてこういう。

「工業トラストが『原理的』には社会主義的な企業であるとしても，コルホーズについてはそうは言えない。コルホーズは国家的所有ではなく，集団的所有に立脚している。」(藤井一行訳，岩波文庫，1992年，168ページ)

トロツキーもまたスターリンと同じく，国家的所有を「『原理的』には社会主義的企業」であるとし，コルホーズ＝「協同組合」的所有の上位に位置づけている。とはいえスターリンではコルホーズは「社会主義的生産形態」＝「社会主義的所有」とみなされていたことからすれば，トロツキーがコルホーズについて「原理的」にも社会主義的企業であることを否定している点ではより徹底した国家社会主義像の持主であったといえる。

だがトロツキーのユニークさは国家的所有＝「『原理的』には社会主義的な企業」というとき，原理的にカッコを付している点である。ではこのカッコづけによって何を言わんとしているのであろうか。以下が，その解答である。

「スターリン新憲法は完全に官僚を国家と同一視し，国家を人民と同一視して構成されているが，それはこう言っている——『国家的所有，すなわち全人民的所有』。この同一視こそ公式の教義の中心的な詭弁である。マルクス主義者が当のマルクスにはじまって，労働者国家について国家的所有，国民的所有，社会主義的所有などの用語をたんなる同意語として用いてきたことはたしかである。(……)／私的所有が社会的所有になるためには，ちょうど青虫が蝶になるためにさなぎの段階を経なければならないのと同じように，不可避的に国家的段階を経なければならない。(……) 国家的所有は，社会的な特権や差別が，したがってまた国家の必要性も消滅していくその度合に応じてのみ，『全人民的』なものになっていく。言いかえれば，国家的所有は国家的であることをやめるにつれて社会主義的なものに転化していく。そしてその反対でもある。」(同，297-298ページ)

つまりトロツキーはスターリンの「国家的所有＝全人民的所有」論を否定し，国家的所有は国家的であることをやめるにつれて全人民的なもの，社会主義的なものに転化していくと駁論するのであるが，この批判は正当である。

そういう対立はあれ，以降，社会主義＝国家独占社会主義＝国有国営社会主義とされてソ連・東欧型社会主義の崩壊以降も民衆レベルでも学者・研究者のあいだでもこの観念から脱却しきれていない現状にあるといえる。

そうしたなか注目されるのは，かの『我と汝』の著者マルティン・ブーバーの『ユートピアの途』(1946年：ヘブライ語版，1950年：英語版，長谷川進訳，理想社，1959年，改訳，理想社，1971年) でのもうひとつの社会主義についての問題提起である[8]。ブーバーはそこで国家社会主義ではなく共同体社会主義・協同組合社会主義こそ社会主義の本流だとしている[9]。

V　ベネズエラ革命──協同組合社会主義の実験

1998年，チャベスが普通選挙で56.2％を獲得し大統領に選出され，翌1999年には憲法制定国民投票で新憲法に86％の国民が賛成し，ベネズエラ革命が始まる[10]。2005年，チャベス政権は「21世紀型社会主義」を目指すと宣言。協同組合を独占支配の解決策とみなし，協同社会主義の実験にとりかかるが，その実験は，いかに進められたであろうか。河合恒生・所康弘『チャベス革命入門──参加民主制の推進と新自由主義への挑戦』(澤田出版，2006年) は，こう記している。

　「チャベス政権登場まで，ベネズエラには877の協同組合があった。その後，政府の奨励もあり，急増した。新憲法の118条で，社会的参画型の団体を発展させるとして，具体的に協同組合や貯蓄銀行，その他の協同組合 (asociacion. チャベス政権はこの言葉を意識的に使用していることに注目すべきである) などをあげた。2001年9月には『協同組合特別法』が発布された。協同組合の創設を行政の支援のもとに推進している。行政は，あたかも教育者のように貧困層の活動を促している。」(同，194ページ)

協同組合がベネズエラの「内発的発展 (デサロージョ・エンドヘノ) の核」(同，192ページ) に位置づけられているが，その協同組合の組織化に際しては，7つの原則を掲げている。①自主，公開の組織，②組合員による民主的管理，③組合員の経済的参画，④自律と自立，⑤教育，研修，情報公開，⑥協同組合どうしの共同，⑦地域共同体の持続的発展。

協同組合には，財とサービスの生産組合，財とサービスの消費組合，預金と信用協同組合がある。2004年8月の国民投票でチャベス派が勝利して以後，協同組合運動は一挙に広がった。

　全国協同組合監督局 (SUNACOOP) の発表によると，2006年第1四半期までに，登録された協同組合は11万1395にのぼる (同，195ページ)。

　だが，この協同組合の急増は多くの問題をはらむものであった。たとえば，「短期間に教育された人々が，協同組合を成功裏に組織していく上でも様々な困難に直面していることが報じられている。2005年のSUNACOOPの報告によると，監査した300余の協同組合の50％に帳簿の不正，非民主的経営，利益分配の不正，賃金の不払いなどがあったといわれている。また，協同組合の発展の規模に監査体制が追いつかない状況も生まれている。／さらに，あまりにも安易に協同組合が結成され，成功するはずがないと冷ややかに見ている人々もいる。彼らは，資金を国家に依存し，管理，運営の能力がないからだと主張している」(同，196-197ページ)。それでも「大統領は，シモン・ロドリーゲス (サムエル・ロビンソン) の言葉を引用し，『試みてみないことは，すでに間違いを犯しているということだ』といっている。」(同，197ページ)

　しかし近年になってベネズエラのオリエンテ大学教授のスティーヴ・エルナーは，「未経験な協同組合員による俄か仕事や公的資金の乱用は，国庫に甚大な損失をもたらした」(「ベネズエラのチャベス運動における四大潮流と二大社会計画」，藤田和子・松下冽編著『新自由主義に揺れるグローバル・サウス──いま世界をどう見るか』ミネルヴァ書房，2012年，所収) とみなしている。

　21世紀型社会主義を協同社会主義としたことは社会主義の本流に立ち戻ったことであるが，このベネズエラ革命の協同社会主義の実験から教訓を汲みとるとすれば，協同社会主義が成立するためには資本主義のもとにあってまずもってワーカーズ・コープを成功させるためには何が必要かについての幾重もの体験をつくりだし積み上げておかなければならないと考えられる。

VI　民主的資本主義から協同社会主義へ

　それでは未来社会──協同組合社会主義建設に結びつく手がかりはどこにあ

るか。

　日本は発達した資本主義のうちにあって農協・漁協・生協のほか，民医連・医療生協があり労働者協同組合，民主経営もあってウクラード（経済・社会制度）としての協同組合が農林水産業，サービス業，流通・商業面で私企業セクター，公共セクターと並ぶ，いわゆる第三セクターを形成しているが，製造業の分野が極端に弱体である。そこで今回，事例研究として製造業について"不思議な会社"といわれてきた名南製作所に手がかりを求めることにしたが，紙数の都合上，紹介は名南製作所に限ることにする[11]。

　名南製作所は従業員持株制度を採用している。持株比率は従業員8割，社長2割であるから，協同組合型株式会社，範疇的にはワーカーズ・コープといえる。特色はきわめて先端的な研究開発型企業で，木工精密機械の分野でドラムサンダー，コンポーザー，アリストレースなどの新鋭機械を発明，創業者利得の形で特別剰余価値を持続的に獲得している。

　どうしてこうしたことが可能かといえば名南製作所が本質的に学習型企業であることで，毎週，就業時間内に全従業員を対象に4時間，物理学の勉強会をおこない，物理学の原理と応用を徹底的に身につけさせていることが大きくあずかっているといえる。のみならず人間発達を企業の目的として人格の発達・教養の向上を目安にして報酬を決める「次元給」をもって，自然科学・人間科学の両面に通じた人間を育てている。さらに労働過程においては"ユニバーサル・フル・ジョブ・システム"によって構想と執行の分離という固定的分業と部・課長制といった階統的官僚制を廃し，研究開発だけでなく製造，事務，営業など一人で何役もこなせる全面的に発達した諸個人をもつくりだしている（サントリーもこのシステムを採用）[12]。

　つまり人間発達を目的にすると結果として高利潤がついてくるという，通常の資本主義企業と反対の企業経営を成功させているのである。

　名南製作所の創業者長谷川克次氏は，こういう企業が増えることを「民主的資本主義」（鎌田勝編著『その後の不思議な会社』総合経営教育研究所，1984年，206ページ）をつくることだとみているが，21世紀の社会主義への途は過渡的段階として民主的資本主義を媒介とする必要があると考えられる（二段階経済革命論）。

むすび

　21世紀は旧ソ連のソヴィエト，ドイツのレーテ（労働者評議会），共同決定方式，ユーゴの自主管理，スウェーデンの労働者基金による大企業の買取りなどの試みを行ってきたが，パリ・コンミューンのアソシエーション＝ワーカーズ・コープの試みは忘失されてきていたのである。マルクスは1864年，『国際労働者創立宣言』において労働者による協同組合工場創設の実験の価値を「いくら大きく評価しても評価しすぎることはない」（『マルクス・エンゲルス全集』第16巻, 大月書店, 9ページ）と称賛したが，この認識は晩年に至るまで変わっていない。その証左の一つに，「マルクスの生涯の最後の時期に書かれた最後の著作の一つ」とされる『労働者へのアンケート』がある[13]。このアンケートは4部構成にもとづく100の質問項目からなる。すなわち第Ⅰ部が当該企業の産業部門所属，企業形態，労働者構成，労働安全衛生といった一般的特徴，第Ⅱ部が労働時間で夜業・交替制，児童労働などの設問，第Ⅲ部が賃金で，雇用形態，時間給か出来高給か，時間外労働の割増賃金，共稼ぎ，必需品の価格などの設問，第Ⅳ部が労働者の抵抗闘争と組織化にかかわるもので，労働組合の有無，ストライキ経験，雇主どうしの組織的結合，政府の労働問題への干渉，共済組合などへの設問である。

　注目すべきは第Ⅳ部の最終場面において労働者協同組合と労働者協同組合に比べて次位のものではあるとはいえ，マルクスが一定の積極的評価を与えていたパートナーシップについての設問を配置していることである[14]。

　「16　あなたの産業部門には労働者の協同組合企業（working men's co-operative enterprises）がありますか？　それはどういうふうに経営（manage）されていますか？　協同組合も資本家がやるのと同じように外部の労働者を賃金で雇いますか？

　17　あなたの職業には，工員の報酬の一部は賃金という名称で，他の一部は雇主の利潤からのいわゆる分けまえとして支払われる工場がありますか？　こういう工員の総所得をこのいわゆる利潤参加型制度の存在しない工場の他の工員の総所得とくらべてください。この制度のもとで生活している労働者

の契約上の義務を言ってください。彼らはストライキ等に参加することが許されているかどうか，彼らの主人（master）の従順な『臣下』（"subject"）であることしか許可されていないかどうか言ってください。」（『マルクス・エンゲルス全集』第19巻，233-234ページ）

この100問アンケートは労働者がこれを自ら記入していくうちに労働者階級が置かれた真実の状態を知り，この状態からいかにして解放されるかを自覚せざるをえない進み具合になっていて，階級意識の覚醒に資するように組み立てられていることからすれば，協同組合とパートナーシップのこの配置には重要視されて然るべきものがある。

さらに立ち入ると協同組合企業にとってもマネージ＝経営のあり方が死命を制すること，正規であれ非正規であれ，組合員外の外部の労働者の賃労働の雇用に否定的であることが知られる。

またパートナーシップ，すなわち資本家と労働者とのアソシエーションとして利潤を分与する利潤分配制については，主人の従順な「臣下」であることしか許可されていないかどうかがこの制度への是非の決定的な判断基準とされていることも知っておくべきであろう。

ともあれ株式会社が資本主義の消極的止揚であるならば，21世紀にあっては労働者生産協同組合を中軸とした陣地の形成・構築にくわえ，労働者持株制によって内部から株式会社をくり抜き，それをワーカーズ・コープという積極的止揚に転化させることが新たな挑戦課題になっているといえるのではないか。

注
1） チャールズ・ファーガソンは政府の要職と民間企業の高報酬の職のあいだを行ったり来たりする「回転ドア」人事などの特権を享受している「カネで動く学者」として，わが国でも知られている，ローレンス・サマーズ，ローラ・タイソン，マーティン・フェルドシュタインらを名指ししている。なお『競争優位の戦略』などで著名な経営学者マイナル・ポーターが設立した「モニター・グループ」というコンサルタント会社の仲介でリビアのかつての独裁者カダフィ大佐のイメージ・チェンジをねらった広報キャンペーンに協力した学者としてイギリスの社会学者でブレアの"ニュー労働党"の理論的スポンサーであったアンソニー・ギデンズ，アメリカの社会学者で『孤独なボーリング』の著者ロバート・パットナムらがあげられているのには驚かされる。
2） 「従業員退職所得保障法」は別名「年金改革法」ともいわれる。この法律についての

年金制度論的評価については，さしあたり村上清「米国の企業年金改革法」(『生命保険経営』第43巻第1号，1975年)，井上久子「私的年金制度における受給権——アメリカ年金改革法に関連して」(『追手門経済論集』第XII巻，第1・2号，1977年)参照。ちなみに村上氏は今回の措置を「私的年金の性格の公共化によって，その領域への公金年金の拡大を防いだ」(同，71ページ)ものとみている。従業員持株制についてのエリサの規定とその後の法制的展開については，市川兼三『従業員持株制度の研究』(信山社，2001年)が詳細を尽くしている。

3) この『見えざる革命』(*The Unseen Revolution*)は1996年に『年金基金革命』(*The Pension Fund Revolution*)と改題され，副題の(*How Pension Fund Socialism Came To America*)を削除し再刊。この新版には「終章　1995年——企業は誰のものか」が新たに付加されている。この新版の邦訳に，〈ドラッカー選書6〉『[新訳]見えざる革命』(上田惇生訳，ダイヤモンド社，1996年)がある。

4) ESOPによる株式会社支配の可能性については，竹中啓之「ESOP制度と株式支配の可能性」(大阪市立大学『経営研究』第44巻第2号，1993年)参照。ここでは従業員による工場買収による株式会社の支配・所有の事例(SPERRY BAND社)などが紹介されている。

5) マルクスの社会主義像が協同社会主義であったことの論定については，拙稿「『資本論』の社会主義像——国家社会主義か，市場社会主義か，協同社会主義か(上)(中)(下)」(『立教経済学研究』第59巻第2号，2005年；第59巻第3号，2006年；第59巻第4号，2006年)，「ロバート・オウエンと『資本論』——『資本論』の社会主義像(完)」(『立教経済学研究』第60巻第2号，2006年)がある。

6) マルクスの「戦略設計図」については，拙稿「E.ジョーンズ編集・新聞『ノーツ・トゥ・ザ・ピープル』掲載の協同組合・協同組合運動論——マルクスの協同組合・協同組合運動論に寄せて」(東京農業大学『オホーツク産業経営論集』第6巻第1号，1995年)。その後の移行過程については，「資本主義から協同社会主義への移行過程——古典家たちはいかに捉えていたか(上)(中)(下)」(『立教経済学研究』第60巻第4号，2007年；第61巻第1号，2007年；第61巻第2号，2007年)，「パリコミューン期の移行過程論——続・資本主義から協同社会主義への移行過程(上)」(『立教経済学研究』第61巻第3号，2008年)，「晩年期のマルクスの移行過程論——続・資本主義から協同社会主義への移行過程(下)」(『立教経済学研究』第61巻第4号，2008年)。

7) なお『国家と革命』におけるレーニンの協同組合社会主義の抹殺に等しい取り扱いを明らかにしたものとしては，拙稿「国家・革命・社会主義——『国家と革命』はマルクスの真の国家学説を復興したか」(『オホーツク産業経営論集』第21巻第1・2合併号，2013年)がある。

8) 長谷川進氏の1959年の邦訳は『もう一つの社会主義——ユートピアの途』というタイトルで刊行された。この邦訳は，1958年に『我と汝』を『孤独と愛』と題して出版された野口啓祐氏の翻訳に次ぐもので，わが国におけるブーバーの著書の紹介・普及に一定の役割を果たしたのち，1971年に『もう一つの社会主義』のタイトルを外し本

来の『ユートピアの途』として邦訳が刊行されたという経緯をとっている。
9）　ただし，言っておかなければならないが，ブーバーは『ユートピアの途』においてマルクスを共同体社会主義・協同組合社会主義から除外している。だがブーバーはマルクスについてアンビバレンス（両面価値的）な把握をおこなっており，そこには大きな齟齬・自己矛盾がある。というのは，ブーバーは一方では『フランスの内乱』におけるコミューン＝「生産者の自治」というマルクスの叙述を「『ユートピア』社会主義のうち誰一人としてこれ以上徹底的な見解を表明していない」（同，142ページ）と最大限の賛意を表し，マルクスが労働者生産協同組合＝ワーカーズ・コープの連合体を「可能な」共産主義と呼び「真の共産主義」としていることを是認するのみならず「労働者階級は実現すべきいかなる理想をもたない。彼らはただ，崩壊しつつあるブルジョア社会の胎内にすでに発展した新しい社会の諸要素を解放すればよい」という章句が実質的にブーバーいうところの「社会の細胞組織を更新することによって社会を更新する」（序言，同，1ページ）という構造的更新（structural renewal）に相当するという《解説》をおこなっているのに，他方ではそれらの《解釈》においては，全面的否認をおこなっている。すなわち，マルクスは「実際には決定的な問題である構造的更新の諸要素についての問題に対して一度として積極的な解答を与えなかった」（同，157ページ）というのである。この《解説》と《解釈》の深大な乖離。これはブーバー自身，ときとして陥ることを戒めている「世界観の偏見」ではないであろうか。この問題については別途詳論するつもりであるので，ここでは以上の指摘でとどめたい。
10）　現在も進行中のベネズエラ革命がうまくいっていないとすれば，その原因はどこにあるのか――この原因究明は21世紀社会主義を追求するにあたってなおホットな研究テーマである。とりあえずの参照文献として以下を挙げておきたい。まず資料的文献としては『ベネズエラ革命――ウーゴ・チャベス大統領の闘い　ウーゴ・チャベス演説集』（伊高浩明訳，VIENT，2004年），ウーゴ・チャベス＆アレイダ・ゲバラ『チャベス――ラテンアメリカは世界を変える』（伊高浩明訳，作品社，2006年）。チャベスその人については，定評のある伝記とされているクリスティーナ・マルカーノ／アルベルト・バレーラ・ティスカ『軍服を脱いだウーゴ・チャベス　人物評伝』（神尾賢二訳『大統領チャベス』緑風出版，2009年）がある。また2013年3月5日のチャベス死去までを追っている批判的評伝にローリー・キャロル『司令官　ウーゴ・チャベスの人生と遺産』（2013年，伊高浩明訳『ウーゴ・チャベス――ベネズエラ革命の内幕』岩波書店，2014年）がある。なお，マルクスの協同組合社会主義の立場からベネズエラ革命を評価し分析した論稿として河合恒生「ベネズエラ――21世紀の社会主義」（『アジア・アフリカ研究』第47巻第2号，2007年），同「21世紀の社会主義――その青写真」（『岐阜経営大学論集』第42第1号，2008年）を参照されたい。
11）　名南製作所の経営実践記録としてはこれまでにも，堀越昌章『実践的労務管理論――中小企業の経営革新のために』（日本労働協会，1971年），鎌田勝『不思議な会社』（三笠書房，知的生き方文庫，1988年），同編著『その後の不思議な会社』（総合経営教育研究所，1984年，非売品）などがある。また研究論文としては，拙稿「21世紀

型企業モデルの実証的・理論的探求——《不思議な会社》名南製作所の経営システムとその現段階（上）（下）」（『オホーツク産業経営論集』第23巻第1号，2014年；第23巻第2号，2015年）。大谷禎之介氏は『マルクスのアソシエーション論』（桜井書店，2011年）の副題として，「未来社会は資本主義のなかに見えている」というタイトルを付しておられるが，名南製作所の事例はその一範型とみてよいように思われる。

12) サントリーの"ユニバーサル・フル・ジョブ・システム"は広島県宮島プラントの工場長であった岸本允侃（あつなお）工場長が進化させたものなので"宮島方式"，"岸本方式"と称されている（鎌田勝『組織美経営への挑戦』——サントリーの工場革新』（ブレーン・ダイナミックス，1978年）。

13) マルクスの「労働者へのアンケート」の成立経緯を追ったものとしては，美馬孝人「マルクスの労働調査について」（北海学園大学『経済論集』第26巻第3号，1978年）参照。

14) マルクスがパートナーシップについて一定の積極的評価を与えていたことの根拠としてはさしずめ『資本論』第1部第4篇第11章「協業」における注 (21) 参照。ここで「資本家と労働者たちとの一種の組合制度」（新日本出版社新書版，第3分冊，577ページ）といわれている「組合制度」(kompagniegeschäft) は英語では partnership である。

　マルクスが依拠しているのはイギリスの週刊新聞『スペクテイター』紙の1866年5月26日付の論説記事「産業上のパートナーシップ (Industrial Partnership)」(pp. 569-570) である。この記事は労働者持株制を提唱し実践したものの記録としては近代経済史・経営史上おそらく最初のものとみなされるが，これにもとづいて上述の注 (21) ではこういわれている。

　「(21) イギリスの俗物新聞『スペクテイター』1866年5月26日付の報道によれば，『"マンチェスター針金製造会社"』において，資本家と労働者たちとの一種の組合制度が導入されてから，『第一の結果は，材料の浪費が突然に減少したことであったが，それは，労働者が自分の所有物を雇い主の所有物以上にいっそう浪費すべき理由がなかったからである。しかも材料の浪費は，不良債務とならんで，おそらく工場における欠損の最大の源である』。同紙は，ロッチデイル協同組合の諸実験の根本的欠陥として，次のような発見をしている——『それらの実験は，労働者の組合が，売店，工場，およびほとんどすべての形態の産業の管理に成功しうることを示したし，また労働者たち自身の状態をいちじるしく改善した。だが，しかし，そのときこれらの実験は，雇い主たちのために明白な席を空けておかなかった』。"なんと恐ろしいことだ！"」。

　労働者持株制を導入した当の開明的資本家たちは，これを「資本と労働とのあいだのある新しい関係の特徴をもった産業組織の新しい形態」（同上紙，p. 569），いわば"資本と労働とのアソシエーション"と位置づけ，そのようなものとして自認していたのである。

第3部

国際経済

第11章　グローバリゼーションと多国籍企業

柿崎　繁

はじめに

　グローバリゼーションという用語は冷戦崩壊後に頻繁に用いられるようになった[1]。今や，IMF，WTO，国連といった国際的諸機関，各国政府ならびに政府機関，金融機関や大企業，さらには大学をはじめとするNGO・NPOにおいてすら，ヒト，モノ，カネが国境を越えてグローバルに動き回り，大きな社会的影響を与えるグローバリゼーションという没歴史的概念を，政治・経済的ならびに各事業体の経営計画や政策を策定し，それを有無を言わさず実行に移す際の金科玉条としているかのようである。

　いうまでもなく，グローバリゼーションの状況をどう把握するかはそれを捉える視点によって異なっているばかりでなく，種々の利害関係によっても規定されている。だから，グローバリゼーションを捉える場合にはグローバリゼーションを推進する利害関係者や勢力の政策と理念（＝グローバリズム）の把握を前提とし，グローバル化の過程における利害関係者の政治・経済的立ち位置と役割を明らかにしておくことが重要である。本稿では，1980年代にアメリカを出発点とした金融自由化の進展，中国における改革・開放・社会主義市場化路線，80年代末から90年代初頭にかけてのソ連・東欧における社会主義計画経済体制の崩壊と市場経済化＝世界市場への包摂による冷戦体制の終結，そしてアジア諸国の新工業化と外資導入による輸出主導型成長路線の隆盛などの諸要因・諸契機が輻輳して，90年代に一挙に促進された現代グローバリゼーションを検討対象とする[2]。

　グローバリゼーションの過程＝グローバル化は，市場における自由な経済的営みが自律的につくりあげた過程ではない。世界の多くの国々に展開する巨大企業・金融機関＝多国籍企業を軸に，IMF・世界銀行，GATT＝WTOの国際

機関，G7 (G20) の先進国政府間の調整機関，さらには日米欧三極委員会や世界経済フォーラム (＝いわゆる「ダボス会議」) など世界の富裕層とその利害関係諸機関が主導したグローバル化であり，「ワシントン・コンセンサス[3]」と呼ばれる新自由主義政策を強力に推進してきたアメリカの対外政策の結果でもある。だから，グローバル化を主導する覇権国アメリカから捉えると現代グローバリゼーションとはアメリカン・グローバリゼーション＝「世界のアメリカ化」と位置づけることもできるであろう[4]。勿論，かかるグローバル化は曲折を経て進展している。

本稿は，グローバル化を軸とした世界経済関係の変化の中に，覇権国＝アメリカを中心にしたグローバル資本（巨大多国籍企業と金融機関）の運動の変容を位置づけてみようとするものである。

I 現代グローバリゼーションの様相

世界経済は，第二次世界大戦後の冷戦対抗を軸とした構成から冷戦対抗の終焉へとその構図を大きく転換しつつある。国際政治・経済におけるアメリカ中心の運営から，EU，日本，さらにはBRICsを取り込んだ国際関係への転換であり，東アジア諸国・地域の経済成長，中国などの成長にともなう大国化＝国際的影響力の増大による「Gゼロ」ともいわれる国際関係への転換である。それは，20世紀末の旧ソ連・東欧諸国における政治・経済体制の変化とアメリカの政治・経済的影響力の後退の帰結にほかならない。

そこで第二次世界大戦後の世界経済を二段階に分けて概観しておこう。

第二次世界大戦終了から1991年ソ連邦解体まで，世界は資本主義世界体制と社会主義世界体制の二つの体制に分断され対抗しあっていた。それはグローバル化の分断でもあった。主権国家・帝国主義国家の間の体系として構成されてきた第二次世界大戦前までの「諸国家の体系」は，常時即応の相互核抑止力の「均衡」に依存し諸国家を束ねる米ソ超大国間の冷戦対抗の体系となった。戦後における体制の一大転換であった。

アメリカは，旧ソ連・東欧社会主義ならびに社会主義中国に対抗するために資本主義諸国家を結束させ自由な市場経済と貿易体制の構築による西側の繁栄

を旗印に，第二次世界大戦によって疲弊した西側陣営に，トルーマン・ドクトリン，マーシャル・プラン，そしてソ連封じ込め網の構築と占領地域ならびに同盟国に対する物資・経済援助を通じてアメリカを盟主とした資本主義世界を再建・再編する世界戦略を発動してきた。IMF，GATT，そしてNATO＝日米安保体制というドル体制のもとでの「自由貿易」体制と軍事同盟体制は，対ソ・対中封じ込めを主要目標とした冷戦体制下の「国家独占的」資本主義世界体制＝新たな帝国主義同盟として機能し，アメリカは超大国＝覇権帝国として西側陣営において君臨した。それを可能としたのは，超絶的な軍事力とIMF・GATT体制の枠組みのもと，アメリカが1890年代から蓄積してきた生産と資本の集積・集中による卓越した経済力を基盤として，第二次世界大戦後に展開する原子・電子・宇宙に関する科学技術を駆使し国家プロジェクトによって構築されたハイテク・核ミサイル軍事産業であり，海外に展開する巨大企業と金融機関，すなわち巨大多国籍企業の登場であり，卓越した経済力を基盤とした海外援助であった。対照的に欧州の政治・経済的地位の低下は地域経済統合を促迫した。1953年欧州石炭鉄鋼共同体ECSC，57年欧州経済共同体EEC，67年欧州共同体ECの設立，それらの60年代末の通貨危機を契機とした経済・通貨同盟への深化の過程を通じて，1993年マーストリヒト条約により欧州連合EUが発足し，地域統合が推し進められていったのである。

　この間，アメリカによる巨額の冷戦ドル・スペンディングは事実上世界の「有効需要創出」機能を担い，欧州の西ドイツとアジアの日本の「奇跡の成長」をもたらした。だが，ドイツ・日本を中心とした西側の成長は皮肉にもアメリカ経済の相対的地盤沈下をもたらし，1971年の金・ドル交換停止と73年の変動相場制への移行による旧IMF体制の崩壊とドル体制の恒常的不安定化，そしてオイル・ショックからスタグフレーションに陥り，資本主義の長期停滞傾向をもたらした。それは新自由主義政策台頭の基盤ともなった。

　他方でソ連は，1960年代までは軍事部門や宇宙開発部門でアメリカを凌駕していた。しかし核戦力を軸とした軍事力構築を巡る米ソ間の競争，同盟国への軍事的ならびに経済的援助，さらにはアメリカに対抗して発展途上国・旧植民地諸国への援助が負担となっていった。ソ連・東欧社会主義国において権力を維持するため中央集権的＝官僚的で情報の一元的管理の硬直的支配構造と

「収容所列島」により人々を統制する軍事経済は，西側諸国との生活水準の格差を拡大していった。70年代初頭の不作による穀物の大量買付，そしてオイル・ショックはソ連ならびに東欧諸国経済の不振に拍車をかけ，そして79年末アフガニスタン侵略，86年チェルノブィリ原発事故と，次々とソ連崩壊に導くマグマは堆積していった。西側の経済的成長による「華やかな生活」，80年代ME革命のもとでの「生産のアジア化」による東アジアの成長をまえにして，通信技術の発展と85年に登場したゴルバチョフによるペレストロイカとグラスノスチは皮肉にも庶民の不満を噴出させ，とうとうソ連社会主義体制の崩壊と市場経済への合流をもたらしたのである。

　発展途上国において，50年代から60年代にはソ連や中国の計画経済の影響を受け社会主義的計画経済を通じて経済的自立化を追求する国々も登場した。当初東欧，中国において社会主義計画経済が進展するなかで，ベトナムをはじめとして途上国における反帝国主義，反植民地主義の運動は前進し，1960年代のキューバ革命，そしてアフリカにおける独立運動の高揚，さらにベトナム戦争におけるアメリカの敗北，あるいは55年のアジア・アフリカ会議や64年UNCTAD開催，さらには新経済秩序NIEOを求める運動の高揚といった一連の動きを通じて途上国の運動はさらなる前進が期待された。ところがオイル・ショックとその後のスタグフレーションは途上国を厳しい状況に追い込んだ。

　IMFや世界銀行，さらには民間銀行を通じて行われた多額の開発資金融資は，70年代は豊富なオイルマネーにより低金利であったが，80年代のアメリカのドル高・高金利政策により一次産品の交易条件が悪化し，輸出の停滞により途上国の累積債務問題をもたらした。石油などの資源を持てる国と持たざる途上諸国との格差が拡がり，また資源を持っている国々の間でもアフリカや中南米諸国では先進資本主義諸国による介入もあってその利権を巡る国内紛争の激化が進み，途上国は全体として停滞的状況におかれていった。そうした惨状を利用して，80年代IMF・世界銀行はサッチャー，レーガンの新自由主義政策に基づく構造調整策を累積債務に苦しむ途上国に強制していった[5]。

　社会主義諸国の停滞による援助の後退とアメリカを軸とした資本主義体制の優位性が明確になるにつれ，発展途上諸国は資本主義体制に包摂され，そこに経済発展の道を見出さざるをえなくなっていった。ソ連と対立していた社会主

義中国もまた，国内の路線対立による経済的混乱から脱出する上で，アジアNIESなどの新興国における外資導入にもとづく輸出主導型の経済発展の路線の影響を受けた「改革・開放」の路線を突っ走った[6]。

　1989年ベルリンの壁崩壊から91年のソ連邦解体の過程を経て冷戦対抗は終焉する。これまで資本の浸透・グローバル化を阻害してきた社会主義体制が解体ないしは変質し，多くの国々・地域が資本主義市場経済に包摂され，それに合流することによって，グローバリゼーションは資本主義の新たな段階として登場する。78年中国における「改革・開放」＝市場経済化への路線転換を起点とする社会主義体制の変容・変質，91年ソ連崩壊を画期とした中央集権的計画経済の機能不全によるソ連・東欧社会主義諸国の崩壊から市場経済への移行＝資本主義への包摂，そして92年の中国における社会主義市場経済への転換は，外資導入，国際的な分業体制＝バリュー・チェーンへの組み込みによる貿易と金融における世界市場とのリンクをもたらし，巨大な市場を切り拓いたのである。

　アメリカをはじめ先進資本主義諸国は，オイル・ショックを契機に生じたスタグフレーションにより低成長軌道に入った。これまで軍事に抱え込まれていたME技術が技術発展と価格低下により民生的利用が可能となり，オイル・ショックによる省エネ需要はそれを加速した。ME技術革新の加速は厖大なR&D費と資本装備のコスト増をもたらし，労働集約的組立部門の途上国，なかでも東アジアへの展開を促迫した。冷戦時代はベトナム戦争激化と相俟って東アジアの開発独裁が正当化され，開発「原蓄」ともいうべき労働強圧をベースとした東アジアの発展戦略＝開発独裁とアメリカの戦略的利害とが合致し，そのもとで70年代半ば以降，多国籍企業による国際的生産配置と販売戦略とが展開された。70年代のオイル・ショックを契機としてユーロ市場へ流れ込んだオイルマネーを原資とした借款と外資導入，そしてME化にともなう生産の海外移転は新興工業国を生み出した。その典型がアジアNIESである。アメリカを軸として欧州・日本の多国籍企業は労働集約的な加工組立部門を低賃金・低コストのアジア地域に展開し，本国資本の蓄積＝循環過程を補完した。新興途上国アジアは，グローバルな戦略を持つ多国籍企業の資本・技術・生産・販売のバリュー・チェーンに組み込まれ先進国市場にリンクし，経済成長

を実現していった。

　アジア諸国は生産基地化し，直接投資と貿易の拡大にともなって金融・資本市場も拡大していった。輸出主導型の経済成長は外資導入と中間財輸入，製品輸出の成長路線により多国籍企業資本の投資機会の拡大をもたらした。とりわけ社会主義中国の市場経済化は，その動きに合流することで東アジアに生産資本の集積地を形成させグローバルな展開への歴史的契機となった。それは，自国産業の興隆によって自立をはかる輸入代替産業育成の路線から外資を導入して輸出主導型成長路線への転換であり，多国籍企業がそのもとに国際下請生産として中間財取引市場を媒介とした一大生産集積を東アジア地域に包摂しその定置に「成功」したことを世界史的に確証したのである。

　冷戦後，旧ソ連・東欧社会主義諸国の市場経済化，中国，ベトナムにおける改革・開放政策による世界経済とのリンク，さらにはインドなど，これまで自由化による対外開放に消極的であった諸国・地域でも開放政策が採用され，世界経済の統合・一体化としての市場経済化が文字通りグローバルに展開される。このなかで情報通信技術（以下，ICT）ならびに交通・運輸・通信手段の急速な発展にともなってグローバルに展開する資本＝グローバル資本としての多国籍企業の活動は，現代世界経済を特徴づける重要契機となった。

　旧ソ連・東欧諸国では80年代末から計画経済の破綻があらわになり，90年代にはIMFの支援の下に旧い生産設備，低い生産技術，過剰労働力の国営企業を改革するために市場経済化と外国資本の導入が追求された。だが外資導入は既存企業の破綻をもたらし，それらは外資＝多国籍企業の労働集約的部門として吸収・再編された。東欧諸国は低賃金労働供出基盤として，さらにはドイツを中心とした欧州企業の販路としてEU経済に包摂されていった。

　EUは現在ギリシャ危機を直接的な震源として極めて不安定な状況にあるが，2009年には一時的にせよGDP16.4兆ドル（世界シェア28.4％）になり，また輸出入合計も3.1兆ドル（シェア16.2％で世界一位）となったこともある。こうしたことを背景に，EUは95年成立したWTOの多角的交渉を前進させ，アメリカ，中国，ロシア，そして日本との経済協力関係・通商関係の強化を追求した。そうして事実上東欧を包摂し拡張するドイツを軸にしてEUは現在，インドさらには南米の共同市場MERCOSURとの提携交渉を進めるに至っている（2006

年欧州委員会「新通商戦略」[7]）。

　欧州における地域経済統合化の進展とアジアにおける経済協力の動きとあわせて世界的に自由貿易協定FTAの動きが強まっている。その背景には冷戦対抗の終焉によるグローバル化の強まりがあり，それを契機として財貿易の自由化のみならず金融・サービス取引の自由化，知的財産保護の強化がグローバルに展開する資本から求められたからである。94年の北米自由貿易協定NAFTAの締結はその流れを加速させ，FTA締結の動きはGATTのWTOへの再編過程で世界的に加速された。というのも，95年設立されたWTOのドーハ・ラウンドにおいて多角的交渉が難航を極めたからであり，それの迂回策として二国間協定，自由貿易協定FTAが追求され，その後続々と締結されるようになった[8]。アメリカを中心に先進国で二国間協定，地域経済協力，地域経済統合の動きが強まったばかりでなく，途上国の間でも資本を呼び込むための地域経済協力の動きを深化させ，現段階におけるグローバル化推進のひとつの枠組みとなっている。

　こうした動きはいうまでもなく，グローバルに展開する多国籍企業の利害にかなうものであった。財・サービス，さらには金融における自由な取引は資本の行動の自由にとって必須の条件であることは言うまでもない。WTOのもとでの地域経済統合はもはや閉鎖的で保護主義的市場ではありえず，他地域から進出する資本に対して門戸を開放せざるをえない。地域経済市場の統合の進展は，関税の上でも，また通貨・為替の上でも安定した市場を提供することであり，多国籍企業にとっての自由な活動の場を提供することにほかならない[9]。アメリカ，欧州，そして日本の多国籍企業の間でそれら市場への進出を巡って熾烈な競争が展開され，また受け入れる側でも免税措置をも含む態勢整備によって如何に海外企業を呼び込むかを巡って激しい受け入れ競争を行っている[10]。

　世界経済におけるこうしたグローバル化の過程は，先進資本主義国と途上国の相互依存関係の発展でもあり，また対立関係の発展でもある。その過程において覇権国アメリカを軸としたグローバル化の新たな段階がもたらす富と貧困の絶望的なまでの格差のグローバルな拡がりは，人口爆発，さらには環境問題とも輻輳して抜き差しならないところまできているようである。

II　冷戦後の多国籍企業の運動の新たな展開

　第二次世界大戦後の1960年代アメリカ企業はカナダ，ラテン・アメリカ，そして欧州に本格的に生産展開を行った。70年代末から80年代にはオイルダラーの流入や米系製造業企業の対欧州展開に対応してユーロ市場において米系銀行が活発な展開を行う反面で，欧州ならびに日本企業による対米展開という多国籍企業の「相互浸透」的展開が行われた。冷戦後には韓国，中国といった急速に成長している東アジアの新興国の企業による多国籍企業的展開も行われ，いまでは中東諸国産油国のソブリンファンド＝国家資金による対外投資[11]，そして中国などの国営企業による資源確保のための戦略的投資も行われている。こうした多国籍企業の活動は，今後高い成長を見込めない先進資本主義諸国からシフトして，アジア，中南米の発展途上国，さらには旧社会主義国であったロシア・東欧，そしていまではアフリカにも及ぶようになった。多国籍企業はまたモジュール生産・委託加工などによりコストダウンを実現し，途上国ならびに先進国の低所得層市場，いわゆるBOP (Base of the Pyramid)[12]市場向け活動を活発化させる新たな動きを見せている。

　『フォーチュン』2013年版グローバル500は，エクソン・モービル（米），シェブロン（米），ロイヤル・ダッチシェル（蘭），BP（英），トタル（仏）の常連に加えて新興企業の中国石油化工集団等の石油資本，GM（米），フォード（米），トヨタ（日），フォルクスワーゲン（独），ダイムラー（独）等の自動車，J・P・モルガン（米），HSBC（英），シティ・グループ（米）等の金融，GE（米）やサムソン（韓国）の電機など周知の巨大企業を掲げた。国別では，アメリカ132社，中国89社，日本62社，フランス31社，ドイツ29社，イギリス26社，スイス14社，韓国14社，オランダ11社，そしてカナダ9社と続いている。近年，中国や韓国をはじめ東アジアの新興企業によるグローバルな進出が目立つが[13]，多国籍企業活動の中心には依然として米系多国籍企業が位置しており，大きな役割を果たしている[14]。そこで，2004年のアメリカ多国籍企業に関するBenchmark Surveyを詳細に分析し，21世紀の米系多国籍企業の動向について興味ある見通しと総括を行っている関下稔氏の研究を参考にして[15]，アメリ

カの多国籍企業を中心に冷戦後の多国籍企業のグローバルな展開の特徴を概括的に把握しておこう。

アメリカ多国籍企業の親会社は司令部として世界中に散開する子会社のネットワークを通じて統合された企業体の中枢の役割・機能を担っている。親会社は子会社への輸出促進効果,加工用中間財の輸出,研究開発・財務・利益管理などのネットワーク全体の統括・管理・戦略的意思決定を行っている。海外子会社は低賃金を利用したプロフィット・センターの役割を果たし,現地市場の開拓,さらには第三国進出の先兵の役割を担っているというのである。ところが,2001年以降親会社の収支は赤字に転化し,本社が司令して利益を吸収し,子会社が利益を生み出す実行部隊となる企業戦略は,21世紀になって破綻の危機に陥っているという。何故か？ それは,企業内貿易の逆転による収支の赤字化が示すように,グローバリゼーションの進展が平準化作用を引き起こし,多くの国々で市場経済化を推し進め,地場産業の競争力を強化し,アメリカの企業の地位を脅かすに至ったからだ。こうなると,海外生産の進展が企業間提携の拡大,モノづくりからサービス化へ利殖の軌道の転轍,さらには海外展開に伴う本国アメリカの空洞化は米系海外子会社までもが対米輸出＝逆輸入を行うという状況にまで進み,かくして国際収支の赤字化はさらに進行することになるというのである。この問題についてもう少し吟味しておきたい。

60年代半ば以降の研究開発主導の新鋭産業による米系海外子会社の欧州展開は,49年マーシャル援助下の欧州石油拡張計画の起動による1950年代の石炭から石油へのエネルギー転換,その後58年欧州諸国通貨の対ドル交換性回復を契機に外国人が一つの国から他の国へ自由に当座預金を移すことができるようになってから[16],アメリカの直接投資新規流出に占める欧州の比重を格段に高めた[17]。それは,60年代の化学産業と自動車産業の欧州展開を見通したインフラ整備をベースにして,海外子会社の展開は,先端的技術力と米本国でテスト済みの製品を武器にEECの関税障壁,さらには形成される巨大市場に対する対応として行われていった(「アメリカの挑戦」)。さらに70年代央以降,電機・電子産業を中心に研究開発と資本集約的分野を本国に,労働集約加工・組立部門を途上国におく企業内国際分業ならびに国際的下請生産のネットワークが広く展開されていった。

60年代，戦後復興を経て経済成長するのにともなって生産力を向上させ，日本・欧州の企業はアメリカの競争力を脅かし始めた。とくに70年代～80年代の日本企業は生産過程のME・自動化を推し進め，ハイテク分野でもアメリカを脅かしていった。その過程で国際的下請生産を担うアジアNIESなど新興途上国も競争力を身につけていった。こうしてアメリカ製造業の国際競争力は低下して空洞化を惹起し，それを埋め合わせるかのごとく日欧企業の対米進出，相互浸透といわれる事態が進展していった。

　アメリカでは，製造業の競争力低下に対応して産業構造におけるサービス経済化が進み，さらに冷戦後の90年代におけるICT革命の進展とともに金融・情報サービス化が進展していった。この過程は製造分野において，部品をモジュールごとに分割し，共通の規格標準によって相互にリンクさせるコンピュータ統御によるグローバルなネットワーク生産システム化を進展させた。さらにモジュール生産を軸としたモデルは，企画・設計，研究開発，生産，調達，流通，販売の全連鎖＝バリュー・チェーンにおいてアメリカ的ビジネスモデルとして展開される。そこでは研究開発と先端的生産システム開発が，さらにはバリュー・チェーンとネットワークの統括がアメリカ本国の多国籍企業にとって決定的に重要となる。こうなると，資本は研究開発，システム開発，規格・標準開発，そしてそれらの特許化・知財化に力を注ぎ，コストダウンとリスクの外部化を狙って生産の外部化＝アウトソーシング調達[18]，サービスのオフショアリング[19]を推し進めることになる。総じてそれらは，アメリカ製造業多国籍企業による知財戦略の強化を軸とした脱製造業化＝サービス化の進展となってあらわれることになる。

　知財戦略の強化は多国籍企業によるR&D活動の強化であり，国境を跨いだ国際的提携や研究・技術者の人的交流を含むR&D活動の国際的展開であり，企業内技術移転，特許戦略であり，企業ブランドの強化として展開される。アメリカ多国籍企業はその中心に位置する[20]。新興国とは知的財産権，とくにICTや医薬関連の特許権や意匠権の問題等に関してWTOのTRIPS協定の適用を巡って対立し多角的交渉が行き詰まるなかで，多国籍企業はFTA，EPA，さらにはTPPの交渉を通じてアメリカ政府に対して厳格な適用を求める。加えて，多国籍企業の世界的展開にともなう情報ネットワークのシステム運用と管

理における卓越性の維持は，冷戦対抗終焉にともなう軍事費削減によって新たな軍事戦略構築と軍事力の近代化，さらには軍事機構における業務の革新を進める上で情報ネットワークシステムの構築とその運用能力を高めることが今や安全保障上でも枢要な役割を担っていることもあって[21]，覇権国アメリカにとって決定的に重要となっている。

　ハイテク・ICTにおけるアメリカ企業の開発力と技術上の卓越性は情報インフラにおけるアメリカの世界制覇を可能にした[22]。ICT革命は金融革命とも連動しており，その進展は企業にICT関連の技術者不足をもたらし，情報通信サービス分野業務の海外委託（アウトソーシング）や海外での展開（オフショアリング）に拍車をかけるとともに，開発の国際的提携や特別のビザ（H-1ビザ）を発行して海外の高度技術者活用をも促進する[23]。それは本国ICT部門，さらには専門サービス分野の高度技術者のリストラを惹起し，研究・技術開発の中枢を残してますます事業の外部化＝アウトソーシングを加速し，今ではアメリカ国家機構の中枢事業ですら専門サービスのアウトソーシング＝脱国家化を進め，それに対応して巨大企業がM&Aにより専門サービス分野を補強して受注するほどである[24]。

　軍事費削減とアウトソーシングによって軍事産業のR&D部門をリストラされた科学技術者が流入して新たな開発力を得た金融・情報サービス分野では，金融新商品の開発が進み，米系金融資本のグローバルな競争力を強めた。情報ネットワークのさらなる高度化と関連ソフト開発は，90年代半ば以降アメリカICT多国籍企業の競争力を高めたのである。98年グーグルの立ち上げ，2004年Face Bookの立ち上げとそれらの上場といった情報ネットワーク企業における新規上場IPOの新たな波が生まれてきたのも，ICT革命の進展と連携した金融商品の開発，さらにはネット取引を媒介とした金融における「新世界」の登場が背景となっている[25]。だがそれらは金融バブルと金融投機を極限的に推し進め，リーマン・ショックを契機とした世界的金融・経済危機をもたらすに至った。

　冷戦後グローバル化の推進力となっている巨大多国籍企業資本は，R&D部門の強化のために国際的連携を求めて研究開発部門の海外配置を進めるとともに，製造部門のグローバルな最適配置戦略，そして関連子会社ならびに非関連

米国サービス貿易収支尻（2001年～2011年）

	2001年	2002年	2003年	2004年	2005年
総計	69,708	71,772	68,603	78,021	90,268
うち子会社					
非関連会社	44,434	43,065	36,695	39,181	51,926
関連子会社	25,274	28,706	31,907	38,839	38,340
在米親会社	32,402	34,354	37,151	45,248	50,179
在米外国子会社	-7,128	-5,648	-5,244	-6,409	-11,838
サービスの内訳					
旅行	11,726	7,865	6,848	8,727	12,230
運賃	-4,740	-2,898	-5,034	-5,798	-4,580
その他輸送	-10,375	-9,432	-14,265	-19,154	-22,199
ロイヤルティ・ライセンス	32,828	34,366	37,554	43,403	48,871
その他民間サービス	40,270	41,870	43,499	50,843	55,945
教育	9,176	9,924	10,164	10,092	10,029
金融サービス	11,742	15,533	18,892	25,233	27,752
保険サービス	-13,282	-17,511	-19,260	-21,776	-21,144
通信	-439	-343	197	50	229
ビジネス専門技術サービス	24,422	25,275	24,739	27,880	28,747
コンピュータ・情報サービス	336	584	596	54	-1,162
管理・コンサルタントサービス	4,824	3,311	3,539	4,296	4,337
研究開発・検査サービス	4,221	4,615	4,396	3,785	3,192
運用リース	4,729	6,492	7,221	7,492	8,239
その他	10,312	10,271	8,987	12,250	14,142
その他サービス	8,649	8,992	8,764	9,362	10,333

出所：U. S. Department of Commerce, The Bureau of Economic Analysis, より。

　会社からのアウトソーシング，さらにはサービス業務のオフショアリングないしはオフショア・アウトソーシングの形態で，地域経済協力・経済統合に対応したグローバルなネットワーク生産・調達を展開している。そこでは巨大多国籍企業本社は，R&D強化にともなう知財管理を行うとともに，多国籍企業の統轄司令部として子会社，関連会社，非関連会社の物財とサービス，さらには資金の流れといった取引総体の指揮・管理を行う。2000年代に入ってからのアメリカ多国籍企業本社と子会社との間の財貿易収支における赤字転化とその常態化は，財サービスのネットワーク取引において海外子会社と国際下請生産事業からのアウトソーシング依存を強めたことによる。こうしてアメリカ多国籍企業資本は，財・サービス・資金の流れのグローバルな仲介と管理業務サービスを主要業務とするに至った。表は，多国籍企業の新たな動きのサービス貿

(単位：100万ドル)

2006年	2007年	2008年	2009年	2010年	2011年
96,725	135,716	148,344	144,411	169,696	193,774
55,587	78,598	91,864	90,250	113,141	136,643
41,137	57,117	56,479	54,161	56,554	57,132
49,360	64,440	65,007	60,952	64,727	67,786
-8,223	-7,323	-8,528	-6,791	-8,173	-10,654
13,228	20,228	29,929	20,055	27,971	37,464
-5,008	-2,494	-884	986	3,727	5,522
-19,496	-15,135	-12,680	-6,514	-10,441	-11,647
58,511	71,324	72,502	67,109	73,731	84,216
49,490	61,793	59,476	62,775	74,707	78,220
10,180	11,231	12,813	14,545	15,471	16,838
33,149	42,179	45,809	50,022	55,583	57,848
-29,937	-36,676	-45,510	-49,215	-46,483	-41,142
763	967	2,238	2,523	3,059	4,960
24,747	34,144	33,485	35,436	37,308	29,643
-3,355	-3,125	-3,775	-4,491	-7,110	-9,037
2,859	8,099	6,942	9,183	10,402	7,347
3,534	2,593	1,023	1,495	2,458	1,004
5,156	6,183	6,048	5,663	5,026	5,220
16,552	20,394	23,247	23,586	26,533	25,110
10,590	9,949	10,640	9,462	9,769	10,073

易における総括的表れとみなしうるであろう[26]。

こうして巨大多国籍企業にとって枢要な活動は，R&D活動による新技術・新製品の開発とその管理，そしてネットワーク情報の管理であり，利益供給機関である海外子会社群の統轄・管理である。金融資本と関係づければ，アメリカ多国籍企業はウォール街の金融資本にとってDividend Machineであり，また実体経済よりも金融が優位となることによってファンドを通じた投機の対象となりつつある。アメリカ多国籍企業を軸とした米・日・欧さらには新興の多国籍企業同士の対立と提携，そしてクロスボーダーM&Aを通じたグローバルな展開もその角度から位置づけてみる必要があるのかもしれない。

おわりに

GATTからWTOへ，そしてそれと相反するかのようなFTAの展開は，実は多国籍企業のグローバルな展開による収益確保の要求に応えるものにほかならない。多角的交渉と二国間ないしは地域的経済連携を巡る交渉は，実のところ，知財とサービス，さらには農産物の問題の取り扱いとそれらの処理の仕方

＝ビジネスの在り方を巡って，アメリカ多国籍企業を中心としたビジネス・ラウンドと，途上国のみならず先進諸国の人々の生活基盤との格差の拡がりを通じて鋭く対立する状況の反映にほかならない。

　80年代後半から90年代半ば，巨大多国籍企業の意向を汲んだ規制緩和と民営化を旗印に「ワシントン・コンセンサス」によって追求された新自由主義政策は，資本参入にとって障壁となる各国・各地域の関税，貿易取扱事務，資本市場，金融・保険サービス等の規制に風穴を開けグローバル化を促進した。本来なら，そうした流れを通商関係の世界的枠組みであるWTOで一挙に確定しておきたいところであったが，WTOのドーハ・ラウンドで暗礁に乗り上げた。そこで二国間交渉による協定さらには地域経済協定や地域経済統合を通じて自由貿易協定FTAの形でグローバル化を進める戦略が90年代半ば以降精力的に追求されたのであった。

　だが，FTAの展開はそうしたグローバルに展開する多国籍企業資本の要求に応えるだけではなく，覇権国アメリカの安全保障戦略とも密接に絡み合っている。現在，環太平洋連携協定TPP締結に向けて交渉が行われているが，それは，成長著しいアジア，とりわけ世界二位の経済大国にまで躍り出た中国を，政治・軍事における一定の緊張関係のなかで巨大なマーケットとして取り込み，将来的にアメリカ的ビジネス慣行を受容させ，経済的相互依存関係をさらに強める梃子として位置づけようとしているからにほかならない。「新たな大国関係」の構築は経済的相互浸透の深まりと同時に政治的緊張を孕んだ関係として展開されるのであろうが，経済的相互依存関係の安定的維持のためにビジネス慣行を中国が受容するように影響力を行使するその梃子にTPPは活用されようとしている。TPPは，対立しながらも全体としてアメリカの狙いに合流し，自らの政治的立ち位置を強化するためにTPP交渉の場に入り込み，三層格差構造を持つ脆弱な産業基盤の解体というリスクを背負って輸出企業の活路をTPPに見出す日本，この世界第三位の経済力の日本を包摂することで巨大な自由貿易地域＝地域経済市場を形成し，もって中国市場を取り込む方策として位置づけられているかのようである。

　冷戦後，グローバル化する世界経済において安定した枠組みを形成する上でアジアにおけるTPPの締結は，EUの安定した運営と並んで重要な焦点となっ

ている。その際，資本の自由な活動を求める多国籍企業にとって国家・国境の役割は減少するどころか，国境を利用した移転価格やタックス・ヘイブンの活用，そしてビジネス慣行を貫徹させるうえで，アメリカ覇権国家は依然として重要な役割を果たしているのである。

アメリカ企業の国際競争力の低下と相関的な多国籍企業の対外展開による空洞化の進展，そしてその穴埋めを期待された外国多国籍企業の対米進出は，むしろ在米子会社への製品輸入を増大させた。いわゆる相互投資によっても空洞化の穴埋め問題は解消するどころか，ますます深刻さを増し，安価で豊富な労働力を求めて世界の工場＝中国を中心とした東アジアなどでの海外生産を促進しているのである。同時にその過程でアジアをはじめとして多国籍企業が展開する途上国で，多国籍企業の企業内国際分業ネットワークの進展と，下請けを含む種々の提携を通じて現地地場産業企業が成長する新たな動きがあらわれてきた。そこでは米日欧の多国籍企業間の激しい競争を媒介として，多国籍企業の在外子会社相互の取引，在外子会社と地場下請企業との取引，さらには地場企業相互の取引を媒介に国際分業を内実とした重層的ネットワークが形成され，それが生産集積による中間財貿易の発展と連動した地域経済協力，地域経済統合の進展としてあらわれている。地場企業も単なる下請企業にとどまるものではなく，鴻海に代表されるEMS企業のように独自の生産方式を編み出し，一定の地歩を築く企業も登場した。このネットワークの展開は，冷戦後BRICsをはじめとした新興途上国を単なる生産基地としてばかりでなく市場としても成長させてきており，その成長はまさしく多国籍企業がグローバルに活動する基盤ともなっている[27]。

多国籍企業は，米本国や主要先進諸国のコア地域において設計・開発，経営管理，販売機能の集積を行い，現地販売市場ではアウトソーシングを含む製造・開発・企画・販売活動を行い，市場周辺地域でも部品供給を含む製造と調達を行い，かくして最適生産が行われる国際的資本集積と分業のネットワークを構築している。それは，ニューヨークを頂点とする主要巨大都市＝グローバル・シティに金融センターと多国籍企業資本の支配・統轄管理の機能を集中し，北米，欧州，アジア，ラテンアメリカの主要経済地域の中核都市には各地域向け経営戦略・管理部門を，そして欧州，アジアそして新興途上国に現地市場向

け製造部門の事業所・子会社を配置し，またR&Dからアウトソーシングに至る種々の国際的提携をともなって支配・集中・分散・提携を行う多層的ネットワークの構造となってビジネス・ラウンドを構成する。グローバル・シティでは経済交流が活発に行われ，ビジネスの集積と都市人口の急増，それにともなう各種情報・ビジネスサービスも集積され，巨大消費市場が形成される。そうして新興の富裕層とならんで厖大な貧困層が形成されている。こうした格差構造が質的にも，また領域的にもグローバルな深さと広がりを持って拡大している。

　こうしてグローバリゼーションの進展は，多国籍企業のネットワークの広がりの先々で生産とサービスの発展をもたらし，それと相関的に生産と富のグローバルなシフトをもたらしている。だがそれは，多国籍企業資本の本国の空洞化ならびに海外移転圧力による本国労働者の労働強化ならびに賃金圧縮と引き換えであって，オフショア生産地域の労働破壊と相互規定的に米本国ならびに先進資本主義諸国の労働破壊を進め，労働分配率を引き下げ，かくしてグローバルな規模での所得分配の変更＝富者への富の集中による格差拡大を激しく進行させ，社会的不安定性を一層助長させているのである[28]。

注
1) Peter Dicken, *Global Shift: Mapping the Changing Contours of the World*, 5th ed., Sage Publication, January 2007, pp. X-XI 参照。同書によれば，グローバルないしグローバリゼーションのタイトルを持った書籍数は1980年から84年に13冊，1985年から89年では78冊であったが，旧ソ連・東欧社会主義が崩壊した後の1992年から96年の間では実に600冊となるという。
2) 1980年代対外直接投資ポジションは平均2753億ドルであったものが，1990年代になると7160億ドル，そして2000年代には2兆2834億ドルへと急増している。U. S. Department of Commerce, *Survey of Current Business*, July 2013, Table A, p. 26.
3) ジョセフ・E・スティグリッツ『世界を不幸にしたグローバリズムの正体』(鈴木主税訳) 徳間書店，2002年，34-39ページ参照。
4) グローバリゼーションとアメリカ覇権構造との関連については，拙稿「現代グローバリゼーションの一考察——アメリカ覇権の構造と関連して」，法政大学経済学会『経済志林』第79巻第1号，2011年を参照。
5) 惨状を利用して新自由主義政策を強制していったという点については，ナオミ・クライン『ショック・ドクトリン（上）（下）』(幾島幸子・村上由見子訳) 岩波書店，2011

年を参照。新自由主義政策については，デヴィッド・ハーヴェイ『新自由主義』(渡辺治監訳)作品社，1996年を参照。
6) 朱永浩「中国：貿易大国の光と影」，福田邦夫監修『世界経済の解剖学』法律文化社，2014年所収を参照。
7) European Commission, "Global Europe: Competing in the World," 2006. (http://trade.ec.europa.eu/doclib/docs/2006/october/tradoc_130376.pdf)
8) 2014年7月現在，世界のFTA発効数264件のうち，95年以後2014年までのFTA発行件数は，219件で全体の83％を占めている(『ジェトロ世界投資貿易報告2014年版』36ページ参照)。
9) WTOと多国籍企業の関係については，福田泰雄『コーポレート・グローバリゼーションと地域主権』桜井書店，2010年，47-83ページ参照。
10) このことが多国籍企業や富裕層が税率の低いタックス・ヘイブンに所得を移す課税逃れの温床として利用される下地となる。2013年のG8で主要議題となり，OECDでそのルールづりに着手されるようになったが，それは各国の財政事情悪化を背景としてもいる。各国の税率の違いについては，OECD, *Revenue Statistics 2014*等を参照。
11) ソブリン資本によるM&Aについては，"Special Report: State Capitalism," *The Economist*, Jan 21st, 2012参照。
12) C. K. Prahalad, *The Fortune at the Bottom of the Pyramid: Eradicating Poverty Through Profits*, Paperback ed., Wharton School Publishing, 2006参照。
13) UNCTAD, *World Investment Report 2014*, Table 29参照。そこには中国，香港，台湾，韓国，ブラジル，メキシコ，シンガポール，インド，カタール，UAE，マレーシア，そしてロシアなどといった途上国ならびに移行経済諸国の非金融多国籍企業トップ100が掲載され，海外資産，海外販売，海外の雇用の割合＝多国籍度指数，あるいはTable 11のクロスボーダーM&Aをみても，新興企業による多国籍企業的活動が活発に行われていることが看取される。
14) 同上，Table 28参照。そこでは，1億ドル以上のクロスボーダーM&A 161件のうち米系企業によるのが42件26％を占めている。
15) 関下稔『21世紀の多国籍企業：アメリカ企業の変容とグローバリゼーションの深化』文眞堂，2012年を参照。
16) Jones Geoffrey, *Multinationals and Global Capitalism from the Nineteenth to the Twenty-First Century*, Oxford University Press, 2005, p. 33参照。
17) U. S. Department of Commerce, Balance of Payments, Statistical Supplement in1963, pp. 176-177参照。付言すれば，58年最初の商業用ジェットの大西洋横断，テレックスの発達，65年には商業用テレコム向け人工衛星の打ち上げ，その後，大型貨物船，コンテナ輸送の発達など輸送とコミュニケーションの発達は財サービス貿易と投資の流れのみならず，移民の流れをもつくりだし，現代のグローバル化の基盤を構築していった。
18) われわれはその顕著な事例をUNCTAD, *World Investment Report 2009*, Annex

Table IV. 1-4, IV. 7 に見ることができる。
19) オフショアリングの事例についても，同上，Annex Table IV. 5 参照。
20) 実際，アメリカの研究開発費は一貫して抜きんでた地位を確保しており，中国が急速に研究開発費を膨張させてきているが，なおアメリカには及ばない。OECDの調査によれば，購買力平価で2012年世界のR&D費の合計1兆3550億ドルで，米国は4540億ドル，2位の中国2430億ドルである。そのうち民間ビジネスのR&D費は，2012年世界7878億ドル，米国3167億ドル，中国1854億ドルと，民間においては他を圧倒している（経済産業省『我が国の産業技術に関する研究開発活動の動向』2014年，22ページより引用）。
21) 拙稿「軍事における革命RMAについて」，明治大学『商学論叢』第97巻第3号を参照。
22) 情報ネットワーク分野におけるアメリカの卓越性については，同上拙稿を参照のこと。なおまた世界のICT企業におけるアメリカ企業の地位については，夏目啓二『21世紀のICT多国籍企業』同文館，2014年，61-69ページを参照。
23) 関下，前掲書，331-345, 348-369ページ，ならびに夏目，前掲書，79-108ページを参照のこと。なおまた，Ron Hira & Anil Hira, "Outsourcing America: The true cost of shipping jobs overseas and what can be done about it," *American Management Association*, 2008, pp. 45-63, 158-165 参照。
24) Center for Strategic & International Studies (CSIS), *Defense Industrial Initiatives Group, Structure and Dynamics of the U. S. Federal Professional Services Industrial Base 1995-2004*, May 2006, p. 18参照。なおまた拙稿「グローバリゼーションの一断章——米国の軍事戦略と関連して」，法政大学経済学会『経済志林』第82巻第3号も参照。
25) 原田國雄「ポスト冷戦期におけるアメリカ的ラウンドの構図——資本のNet対応（資本主義的利用）をめぐって」，経済理論学会『季刊 経済理論』第50巻第2号，2013年を参照。
26) 米系多国籍企業の企業内サービス貿易の分析について，関下，前掲書，260-274ページ，米国の経済構造の変化と対外政策との関わりで拙稿「覇権国家＝アメリカと対外経済政策」，千葉商科大学『国府台経済研究』第25巻第1号，2015年を参照。
27) 多国籍企業の新たな動きについての総括的把握については，例えば夏目啓二「変貌する多国籍企業」，『経済』新日本出版社，2012年6月号所収を参照。
28) Oxfamは2014年世界の最富裕者80人（うち35人が米国人）が世界人口の5割の人たち（35億人）が生み出す富に匹敵する1.5兆ドルを取得したとしている。2010年は388人，2011年177人，2012年159人，そして2013年には92人が世界人口の5割の人たちと同等の富を取得し，富の少数者への異常なまでの集中が急速に進んでいることを報告している。Oxfam Issue Briefing, Wealth: Having It All and Wanting More (http://www.oxfam.org) 参照。なおまた拙稿「現代グローバリゼーションの一考察」，法政大学経済学会『経済志林』第79巻第1号を参照。

第12章　アメリカ資本主義と世界
――その全体像を把握する研究課題――

瀬戸岡　紘

はじめに

　アメリカ資本主義は世界資本主義の中心的位置を占めていて，その影響力は他のいずれの資本主義国よりもはるかに大きいため，その研究は世界の資本主義経済の研究に直結しやすい。それゆえ，アメリカ経済の個々の分野，たとえば農業，工業，商業，サーヴィス，金融，多国籍企業，国際金融，財政，医療，科学・技術，雇用，労働，消費，女性の地位と役割などの研究については非常に重要であり，じっさい幾多の業績が蓄積されているうえに，今後とも各分野の研究が継続されることが期待されている。しかも，これら個別研究が関連する他の領域の研究の発展に貢献しうる可能性の大きさを考えると，その重要性は軽視しがたい。ここでは，それを十分承知したうえで，個別研究の成果と課題については，ひとまず割愛し，どちらかというと探求の困難なアメリカ資本主義の全体を俯瞰したとき立ちあらわれてくる諸論点に限定して，研究の到達点をふまえつつ，今後の研究課題を，以下10項目について，さぐることとしたい。

I　アメリカ研究の総論にかかわる課題

　発展とは，大きくなること，高くなること，多くなることなどを意味するのではなく，相互に別個の諸要素が何らかの意味をもって形成した有機的運動体（システム）が，内包する相互に異質の諸契機の不均質・不均等な運動を積みかさねることによって，所期の意味をなさなくなっていく過程をいう。たとえば，星の誕生から超新星爆発にいたる過程などはそういう例であるし，幼虫が

日々の生活のなかで幼虫の形状を維持できなくなりその大きくなった身体を捨て（脱皮し）別物に転化していくことなどもその例である。

アメリカ資本主義を語る者（広くは資本主義の発展を語る者）のなかには，大きくなること，高くなること，多くなることに注目しつつ，そこで生じた諸問題を「矛盾」（その実態は「矛盾」ではなく単なる問題点の山々）と称して摘出する（列記する）者が多いが，そのような「研究成果」は早晩「紙くずの山」として忘れさられることだろう。アメリカを分析する者は，その誕生と展開の意味を周囲の（世界史全体の）文脈のなかで把握し，いかなる異質の要因がこの世界に参入しつつ，この社会の展開そのものをアナクロニズム（無意味なもの）に転化していったか（いくか）を語るものでなくては意味をなさない。

アメリカは，資本主義国になるべくして誕生した国ではない。それは，個々人から人間社会全体にいたるまで多様な意味において人間を拘束するにいたった旧社会の秩序（封建制度）に耐えきれなくなった人々の自由への渇望が生みだした社会であって，それ以上でもそれ以下でもない。だから，建国当初は，もちろん，資本主義国として成長することなど，まったく想定されていないことであった。では，なぜ，想定されていなかった道に入りこみ，その道で世界の支配者になってゆき，人類社会の滅亡を促進するような立役者になっていったのか。この大問題については，さしあたり，何も研究されていない。

アメリカ研究をこのような意味で遂行するためには，どうしてもアメリカ建国の過程と，その過程で形成された建国の理念を明確にし，その理念（理想として想定される社会）が，程なく，どのような限界（矛盾）に突き当たったのか，また，当初は建国の志士たちの念頭にはなかった資本主義発展の道に，何ゆえに押しいり（あたかも食糧にありつけなくなった者がやむなく窃盗の道にはまりこむかのように），その後，矛盾が発生・激化するたびに，ひたすら資本主義（今日ではとりわけ金融資本主義）の発展だけに賭けてきたのか？　それを明らかにするものでなくてはならない。その，きわめて多岐・多様にわたるとはいえ，きわめてシンプルな課題，それがアメリカ研究の第1の課題である。

補論1　アメリカは，その歴史の転換点でいつも大きな戦争を経験している。建国の理念を確定し実際に建国していくさいの独立戦争，近代ヨーロッパの成

果の移植の段階からそれらの成果のアメリカ独自の展開へとすすむ段階へと移行するさいの南北戦争，世界最大の債務国から一転して世界最大の債権国へと飛躍するさいの第一次世界大戦，ケインズ主義と「コーポリット・リベラリズム」を定着させて世界一の豊かな国を自認する出発点をなした第二次世界大戦，生産力的にも生産関係的にも新しい段階を画する導引となった「冷たい戦争」などがそれである。アメリカ史（アメリカ経済史）と戦争との深い関係については，まだまだ研究すべき課題がのこされているといってよいだろう。

II 「コーポリット・リベラリズム」の時代を検証する課題

「ニューディール」，およびその延長としての「コーポリット・リベラリズム（巨大法人企業群と民主党ないしリベラル派政治勢力との連合，ニューディール連合）」とは，アメリカにとって，何であったのか？ それは，ひとまず発展の行きづまったアメリカ資本主義を再起動させたように解釈できる。そればかりか，アメリカ史上空前の繁栄時代を実現させ，もって荒廃したヨーロッパ経済の復興に寄与し，冷戦下ではソ連を追いつめ苦戦ののち解体に追いこんだと理解できなくもない。また，冷戦という戦争の論理に脅迫されていたとはいえ，政府の指導力と巨額の財政支出が一定期間維持されたため，のちに見るようなアメリカが生産力においても生産関係においても新段階を開拓するうえで，その政治的・経済的土壌にもなっていたと考えられる。

だが，それは，反面，アメリカ建国の理念からすれば容認しがたい「大きな政府」と「大きな財政」という原理が，「ニューディール」期の試行錯誤をへながら，アメリカに定着した結果であった。なるほど，これらの原理は，建国の理念から発する個人主義と自由主義に接ぎ木されたもの（ケインズ主義のアメリカ的定着，新古典派総合）だったとはいえ，なぜそのようなことが理念国家アメリカにおいて，政治家たちから，法人企業群，そして広範な市民たちのあいだにまで大々的かつ熱狂的に受容されていったのか？ また，この時代は，さまざまな大衆運動が盛んになった（公民権運動，労働運動，ヴェトナム反戦運動，消費者運動，女性解放運動，学生運動，など）が，なぜ「コーポリット・リベラリズム」の時代にこのような大衆運動が可能になったのか？ その

運動の性格は, 1880年代の労働運動や2000年代の市民運動と比較して, 同じだといってよいのか, 違うのか? もし違うのなら, どのように違うのか? また, その「コーポリット・リベラリズム」がその展開過程ではらんでいった諸矛盾は, 当初から想定できていたはずの矛盾と同じ性質のものだったのか, それとも新しい内容をもった矛盾だったのか?

「ニューディール」にかんする研究など個別の研究は多数存在するとはいえ, 「コーポリット・リベラリズム」の時代全体を俯瞰しつつ, その矛盾の展開を解明する研究となると, その大半は今後のわれわれの課題としてのこされている。

補論2 日本では, 「ニューディール」の研究がある程度おこなわれてきたのにたいして, その後継レジームとしての「コーポリット・レベラリズム」の徹底的研究に挑戦したものは多くない。アメリカのグリーンバーグによる著作(『資本主義とアメリカの政治理念——五つのレジームの変遷と現在』)は, その点で参考にされるべき労作であるが, 日本では馬場宏二氏がこのテーマに取りくもうとしてきた(『シリーズ世界経済Ⅱ アメリカ』, 『宇野理論とアメリカ資本主義』, など)。「コーポリット・リベラリズム」の全容の解明は, その後に展開される「新自由主義」政策, 「金融資本主義」の全面開花, 「グローバリゼーション」の解明のための前提研究としてすこぶる重要なはずであるが, 現実には未完の研究領域としてのこされている。

Ⅲ 「科学技術革命」の意味と効果を再検討する課題

アメリカでは20世紀後半に「科学技術革命」が進展し(これを20世紀におこった新しい「産業革命」と解釈する者は少なくない), 新しい技術による新しい産業が誕生し, 新しい商品が販売されるようになり, 社会も生活も大きく変貌したという解釈は非常に多い(たとえば, アルヴィン・トフラーの『第三の波』など)。とくにアメリカにはじまった通信・情報技術の画期的進展が人間生活を根底から変えたと見なし, そのような社会(「情報化社会」)を賛美するむきは, きわめて多い(たとえばダニエル・ベル『脱工業化社会の到来』など)。それらは, また, こ

のような技術革新を論拠に，資本主義の生命力が無限であるかのように描くところにも特徴がある。

このような風潮にたいして，むしろそのような風潮が発生する以前から，まったく異なる解釈をあたえてきた研究者が，日本の南克己氏である。氏によると，科学技術革命は，資本主義の生命力の所産なのではなく，冷戦という経済外的論理，換言すれば「戦争の論理」が，ゆきづまった資本主義経済の内部にもたらした変化である。すなわち——戦後の「科学技術革命」と生産力の飛躍的発展の端緒は，ナチス・ドイツの原爆開発に対抗すべく1940年にはじまった「マンハッタン計画」にあった。それは，当時の資金で20億ドルという，人類が発生していらい当該計画が始動するまでに投入された世界中の全科学研究費をしのぐ国費を投入して推進されたもので，個別資本の利潤獲得を目的とする資本主義の論理からは決してでてくるものではなかった。

この原爆開発の論理が，やがて米ソ冷戦のなかで水爆開発へ，さらには開発された核兵器の運搬手段としての大陸間弾道弾の開発（表面的には人工衛星打ち上げ，そして宇宙開発）へとエスカレートしたという。そればかりではない。そのような戦争の論理で生みだされる新しい科学技術の成果は，民間企業の群がるところとなり，そうして，ジャンボ・ジェット機であれ，コンピューターであれ，情報通信手段であれ，炭素繊維などの新素材であれ，バイオテクノロジーであれ，やがて「第3の産業革命」などといわれる新技術の誕生にことごとく連結したのだという（南克己「アメリカ資本主義の歴史的段階」，『土地制度史学』第47号，ほか，南氏の一連の論稿，参照）。

南氏の学説は，きわめて高度な説得力があるといってよいだろう。だが，それをもって，アルヴィン・トフラーやダニエル・ベルなどが説いてきた「通説」，いわば資本主義を美化することになる俗流「科学革命」論や俗説「情報社会」論などを批判することとなると，いまだ，ほとんど進展していない。そればかりではない。その課題を実行することは，たとえば「IT革命」などという用語で美化されている現代社会の激変のなかで生じている諸問題，すなわち，小は個々人の知的・精神的能力の低下（知性・感性を高める努力からの逃避）から，大は社会秩序さえ揺るがしかねないネット犯罪にいたるまで，近代社会の基本構図（自由な諸個人が結合して形成する共同社会）を破壊しかねない手

段を人類が手にしてしまったのかもしれない、ということを明らかにする道ではないのか？「IT革命」論への批判的研究は、自動車の導入が、一方で人間の身体的能力を低下させ、他方で膨大な社会的費用を社会に押しつけることになったこと（宇沢弘文『自動車の社会的費用』）と比較してもしきれないほどの効果を人類にあたえているかもしれないし、今後ますますそうなるであろうことを知る、きわめて重要な課題であろう。それを実行することは、アメリカ経済研究をこころざす者の重要な課題だといえよう。

IV　いわゆる「グローバリゼーション」にかんする研究課題

「科学技術革命」とか「IT革命」などといわれることが資本主義の歴史的展開のなかの自然現象として起こっているのではないとすれば、昨今頻繁にささやかれている「グローバリゼーション」についても、同様のこと、すなわち資本主義の発展が自然に世界の一体化を推進しているわけではない、ということがいえそうである。むろん、資本主義のもとでは、商品の輸出から資本の輸出にいたるまで、いろいろなものが諸外国に展開するから、そのかぎりでは世界には多彩な商品とともに多様な文化も混然となって一体化するかのような方向に向かう。しかし、こんにち「グローバリゼーション」といわれていることは、はたしてそのような内容のものとして理解してよいのか？

「グローバリゼーション」のような大きな潮流を議論するばあい、一方ではその前史（縦軸）を、他方ではその周辺の諸傾向（横軸）を十分に検討しなければならないものである。前史については、ケインズ主義政策（資本主義の限界を「大きな政府」と「大きな財政」という資本主義の原理の逸脱によって「解決」しようとした一連の政策）への猛反発の発生と展開について無視できないであろう。

ケインズ主義政策への反発の第一歩は、当時はほとんど目立たなかった銀行業界からはじまっていた。規制のゆるかった証券業界が1970年代にいたっても投資家を拡大していた状況を見た銀行業界は、1930年代いらい課せられていた規制の緩和と自由化を要求しはじめた。経済的「規制」は、そもそも、資本主義の暴走が人類社会を崩壊させかねないという1929年大恐慌の苦い歴史

的経験から人類が学びとった理性の産物だったはずなのだが，この規制緩和・自由化要求は，そのような学習成果さえ忘却させるような運動だったといってよいだろう。規制緩和と自由化の要求は，金融業界から産業界へ，そしてサーヴィス業界へ，さらに国境をこえて世界へと拡大していく大運動になった。この運動はマネタリストやサプライサイダーなど「新自由主義」と一括される思潮の嵐を呼び，その「新自由主義」が1980年前後には各国の政権の政策となっていった。「小さな政府」と「小さな財政」は，国民経済（国民単位の経済）の役割を低下させるとともに，財政にかわって金融の役割を増大させ，金融経済は，実体経済の100倍とさえいわれたほどの過剰金融資本の国境をこえた，しかも時差のない移動を現実のものとさせたのだった。

　ところで，「グローバリゼーション」をめぐる周辺の傾向も無視してはならない。じつは，「グローバリゼーション」への言及は，世界的とはいえ，とくに日本，そして東アジア諸国に多い現象なのである。その意味するところは，これらの諸国がさらなる資本主義的成長と蓄積を進めようとするばあい，その条件を，最大の資本主義国であるアメリカの標準にあわせることによって（いわば「強者」にへつらって）つくりだそうとしているからといわなければならない。つまり，「グローバリゼーション」とは，生産される商品の品目，それぞれの商品の規格，生産工程とか経営管理などの方式，会計基準，そして教育（英語を学習し，留学先にはアメリカを選好）から文化（ジーンズをはいて，コーラを飲みながら，ハンバーガーを食べ，ロックを聴いて，ヒップホップを踊り，たまにはディズニーで日常から逃避する，といった文化）にいたるまで，ことごとくアメリカ標準に迎合することが，現代世界のなかで生きのこっていく条件だとの認識から生まれた弱者の論理だといえないか？

　「グローバリゼーション」なる現象は，一方では，アメリカにあらわれたケインズ主義への猛反発に端を発し，「新自由主義」を背景の思想とし，国境もなければ時差もないような金融活動を奥深い内実とする経済活動の新しい傾向と，それを基盤として形成される政治的・文化的潮流のことであり，他方では，そのアメリカの潮流に同調しようとする諸国の運動にほかならない。しかるに，「グローバリゼーション」にいたる過程や関連する事情の総合的かつ厳密な研究がなされていないため，現状ではその本質が広く理解されておらず，その結

果，あたかも「国際化」と同義の用語として頻繁に使用されるなど，多くの美化論に余地をあたえているのではないか？「グローバリゼーション」への過程とそれに関連する諸事情の分析は，その大半がわれわれの今後の大きな研究課題としてのこされているといわなければならない。

補論3　「グローバリゼーション」については，あたかも500年も昔から進行していたかのような言い方が近年きわめて広範に流布されている。たとえば大航海時代の幕開けも，植民地からの収奪や市場としての植民地の獲得も，世界市場の形成も，景気循環の世界同時性も，経済ばかりでなく文化もふくむ国際化の進行も，すべて「グローバリゼーション」のそれぞれの現象であるかのような不注意な見解はいたるところに散見される。ところが，それらがとんでもない誤解であることは意外に知られていない。そもそも「グローバリゼーション」という用語は，国際化などの用語では表現しきれない新しい状況下で必要にせまられて造語され，1990年ごろから使用されはじめた，きわめて新しいもので，この単語がアメリカまたはイギリスの英語の辞書に登場するのも，それ以降である。それは，1500年ごろから進行していたヨーロッパ人による世界の一体化の過程のなかにおこった，ごくごく最近の，たったひとつの現象にすぎない。

V　東アジアとアメリカとの対抗関係を研究する課題

　世界のなかで現在「グローバリゼーション」の波に乗ろうと最も熱心な地域は，前述のように，東アジアである。ここは，第二次世界大戦後，欧米日の資本主義的先進地域の外で最も成長した地域であるが，それは，日本の復興と高度成長がその端緒となり，その日本の成長が，台湾・韓国の経済成長を引きだし，ついで東南アジア諸国の経済成長に火をつけ，最終的に人口大国・中国の急激な経済成長を招来させるという形で展開した。注目される特徴は，いずれもアメリカを市場とすることによって成長してきた点である。

　なかでも中国の商品は全米で販売され，「中国商品を使用しない(China-free)アメリカ市民生活は不可能」といわれるまでにいたった。こうして中国経済の

急激な成長が中国を「世界第2位」の経済大国に押しあげたばかりでなく,「21世紀の帝国主義」国となるべく,アメリカにたいする巨大な挑戦者に育てあげている。

　急激な経済成長は,また急速に国内矛盾を醸成し激化させる。国内矛盾の膨張は,国内での許容限度を超えるとき,古今東西の世界中の歴史が教えているように,矛盾の海外転嫁がはかられる。中国ばかりでなく,ヴェトナムやインドネシアなど東南アジア諸国をふくむ東アジア世界の経済的存在感の増大とともに,そこでの国内矛盾の急激な拡大は,必然的に世界のアメリカ化としての「グローバリゼーション」の波に尋常ならぬ複雑化(波乱)をもたらし,結果的に21世紀における帝国主義的対立構造を形成していく可能性が大きくなってきていると考えられる。それは,アメリカにかんしていえば,この国の経済が長年維持してきた自律した運動を機能不全に追いこみかねない性格のものである。しかるに,東アジア経済の成長,なかでも中国の成長を,以上のような意味で探求しようとしている研究は,当面のところ,皆無にひとしい。そこに,今後の国際経済論,アメリカ経済論の大きな研究課題が存在している。

VI　イスラム世界からの反撃の背景を研究する課題

　西アジアとその周辺に存在する安価で大量の石油は,アメリカの企業活動にも,自動車の利用にも,市民生活にも欠かすことができなかっただけでなく,アメリカが推進した世界のエネルギーの石油への転換と,交通の鉄道から自動車への世界的転換が,世界を石油依存体質に変換させた。それは,アメリカの巨大石油資本に巨万の利益をもたらしたうえ,この地域にたいするアメリカの存在感を高めてきたが,同時にイスラム教徒のあいだの格差も拡大させ,やがてアメリカへの反感となってあらわれた。その反感は,まずはイランの親米パハラヴィー王朝打倒(ホメイニー「革命」)として,やがてはイラクなど各国の反米政権の誕生,さらにはアメリカが関与せざるをえない戦争の勃発(ペルシア湾戦争,イラク戦争,など)へと連動していった。

　もともとイスラム教は,人間社会における共同の精神(「喜捨」とか「断食」などにみる周囲の人びとへの配慮を大切にする精神,米欧キリスト教世界で優

位になっていった個人主義と対立的になりがちな精神）を大切にしてきただけに，市場原理とか，資本主義の論理，アメリカ的問題解決法などによって，自分たちの社会が混乱させられたとか，米欧資本に裏切られたなどという感情を抱いてしまうと，その諸原理への反感は尋常のレベルを超えるものとならないではいられない。こんにち世界中に散在する反米感情や武装勢力のなかで最も強烈なものがことごとく西アジアに存在するのはそのためである。だが，アメリカは，それらの反感にたいして，むしろ軍事的対抗の度合いを高め，イスラム世界の論理とはますます逆行する道を選択している。それに対抗するかのように，近年のヨーロッパやアメリカでのイスラム系住民による反発の行動（それをアメリカやヨーロッパでは「テロリズム」と呼ぶ）は増大と激化の一途をたどっている。それらは，しだいに現代の「宗教戦争」の色彩を帯びてきているといってもよい。

　アメリカが，なぜ，このような方向に向かう対応しか選択できないのか？ なるほど米欧諸国は宗教的にイスラム教と対抗してきた歴史をもち，そのため米欧諸国の情報やその解釈には強い偏向があるとの説明は少なくない。ついでながら，それが日本にも反映し，日本をふくむ先進資本主義諸国全般がイスラム世界にたいする無知と偏見で満ちていることも事実である。

　歴史上のあらゆる宗教戦争は，その原因に，宗教問題それ自体ではなく，深刻な社会問題，とりわけ経済問題を究極の原因として発生したものだった。西アジアには，もともと戦争を誘発するような固有の大きな社会変動（経済の爆発的成長など）は存在しなかったのではなかったか？ あったとすれば，それらは，すべて米欧が20世紀以降になって持ちこんだものではなかったか？ とすると，西アジア地域ないしイスラム世界にたいしてアメリカが妥協できない経済的利害があるとすれば，それらは，すべて米欧，なかでもアメリカに由来するものであるといわなければならない。それらを詳細に明らかにし，もって俗に「テロリズム」といって恐れている諸々の事件の背景，すなわち，ほかならぬアメリカ由来の原因を明らかにすることは，現在および近未来の全世界の人々にとって焦眉の課題であろう。それは，アメリカ研究者の避けてとおれない課題である。

VII 現代ヨーロッパと現代アメリカを比較する課題

　一口に「欧米」といういい方がなされるように，ヨーロッパとアメリカはしばしば同類の世界と見なされがちであるが，実際には両者はかなり異なる様相をもった別々の世界である。どう違うか？ とくにヨーロッパやその他の旧世界と比較したばあいアメリカはどんな世界なのか？ 広い意味では資本主義社会とはいえ，土地や資源にたいする所有の考え方，企業にたいする考え方（企業そのものは商品たりえるか否か），労働・医療・福祉にたいする考え方や諸制度のあり方，自然環境にたいする考え方（二酸化炭素排出問題や気候変動にたいする考え方や取りくみ方），などなど，ことごとく異なっている。多くが白人で，多くがキリスト教（それもプロテスタント系）の世界にくらし，多くが先進諸国の構成員とされているにしては，その差異はあまりに大きい。それは，いったい，どこから生じているものなのか——その総合的な解明のなかからアメリカ社会の特質を抽出すること自体がわれわれの課題となっている。

　ヨーロッパが東西に分かれて対抗しあっていた時代，西ヨーロッパ世界は，一方では，軍事的にアメリカ主導の北大西洋条約機構に守られながら，他方では，経済的にマーシャル援助を端緒として進められてきた統合ヨーロッパ経済（EEC等→EC→EU）に格好の投資対象をあたえられたアメリカ系多国籍企業の進出を受けつつ，アメリカとの連携のなかで戦後復興およびその後の資本蓄積を進めてきた。だが，冷戦が終結してみると，西ヨーロッパ世界は，アメリカ依存より，むしろ東ヨーロッパ世界糾合の方向に傾斜した。その結果，新たな難題（財政危機，福祉の行きづまり，外国人労働力問題，少数民族の独立問題，など）をかかえこんではいるが，そのために，むしろアメリカ依存体質からさらに脱却しようとしているかに見えないか？

　そればかりではない。世界が全体として，資源の枯渇，食糧危機，環境問題への高まる懸念などに深刻さを感じるようになるにつれて，資本主義そのものに一定の距離をおいて捉える空気も高まっているではないか？ たとえ資本主義制度をただちに放棄するのではなくとも，アメリカ型資本主義経済には距離をおいて，自身の経済と生活の様式をさぐる空気も広がっていないか？ スロ

ウフード運動, スロウライフ運動などは, 効率と高度蓄積へのあくなき追求への静かな反発ではないか？ 最近話題のピケティをふくむ経済学者や社会学者による現代資本主義に批判的な主張の多くがヨーロッパから生まれているのも, そうしたことと無関係ではないのではないか？ それは, 資本の論理にたいする人間の論理の回復運動であり, 世界を資本の論理の支配下におくことに純化させようという「世界のアメリカ化」,「グローバリゼーション」への静かなる反感を予感させるものである。

ヨーロッパはアメリカの生みの親であるという意味においては同一家系にあるにもかかわらず, ヨーロッパは緩やかにアメリカから離反しつつある。そうさせる現代のアメリカとは何なのか——それは, 決して小さくない研究課題であろう。

VIII　現代資本主義の担い手としての「中間層」を研究する課題

アメリカ建国の理念の体現者としての国内の「中間層」のなかには, アメリカの現状および将来に不安を感じたり積極的な批判を展開したりする者が増大している。そのような勢力には, 政治的無関心層, ティーパーティー運動の参加者など強烈な保守派たち, アメリカ金融資本の一人勝ちを批判し「われわれが99％」「ウォール街を占拠（オキュパイ）せよ」と叫ぶ人たち, の大きく3種類が存在するようである。

政治的無関心層は, 外見上はおとなしいが, 人口の上では最大多数をなし, 建国の理念にさえ冷やかであるため, アメリカ社会の風化を推しすすめる「静かなる批判者」たちとして無視しがたい。一方, ティーパーティー運動のような保守へと傾斜する人たちは, 建国の理念の厳格な実施をもとめており, グローバリゼーションをとおしてアメリカ経済を救済することには同調的ではない。他方, オキュパイ運動のような積極的運動に参加する市民たちは, 格差拡大を批判し, その原因となる資本蓄積運動や金融資本の活動に批判的である。

これら3つの批判勢力については, 1960年代に盛んであったもろもろの大衆運動とはいずれも性格を異にしていないだろうか？ 今後の大きな研究課題である。

ところで，「中間層」といわれる市民たちにたいする研究の重要性について一言しておく必要がある。ティーパーティー運動，オキュパイ運動などは基本的に「中間層」によって担われ，一定の距離をおいているように見える政治的無関心層の多くも「中間層」の市民だからである。かれらは，名前は聞こえなくとも人口の圧倒的多数を占め，アメリカの動向を最終的に決定していく層をなしているといわなければならない。

「中間層」は，一方では勤労者として資本主義経済をささえてきたことはいうまでもないとしても，他方では消費者として資本主義の生産物（サーヴィスもふくめて）を購入することでも資本主義経済をささえてきた。消費に関して付言するならば，(1)ジェネラル・モーターズ社に始まり全米・全世界に広まった消費財への「計画的陳腐化」戦略という消費市場拡大戦略，(2)「消費せよ，消費せよ，消費は美徳であり，所得を生みだす母である」と叫んで従来の倹約と節制の文化を破壊してきたケインズ主義的消費美化戦略，(3)クレジットカードの全面普及で消費を極限にまで高めようとしてきた金融当局から民間企業まであげての消費拡大戦略など，すべて「中間所得層」こそ，アメリカ資本主義の最重要の担い手だとの位置づけから発するものであった。また，ひとりひとりの投資額（預金額──給料預入額など）は微少でも口座数が圧倒的であるために総額は無視しがたい規模に達する「中間層」の資金がグローバル化した金融活動をささえてきた。さらに共和党と民主党という体制内政党の支持をとおして政治的にも資本主義をささえるなど，きわめて多角的にアメリカ資本主義をささえてきたのは「中間層」と一括される市民たちであった。

アメリカの民衆一般にかんする優れた研究は，アメリカにも日本にも多数存在してきた（ハワード・ジン『民衆のアメリカ史』や，秋元英一『ニューディールとアメリカ資本主義──民衆運動史の観点から』など）。歴史をつくるのが権力者ではなく無名だが数の多い民衆である以上，民衆の勤労と生活の状態，その思想と運動などにかんする研究は，今後とも重要であることは否めない。だが，今日のアメリカ社会や資本主義経済の動向をさらに深く探求するためには，上記のような意味をもつ「中間層」を分析・検討することは急務であろう。「中間層」こそ，現代社会科学の最大の研究対象といってもよい。にもかかわらず，「中間層」を，その誕生から今日まで歴史的にたどるとともに，「中間層」といわれる人びと

の定義，その現在の経済的・政治的役割などを多角的に研究することは，ほとんどなされていない。そこに，われわれの大きな課題が存在する。

IX　アメリ分裂の危機にまつわる研究課題

　北米がイギリスなど北・西ヨーロッパ諸国からの主としてプロテスタント系移民の植民地として開拓されたのにたいして，中南米はイスパニアとポルトガルからのカトリック系征服者たちの植民地となったために，資本主義国として成長した欧米のための原料・食糧の供給地，または工業製品の輸出先や過剰資本の投資対象とされてきた。一言にして，「進んだ欧米による遅れた中南米の支配・収奪」というこの構図は，研究者をふくむ多くの人々にとって「永遠の構図」のように映り，将来とも描きかえられないもののように解釈されてきた。

　だが，現実は逆の方向に展開していないか？　現在，北米にむけて，中南米からの流入者は後をたたず，しかも出生率の高いヒスパニックと呼ばれる住民はアメリカ国内で急増し，英語の通じない地域やプロテスタントの倫理（資本主義の精神）を理解しない人びとはアメリカ各地に散在するようになった。これは，アメリカ建国の理念の体現者の割合が減少することを意味しているという意味で，アメリカにとっては深刻な事態となっている。かつてエマニュエル・トッドは，ソ連の全人口に占めるロシア人（ソ連建国の理念の担い手）の割合が半数をきるときソ連は崩壊すると予言し，10年あまりで現実となった。アメリカのばあい，ごく少数となった先住民のほかに，黒人，アジア系，なかんずくヒスパニックなど，アメリカ建国の理念とは無関係に生きる人口が全米の人口の過半を占めるときも21世紀の半ばにはくるだろうとの予測もあり，ソ連解体は他人事ではない。アメリカは餌食としてきた中南米諸国によって，逆に征服されようとしてはいないか？　この深刻な事態にたいする研究はほとんどなされておらず，われわれにとって大きな研究課題となっている。

　問題はそこにとどまらない。オバマ大統領は2008年の大統領選挙にのぞんで，「白人のアメリカでもない。黒人のアメリカでもない。ヒスパニックのアメリカでもない。あるべきはただ一つのアメリカだ」とか「民主党のアメリカでもない。共和党のアメリカでもない。あるべきはただ一つのアメリカだ」な

どと叫んで当選した。アメリカが現在かかえる矛盾を表現するに，これほど端的で明快な一言はない。じつは，アメリカは分裂の危機に瀕しているとの認識が，ここ30年ちかく，多くの出版物などで明らかにされている（スタッズ・ターケル『アメリカの分裂』，アーサー・シュレジンガー『アメリカの分裂』，サミュエル・ハンティントン『分断されるアメリカ――ナショナル・アイデンティティの危機』，パトリック・ブキャナン『超大国の自殺――アメリカは2025年まで生き延びられるか』，など）。アメリカのような大国の分裂となると，その余波が世界にあたえる影響は半端なものではないはずだから，われわれ日本人（アメリカの分裂とか解体にいたる危機についての研究が進んでいないばかりか，認識すら十分にない状況）としても，他人事としないで研究に取りくむことは重要である。われわれの重要な研究課題のひとつとして掲げるゆえんである。

　アメリカ国内の危機は二様に進行している。第1は，多くのエスニシティーを抱えこみ，しかも総人口に占める各エスニシティーの比率がたえまなく変化し，それらのあいだでの軋轢が拡大し，全体として安定した「国民」が形成できなくなっていることである。第2は，ひとつのエスニシティーのなかでさえ，たとえば最大多数を占める白人市民層の内部にさえ，所得格差が拡大し，それがエスニシティー間の軋轢とあい重なって，各地で風紀や治安の悪化をまねき，住民間の不信が拡大し，ひいては，ひとつのコミュニティー（市町村）から富裕層居住地区が分離・独立し貧困層と別個のコミュニティーを形成する傾向さえ進行しているような事態にあることである。

　そればかりではない。アメリカでは，このような事態にいたっても，自立した個人どうしが「緩やかに結合」して「共同社会（＝リパブリック）」を形成するという「建国の理念」が支えとなって社会は維持できるというのが従来の認識であった。しかし，今日では，上記二様の危機が，最後の頼みとしての「建国の理念」さえ風化させるという第3の危機を招来させている。それはこの国の存在意義の喪失（国家の分裂／崩壊へと直結）を意味している。オバマの医療制度改革は所期の目標のはるか手前での改革にとどまったが，それは人間としての存立を保障する医療が国民のだれにも適用されることにより国民としての一体感の形成に成功しているヨーロッパのような制度がアメリカに導入しえないことを意味した。つまり市民間の「緩やかな結合」が形成できなくなって

いること，すなわち「建国の理念」が実現できなくなっていることを教えた瞬間だったといえるだろう。

　アメリカは解体・崩壊するのか？　かりに解体・崩壊さえすれば，そこに生じる諸社会は安定するのか？　大陸規模で資本主義が発展してきた結果，大陸規模で資本が運動するのが常態となっているアメリカに，解体・崩壊後の安定などあり得るのか？　アメリカは，統合も維持できなければ，解体もできないで，分断と混迷の度を強めていくほかないのか？　すべて，今後のわれわれに期待されている壮大な研究課題である。

X　資本主義の歴史をアメリカ研究から把握する課題

　ヨーロッパにおける近代への歴史的転換は，まずは思想革命（宗教改革を起点とし啓蒙思想誕生にいたる運動＝第1の革命）にはじまり，政治革命（啓蒙思想の実現としての市民革命＝第2の革命）へと連動したが，ここで形成された市民社会の構成員の一部は，チャンスを得て経済革命（第3の革命＝産業革命）へと突きすすみ，近代社会のその後の展開を他の何ものでもなく資本主義の展開過程へと限定することになった。このことは，近代という時代に歴史性（この時代の有限性）をあたえることになった。なぜか？

　資本主義のもとでの発展は，すべて不均等発展にほかならない。その不均等発展の進行（こんにち話題の格差拡大）が，「自由」とともに重要な標語であった「平等」や「友愛」を絵そら事へと転落させ，いずれ近代社会を解体に導くことになったからである。近代の基本理念を，ほかならぬ近代の経済システムとしての資本主義が掘りくずす，という矛盾した関係を見ることができる。

　ところで，アメリカ資本主義の発展史は，世界の資本主義の生成・発展の過程とともにあった。近代以降の世界史全体のなかで，アメリカはその誕生のあり方といい，資本主義発展への途上にある諸国にあたえてきた影響といい，現代世界史上いくつかあった大きな転換点への関与のしかたといい，今日の世界にたいする経済的・政治的・文化的影響力の大きさといい，いずれから見ても軽視できない存在でありつづけた。そうしたなかで，啓蒙思想のアメリカなりの定式化であったアメリカ建国の理念が資本主義発展とともに風化し，この国

に当初は想定もしていなかった多くの問題を生んできた。今日では「新自由主義」と「グローバリゼーション」がアメリカに幾多の難題を発生させている。そして，そのことが全世界の資本主義が行きづまっていく過程の核心をなしている。

　このようにして見ると，アメリカ資本主義発展史という形で具体的に現象している現実の詳細な研究のなかから，世界の資本の生成・発展・死滅の過程の概観を見通す道がひらかれ，その資本の生成・発展・死滅の過程をつつむ歴史の総過程を探求することによって，近代社会全体の生成・発展・死滅の全過程をつらぬく抽象的理論が明らかになる。したがってアメリカ研究は，資本の運動の全体像を，近代世界史500年超という時間軸と，あらゆる国を包含する世界全体を射程に入れるという空間軸との両面から総括してみるという課題にも重なる。それは，一方ではアメリカをふくむ世界史から理論を，他方では理論からアメリカをふくむ世界史を，それぞれ概観するということである。一言にして，その研究は，歴史研究でありながら同時に理論研究でもあり，理論研究でありながら同時に歴史研究でもある。

　近代の総過程を，このような形で，緻密でありながら総合的であり体系的でもあるような研究としてまとめあげていく課題は，いってみればごくごく基礎的な研究課題でありながら，現状は大半が分散的な研究の山が存在するだけで，総合と体系化の仕事は，すべて今後の課題として，われわれのまえに横たわっている。その課題こそ，われわれの今後のアメリカ研究の最大かつ最終の課題といえないか？

第13章　経済統合とヨーロッパ

相沢幸悦

はじめに

　第二次大戦後，ドイツは，米英仏ソの4ヵ国の分割占領下におかれ，米英仏の占領地域は西ドイツ（ドイツ連邦共和国），ソ連の占領地域は東ドイツ（ドイツ民主共和国）に分割された。西ドイツは，戦前の経済圏であった東欧と東ドイツ農業地帯を失ったので，市場と農業を西ヨーロッパに求めざるをえなかった。他方，米ソに対抗しうる勢力の構築をめざすフランスは，西ドイツを引き込んで共同体の構築に進んだ。その動機は，西ドイツの軍事的な脅威を軽減するために，欧州統合の枠内に留めておくことであった。

　ナチス・ドイツによる侵略戦争とユダヤ人大虐殺への真摯な反省が不可欠であったため，ドイツには政治的軍事的に跳ね上がらず，経済的果実の獲得に特化するという戦略をとらせた。欧州統合が急速に進展した重要な要因はここにある。

　ユーロ導入によって，欧州統合は新たな次元に到達したが，南欧諸国を中心に住宅・国債バブルが発生した。しかも，アメリカの資産バブル期にヨーロッパの銀行がドル短期資金を調達して，アメリカで開発された金融商品に投資し，高収益を獲得した。

　このバブルが崩壊すると，ヨーロッパでも深刻な金融危機が勃発した。2010年5月にギリシャ危機が起こると欧州は債務危機に見舞われ，ユーロ崩壊の危機が迫った。このユーロ危機を煽ったのは，米金融資本であると考えられる。ギリシャ国債の空売りで，ギリシャがデフォルトすればユーロは崩壊するからである。ユーロが崩壊すればドルが復権する。この投機筋の行動は，アメリカの国益にも合致する。

　ユーロ狙い撃ちの米金融資本に対抗したのがドイツである。ギリシャ救済の

ために金融支援に踏み込んだ。ドイツは，債務危機の国々への金融支援と引き換えに凄まじい財政再建を強制している。ヨーロッパ諸国が健全財政に転換すれば，少子高齢化社会でも経済的に対応可能だからである。

こうして，ドイツは，西欧と東欧という大経済圏をみずからのものとし，強い経済を実現している。本章では，経済統合のプロセスをみながら，ドイツが経済統合をさらに進化させんとしていることを明らかにする。

I　経済統合とユーロ導入

1　経済統合の進展
(1) 戦後の経済統合

第二次大戦によって，ヨーロッパ諸国は政治的・経済的に疲弊し，東欧諸国は軒並み社会主義化した。そこで，フランスは，米ソ両超大国への対抗勢力としての西ヨーロッパ大陸諸国の統合を画策した。

それは，二度とヨーロッパを蹂躙させないため，兵器製造に不可欠な鉄鋼とエネルギーの根幹である石炭生産の権限をドイツから取り上げるというフランスの提案に表れた。この提案は，1951年成立の欧州石炭鉄鋼共同体 (ECSC) として実現した。

自国の経済運営の自主性が奪われるのに，ドイツが参加した要因は，第一に，ドイツ統一には統一条約の調印，すなわちフランスの承認も必要なので，フランスには逆らえなかったこと，第二に，東欧の市場と東ドイツ農業地帯を失ったので，西ヨーロッパに市場を，フランスに農業を求めざるをえなかったこと，第三に，侵略戦争とユダヤ人迫害への反省から，政治的には控えめにしたことなどである。

1958年には欧州経済共同体 (EEC)，欧州原子力共同体 (Euratom) が結成され，欧州統合が進展していく。67年には，欧州石炭鉄鋼共同体を含めて三つの機関が統合して，欧州共同体 (EC) が結成された。68年には，EC内で関税を撤廃する関税同盟が完成した。同時に共通農業政策が策定・実施された。それは，農業は要保護部門だからである。

1970年代に入ると，経済統合の「必然的帰結」としての通貨統合をめざした。

しかし，当時は，通貨統合の経済的前提が整わないだけでなく，固定相場制から変動相場制に移行し，国際金融市場が混乱をきたしたので，通貨統合など不可能であった。そこで，1979年に欧州通貨制度 (EMS) が設立され，通貨価値の安定に基づく，経済成長が可能となったので，1980年代に入ると経済が成長した。

1985年になると「人，財，資金，サービス」の移動の自由化を図る域内市場統合が提唱された。ところが市場統合には，税制の統一など主権国家の権限を移譲しなければならない項目も多く含まれていたので，その実現は不可能であった。

事態が一変したのは，1989年11月にベルリンの壁が崩壊した時のことである。東西ドイツの統一が現実味を帯びてくると，ドイツの強大化を怖れる西ヨーロッパ諸国が域内市場統合の実現に真剣に取り組むようになった。93年から市場統合が開始された。

1991年に冷戦が終結したが，EC首脳会議は91年12月に減価する米ドルに代わり，安定した国際通貨ユーロを導入することで合意した。99年に単一通貨ユーロ導入に向けて，EU諸国が財政赤字の削減に取り組むことになった[1]。

(2) ユーロの導入

通貨統合をめざす条約である「マーストリヒト条約」が1993年に発効するのに伴って，それまでのECという名称からEU (欧州連合) に変更された。

ヨーロッパ諸国は市場を拡大することで，相対的に遅れた地域の人々の生活水準を向上させ，経済を成長させるいわば市場拡大型経済成長を実現してきた。EUは，経済力の弱い加盟国に構造基金として経済援助をおこない，統合経済を発展させてきた。経済統合の完結形態が通貨統合であることはいうまでもない。ただ，通貨統合というのは，それに留まらず，すでに政治統合に踏み込んでいるところに事態の本質がある。

EU諸国は，インフレが起こらず，強い通貨であったかつてのマルクのように，ユーロを安定した強い通貨とすることを選択したので，通貨統合に参加するには，財政赤字の削減が至上命令となった。

1995年あたりから各国は，通貨統合への参加をめざして，財政赤字削減に取り組んだ。それには，ヨーロッパ諸国の福祉水準を引き下げ，企業の労働コ

ストの削減をおこなうことが不可欠だった。アメリカの新自由主義が絶好調を迎えていたし，社会的市場経済原理に基づく経済運営の再検討が必要だといわれてきたからである。

通貨統合を実現することで，広大な単一通貨圏が構築されるが，そうすると，企業や金融機関の間での競争が激しくなり，EU諸国の経済が活性化していく。

EUの考え方は，市場原理主義的な行動をとる米金融資本や企業，日本企業などEU以外の金融資本や企業と不必要に競争する必要はないというものである。EUが「世界」であるという考え方で経済政策運営をおこなえば，EU域内で金融資本と企業から効率的に税金を取って，EU域内で使えばよい。そうすれば，高負担が大前提であるが，ある程度は高い賃金・福祉水準を維持できる。

ユーロ導入のさらに重要な要因は，アメリカから基軸通貨特権を奪うというものである。ヨーロッパが，米ドルから基軸通貨特権を奪い取ることができれば，巨額の儲けを手に入れられる。シニョッジ（通貨発行特権）である。ヨーロッパの銀行は，いままでアメリカの銀行がおこなってきたように，負債を自国通貨で決済[2]ができるようになる。

2 ユーロの致命的欠陥

(1) ユーロ導入の諸要因

1999年1月に，絶対不可能といわれた単一通貨ユーロが導入された。ユーロが導入された要因には，政治的側面と経済的側面とがある。

政治的要因には，東西ドイツが統一し，それまで控えてきた政治的発言力を高めた強大なドイツが，ヨーロッパの脅威となることをなんとしても阻止しなければならないというヨーロッパ諸国の固い信念があった。

統一ドイツが西ヨーロッパの統合から離脱して，自らの経済圏であった東欧にシフトしようとすると，東欧をEUに加盟させてしまった。

ところが，ドイツに通貨統合まで認めさせることは，それほど簡単なことではなかった。というのは，ドイツ人のドイツ・マルクへの信頼は，「信仰」に近いものだったからである。それは，第一次大戦後の天文学的インフレを二度と繰り返さないというドイツ国民の固い信念に基づくものである。

欧州中央銀行（ECB）が設立されるまでドイツの中央銀行であったドイツ連邦

銀行は，物価の安定（通貨価値の維持）が唯一の使命とされていた。そのため，政府が景気を浮揚させるべく，ドイツ連銀に圧力をかけても，インフレが懸念されるとそれを頑としてはねつけた。ドイツ連銀にはそれだけの権威が備わっていた。

ドイツがどうしてドイツ・マルクを手放したのか。それは，フランスの権謀術数によるものであった。東西ドイツが統一するには，占領状態の解除が必要だったからである。

第二次大戦で敗北したドイツは先進国で唯一，アメリカ，イギリス，フランス，ソ連の4ヵ国によって分割占領された。米英仏3ヵ国の占領地域は西ドイツとして，ソ連占領地域は東ドイツとして成立した。しかし，占領（信託）状態の解除はおこなわれなかった。

ベルリンの壁が1989年に崩壊し，ドイツ統一が迫ると占領国の一角を占めるフランスは，占領状態の解除のための統一条約への調印と引き換えに，ドイツにマルクを放棄するよう迫った。統一を最優先するドイツは，この密約を受け入れた。

ところが，1990年10月に統一を成し遂げると，ドイツは，この密約を後悔する。ドイツ国民が絶大なる信頼をおくマルクを捨てるというものだからである。

そこで，ドイツ政府とドイツ連銀は，導入されるユーロをドイツ・マルク並みに強い，安定した通貨とすることを提案した。厳しい財政規律の順守である。ところが，この提案にユーロ離脱の意図を読み取った西ヨーロッパ諸国は，いとも簡単に受け入れてしまった[3]。ユーロ導入の経済的要因は，冷戦の終結後，減価する基軸通貨ドルではなく，安定した通貨が必要となっていたからである。

アメリカの経済力に匹敵するEUの構成国で，単一通貨ユーロを導入すれば，減価するドルに代わる基軸通貨になる可能性も出てくる。政治統合が大前提であるが，そうすれば，世界の投資資金もヨーロッパに引き付けることができる。

通貨統合には，イタリアやスペインやポルトガルなどの南欧諸国も参加することができた。後にギリシャも参加した。通貨統合に参加することによる経済的メリットが大きいとして，必死で財政赤字削減に取り組んだからである。

通貨統合時には11ヵ国も参加したが，それは，アメリカに匹敵する経済規

模を有する巨大なユーロ圏を構築することで，米ドルに対抗できることが期待されたからであろう。

EU諸国は，アメリカのように軍事産業や金融業で経済成長するというのではなく，加盟国を拡大して，製造業を中心とした経済成長を志向してきた。巨大な単一通貨圏ができあがると，内需拡大型の経済成長が可能となる。経済的に遅れた国々の経済成長と生活水準の向上を図ることで，ヨーロッパ全体の経済成長が可能となる。相対的に経済力のあるドイツの企業のビジネス・チャンスが広がる。

(2) ユーロの致命的欠陥

現状の単一通貨ユーロの致命的欠陥は，通貨主権と財政主権が乖離していることである。すなわち，ユーロ導入国は，条約に基づいて，国家主権である通貨主権をECBに移譲したものの，財政主権などそれ以外の国家主権はすべて各国に帰属したままである。

国家主権を超国家機関にすべて譲り渡す政治統合は，それほど簡単にはできないので，通貨だけ統一しようというのが通貨統合である。じつは，それはもはや経済統合ではなく，政治統合に踏み込んでいるということに，多くの人が気づいていた。したがって，ユーロ導入後も財政規律の遵守義務を課す安定・成長協定が事前に締結された。赤字是正勧告を受けても財政赤字を削減しなければ，罰金を取るというものである。

これはドイツが提案した。ドイツ政府が通貨統合の条約を批准した時に，この条約が「基本法（憲法）」違反に問われた。連邦憲法裁判所は，条約批准そのものは合憲であるが，ユーロが安定するようにドイツ政府に監視義務を課した。そこでこの協定ができた。しかし，ドイツやフランスが，2001年あたりから規定を超えて財政赤字を増やした時にはこの是正勧告は無視された。要は国家ではないので，国家主権は不可侵ということである。ドイツやフランスが協定破りをおこなったので，この協定は事実上空文化した。

金融政策は，ドイツやフランスなどの景気を念頭において遂行される。これらの国で景気が低迷すれば金融緩和をおこなう。それ以外の国の景気がよいとさらに景気が過熱して，バブルなどが発生する。増税や賃金の引き上げなどによって景気の過熱を抑えなければならないが，好景気の時にそんなことはでき

ない。

　通貨統合に参加すると南欧など従来の高インフレ国では，インフレが鎮静化し，金利も低下する。そうすると，住宅ローンなどのニーズが増大し，住宅ブームが発生する。

　ユーロ導入による競争力格差に関する欧州委員会の報告書によれば，ギリシャやスペインやポルトガルにとって，実際の購買力などで計算したユーロの実効為替レートは実力よりも10％も高いという。逆に，ドイツは3％から5％割安だという。ここに単一通貨ユーロの難しさがある。ユーロ導入で，ドイツなどの域内輸出が増え，その他の国の輸出が不利になったのである。

　ユーロを導入していなければ，スペインなどの通貨が切り下がって，輸出価格が下落するが，それもできない。競争力を高めようとすれば，物価や賃金の引き下げをおこなうしかないのであるが，それもできない。となれば，外国から資金を導入して内需を拡大するしかない。ところが，ユーロを導入したことで，とくに南欧諸国に資金が簡単に流入してきた。

　金融政策をECBが一元的に遂行しているが，強い通貨ユーロということなので短期金利は低い。ところが，財政赤字国では国債があまり売れないので国債価格が低下し，長期金利は上昇する。すると，ドイツやフランスなどの金融機関は，ECBから低金利で資金を調達し，南欧諸国などの国債に投資して膨大な利益をあげた。

　ギリシャがユーロを導入してからリーマン・ショックまで，ドイツ国債との利回り格差はほとんどなかった。ギリシャの方がドイツ国債より金利は高いのに，利回り格差がないということは，外国の投資家がギリシャ国債などを購入してきたからである。どんどん買われて価格が上昇したので，格付けの高いドイツ国債と同程度の利回りに下落した。

　南欧諸国などの財政規律が緩んできたのは，国債を発行しても消化できたからである。国家は破産させないだろうと，企業や金融資本が金儲けに走った結果，IMFやEU諸国などが「税金」で尻拭いをせざるをえなくなった。

　(3) ドイツに有利なユーロ

　ユーロ導入によって，ドイツは，大きなメリットを享受してきた。経済圏内でのメリットについてみよう。

EUやユーロ圏（ユーロ導入国）というのは，事実上の「ブロック経済」ということができる。したがって，広大な経済圏を構築することによって，相対的に競争力のあるドイツ企業のビジネス・チャンスは極めて大きく，加盟国を増やすことでさらにそれが広がる。
　「ブロック経済」であれば，日米の企業と対等に競争する必要はないので，収益性も相対的に高くなる。単一通貨圏なので為替リスクはない。というよりも，単一通貨なので為替差益はないが，為替利益が極めて大きいのである。経済的に遅れた国をユーロ圏に参加させることで，ドイツの利益はさらに大きくなる。経済的格差のある国々が単一通貨を導入すれば，経済力のある国のユーロは相対的に安くなり，経済力のない国のユーロは相対的に高くなるからである。
　通貨統合前であれば，本来，マルク高・（ギリシャ）ドラクマ安になる。ところが，両国が同じユーロを導入したおかげで，マルク安・ドラクマ高が定着してしまった。ドイツの輸出が著しく有利となり，ギリシャなどの南欧諸国は輸入で大損してきた。ドイツ企業などは，製品を売って儲けて，為替でも儲けたのである。
　経済圏外でのメリットについてみてみよう。
　ユーロ圏内に，ギリシャのような経済的に弱体な国々を抱え込むことによって，ユーロは弱い通貨になる。2010年にギリシャ危機が顕在化すると対ドルでも，対円でもユーロ安になった。おかげでドイツの輸出が好調となり，ドイツ統一以来の好景気となった。
　インフレが高進するとECBは金融引き締めなどの金融政策を断行しなければならないが，ギリシャ危機などによりユーロが動揺し，ユーロ安になっても手を打つことはない。インフレ退治のために金融引き締めをやるとユーロ安には歯止めがかかるが，インフレは高進していないので，金融引き締めをおこなう必要がない。もちろん，ユーロ安によって輸入物価が上がってインフレ懸念が出てくれば，ECBは政策金利の引き上げなど金融引き締めをおこなう。だが，インフレが鎮静化している中でユーロ安になったとしても，その結果，インフレが高進しないという見込みがあればECBが動くことはない。
　ギリシャ危機が顕在化してユーロ安になったが，おかげでドイツはユーロ安

のメリットを十分に享受してきた。こうして、ドイツなどは、ユーロ導入によって、ユーロ圏内外で二重の利益を得ている。だから、ドイツ政府にとっては、ギリシャなどをドイツ国民の税金でどうして救済するのかという批判を受けても、けっしてユーロから離脱するとか、ユーロを解体するとか、そういう選択肢はないのである。

II　ユーロとドルの対抗

1　ヨーロッパの住宅・国債バブル

　2008年勃発の世界経済・金融危機をもたらした資産バブルは、当初、アメリカで発生したと受け止められてきた。ところが、アメリカの金融危機が小康状態をみせてきた矢先に、ドバイ・ショックやギリシャ・ショック、アイスランド・ショックなどが発生した。

　金融危機は、アメリカの住宅バブルが凄まじかったからだとみられていたが、じつは、ヨーロッパでは、アメリカを上回るような住宅・国債バブル景気に沸いていたのである。

　欧米の住宅バブルは、住宅価格が暴騰する点では同じであるが、バブル形成のメカニズムが違っていた。アメリカの住宅バブルは、サブプライム・ローンという信用力の低い借り手にまで提供した住宅ローンを証券化した金融商品が世界中に売却されたことで発生した。米金融資本は金融工学などを駆使して、極めて有利な金融商品に仕上げたので、投資家に売却して手数料を手に入れるだけでなく、自らも大量に投資した。金融危機に際して、米金融資本が膨大な損失処理を迫られたのはそのためである。

　ヨーロッパ諸国はアメリカと違って、日本のように銀行を中心とする金融システムをとっているので、バブルは金融資本が大量の住宅ローンを貸し付けるという形で発生した。したがって、ヨーロッパの金融危機は、金融資本が多額の不良債権を抱え長期化した。

　リーマン・ショックが発生すると西ヨーロッパ諸国は、金融危機の三重苦に見舞われた。

　第一に、イギリス、ドイツ、スイスなどの大銀行がアメリカのサブプライム

関連金融商品への投資の失敗によって,膨大な損失を被り,銀行に多額の公的資金が投入された。

第二に,1980年代に新自由主義的な経済政策をとり,金融自由化を進めてきたイギリスをはじめ,スペイン,アイルランド,イタリアなどでバブル崩壊の痛手が激しかった。スペイン,アイルランド,イタリアなどの通貨はもともと弱く,インフレが激しかった。ところが,ユーロ導入のために財政赤字削減に努め,ユーロ導入後はインフレが沈静化し,長期金利が著しく低下した。そうすると,住宅ローン金利の低下で住宅バブルが発生した。

第三に,西ヨーロッパの金融資本が,東欧諸国の銀行に膨大な融資をおこなった。東欧諸国は2004年からEUに順次加盟したことで,カントリー・リスクが低下した。そうするとビジネス・チャンスの拡大期待が高まり,西ヨーロッパから大量の資金が流入し,それが手っ取り早い不動産投機などに流入した。東欧の金融機関などには冷戦期から強い結び付き有しているオーストリアの金融資本が,バルト三国の金融機関などには,スウェーデンの金融資本が巨額融資をおこなった。

こうして,東欧諸国は世界金融危機の打撃を受けた。

2 アメリカ金融資本の投機

(1) ギリシャ売り投機

2009年10月にギリシャの政権交代に伴って,財政赤字の深刻な実態が暴露された。

前政権が5%程度としていた08年度の財政赤字のGDP比が7.75%,4.7%とみられていた09年度も12.7%となる見込みだと新政権が公表した。

実際には09年度に15.8%の赤字であった。このギリシャ危機が国際金融市場を震撼させた。7割近くを外国の投資家が保有しているギリシャ国債のデフォルトが懸念されたからである。

ここでアメリカ金融資本は,投機収益獲得の絶好の機会ととらえたであろう。

ギリシャ国債の元利金の返済が難しいとすれば,投資家は損失を回避するために,早めに売り抜こうとする。国債が投げ売りされれば,国債価格が暴落する。そこで,ギリシャ国債の空売りをしかければボロ儲けできる。

空売りには，国債を借りて売る取引と，借りなくても決済する時までに国債を手当てすればよい取引の2種類ある，後者はネーキッド取引といわれるものである。空売りは一定期間後に国債を売って決済される。通常は数週間から数ヵ月である。米金融資本は，ギリシャ危機が勃発すると，金儲けのために強烈な空売りを仕掛けたと推察できる。

　空売りは，マーケットでの取引の流動性を高め，いずれ買い戻さなければならないので，将来の買いとなり，相場の回復要因となる。経済的には必要な役割を果たしている。ところが，わざと発行体に不利な噂を流して，空売りを仕掛けると価格が暴落するので，投機に悪用されることが多い。投機としておこなわれる空売りは，ギリシャ国債をどんどん売りまくって価格を下落させ，下落したところで安く買い戻して儲けるものである。

　当初のギリシャ危機でおこなわれた空売りはギリシャ国債を保有せず，借りもせず売り浴びせた，いわゆるネーキッド取引であっただろう。ギリシャ国債を売ったのであるから，決済日にはギリシャ国債を手当てしなければならない。ギリシャ国債の価格が下落し損切りの国債が大量に売りに出ているはずなので，現物市場で安く買って，空売りの相手に渡す。米金融資本に膨大な投機利潤が転がり込む。

(2) 投機の対象としてのCDS

　ギリシャの財政赤字の粉飾はこの時が初めてではない。ギリシャは通貨統合開始から2年遅れの2001年にユーロを導入した。この時に，ユーロ導入条件である財政赤字の対GDP比3％という基準をクリアしていないことが2004年に明らかになった。だが，当時はすでに住宅バブルが始まっていたので，さほど問題にされなかった。

　米金融資本は，この頃から大規模にCDS（クレジット・デフォルト・スワップ）を売買していたはずである。CDSというのは，金融商品の価格が下落したらその分を補塡してもらう代わりに，保証料（プレミアム）を支払うというものである。CDSは本来，実際に保有している金融商品の損失を回避するために契約する。ところが，金融商品を持たず他の金融商品の損失を補塡してもらうというCDS，すなわち事実上の「ネーキッド取引」が活発にかわされた。アメリカの金融バブル絶頂期には，じつに7000兆円ものCDSの売買規模があったが，

そのほとんどはネーキッド取引であったといわれている。

ギリシャ国債でも大量のネーキッド取引がおこなわれていたはずである。ギリシャ国債を対象にしたCDSを買っておいて，ギリシャ国債が暴落すれば，その損失を補填してもらえる。少額のプレミアム（保険料）の支払いで膨大な利益が懐に転がり込む。

いくらギリシャの財政赤字が多くても必ず暴落するとは限らない。暴落しなければ，プレミアム分が損となる。投機が成功するには実体経済的根拠が必要であるが，粉飾財政による財政危機という根拠があった。ギリシャ国債を「賭け」の対象として，CDSを買っていれば暴落した分だけ儲かる。だが，この投機は失敗する可能性もある。もし，EUやユーロ圏，ECB，IMFなどが，本格的にギリシャの救済に乗り出せば，ギリシャ国債は買い支えられて価格は下落しないからである。そうすると，CDSで儲けられないどころか，プレミアムが損となってしまうのである。そこで，CDSで確実に儲けられる手が打たれた。国債の空売りである。しかも，ネーキッド取引である。国債を持っていなくても売り浴びせると国債価格は暴落する。

金融資本は，空売りでボロ儲けするとともに，ギリシャ国債の暴落でイベントと評価されるとCDSで暴落分を補填してもらえる。そうすると，CDSの損失分も儲けられる。ギリシャ国債については，CDSの契約が少なくないだろうといわれている。だから，当時のパパンドレウ首相が，ギリシャを経済的苦境に追い込んだ「犯人」は，ヘッジファンドや国際投機資本であり，CDSが「ギリシャをはじめ，すべての国を悩ませる諸悪の根源」であると批判したのである[4]。

3　ドイツとアメリカの利害

米金融資本は，利潤追求のために行動しており，アメリカの国益などには頓着していない。グローバリゼーションの時代には，金融資本や独占資本は，利潤追求のために国境を越えて行動する。利潤追求と国益が相反すれば国を捨てる。

ところが，ギリシャ国債に対するネーキッドの国債空売りとCDS契約は，あくまでも米金融資本の利潤追求のためだけにおこなわれたが，それが，結果

としてアメリカの国益に奇妙に一致していたところに，欧州債務危機の大きな特徴がある。すなわち，ギリシャが米金融資本の凄まじい投機によってデフォルトに陥れば，ユーロが崩壊する危機に至るからである。

　ユーロには，さまざまな致命的欠陥はあることも事実である。とはいえ，イラク侵攻や世界金融危機などによって米ドルの地位が著しく低下している中で，ユーロが国際通貨としての地位を高めていけば，国際基軸通貨のとしてのドルの信認が失われる。そのユーロが地上から消えてしまえば，ドルの競争相手がいなくなるので，アメリカは，今まで通り世界中でドルを基軸通貨として使用できる。いくら貿易収支が大幅な赤字であっても，自国通貨のドルで世界からモノが買える。

　リーマン・ショックで世界金融危機が爆発したが，危機対策で米政府と中央銀行が巨額の資金を投入しても，なかなか失業率は下がらなかった。

　そこで，オバマ大統領は，2010年1月の一般教書演説で提起し，3月に具体化された「国家輸出構想」で，今後5年間で輸出を倍増し，200万人の雇用をつくりだすことを明言した。構想には，対米輸出超過国への市場開放圧力や軍事関連技術を含む輸出規制の緩和なども盛り込まれていた。

　この構想は，1929年世界大恐慌後にブロック化したのとは逆に，世界にアメリカ製品を売り付けようというものであった。米製造業の国際競争力は極めて低いので，中国元の切り上げ圧力とか，軍事力や政治力を使って市場開放を迫るというものである。

　アメリカの生き残り戦略は逆保護主義と戦争であろう。世界最強のアメリカの産業こそ，軍事産業だからである。その消費拡大で景気回復と貿易赤字削減を図ろうとすれば戦争を選択するしかない。だから，アメリカが輸出を増やすにはドル安が効果的である。ところが，自国通貨を意図的に安くすると貿易相手国に損失を与えるので，国際協定で禁止されている。近隣窮乏化政策である。したがって，ドル安誘導のために，為替介入ではなく中央銀行が徹底的な金融緩和をおこなうしかない。

　ところで，米中央銀行の使命に，物価の安定の他に雇用の確保が掲げられている。かつて，失業問題が深刻化した時，中央銀行の使命として雇用確保が追加された。

輸出倍増で雇用確保という政策を提示したとたんに，欧州債務危機が勃発した。ギリシャ危機によるユーロ崩壊の危機のおかげで，対ドルでも対円でも著しいユーロ安となった。管理変動相場制をとる中国元も米ドルにほぼリンクしているので対ユーロで元高になった。

だが，ドイツとアメリカの国益の奇妙な一致もここまでであった。

ギリシャの国家破綻，ユーロ崩壊という最悪のシナリオを回避すべく，EUはIMFの協力を得て，2010年5月に本格的な金融支援のスキーム（欧州金融安定化基金〔EFSF〕など）をつくりあげた。同年秋にアイルランド，11年春にポルトガルの財政危機が顕在化したものの，EUとIMFによる金融支援で危機はとりあえず沈静化した。

ポルトガルの危機が収まるとギリシャ危機が再燃した。財政赤字削減が不十分であるとして，EUとIMFが金融支援を停止したからである。そこで，EUとユーロ圏は，2010年10月に包括的対応策で合意した。それは，第一に，ギリシャ国債の額面の50％切り下げ（ヘアカット），第二に，1兆ユーロ規模へのEFSFの拡大，第三に，EUの銀行の資本増強などである。この対応策でギリシャのデフォルト懸念が払拭された。

2012年に欧州安定化メカニズム（ESM）が設立され，金融支援体制が構築された。これによって，欧州債務危機に対応可能となった。ギリシャなどが市場で国債を発行ができるようになったのは，徹底的な財政赤字削減努力をしてきたからである[5]。ところが，2014年12月にギリシャの国会では三度もの選挙にもかかわらず首相を選出できなかった。その結果，15年1月に総選挙がおこなわれ，反緊縮財政を掲げる急進左派連合が第一党に躍進し，同連合のチプラスが首相に選出されたのである。

III 緊縮財政とドイツ経済

1 EUの財政規律条約

ユーロが米ドルと張り合うような国際通貨になるためには，最終的な政治統合，すなわち欧州連邦の結成が不可欠である。もちろん，欧州連邦など現状では不可能である。したがって，ユーロ防衛に必要なことは，政治統合に接近す

ることである。そこで,「経済通貨同盟(EMU)における安定,協調,統治に関する条約」(財政協定)が提起された。これは,通貨主権と財政主権の乖離という矛盾を克服しようとするものである。

　2011年12月のEU首脳会議で,財政規律強化のための「リスボン条約」改正が提起された。だが,国家主権の委譲を拒否するイギリスが大反対し,条約改正はできなかった。その結果,イギリスとチェコ(憲法上の理由)を除くEU諸国が参加することになった。

　「財政協定」の概要は,第一に,過剰な財政赤字を抱える加盟国への自動的な制裁,第二に,財政赤字ゼロの均衡財政の達成と維持を義務づけて「憲法」などに法制化,第三に,加盟国は自国の議会への予算案提出前にEUに提出する,などである。

　ここで,イギリスとチェコを除くヨーロッパ大陸諸国は,ユーロ防衛に大きく転換した。

　通貨統合や政治統合に頑として反対してきたイギリスが除外されれば,ヨーロッパ大陸諸国は,財政規律の徹底に突き進むこともできるし,欧州共同債も発行することができる。「財政協定」は,2012年3月に,イギリスとチェコを除くEU加盟25ヵ国によって調印された。この協定は,ユーロ圏の財政規律を強化するとともに,その監視を強めるための政府間条約であり,各国に厳格な財政均衡ルールを求めていた。協定には,ユーロ圏諸国の最低12ヵ国の批准が必要という条件が課せられていたが,この条件がクリアされて2013年1月1日に発効した。

　ユーロ圏諸国は,単年の財政赤字がGDP比で0.5%を超えないという財政均衡義務を2014年1月1日までに,各国の国内法で,可能であれば「憲法」で定めなければならないとされた。財政均衡ルールに違反した場合,是正メカニズムが発動され,当該国に制裁が科せられる。こうして,ユーロ圏諸国が徹底した財政規律を確立すれば,ユーロはより強固なものになる。

　重債務国でも緊縮財政努力によって財政再建が進み,ようやく市場で国債発行による資金調達が再開できるようになってきた。2014年3月にアイルランドが3年半ぶりに,4月には,ポルトガルとギリシャが国債の入札によって資金を調達した。

重債務国は，ユーロ圏残留を選択する限り，経済成長を捨てても財政再建を優先せざるをえなかった。だが，国民との軋轢は強まる一方であり，それを象徴するのが2015年1月のギリシャの選挙であった。

2 健全財政のドイツ

世界経済・金融危機への対応でドイツの財政赤字のGDP比も急上昇した。住宅バブル期の景気絶頂期であった2007年には0.25％の黒字，08年に0.1％であったが，09年に3.2％，10年に4.3％と跳ね上がった。政府債務残高のGDP比も2008年の66.7％から10年に83.2％まで増加した。

財政赤字のさらなる増加を食い止めるために，2009年にドイツ政府は，「債務ブレーキ」と呼ばれる財政健全化策を導入した。連邦政府レベルでは，健全化策によって，2011年から財政赤字を段階的に減らし，16年から政府の単年の対新規債務額をGDP比で0.35％以下に抑えることが義務づけられた。州政府レベルでは，2020年から新規債務が禁止される。

この「債務ブレーキ」に対して，債務の削減には貢献するものの，「成長ブレーキ」にもなるとの批判が多い。「債務ブレーキ＝成長ブレーキ」というわけである。しかし，ドイツ政府は，経済成長を犠牲にしても，政府債務と財政赤字の削減に突き進んでいるといえよう。

ドイツ「基本法」109条2項は，「連邦およびラントの予算は，原則として信用調達の収入によることなく，収支を均衡させなければならない」[6]と規定している。2014年7月2日に閣議決定された15年予算案では，1969年以来，46年ぶりに赤字国債を発行せず，借金なしで予算を組むことができた。ドイツは2015年に財政均衡を実現する。閣議に提出された2016～18年の中期財政計画でも，財政均衡が続くというシナリオが描かれている。政府債務残高のGDP比は，80％から，17年には70％を割り込むまで低下する。

健全財政となったのはこの間の好景気のおかげである。しかも，ドイツ企業はグローバル化に成功して輸出が好調で，上場企業の利益水準はこの20年間で6倍に増加している。10％を超えていた失業率は5％と劇的に低下した。雇用増と賃金上昇で所得税収が増加し，2018年までに税収は16％も増加するという。

ECBは低金利政策で景気のテコ入れをおこなってきたが、欧州債務危機の中でドイツ国債が買われ長期金利が低下した。そのため、総額1000億ユーロもの利払い費が節約できたという。

　ドイツは侵略戦争を「真摯」に反省し、欧州統合では経済的利益の追求に徹してきた。統合はついにユーロの導入に結実した。ドイツは、ついに巨大単一通貨圏を手に入れることができた。ユーロ圏で巨額の利益をあげるとともに、ギリシャのおかげでユーロ安となり巨額の貿易黒字を手に入れている。重債務国には厳しい財政赤字削減を迫り、自らは健全財政を構築した。

むすびにかえて

　戦後、米ソ両超大国への対抗勢力として、フランス主導で欧州経済統合が進展した。戦争責任をとるドイツは、政治を捨てて経済的果実の獲得に徹した。かくして、欧州統合が進展し、米ドルの減価に対処すべくついにユーロが導入されたのであった。

　アメリカは、欧州債務危機をユーロ潰しの絶好のチャンスと捉えた。しかし、ユーロ導入で巨額の利益を獲得しているドイツは、徹底的にユーロ防衛をおこなっている。それは、ドイツがユーロの導入によって域内外で巨額の利益を獲得しているからである。ギリシャのように、緊縮財政に対する国民の反感が高まっていることも事実であるが、ドイツは、重債務国に対して金融支援を条件に厳しい緊縮財政を迫っている。ドイツ自体も健全財政を達成している。

　財政赤字の拡大が経済成長を阻害するという実証研究[7]が当てはまるとすれば、ドイツの財政赤字削減の行動は歴史的にも正しいということになる。ドイツはヨーロッパの経済統合に参加しながら、強大な「政治的」支配権も行使しようとしているのである。

注
1）『図説 ヨーロッパの証券市場』2012年版、日本証券経済研究所、2011年。
2）深町郁彌編著『ドル本位制の研究』日本経済評論社、1993年。
3）デイビッド・マーシュ『ドイツ連銀の謎』(相澤幸悦訳) ダイヤモンド社、1993年。
4）『NEWSWEEK 日本版』2010年3月24日。

5) 中央銀行がマーケットを支える機能を果たすことについては，Willem Buiter and Anne Sibert, "Subprime 'Crisis': What Central Bankers should do and why The Central Bank as the Market Maker of Last Resort," 13 August 2007，参照されたい。
6) 高橋和之編『世界憲法集』岩波書店，2012年。
7) C. Reinhart and K. Rogoff, *This Time is Different*, Princeton University Press, 2009（カーメン・M・ラインハート＆ケネス・S・ロゴフ『国家は破綻する――金融危機の800年』村井章子訳，日経BP社，2011年）．

第14章　発展途上国問題と東・東南アジア

岩田勝雄

I　発展途上国の「自立化」過程

　第二次世界大戦後，アジア，アフリカなどの発展途上国は植民地支配から次々に独立していった。独立は自立的な国家および国民経済形成を目的としたのであった。かつて発展途上諸国はヨーロッパ，日本などの旧植民地宗主国の支配のもとで住民の生活向上どころか，生産力発展も果たせなかった。独立は旧ヨーロッパ宗主国などとの経済的関係すなわち食糧・原料供給地・販売市場としての位置づけから抜けだすことを意味した。発展途上国の基本政策は，宗主国の意向に沿うことのない自らが選ぶ経済発展の道であった。したがって独立運動は当然のことながら「国家」の自立への道である。しかし「国家」の自立とは少なくとも租税制度などの整備による財政確保，国民の政治への参加，さらに国民の所得の向上を図らなければならないものであった。

　1960年代は「アフリカの年」といわれたようにアフリカの旧植民地が次々に独立した。19世紀末までのアフリカ諸地域は，イギリス，フランス，ポルトガル，ベルギー，ドイツなどの植民地であった。植民地は旧ヨーロッパ宗主国のための食糧・原材料供給地および販売市場に変えられた。多くのアフリカ地域は，モノカルチャー農業に象徴されるような歪められた経済構造にあった。独立は，生産力発展を妨げる諸要因があり，さらに複雑な国際情勢のもとで達成したのである。アジア，アフリカ，ラテン・アメリカの独立運動は，自らの国家を設立し，自ら政治・経済運営を行う「自立的国民経済」形成を目標とした。「自立的国民経済」形成は，決して「社会主義」建設だけを目指すものではなく，資本主義への道，非資本主義への道と分かれていた。発展途上諸国の共通目標は，植民地宗主国支配からの脱却すなわち国家の自立であった。そして発展途上国運動の基本は，反帝国主義・反植民地主義であった。反帝国主義・

反植民地主義運動は，先進国支配からの離脱を意味していた。独立は，貧困であっても「国家」として自らの手で政治や経済を運営することが目的であった。

発展途上国運動は，アジア・アフリカ会議を経て1964年の第1回のUNCTAD（国連貿易開発会議）に結実していく。発展途上国の要求は，UNCTADによって初めて統一化した。初期の発展途上国の国際的運動の目標は「trade not aid（援助ではなく貿易を）」であった。発展途上国の経済発展が進まない大きな要因は貿易における不平等にある，との認識である。発展途上国の主要輸出品は一次産品であったが，その一次産品の価格が低下傾向にあった。他方で輸入品である工業製品の価格は上昇の一途である。貿易は一次産品価格と工業製品価格がいわゆる鋏状価格差の状況にあった。一次産品価格の低下傾向は，輸出国に貿易不均衡を強いることになる。したがって発展途上国の貿易均衡のためには，交易条件の変化が必要である。発展途上国は貿易の均衡を求めて一次産品価格の上昇を訴えたのである。いわゆる「公正貿易 (fair trade)」の要求である。

先進諸国は，UNCTADでの発展途上国の主張に対して応えることはなかった。発展途上国の一次産品価格の低下傾向は，先進国にとって原材料コストを軽減させるだけでなく，国内農産物価格の上昇を抑えることができた。そこで第2回UNCTADでの発展途上国の要求は，「援助も貿易も」となった。従来の先進諸国の援助は，発展途上国の政治・経済運営の主導権を先進国に握られる危険性があった。発展途上国の「自立的国民経済」形成のためには，援助よりも公正貿易の拡大を望んだ理由である。しかし先進国は公正貿易の実施どころか，援助も差別化・選別化をはかってきた。とりわけアメリカによる1965年のベトナム戦争拡大は，「民族自立」をも否定したのであった。アメリカは，旧ソ連・東欧諸国の影響力の強い国・地域に対して「封じ込め」政策を実施し，東南アジアとラテン・アメリカ諸国に軍事を含む大量の援助政策を行ってきた。日本はアメリカの政策に追随し，戦争賠償をはじめとしてアジア地域を中心にした援助を増大した。一部の東・東南アジア諸国は援助によって経済発展の基盤が形成された。

東・東南アジア諸国は，アメリカの発展途上諸国に対する分断政策あるいは日本の援助政策などによって，経済状況が大きく変化した。とくにASEAN諸国は経済発展への道に進むことになる。また日本は，韓国に対して1965年の

「日韓条約」締結以来，賠償資金・援助あるいは繊維などの労働集約型産業・汎用技術，過剰設備，「公害型産業」などを移転したのであった。韓国は日本との政治的・経済的関係を深めるだけでなく「自由貿易地域」創設によって外国資本の受け入れを行い，生産力発展の基盤を形成していった。

　1971年の「ニクソン・ショック」以後，アメリカ・ドルは世界市場への散布が拡大し，慢性的な資本不足に陥っている発展途上諸国への投資資金として活用されることになった。それは世界経済の構図が変化する契機となったのである。1980年代，90年代に中国あるいは東南アジア諸国・地域は，外国資本導入によって著しい経済発展を遂げた。こうして韓国をはじめとした中国，東南アジア諸国・地域の経済発展は，非資本主義への道ではなく，先進国への資本・技術，市場依存を強めたのであった。その後，韓国はアメリカ，日本の資本・技術を利用しながらも，独自な経済発展の道を辿ろうとした。しかし韓国は，1997年の「アジア通貨危機」を契機として，基本的産業を網羅する国民経済完結型指向から再び輸出主導型経済への転換を余儀なくされた。

　1970年代にいわゆる「文化大革命」を収束した中国は，急速な市場開放政策を追求する。中国は1970年代初め，当時のアメリカ大統領ニクソンの訪中を実現させ，日本との国交回復も行う。国連では台湾を退場させ，安全保障理事会の常任理事国としての地位を獲得する。1979年以後の改革・開放政策の進展は，先進国資本の導入をはかるだけでなく，中央指令的経済政策の転換をも進め，やがてGDP世界第2位の「経済大国」への道に進むことになった。また1980年代末開放政策に転換したインドは，21世紀になって急速な経済発展を遂げた。IT産業，自動車，鉄鋼，石油，化学，繊維などの産業が急速に拡大し，世界市場への進出も拡大している。

　国連は「開発」あるいは「発展」に関して，適正技術開発，基本的ニーズ，総合農村開発，技術移転，開発における女性，インフォーマル部門，プライマリーヘルスなどのキーワードを用いている。要するに発展途上国の「発展」あるいは「開発」は，欧米資本主義諸国を基準としてどこまで開発可能か，経済発展がどの程度まで進んでいるかという指標である。欧米資本主義国を基準とすれば発展途上国は経済発展の遅れた地域という位置づけになる。今日，欧米資本主義国は平均すれば1人当たりGNI 3万ドルを越える。発展途上国は1人当

たりGNI 1万ドル以下の国・地域である。GDPあるいはGNIが小さいことは経済発展が遅れた国・地域であり，先進資本主義諸国から見れば「発展」あるいは「開発」が必要であることになる。経済発展の必要性は，ヨーロッパ的な進歩史観にたつ考え方，すなわち経済発展こそ人類が求めてきた「理想」の社会形態という考え方が基本にあり，資本主義的市場の不断な拡大が求められる。経済発展は当然のことながら生産力の増大である。生産力の増大は多くの有用な財・商品を生産する。多くの財・商品は人びとの生活を豊かにする。なぜならば多くの財・商品を消費できることが生活水準の上昇と捉えられるからである。人類は財・商品の生産力水準の向上を目指して絶えざる技術の発展，新商品の開発などを図ってきたのであり，それが資本主義社会の方向性でもあった。

　第二次世界大戦後，世界経済の課題となった発展途上国問題（当時は「南北問題」）は，解決可能なのであろうか，あるいはその解決は生産力発展あるいは国民所得の向上を求めることにあるのだろうか。経済発展あるいは生産力の増大は，新しい産業の育成・工業化の進展，農業生産性の上昇などによって可能になる。しかし発展途上国は工業化のための資金，技術をどのように調達するのかが課題になる。1970年代の韓国，1980年代からの中国の経済発展は，決して自前の資金で達成したのではない。韓国，中国の経済発展は，アメリカ，日本などの援助および海外からの直接投資資金が生産力増大を図ったのであり，世界経済の枠組みの中に入り込むことによって可能になった。また技術は多国籍企業などの外国企業の進出あるいは外国企業との合併・提携，さらには高価な対価を支払っての導入であった。ヨーロッパを除けば，多くの発展途上国は，自前の資金で生産力発展を行うことは不可能に近い。そこで発展途上国はどのようにして資金や技術を調達するかが当面の課題となった。

　1960年代の「南北問題」は，今日異なった様相を示している。東・東南アジアを中心とした経済発展は，1960年代の状況に比べ大きく変化し，アジア，アフリカ，ラテン・アメリカ諸国総体を，「発展途上国」として一括りにできなくなった。したがって，今日の発展途上国問題は，従来の経済学と異なった枠組みでの政策の提起を必要としている[1]。

II　韓国の経済発展の軌跡──発展途上国からの離脱

　1960年代の韓国は，1人当たりGDP 150ドルほどの発展途上国であった。韓国は1970年代「漢江の軌跡」を遂げ，今日「先進国」としてOECDに加盟するとともに国際分業の重要な一翼を担っている。また韓国は，第二次世界大戦後発展途上国の経済発展の「韓国型モデル」として，すなわち外資・外国技術依存，外国市場・輸出主導型経済として，中国をはじめとするアジア諸地域の経済発展に影響を及ぼした。なにゆえ韓国は多くのアフリカや南アジア諸国と異なって急速な経済発展が可能であったのか，あるいは経済発展のための特有な基盤があったのであろうか。

　韓国は1950年代後半の一時期を除けば軍事独裁政権が支配する国家であり，また当時の世界情勢が「冷戦」期であった。韓国は，アメリカによって北朝鮮，中国の「社会主義勢力」の進出を阻止する重要な位置づけが与えられた。1960年代に成立した朴正熙軍事政権は，韓国を「反共の砦」としての位置づけ，その強化を目的とした経済発展を計画する。韓国5か年計画の策定である。韓国は独裁政権であるがために「計画」が遂行され，1970年代になって高度成長を記録する。1950年代の西ドイツ，1960年代の日本に匹敵する高度経済成長である。韓国は鉄鋼，石油化学などの基礎産業の拡大はもちろんのこと，家庭電器，繊維製品などの資本集約型あるいは労働集約型産業が急速に発展し，輸出産業としても成長していく。さらに韓国の造船，自動車などの産業は日本企業との技術提携を通じて輸出産業となった。1980年代の韓国は，世界市場における日本企業のライバルになったかのようにみえた。しかし造船，自動車などの産業は，基幹部品・中間財を日本からの輸入に依存する状況であった。またカラーテレビ，VTRなどの家庭電器製品の主要部品は，日本の技術に依存していた。韓国製品の輸出が増大することは，日本からの中間財などの輸入が増大することでもあった。今日でも日本との貿易収支は韓国の赤字が継続している。韓国の経済発展はいわば「自前」で資金・技術を調達したのではなく，アメリカ，あるいは日本に依存していたのであった。

　韓国の経済発展は様々な困難を抱えていた。外国の資本と技術依存から脱却

するための政策は，1980年代から進展し，日本をはじめとした欧米からの完成品輸入を制限するとともに，資金調達も国内でまかなえるよう金融システムの構築を図っていく。高度成長期の韓国の金融は，外資に依存していた。政府は外国からの借款を「財閥」などの調達資金として利用した。外国からの借款は高金利を支払い，「財閥」には低金利で貸し付けるといういわば逆ざやの政策であった。こうして1980年代の韓国は巨額の対外債務を負ったのである。対外債務は1980年代後半になってから返済していく。当時の発展途上諸国の中で対外債務を返済したのは，韓国と東欧のルーマニアだけであった。韓国は対外債務を返済できるだけの貿易収支の黒字を継続できたのである。しかし韓国は依然として技術をアメリカおよび日本に依存する状況から脱することができなかった。

　1997年，東南アジアに端を発した通貨危機は韓国にまで波及する。韓国はIMFの管理下に入り，産業の再編を要請される。それは自前の資本・技術などの確立による自立的国民経済形成から，IMF主導による先進国市場依存型の産業構造への転換である。韓国は産業再編により失業者が増大するとともに，ドル建て外国為替相場の下落が輸出企業の採算を悪化させた。ドル相場の下落は，韓国企業の輸出競争力の増大に結びつき，貿易収支改善の方向へ進んだ。しかし韓国はIMF管理下で国内市場の開放も行わなければならなかった。かつて韓国企業は，保護主義的政策によって競争力を増大してきたのであるが，開放政策によって一層の国際競争力の向上が求められた。韓国企業は再び輸出拡大を目指してアメリカ企業との合弁，資本・技術提携などを推進していく。韓国は国内市場優先政策から輸出主導型・世界市場依存型への復帰である。こうして韓国はアジア通貨危機を短期間で切り抜けたのである。

　アジア通貨危機は東南アジア諸国・地域に多大な影響を及ぼしたが，同時にアメリカ，ヨーロッパ経済への依存から脱出する契機ともなった。東南アジア諸国が欧米諸国による経済干渉を排除するためには，各国の経済・政治協力が必要になる。アジア通貨危機はASEAN，韓国経済の弱点をさらけだしたが，同時に改めて「自立化」の必要性を認識させることになった。

　今日，韓国は再び成長の軌道に乗ろうとしているが，1970年代，80年代の成長とは異なった軌跡を辿らざるをえない状況にある。輸出主導型経済は，ア

メリカ，日本への市場依存を強めるが，さらに東南アジア諸国・地域との連携の必要性を増すことになるからである。

　今日の韓国の主たる輸出は，化学工業品，鉄鋼製品，自動車，船舶，電気・電子製品の構成である。とくに電気・電子製品の輸出比率が高く，輸入は原油などの鉱物性燃料，化学工業品，鉄鋼製品，機械類，電気・電子部品などである。韓国は高度技術集約型の製品から標準品・大量生産品までを含む多様な貿易構造となっているが，製品輸出，中間財・資本財輸入が主流である。貿易の拡大が進む中で，韓国の一部産業は，世界市場の巨大な加工基地となっている。

　韓国への直接投資は，アメリカ資本中心であり，半導体，自動車などの部門への投資とともに，証券，保険などの金融部門の投資も増大傾向にある。また韓国は直接投資を受け入れながら，同時に海外進出も拡大している。韓国の直接投資先はアジア，ヨーロッパ，アメリカなどであり，自動車，液晶パネル，半導体などの高度技術集約型産業を中心とした製造業である。液晶パネル，半導体部門ではサムソングループ，LGグループが直接投資を拡大している。とくにサムソンは電気・電子部門で今日世界最大の売上高を誇る企業となっている。また現代自動車は，中国での生産量の拡大を目指すだけでなく，欧米市場でも販売量を増大しており，すでに一部のフランス，イタリア自動車企業を凌ぐほどになっている。ただしサムソン，現代などの「財閥」グループは，将来的に成長を維持するできるほど安定的な市場をもっているのではなく，また技術力・開発力に秀でているのでもない。今後は先進資本主義国の企業と同様に各国資本のM&Aあるいは提携などを追求していくことになろう。

　今日の韓国の経済は，アジア通貨危機以降順調に回復し，安定軌道に乗っているようにみえるが，課題も多い。韓国経済は，外資・外国技術依存型への回帰，アメリカ市場への過度の依存，特定産業・企業への生産・輸出の集中，中間財・資本財の日本への依存，さらに輸出依存度の上昇など不安定要素も大きいのである。また失業率が低下していないこと，所得格差の増大，企業間の格差の増大，サムソン，現代，大宇などの「財閥」への過度の生産集中，農業の衰退・食糧自給率の低下，人口のソウル周辺への集中などの課題がある。韓国は企業・産業によって賃金格差が大きいことから，極端な教育競争も生じている。2014年の客船の座礁沈没事故は生産力重視政策に起因するとの批判がな

されたし，財政危機も依然として解消されていないなどの状況もある。

III 中国の急速な経済発展

　1970年代になってアメリカは，ドル危機が一層深刻化し，旧ソ連などの東欧諸国への市場拡大を求めざるをえない状況にあった。さらにアメリカは，中国市場へ接近し，ニクソン大統領の突然の訪中となった。当時の中国は「文化革命」によって経済システムが混乱し，財政赤字が累積した。中国は経済システムの立て直しをはかり，経済成長戦略を導入せざるをえない状況にあった。1970年代後半，鄧小平などが提起した経済改革路線は，外資を含めた先進資本主義諸国との経済関係を推進するものとなった。1980年代になって改革・開放路線は定着し，急速な経済成長を遂げる。経済成長は，かつての先進国の経験と異なる高度・長期のものであった。今日の中国のGDPは，アメリカに次ぎ世界第2位まで上昇した。貿易輸出額はすでにドイツを抜いて世界最大である。また中国は，輸出の拡大によって貿易収支の黒字が定着し，外貨準備高も2014年末に4億ドルに達した。1980年代以降の中国は，輸出主導型経済構造となっており，貿易依存度が60％を超える高水準である。

　2008年リーマン・ショック直後のアメリカの景気後退が，中国の輸出産業に与えた影響は大きく，一部の産業・企業・工場の倒産，閉鎖が生じた。そこで中央政府は，公共投資を基軸にした景気回復策を講じ，とくに都市部における固定資産投資を拡大させた。2011年以降の成長率は，8％以下に低下しており，今後も高い経済成長率を維持できるかどうかは不透明である。なぜなら中国経済は，輸出依存から「内需依存」への転換をスムーズに達成することが困難だからである。

　中国の輸出は国有企業だけでなく，私営企業あるいは外資系企業によって支えられてきた。外資系企業が生産の大量を占める電子・電気製品は，世界最大の輸出部門となっている。こうした産業・企業の競争力は，一部「農民工」をはじめとした出稼ぎ・季節労働者などの低賃金労働者が担ってきた。中国の労働者の賃金水準は低く，農民工，出稼ぎ労働者の場合さらに低い。中国輸出品は，低賃金・低コスト，外資系企業による生産・技術導入，汎用品の大量生産

によって市場を拡大してきた。輸出産業・企業の増大は，広東省，福建省などの沿海地域，さらに上海市，天津市などの大都市を発展させた。沿海地域はすでに賃金が上昇しており，内陸部にも波及している。今後も賃金の上昇は避けられない状況である。したがって低賃金を基礎とした経済発展のメカニズムが崩れれば，経済成長は鈍化することになる。

　1979年深圳，珠海，汕頭，廈門などの特別区・開放区・輸出保税加工区などが設定され，外資導入・技術導入を促進し輸出拡大をもたらした。中国が資本主義世界市場に本格的に参入したのである。四つの特別区の「成功」はやがて1980年代の上海市の浦東地区，天津市の浜海新区創設などの巨大国家プロジェクトの推進につながった。さらに開放区・特別区・技術開発区・工業区などの外資導入・工業地域建設は，設置競争を呼び，各地で創設されることになった。中国における国民経済的規模での生産力発展・工業化および市場経済化は，こうして開始された。開放政策は，市場経済化であり，資本主義的市場形成を目指すものであった。とくに国有企業は大量の過剰人員を抱えるとともに，旧式生産設備・技術での生産を余儀なくされ，世界市場への進出が困難な状況にあった。中国の改革・開放政策は国有企業改革でもあった。国有企業の過剰人員の整理，旧式生産設備・技術の廃棄などは，外資の力を借りることによって急速に進展した。外資導入は，中国産業・企業が輸出を目指す方向への転換を促すものであった。さらに鉄鋼，石油化学，電力などの基礎産業は，輸出産業・企業のための産業として拡大の一途であった。とくに鉄鋼生産は，かつての「大躍進」時代を彷彿させるように，各省・地域で生産拡大が行われたために，その生産能力は年間8億～9億トンで，明らかな過剰生産・過剰設備となっている。中国は1980年代後半，カラーテレビの過剰生産によって，その価格低下を余儀なくされた。鉄鋼はカラーテレビと同じような経路を辿っているが，国内での建設をはじめとした固定資本需要があることから大幅な生産低下をまぬがれており，さらに，発展途上諸国への鉄鋼輸出が増大していることも生産増大に寄与した。中国の鉄鋼業はかつて国内の鉄鉱石・原料によって生産されてきたが，今日では大量の鉄鉱石をオーストラリア，ブラジルなどから輸入している。中国鉄鋼業の生産拡大は，資源確保をめぐる競争を激化させ，原料価格の上昇を招いた。しかし中国鉄鋼業は，原料価格の上昇を製品価格に転

嫁できない状況がある。すなわち過剰生産・過剰生産設備の存在は，競争を激化させており，価格上昇を妨げているのである。中国鉄鋼業は生産拡大によって利潤量を確保する経営を採用しており，それが鉄鋼業の存立それ自体危うくしている。さらに地方政府による無計画的な設備増大策がますます過剰設備・生産を招来する事態を招いている。中国鉄鋼業の生産状況は，中国経済が「計画的」ではない，いわば「無政府的」生産状況を示す典型でもある。

中国は輸出主導型経済構造となっているために，個人消費支出が少なく，低賃金体制が続いているために個人所得も低い。これまで中国は輸出産業・企業を中心とした生産力拡大が図られてきたが，近年になって富裕層も数多く存在するようになった。一部の企業経営者などは欧米富裕層を凌駕するほどの所得を獲得している。こうした富裕層あるいは高所得層は，中国の消費拡大を促している。また一部の高賃金労働者層は，不動産，耐久消費財などの需要を拡大している。中国の自動車需要および生産は，世界最大の市場・規模となった。さらに中国政府による固定資本形成は，一部産業・企業の生産拡大に寄与している。こうして中国は消費財から生産財まですべての部門をカバーする生産体制が構築された。これまでのアジア，アフリカ，ラテン・アメリカ諸国の経済発展の型とは異なる経済の全領域をカバーする生産体制であり，同時に世界最大の国際分業の担い手としての地位となった。

改革・開放政策初期は，家庭電器，衣類，玩具，靴などの労働集約型産業を中心とした安価な商品輸出に特化していた。やがて香港資本などの直接投資を利用して家庭電器部門，電子部品などが輸出部門に登場する。1980年代後半は自動車部門にも外資が導入され，生産拡大の基盤が形成された。1990年代には石油化学，鉄鋼などでも生産拡大が顕著になり，全生産領域に浸透した。これまで多くの発展途上諸国が辿ってきた生産力拡大とは異なる道であり，先進資本主義諸国の生産力をも凌駕する生産体制である。鉄鋼，自動車生産をはじめとして多くの産業は，世界最大規模であり，同時に国内市場規模も拡大している。電気・電子部門での生産は，外資も一定程度は寄与しているが，中国企業自体の生産力の増大が著しい。今日の中国の輸出は，低価格製品から高付加価値商品（労働集約型産業から技術集約型産業）まで全領域的な輸出商品群を形成している。20世紀末から先進資本主義諸国のみならず多くの発展途上

諸国は，中国製品の輸入に依存する状況となった。他方，中国経済規模の拡大は，中国向け輸出を増大することになり，先進資本主義国あるいは東南アジア諸国などの経済に与える影響が大きくなっている。

　中国企業は，最近貿易の拡大だけでなく，海外進出も増大している。いわゆる中国企業の多国籍企業化である。一部の中国企業はアメリカ企業の買収にまで進んでいる。またアフリカでは「資源開発」の名目で援助をテコに石油資源開発を加速化しているし，鉄鋼，石油などの鉱物・化石燃料確保のための投資も拡大している。さらに農業部門でもブラジルなどで農地の買い付け，輸入食料の生産などを行っており，先進資本主義諸国の巨大資本と競合関係にまで至っている。

　中国の農業問題は一層深刻さを増している。中国農業は耕地面積こそ大きいがほとんどが零細経営である。1戸当たりの耕地面積は，日本の農家の3分の1程度であり，農村人口も8億人に達している。農業に従事している人口は3億人程度であり，農業所得も著しく低い。こうした状況が「農民工」を生みだしたのであった。今日では「三農問題」として農業改革の必要性が叫ばれているが，現実は外国からの安価な農産物輸入が増大している。大豆はかつて中国の主要輸出品であったが，今日世界最大の輸入国になっている。中国における食生活の欧風化あるいは所得の上昇による食肉需要の増大が飼料穀物の輸入増大となって現れている。トウモロコシでも同様な現象がある。また中国綿花は一部の高級品を除いて，アメリカ商品よりも価格が高く，そのために輸入が増大している。中国農業は大量の農業人口を抱えているがために早急な対策を必要とするが，現状での改革は非常に困難である。

　中国は急速な経済発展を続けているが，医療，失業対策，年金，社会保険などのいわゆる「社会保障」は未整備である。中国の高度経済成長は，こうした社会的費用を節約したために可能であったという側面もある。今後急速に進行する「高齢化社会」への対応も不十分である。あるいはPM2.5に示される大気汚染，河川汚染，海洋汚染などの「公害」も克服されていない。中国共産党幹部あるいは地方政府幹部などによる汚職・腐敗政治も蔓延している。中国は各省・地域で進む急速な経済発展の中で，相対的に遅れているチベット族，ウィグル族地域などでの少数民族と漢族の対立問題も深刻化している。こうした中

国の状況は，第二次世界大戦後，ヨーロッパ，日本で採用されたケインズ政策以前の資本主義発展と同様の生産力発展至上主義とも捉えられる経済システムにある。したがって今日の中国は「社会主義」的政策あるいは社会主義建設とはかけ離れた，資本主義社会確立期という位置づけになる。

IV 東・東南アジアの経済発展の特徴と課題

1 経済発展における政府の役割

韓国，インド，中国の3国は，「アジア型」経済発展の道を辿っているものの同じ経済構造を形成しているわけではない。インド，中国は膨大な人口を抱えており，過剰人口に対する労働の場の確保，失業の救済，所得の向上，食糧生産の増大，インフラ整備，さらには貧困層への対策など多くの課題を抱えている。これに対して韓国は失業率も高いが，いわゆる少子化現象に直面しており，安価な労働力の不足という事態になっている。こうして3国とも経済的・社会的な課題は異なっているが，東・東南アジア市場の整備あるいは「共同体形成」ということでは共通の利益を見出せる。

中国，韓国，インドあるいは東南アジア諸国に共通する特徴は，政府の役割が大きいことである。経済的基盤形成のための財政措置においても共通するものがある。そこで発展途上国の経済発展において，中央政府の役割と性格をどのように捉えるかが経済学の課題となる。「政府主導」の経済発展は，それぞれ異なった特徴をもっている。インドは中央政府による集中管理体制ではなく，地方政府統制・管理型が支配的である。中国は中央政府の巨大な権限の下で政治・経済を運営してきた。中国の基本は中央指令型・中央集権型経済であり，国有企業中心とした経済システムであったが，今日地方独自の政策も行われている。したがって中国は，中央指令・管理と地方政府統制・管理の両存型ともいえる状況にある。韓国は1960年代から始まった軍事政権のもとで強権型「計画経済」システムが進められてきた。しかし韓国は，経済発展が進む中で，巨大「財閥」を中心とした政治・経済システムへの移行が顕著になっている。一方，多くの東南アジア諸国は，一時期軍事政権のもとでの政治・経済体制の運営を余儀なくされてきた。アジア型といわれるような「政府主導政治・経済」

システムの確立である。ただし東・東南アジア諸国の「政府主導型」経済は，政府の財政支出によって経済が支えられているわけではない。先進諸国に比べて東・東南アジア諸国のGDPに占める政府支出比率は，いずれも小さい。中国は固定資本形成に占める政府支出が多いとされているが，中国経済総体での政府支出比率は13%にすぎない。政府支出比率が小さいのは，租税制度が十分機能していないために租税収入が少ないという事情による。いずれにせよ政府主導型の政治・経済システムは，経済発展とともに国際分業の進展あるいは多国籍企業の世界大での経済活動のなかでどのように変化していくかが問われている。

　発展途上諸国は産油国を除く多くの国で財政問題が生じている。中国はリーマン・ショック危機打開のために内需刺激策を講じた。その資金は国債の発行である。中国の財政は1995年の改革で，地方政府が独自財源の確保を強いられた。中央政府は地方に一部財政権限を委譲したが，同時に，地方への交付金の削減措置を講じた。そのため地方政府は独自財源の確保政策として外資導入政策を推進した。1990年代から2000年代にかけて地方政府は，「経済開発区」「高度技術開発区」「ハイテク区」「新工業地区」など様々な名称のもとで地域開発を行おうとした。その結果は各地での計画倒れ，あるいは開発中止の事態を招くことになり，約3分の2の「開発区」が中止となった。こうしたなかで地方政府と国有企業は，共同して大規模産業の振興政策を遂行してきた。代表的な例が鉄鋼産業である。一部の国有企業は今日でも生産増大を計画し最大規模の高炉の建設を計画している。鉄鋼だけでなくセメント，石油化学などの基礎素材産業は，中国経済発展の象徴的産業となった。しかし生産増大にともなう資金調達は，政府の財政に依存する形態である。中国は近代的な租税徴収制度の確立が遅れている。こうした状況のもとで政府による財政支出増大政策は，やがて財政収支の悪化を招くだけでなく，インフレーションを引き起こす要因となる。財政問題は中国だけではなく，インドあるいは韓国など東・東南アジア諸国に共通の課題であり，いわゆる近代的租税制度をいかにして確立するか，財政制度を取り巻く環境の整備が必要になっている。

2 経済システムの選択と課題

　東・東南アジアの発展途上国は，どのような経済システムを採用するかの問題がある。経済システムは，多くの国で資本主義を選択している。たとえば中国「憲法」は，「社会主義の初級段階（基礎段階）」の規定を行っている。しかし現在の中国の経済システムは，資本主義か社会主義かどちらの道を歩んでいるのか政策上はわかりにくい。実体は「社会主義」の道よりも資本主義システムの導入によって生産力発展が図られていることも事実である。21世紀の中国は，資本主義世界体制に組み込まれている現状からすれば，「社会主義」社会建設の目標および社会主義的政策を追求することは困難であろう。

　インドの独立後の経済社会は，かつて「国家資本主義」，「国家社会主義」あるいは「混合経済」など種々な捉え方があった。1960年代・70年代のインドの経済システムは，発展途上国経済発展の一つの型を示すのではないかと見られた。とくに1991年旧ソ連邦の解体までのインドは，「社会主義的」要素を含んだ経済システムの下で経済成長率をどのように設定するかの課題があった。韓国は1970年代に10％以上の経済成長率を経験した。中国は1990年代から今日まで平均すると10％の経済成長率を維持している。インドは1990年代後半から5〜8％の経済成長を遂げている。20世紀後半，中国，韓国，インドは，開放政策という国際関係の劇的な転換をはかった。インドはそれまでの閉鎖的な国際関係から外資導入あるいは市場開放という資本主義経済システム政策に転換した。インドの開放・資本主義システム導入政策は飛躍的な経済成長をもたらした。インドは，今後も資本主義システムを国民経済の隅々まで浸透させれば，先進資本主義諸国を凌駕する経済規模に達することも可能である。

　第2次世界大戦後に独立した東・東南アジアの発展途上諸国の経済発展の道は，韓国，台湾，タイなどの資本主義を目ざす国・地域，中国，北ベトナム，北朝鮮などの「社会主義」を目ざす国々，インド，インドネシア，スリランカなどの「非資本主義」を目ざす国など様々であった。しかし1970年代に「石油ショック」「ニクソン・ショック」など世界経済の構造に大きな影響を及ぼした事態を経て，発展途上諸国の経済発展の道は，東南アジアを中心として資本主義的要素を取り入れる国・地域が主流になる。それは韓国の外資・外国技術導入による急速な経済発展，中国の改革・開放政策，タイの市場開放・外資導入

政策などに表れている。とくに東南アジアではベトナム戦争が終結したことにより急速な開放政策が採用された。1967年発足のASEANは,「反共軍事同盟」から経済同盟に転換した。韓国あるいはASEAN諸国の経済発展は新しい発展途上国の経済発展の「型」を提示するかのようであったが,1997年「アジア通貨危機」が勃発し,東南アジア諸国の経済あるいは政治体制の脆弱性が明らかになる。「アジア通貨危機」は,東南アジア諸国の政治体制に大きな影響を及ぼした。インドネシアは長期にわたった軍事政権が倒れた。タイは軍事政権が維持できなくなり,韓国においても「民主化」が進展した。軍事政権の崩壊あるいは「民主化」の進展は,経済体制において新自由主義的政策が採用されることであり,一層の市場開放政策を意味した。東・東南アジア諸国・地域は,多国籍企業の受け入れ,外資導入政策,国際分業の進展などとして表れている。同時に東南アジア諸国・地域は,ASEANでの経済統合・共同化政策を推進する。先進諸国資本・市場に依存するだけでなく,発展途上国間の共同化政策を通じて「自立」への道を模索する方向である。東南アジア諸国・地域が選択したのは,非資本主義の道ではなく,資本主義への道である。アメリカとの戦争に「勝利」したベトナム,軍事・独裁政権が支配しているミャンマー,あるいはカンボジアなどの諸国もASEANに加盟し,資本主義的政策を採らざるをえない状況が進行している。こうした東南アジア諸国・地域の経済・政治体制は,明らかに第二次世界大戦後あるいは1960年代の「反植民地・反帝国主義」運動とは異なった発展途上国運動である。かくて,東・東南アジア諸国・地域の経済発展は,国際経済関係に課せられた新しい発展途上諸国問題となった。

21世紀になって中国,韓国,台湾,マレーシア,インド,インドネシアなどでは生産拡大が続いている。タイは中間層を主体とする政権か,大企業・貧困層の両極端が支持する政権かで混乱が続き,経済活動に大きな影響を及ぼしている。タイの混乱は,隣国のマレーシア,インドネシア,ベトナムなどへの直接投資が拡大する傾向をもたらした。最近のタイの混乱は,結果として東南アジア諸国・地域の経済発展の平準化をもたらしていることになる。東南アジア諸国・地域の経済発展は,多国籍企業の進出と対応しているが,同時にASEAN諸国間の国際分業関係をも進展させている。中国,インド,マレーシア,インドネシアなどの経済発展は,輸出産業と非輸出産業,外資系企業と国

内地場企業などの生産力格差の拡大を伴い、資本規模・技術力格差、労働者の賃金格差・所得格差、工業と農業などの経済的格差が増大する傾向にある。ベトナムは「非資本主義の道」から資本主義の道へと転換した。かつての中国の開放政策と同様の開放政策を追求し、外資導入だけでなく、外資のための工業区設立などの積極策も講じている。ベトナムは、さらにASEANに加盟するだけでなく、TTP（環太平洋経済連携協定）にも参加し、一層の開放政策を追求している。

このように経済発展が継続している東・東南アジアであるが、多くの諸国で民族問題、宗教問題、階級問題などの諸問題を抱えている。中国はチベット、ウィグル、モンゴルなどの「少数民族」と漢族の対立、あるいは宗教・信条の自由化、いわゆる「民主化」問題などが累積している。インドネシア、タイ、マレーシア、フィリピン、シンガポール、ミャンマーなどでは中国系華人・華僑の地位と民族問題があり、政情不安定要因となっている。インドネシアは民族問題だけでなく、イスラム教とヒンズー教、キリスト教等の宗教対立があり、スリランカはシンハリ族とタミル族の対立関係が解消されていない。インドは宗教問題、民族問題、カーストに象徴される身分・差別問題、中国、パキスタンとの国境問題など多くの課題を抱えている。また、パキスタンは民族・宗教問題を抱えるなどアジア諸国の政治的・社会的諸問題は、依然として解決されていない。

現在の東南アジア諸国の経済発展は、従来の経済学が課題としてきた「南北問題」あるいは「発展途上国問題」と異なった様相を示している。それは「自立的」発展、「反植民地主義・帝国主義」あるいは非資本主義への道といったNIEO運動との乖離が明確になっている。社会主義への道を求めた中国、ベトナム、非資本主義への道を歩むインドなどは、資本主義的政策、外資導入・開放政策を採用することによって急速な経済発展を遂げた。また韓国は軍事独裁政権下で資本主義的市場経済を整備し、「財閥」を中心とした生産集中体制を形成することによって部分的な「民主化」を達成した。このような東・東南アジアの経済発展は、「アジア型」といわれる軌跡を辿ってきたが、こうした「アジア型」モデルが、アフリカなどの国々にも適用されるのかが今日の経済学の課題になっている。1980年代以降、発展途上国の経済発展の現実は、非資本

主義あるいは社会主義という選択がありえない状況を示しているといえよう。

　今日の東・東南アジア諸国・地域は，「自立型」と「外資依存型」の併存による経済発展，すなわち中国，韓国，台湾などを典型とする「型」と，外資依存と近隣諸国連携の併存というASEAN諸国などで，それぞれ発展の「型」が異なっている。さらに1980年代までの韓国，台湾，タイ，インドネシア，ミャンマーなどは軍事政権による支配が，中国では共産党一党支配のいわゆる「独裁型」政策が支配的であった。経済発展が一定段階に達し，独裁型から「民主型」政策に転換した韓国，インドネシア，マレーシア，フィリピンの例，またミャンマーのように軍事独裁政権がASEAN諸国の影響下で「開放政策」へ移行する例もあり，多様化している。

　ASEAN諸国は欧米日の多国籍企業の国際分業体制に組み込まれているだけでなく中国，韓国，台湾企業との国際分業も進展している。このようにASEAN諸国と中国は世界の一大生産基地となり，今日の世界経済を支えている。したがって今日の東・東南アジアの経済発展は，発展途上国論の新たな理論の必要性を提起しているのである。しかし経済発展が進む中，インド，インドネシア，インドシナ諸国などでは，急速な経済発展にともなうインフラ整備が追いつかない状況がある。あるいは所得の増大，商品流通や人の往来の増大は，モータリゼーション化を進めたが，交通環境が依然として未整備であり，大気汚染も進んでいる。経済発展の速度に比べ生活する人々への環境整備が整っていないのである。さらに最近ではミャンマー，ベトナム，バングラデシュなどでの低賃金を利用した国際分業関係が進展し，これらの地域でも資本主義的な市場形成が進んでいる。やがてイスラム圏を除いたアジア地域総体が世界の生産基地としての位置づけに変わろうとしているのである。他方で韓国，台湾，香港，シンガポールは，欧米先進国並みの高所得国・地域になった。東・東南アジアは高所得国，中所得国，低所得国に分離する傾向があるが，同時に世界的な国際分業体制に組み込まれることによって，ますます資本主義的市場整備が進展する傾向である。

　東南アジアにおいてASEANを中心とした経済統合が進展している。2015年末にASEAN加盟10か国によるASEAN経済共同体（AEC）が発足する。この経済統合はEU，NAFTA，MERCOSURなどと異なった性格をもつもので

ある。AECは関税の撤廃に象徴されるように域内貿易の拡大とともに，中国，インドなどを含めた広域経済圏の形成を課題としている。AECが軌道に乗れば，この地域での中国の支配を事実上弱めることになるし，域内の政治的・社会的安定に寄与することになる。また日本の支配権が拡大することもない。東南アジアは領主なき経済統合を目標とすることによって21世紀の新しい経済協力のあり方を示すことになるであろう。

　最近中国は貿易での「人民元」決済を進めている。2014年は貿易の4分の1が人民元で決済された。中国人民元の「国際化」の進展である。18世紀，19世紀，20世紀の世界の「覇権国」は，いずれもイギリス・ポンド，アメリカ・ドルを国際通貨として世界市場に流通させた。21世紀の中国は，生産力を増大したが，人民元の国際通貨化が最も遅れている。世界最大の貿易国である中国の人民元は，今後国際通貨としての地位を向上していくかもしれない。さらに，中国は，2015年末にアジアインフラ投資銀行（AIIB）の設立を目指している。AIIBは57か国の参加が予定されており，中国が最大の拠出国となる。そうなると東・東南アジアでの中国の地位は，ますます強固になり，「覇権国」への道を進むことがありうる。中国が「覇権国」への道に進むのを阻むためには，ASEAN諸国の経済協力の必要性がより緊急の課題になるであろう。

　東南アジアは，中東諸国のような石油資源が豊富でない。石油以外にも鉱物資源は中国，インドなど少数の国に限られている。したがって生産力の発展とともに資源およびエネルギー確保が課題となる。人口増加，所得増大にともなう食生活の欧風化は，肉類，野菜，果物の消費を拡大するが，主食穀物の生産が限られているために，飼料穀物の不足が顕著になっている。すでに韓国，中国は，飼料穀物の輸入が増大する傾向にある。人口増大，農業地の減少は，主食穀物においても絶対的不足をもたらす。さらに東・東南アジア諸国は，農業と工業・商業などとの経済的格差が拡大傾向にあり，一般労働者においても所得格差が拡大している。都市と農村，工業と農業，輸出産業と非輸出産業，外資系企業と地場企業などの経済的格差の拡大である。かつて東南アジアは，非同盟運動の中心地であったが，今日では先進資本主義国との協調関係を追求する地域に転換している。東・東南アジアは新しい経済圏形成によって，歴史的に形成された政治的・経済的課題を克服しようとしているのである。

注
1) 日本における発展途上国問題の主たる議論は，以下の通りである。

第1は，大塚久雄の理論を取り入れて発展途上国の「自立的経済」形成の必要性を説く赤羽裕である。赤羽裕『低開発経済分析序説』岩波書店，1971年，3ページおよび28-29ページ。赤羽の主張する発展途上国経済論は，アジアとくにタイの経済発展構造を「キャッチアップ型」と捉える視点につながる。末廣昭『キャッチアップ型工業化論——アジア経済の軌跡と展望』名古屋大学出版会，2000年，参照。

第2は，第二次世界大戦後も先進資本主義諸国は，発展途上諸国の実質的支配を継続していることから，発展途上国が非資本主義的な発展の道をたどらざるをえないことを強調するのが「新植民地主義」的視角ともいわれるアジア・アフリカ研究所グループの考え方である。こうした考え方の背後には，旧ソ連の発展途上諸国政策があり，国家を主体とした経済発展が「自立的経済」建設への道であるとの認識があった。岡倉古志郎・蠟山芳郎編『新植民地主義』岩波書店，1964年。岡倉古志郎『アジア・アフリカ問題入門』岩波新書，1962年。吉川久治『国際通貨・金融危機と発展途上国』新日本出版社，2014年。堀中浩『国際貿易と後進国問題』青木書店，1973年。

第3は，発展途上国の経済発展を非資本主義生産様式に求め，その基礎過程として「国家資本主義」体制の意義を論じるものである。尾崎彦朔編著『低開発国政治経済論』ミネルヴァ書房，1968年。本多健吉『低開発経済論の構造』新評論，1970年。

第4は，レーニン「帝国主義論」的論理の展開であり，「支配」と「被支配」の経済関係を探ることにある。松井清『世界経済論体系』日本評論社，1963年。小野一一郎・吉信粛編『南北問題入門』有斐閣，1979年。

第5は，ウォーラスティンの「世界システム論」の応用である。柳田侃編著『世界経済——グローバル化と自立』ミネルヴァ書房，1989年。さらに「南北問題」とは資本主義から社会主義への移行期における世界経済の構造変動と捉える，森田桐朗『南北問題』日本評論社，1967年，および「従属学派」の理論の応用である，吾郷健二『グローバリゼーションと発展途上国』コモンズ，2003年などの考え方がある。

第6に，近代経済理論とくにケインズ経済学からの発展途上国問題のアプローチである。板垣興一「後進国開発の基礎理論」赤松要・堀江薫雄・名和統一・大来佐武郎監修『講座 国際経済』第5巻『帝国主義と後進国開発』有斐閣，1962年，所収。また近代経済理論では「開発経済学」として世界経済の問題を論じている。村上敦「南北問題」池本清編『テキストブック国際経済（新版）』有斐閣，1986年，所収。

第4部

日本経済

第15章 戦後日本資本主義
——その再生・発展・衰退——

柴垣和夫

はじめに

　本章の課題は，第2次大戦後の日本資本主義について，敗戦からの再生過程を概観（第Ⅰ節）した上で，米国に次ぐ第2の経済大国にまで発展した諸要因と，そこで創出された日本的経営＝生産システムの特質と限界を解明（第Ⅱ節）し，資本主義のグローバル化の下で爛熟し衰退しかねない状況を展望（第Ⅲ節）することにある。

Ⅰ　再生（1945～1954年）

　戦後の混乱から米軍占領下の復興へ　1945年8月の敗戦と同時に，日本経済は激しいインフレーションに襲われた。戦時に続く赤字公債を財源とした軍需会社への放漫な財政支出（通貨膨張）と，生産設備の荒廃による民需生産回復の困難（過少生産），それにコメの凶作が加わって，国民生活は苦境のどん底に陥った。

　それ故，当時の日本経済の課題は早急にインフレを収束し，生産を復興することにあったが，その実現は困難を極めた。僅かに残されていた原材料がインフレで闇市場に流れて生産的に利用されず，それが過少生産を持続させて物価騰貴を招くという悪循環が続いたためでもあるが，同時に米国の初期の対日占領政策が，日本の軍事力を破壊し，その基礎をなす経済力を縮小することに重点を置いていたからでもあった。日本人の生活水準を，戦時中に日本軍が占領したアジア諸地域のそれ以下に抑え，それを越える生産能力を現物賠償として撤去するという当初の賠償取り立て案が，経営者の生産復興への意欲をスポイ

ルしたのはその一例である。一方で，占領軍の民主化政策で解放された労働運動は，生活難を背景に急速に盛り上がって組織率は推定45％に達し（1947年末），経営者の意欲喪失のもとで，労働組合による生産管理などのラディカルな闘争を生み出していた。47年5月，新憲法下での初の総選挙では日本社会党が第1党となり，日本で初めて社会党首班の片山内閣が成立した。

しかし，1947，48年以降の東西冷戦の開始は，米国の対日占領政策を日本経済の弱化からその再建へと転換させることとなった。戦前ソ連1国だった共産圏が戦後東欧6ヵ国に広がり，中国での国共内戦が共産軍の勝利に帰着しようとする情勢のもとで，米国は日本を極東における「反共の防波堤」として育成することにしたのである。米国は，片山内閣が推進したすべての生産要素を石炭と鉄鋼の増産に注入するという傾斜生産方式を後押しして，生産の復興を促すとともに，49年にはJ.ドッジをGHQ顧問として日本に派遣し，超均衡予算の編成によるインフレの収束，1ドル＝360円の固定為替レートでの国際経済への復帰に当たらせた。また47年の2・1ゼネストへのGHQによる中止命令以降，労働運動に対する規制を強め，それを指導していた日本共産党への抑圧も強化された。

こうして日本経済の戦後の混乱は収束したが，その復興を決定的に促進したのは1950年6月に勃発した朝鮮戦争である。それは冷戦の熱戦への最初の転化であり，在日米軍が国連軍として韓国に出動するに及んで，日本はその軍事基地・補給基地としての役割を果たすこととなった。米軍からの特需は5年間に直接・間接を合わせて約30億ドルに上ったが，それはその間の貿易での輸出額を上まわる額であった。日本経済は朝鮮動乱ブームを謳歌し，1953年には一人当たりGDPや工業生産が一挙に戦前水準（1934～36年平均）を回復した。

もっとも，この50年代前半の経済復興の舞台となった産業は，消費の拡大に支えられた綿工業（糸ヘン景気），黒ダイヤともてはやされた石炭鉱業，米軍兵器の修繕等で稼働率を高めた金属・機械工業（金ヘン景気）などであり，前二者は戦前以来の基幹産業，後者は遊休していた戦時経済の遺産であった。そこに朝鮮動乱ブームの限界があり，復興は文字通り戦前戦中の基幹産業の復興にとどまったのである。

戦後改革と日米安保体制　混乱から復興への戦後10年間について，後の高

度成長との関連で重要なのは，この時期に戦後日本資本主義を規定する内外の新しい制度的枠組みが形成されたことである。

　国内的枠組みを創出したのは，米国主導のもと日本の非軍事化，民主化を目的として実施された戦後改革であった。それは財閥解体・農地改革・労働改革の三大経済改革をはじめとして，軍備の撤廃，基本的人権の確立，天皇主権から男女平等普通選挙権を前提とした主権在民の政治制度への変革，司法・地方団体・家族・教育・放送の諸制度の改革など，政治・経済・社会のほとんどの分野に及んだ。明治憲法に替わる新憲法の採択がそれを象徴している。ここで諸改革の具体的内容に立ち入る余裕はないが[1]，これらの改革は，そのイニシャチヴをとった占領軍や実行に当たった日本政府の当事者たちの意識では，戦前に存在した前近代的な諸要素，例えば絶対王政とも見える天皇制，家制度と結びついた財閥，封建的な年貢に似た現物小作料を取得する地主制などを改革あるいは解体して，日本を「近代化」し「民主化」するものとして理解されていた。学者の中では，戦後改革を日本の民主主義革命，あるいは明治維新で不徹底に終わった市民革命を完成したものと評価する人々も多かった[2]。国民の意識の面でも，そのような改革として理解されたのは事実である。

　しかし，より正確に観察すると明らかなように，男女平等普通選挙，労働基本権と生存権の公認，反独占立法など，改革の中には欧米諸国で第1次大戦後に取り組まれ実現したものが数多く含まれている。米占領軍の初期のスタッフにニューディーラーが多かったことも，この点との関連で興味深い。また，改革で実現したものの中には農地改革のように，1920年代から日本政府によって進められた自作農創設維持政策といった明確な前史を持つものがある。戦時下の財閥家族の経営第一線からの引退や傘下企業の株式公開も，財閥解体の前史として評価することができる。陽の目を見なかったものの，1920年代に内務省は労働組合法の制定を目指していた。このように見てくると，戦後改革を単に日本の市民革命の完成として評価することはできない。それはむしろ第1次大戦前の古典的資本主義から現代資本主義への移行を画期づける改革だったのである[3]。日本の現代資本主義への移行は，経済面では1931年の金本位制の停止と，それを前提に展開された事実上のケインズ政策である高橋財政でスタートしているが，天皇制イデオロギーと軍部ファシズムの支配によって政治

面と社会面での改革が阻まれていた。それを，占領軍の絶対権力を背景に一挙に実現したのが戦後改革だったのである。それ故，そこで形成された制度的枠組みは，引き続く経済の高度成長期に，現代資本主義に適合し成長を促進するものとして機能したのであった。

対外的枠組みを形成したのが，1951年9月に締結され翌52年4月に発効したサンフランシスコ対日平和条約と日米安全保障条約である。平和条約は，49年の中華人民共和国の成立と朝鮮戦争勃発という東西冷戦の深刻化の中で，日本を早く囲い込みたい米国に主導されて締結をみた。講和会議に中国は招待されず，中立を標榜していたインドほか2国は招待されたが欠席し，ソ連と東欧2国は参加したものの調印せず，もっぱら米国陣営に属する諸国との片面講和であった。日米安保条約は，平和条約発行後も日本が在日米軍の駐留を認めたものである[4]。両条約発行後の1952年，日本はIMF（国際通貨基金）と世界銀行に加盟が認められ，55年にはGATT（関税と貿易に関する一般協定）に加盟した。これらによって日本は，戦後の西側世界を特徴づけるパックス・アメリカーナの秩序に編入され，米国の「核とドルの傘」の下にその国際的位置を定められたのである[5]。

以上のような内外の枠組みがほぼ定着した1955年，保守合同による自由民主党の発足と，平和条約への賛否をめぐって分裂していた社会党の統一によって，政治面でのいわゆる55年体制がスタートした。

II 発展（1955〜1990年）

1 高度成長と重化学工業化

二桁成長と産業構造の高度化 『経済白書』が「もはや戦後ではない」と書いた1955年から73年の第1次石油危機まで，日本経済は，3〜4年周期の在庫循環を伴いつつ，年平均10％を上まわる経済成長を実現した。景気の上昇局面は，オリンピック景気（62〜64年）を別とすれば，神武景気（55〜57年）・岩戸景気（58〜61年）・いざなぎ景気（65〜70年）という，ジャーナリズムがつけたニックネームが神話の時代を遡らなければならなかったように，後になるほど高くかつ長く続いた（図1-①）。この間1960年には日米安保条約の改定をめぐる政治

第15章　戦後日本資本主義　269

図1　主要経済指標（1955〜2014年）

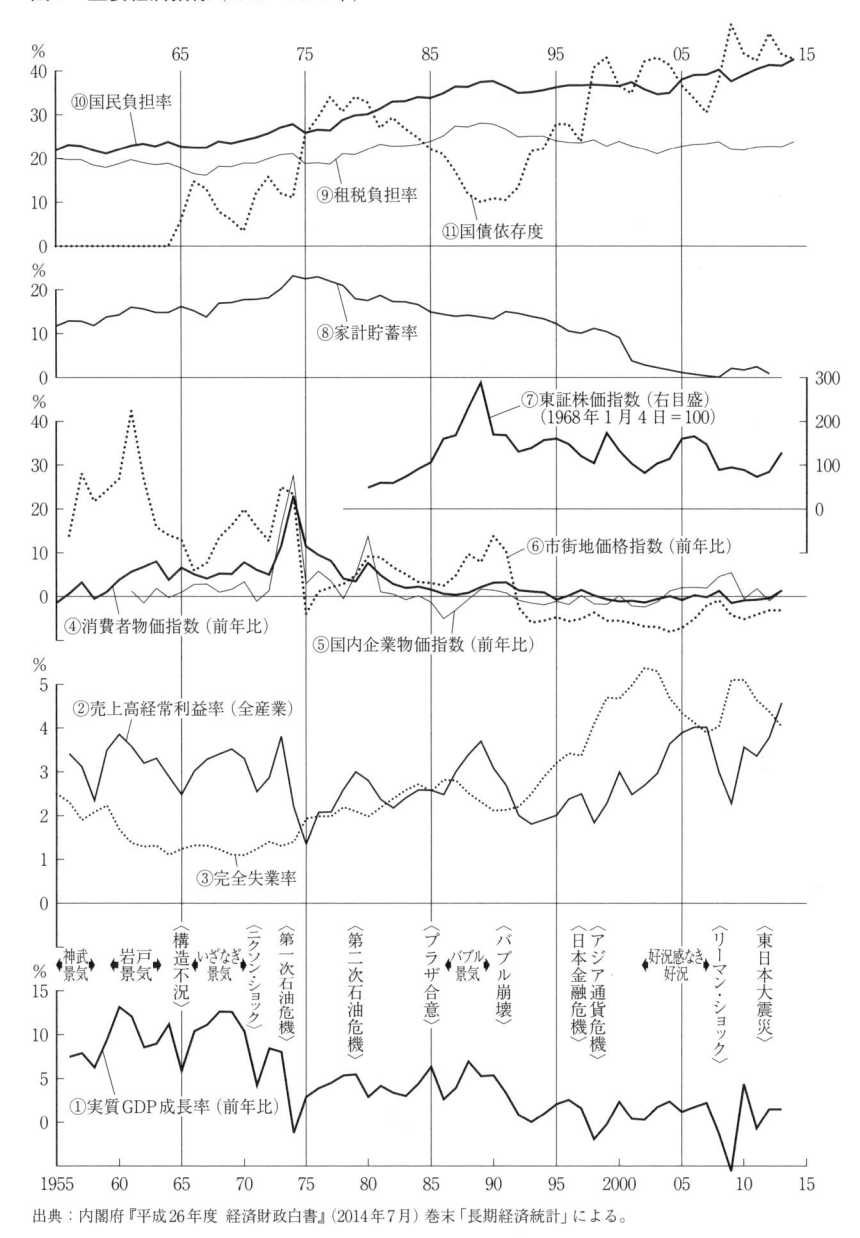

出典：内閣府『平成26年度 経済財政白書』（2014年7月）巻末「長期経済統計」による。

的緊張や，戦後最大の労働争議といわれた三井三池炭鉱の長期ストがあったが，いずれも61年から推進された池田内閣の国民所得倍増計画のうちに吸収され，また64～65年には高度成長期を前後に二分する「構造不況」に見舞われたが，米国のベトナム内戦介入による冷戦の再度の熱戦化に支えられて，さらなる高度成長が展開したのである。

　注目すべきはこの過程で産業構造が激変したことである。表1によって，第1次高度成長期 (1955～65年) の産業別国内純生産の構成比をみると，1次産業が23％から半減しているのに対して，2次産業は26％から36％へ，3次産業は48％から53％へと割合を高めている。伸び率でみると2次産業が3次産業を上まわっていることにこの時期の特徴がある。そこで2次産業の大部分を占める製造業の業種別付加価値構成比の推移をみると，同じ時期に金属・機械・化学を合わせた重化学工業の比率が56％から62％に増大し，その分軽工業の比率が低下している (表2)。増加が著しいのは特に機械であり，低下が著しいのは繊維・衣服である。つまり高度成長は，産業構造の面からみると重化学工業化を内実としたものであった。その内容を世界史的展開に照らしてみると，欧米諸国が半世紀以上をかけて形成してきた重化学工業，すなわち19世紀末から20世紀初頭にかけて形成した鉄鋼業や造船業，両大戦間期に米国で発展した自動車・家電などの耐久消費財産業，そしてこれも米国を舞台に第2次大戦中から戦後にかけて登場した石油化学・合成繊維・電子・原子力などの新産業を，日本は10年ほどの間に，同時並行的に築き上げたのである。

　続く第2次高度成長期を含む1965～75年には，1次産業の比率が半減し，3次産業がその分伸張したものの，2次産業の構成比はあまり変化していない (表1)。しかしこの時期には，新鋭重化学工業で本格化した労働力不足に対処するための，省力化と量産効果を目指したプラントの自動化・巨大化が進んだ。粗鋼換算年産1000万トン規模の一貫製鉄所，50万トンから100万トンの造船ドック，エチレン換算年産30万トン規模の石油化学プラント，月産2～3万台といった自動車工場が続々誕生した。また工場立地は，戦前以来の京浜・阪神・北九州3大工業地帯から，海岸の埋め立てによる太平洋ベルト地帯へと広がった。これによって日本の重化学工業は国際的にトップレベルの競争力を確立し，紙幅の制約で数字は省略するが，65年以降貿易収支の黒字基調と輸出

表1　産業別国内純生産（1955〜2005年）　　　　　　　　　　　　　　　　（単位：％，十億円）

		1955年	1965年	1975年	1985年	1995年	2005年
第1次産業	農林水産業	23.1	11.3	6.6	3.1	1.8	1.4
第2次産業	鉱工業	24.4	28.9	27.2	27.6	22.4	20.3
	（製造業）	(22.5)	(23.0)	(26.9)	(27.3)	(22.2)	(20.2)
	建設業	4.2	7.1	8.6	7.5	7.9	6.1
第3次産業	電気・ガス・水道・運輸・通信	8.9	8.7	7.6	10.1	10.1	9.9
	商業・金融・保険・不動産・サービス・公務	39.4	44.6	49.9	51.7	57.7	62.3
合計（％）		100.0	100.0	100.0	100.0	100.00	100.0
実数（十億円）		7,087	25,691	125,169	334,052	515,700	520,830

出典：三和良一・原朗編『近現代日本経済史要覧』東京大学出版会，2007年，9ページ。

表2　製造工業の業種別付加価値構成比（1995〜2005年）　　　　　　　　　（単位：％，十億円）

	1955年	1965年	1975年	1985年	1995年	2005年
金属	15.3	14.9	14.7	13.6	12.7	12.1
（鉄鋼）	(8.1)	(6.6)	(5.9)	(5.7)	(4.2)	(4.9)
機械器具	18.7	29.7	33.1	40.3	39.4	43.8
（電気機械）	(5.3)	(9.1)	(9.8)	(16.4)	(16.8)	(6.1)
（輸送用機械）	(5.7)	(9.3)	(10.4)	(10.8)	(10.7)	14.4
化学	13.8	10.9	8.7	8.8	10.2	11.7
石油・石炭・ゴム製品・パルプ・紙・紙加工品	7.8	6.4	5.9	8.6	9.1	9.3
以上重化学工業	55.6	61.9	62.5	71.3	71.4	76.9
その他	44.4	38.1	37.5	28.7	28.6	23.1
（繊維・衣服）	(14.8)	(9.5)	(7.5)	(3.3)	(1.5)	(1.8)
合計（％）	100.0	100.0	100.0	100.0	100.0	100.0
実数（十億円）	2,099	9,674	42,433	90,523	117,024	99,394

出典：1975年まで安藤良雄編『近代日本経済史要覧（第2版）』東京大学出版会，1979年，11ページ。1985年以降は『工業統計表』による。2005年のみ従業員10人以上，他は4人以上の数字。

品構成の重化学工業化を達成した。1968年に日本のGDPは西ドイツを抜いて米国に次ぐ資本主義世界第2位に到達し，経済大国の地位を確立した。

　重化学工業化の諸条件　「高度成長の要因は何か」という成長率の量的な高さを問う形で問題を立てると，それは戦争による破壊からの復興需要（戦後性）と豊富な労働力に代表される後発国の利益（後進性）による[6]という回答

でよいかもしれない。しかし私には，その内実である重化学工業化を可能にした諸条件を問うことの方が重要だと思われる。

その点を考察する際にまず確認しなければならないのは，戦前と大きく変化した日本の国際的な経済環境である。戦前最大の市場とくに綿製品の市場であった中国との国交が1973年の回復まで断絶し，また植民地から独立したアジアの諸国が工業化しつつあった状況の下では，日本が戦前のように綿工業を機軸として「アジアの工場」を再現する道は閉ざされていた。最大の貿易相手国となった米国との関係でも，製糸業の衰退によって，戦前のような生糸輸出・重化学工業品輸入といった関係の再現も不可能であった。したがって，日本が本格的な成長軌道に乗るためには，産業構造の高度化・重化学工業化が不可欠の課題となっていたのである。そして実は，当時の日本はそれを実現する具体的条件に恵まれていた。重化学工業化に不可欠な生産要素として，技術・資源・労働力・資金などを挙げることができるが，前の二者は，日本が西側陣営に組み込まれたことにより米国およびその勢力圏の海外から，後の二者は，資本主義としての後進性を残していた国内で調達することができたのである。

まず1955年から10年間に約3000件を超えた導入技術の約半分は米国から，残りは西欧諸国から導入された。全体の約6割は機械関連で，それに化学・金属関連を加えると86％に達した。当時きびしい外貨割当制をとっていた政府も，技術導入に必要な外貨には優先的な配分を行った。さらに注目に値するのは，日本企業自身による導入技術の改善・改良の努力である。その効果はとくに製造技術の面で大きく，またハードの技術だけでなくソフトの面を含んでいた。日本企業の得意技となったQC（品質管理）も，その端緒は日本生産性本部がこの時期に米国から招いたデミング博士に学んだものである。トヨタでの標語「カイゼン」は後に国際語となり，日本的生産方式を生み出す土台となった。なお，日本の技術貿易収支が初めて出超となったのは1984年，出超が恒常化したのは93年以降のことである。

第2に，重化学工業の生産要素としてこれも不可欠な資源・エネルギーは，米国系が中心をなす国際石油資本が採用していた原油の消費地精製主義に基づく，中東原油の安価な輸入（1バーレル当たり2ドル前後）で調達することができた。これは唯一の国産資源であった石炭産業の消滅を招いたが，固体から液

体への燃料転換は発電や工業生産の効率化を促進しただけでなく，原料転換による石炭化学から石油化学への革新を可能にした。1955年から石油危機直前の70年までに，エネルギーの供給源泉は，石炭が約5割，総額に占める輸入比率が24％という構成から，石油が約7割を占め，輸入比率が84％という構成に激変したのである。

　第3に，新鋭重化学工業の労働力は，農村に滞留していた膨大な過剰人口から，それも新規学卒の若年労働者から供給された。60年代半ばからは農家の主(あるじ)たちの建設労働への出稼ぎも一般化したが，その時代を含めて主力は若者であり，それが二つの点でメリットをもたらした。一つには，彼らが中学校の義務化と高校進学率の上昇を受けて，9〜12年の教育を受けた知的水準の高い労働力であったこと，二つには，にもかかわらず大企業における年功賃金制の下で安価な労働力だったこと，これである。彼らは長期雇用の下で，これも日本的生産システムの特徴をなす知的熟練の高い多能工に育っていった。

　最後に資金調達の条件であるが，これは家計の高貯蓄率(図1-⑧，当時米国は5％前後，欧州は10％前後)に支えられた社会的資金が，銀行などの民間金融機関や財政投融資の政府金融機関を通じて産業企業に供給されるという，いわゆる間接金融によって与えられた。それでも不足する部分は日本銀行の信用膨張(オーバーローン)によって供給された。

　高度成長の主役と脇役　高度成長と重化学工業化を担った経済主体は，主として民間の大企業であった。具体的には，戦前の官営事業の系譜を引く八幡・富士両製鉄(1970年に合併して新日本製鐵，現在の新日鐵住金)などを除けば，旧財閥系企業が再結集して形成した企業集団である。三菱・住友・三井の旧財閥系3大集団に，富士銀行・第一勧業銀行・三和銀行を中心に編成された三つの金融系列集団を併せた6集団が，集団内にあらゆる産業分野の企業をワンセット確保しようとして新産業への進出を競い，重化学工業化を担った。中小企業の在り方も変化し，戦前の製糸・織物におけるような問屋制支配下のそれから，重化学工業の大企業に直結した下請け制による部品生産，あるいは二次・三次の加工製品の生産主体として再編成された。

　もっとも，民間経済主体主導の経済成長だったとはいえ，政府部門の役割も質的な意味では大きかった。国民所得に対する租税負担率と社会保障費負担率

を合わせた国民負担率は約25％と（図1-⑩），欧米諸国の40～50％に比べて格段に低かったが，それは平和憲法の下で軍事費負担が小さく，また社会保険とくに公的年金の成熟度が浅かったためである。しかし，財政支出の内容は民生的経費に比べて産業基盤整備のための資本支出の比重が相対的に大きく，財政投融資の対象も重化学工業の固定資本形成を促進する性格のものが多かった。税制面でも技術革新や投資を促進するためのさまざまな租税特別措置が法制化された。そして前述の池田内閣の国民所得倍増計画をはじめ，数年おきに制定された中期経済計画が，民間資本に「投資が投資を呼ぶ」効果をもたらした。つまり，量的には「小さな政府」であったが，質的には資本蓄積促進的な脇役としての機能を果たしたのである。

高度成長の負の側面　高度成長と重化学工業化によって，日本は西側世界第2の経済大国に発展したが，それは同時にさまざまな社会問題の発生を伴う過程でもあった。何よりも深刻だったのは公害[7]の発生である。都市部や臨海部に集中した工場立地，急速に進んだモータリゼーションの結果，当該地域では空気汚染，水質汚濁，騒音・振動が日常化した。三大公害（水俣病・四日市ぜんそく・新潟イタイイタイ病）は，被害者の告発により裁判の対象となり，いずれも発生源である企業側の敗訴となった。農地改革の後高成長が続いた農業生産も，60年代に入って若年労働力の流出や男子農業者の出稼ぎが一般化した結果，おじいちゃん，おばあちゃん，おかあちゃんによる「三ちゃん農業」と化して食糧管理制度で保護されたコメ以外の穀物生産は放棄され，食糧自給率の急低下を招いた（農業問題）。出稼ぎで麦の裏作が放棄された結果，穀物自給率はコメを含めて60年の83％が73年には41％に低下している。社会的側面に目を向けると，農村の僻地では人口の高齢化・過疎化が進む一方，大都市では人口が過密化し，土地・住宅問題，交通問題，ゴミ処理問題などが深刻化した（農村問題と都市問題）。さらに1965年の「不況下の物価高」を起点として，それ以前から始まっていた消費者物価に加えて卸売物価（現在の企業物価）の上昇が始まり（図1-④⑤），70年代に入ると経常収支の黒字の累積を背景とした過剰流動性と，田中角栄内閣による「日本列島改造」の開発ブームとがあいまって，インフレーションを昂進させた（物価問題）（図1-④⑤⑥）。

　このような社会問題の発生とその深刻化は，国民の価値観を，成長至上主義

から福祉や環境の重視へと大きく変化させることとなった。大都市圏での革新自治体の簇生を背景に，政府も1971年に環境庁を設置して公害対策に注力し，それなりの効果をあげた。また73年には福祉元年を唱えて5万円の公的年金とその物価スライド制を導入し，日本的経営の一面である企業内福祉と合わせて日本的な福祉国家をスタートさせた。

2　ドル危機・石油危機と日本的経営・生産システムの確立

　二つの危機と日本経済　米国の隔絶した軍事力とドルの力によるパックス・アメリカーナの体制は，1958年のEECの発足に象徴される西欧経済の復興と，上に見た日本経済の発展によって動揺を始めた。60年代に入って米国の経常収支は赤字を累積し，自由金市場での金価格暴騰が頻出した（ドル危機）。ニクソン政権は71年8月，ドルと金との交換性を停止（ニクソンショック）したが，その後半年余を経て，73年春に為替レートの固定相場制は最終的に崩壊し，円の対ドルレートは大幅に上昇した。さらに60年代以降の南北問題の発生は，途上国の資源ナショナリズムの高揚を惹起し，73年秋の第3次中東戦争に際して，OAPECによる石油戦略，OPECによる原油価格の決定権掌握とその4倍への大幅引き上げをもたらした（石油危機）。

　石油危機は先進諸国に深刻なスタグフレーションを引き起こしたが，西独を除く欧米諸国がインフレと賃金引き上げの悪循環に陥ったのに対して，日本では，73～74年に同様の事態に陥ったものの，その後の強い金融引き締めによるインフレの収束，労組の賃上げ自粛と経営者側の雇用維持の努力，省エネ・省資源を始めとしたヒト・モノ・カネの節減，さらにはロボットやNC（数値制御）工作機械の導入，旧来の機械機器への小型コンピュータの装着など，ME革命を通じていわゆる減量経営に努めた。それによって，産業構造の重厚長大型から軽薄短小型への転換，具体的には金属・石油化学など資源・エネルギー多消費型の素材産業中心から，機械など知識集約型・高付加価値型の加工産業中心へと洗練・精巧化することに成功し（表2），また多品種少量生産を可能にしたのである。80年代に入る頃，製造業とりわけ機械工業は国際的に最先端の競争力を持つに至り，日本製の燃費効率のよい小型車や電気・電子製品が，石油危機後の米国市場を席巻した。

1979年1月にイラン革命による第2次石油危機が発生した際も，西独を除く欧米諸国でスタグフレーションが深刻化し，80年代にサッチャーイズム（英国）やレーガノミックス（米国）による新自由主義的荒療治が必要とされたのに対して，日本への影響は軽微に終わった。E. Vogel の *Japan as Number One* (1979年) が国際的ベストセラーになったのは，この頃のことである。

日本的経営＝会社主義 2回にわたる石油危機を乗り切った1980年代半ばごろ，戦後日本資本主義はそのピークに到達したと言ってよい。そしてJ.C.アベグレンが『日本の経営』(1958年)で，終身雇用・年功賃金・企業別組合を「三種の神器」になぞらえて紹介して以来，欧米のそれと異なる奇異なものとして理解されてきた日本的経営・生産システムが完成したのがこの時期であった。私は馬場宏二とともに日本的経営を会社主義と呼び[8]，その内容を法人資本主義・日本的労使関係・それに日本的生産システムの合成物であると理解している[9]。その形成の端緒は，第1次大戦後に大企業におけるホワイトカラーや熟練工の長期雇用と年功賃金化が進んだこと，戦時下に消滅した産業別労働組合に替わって産業報国会が企業別・事業所別に組織され，それが戦後の企業別組合の前提となったことなど，部分的には第2次大戦前・戦中にさかのぼるが，積極的には戦後日本経済の展開過程の節々で形成されてきたものである。

第1に，財閥解体後の企業集団への再結集が，それを構成する企業間の株式持合をひとつの紐帯として進んだ結果，大企業の大株主がもっぱら法人株主で占められることとなり，その結果生まれたのが法人資本主義である[10]。これらの大企業では，社長をはじめ会社役員の大部分が従業員からの昇進者で占められ，経営に対する法人株主の介入は例外的であったから，バーリとミーンズのいう「経営者支配」が米国以上に徹底した。同じ事情は従業員と会社役員の所得格差を比較的小さいものとし，農家所得も農業基本法(1961年)による農政の下で勤労世帯の所得水準との均衡が図られたから，いわゆる「一億総中流」意識が支配する社会が形成された。

第2の協調的労使関係は，次のような大企業の人事制度と関連して形成された。原則として年度初めに新規学卒者から採用される正規従業員は，ホワイトカラーとブルーカラーともに「社員」として戦前にあった身分差が解消され，事実上定年までの長期雇用が保障され，賃金も勤続年数とともに定年まで上昇

するカーブを描く。そして事務・技術・現場を問わず，中間管理者は原則として社員の中から選抜され，その延長線上で経営者たる役員が選任されるのである。このような昇給・昇進のシステムは，上役の長期間の査定による能力主義的選別，社員の側からいえば，同世代間の激しい競争を伴って機能するのであるが，その際の日本的特徴として，入社後相当期間の査定が平等主義的であり，下・中位の管理者への昇進に長期間を要すること，昇進がしばしば別の部署への移動と結びついていることなどを指摘することができる。

　社長などの経営者が中間管理職を経た従業員からの昇進者で構成されることになると，企業構成員のタテとヨコの両面での同質性が強まって，企業が共同体的性格を帯びてくる。このような構造の下では，大部分がユニオンショップ制をとる企業別労働組合も，組合役員への出向が事実上人事管理の一部に組み込まれるなど，経営組織の一環としての性格を帯び，労働組合とその産別組織，ナショナルセンターも漸次階級闘争色を薄めて労使協調路線に転向していった。その結果，三井三池の争議以後大争議は姿を消し，石油危機以降は争議件数そのものが激減したのである。

　最後に，このような労使関係の下で日本的生産システムが形成された。その何よりの特徴はいわゆる現場主義にある。職業経験を持たない新規学卒者を採用し，彼らをオン・ザ・ジョブ・トレーニングと，大まかでフレキシブルな職務区分の下でのジョブ・ローテーションによって，個別企業に特有の多能工あるいはジェネラリストとしての熟練形成が図られた。一方で技術者が，工場現場で生産に密着した技術開発に従事し，他方では現場の労働者が，欧米では技術者の仕事であるメインテナンスの相当部分を担当した。さらには彼らを提案制度やQCサークルをはじめとする小集団活動に結集して，経営参加への積極性を引き出した。そこでは，労働者が単なる労働力の提供者として資本家（経営者）の指揮の下に受け身で働くという欧米諸国では現在なお支配的な労働過程と異なり，労働者が経営者とともに主体的に働くある種の集団的「自主管理」が形成されたと言ってよい。それは企業のトップから末端までの構成員を地域社会や家庭生活から切断し，時には長時間労働による「過労死」を招くといった，会社主義の虜としての「会社人間」たらしめることとなったが，その効果こそが，スタグフレーションにあえぐ欧米諸国を超える強靱性を日本資本

主義にもたらしたのである。1970年代末以降，日本経済は国際的に最も優れたパフォーマンスを実現し，貿易・経常収支の大幅な黒字を累積していった。

3 日米経済摩擦とバブルへの道

日米経済摩擦の激化 石油危機は，その直前まで成長重視から環境と福祉重視へと変りつつあった日本人の価値観を逆転させ，再び経済優先に押し戻した。労働運動の沈滞とともに革新自治体を生み出した市民運動も衰退し，自民党復調により社会は保守化した。日本の企業と製品の競争力が強靱になるとともに，日本経済に対する評価が高まる一方，競争に敗れた外国の産業からは，労使一体での対日非難が噴出した。それは，デトロイトの市民がハンマーで日本車を破壊するテレビ映像が日本の茶の間に送られたことに見られるように，米国でとくに厳しかった。

1980年，米国ではレーガン政権が発足し，連邦準備銀行の二桁の高金利によって二桁インフレの克服を図る一方，大幅な所得減税によって投資の回復を図った。このレーガノミックスは，ソ連のアフガン侵攻に対抗しての軍拡によって拡大した財政赤字を補塡するための国債増発が，クラウディングアウトを通じて高金利とドル高をもたらしたが，ドル高は，貿易の逆超を加速して経常赤字を拡大した（双子の赤字）。注目しなければならないのは，この米国の動きに連動したのが，70年代に台頭したNIEsとともに日本だったことである。この間日本では，石油危機後の国債の累増（図1-⑪）を打開するために鈴木・中曽根両内閣による行政改革の緊縮路線が追求され，対米輸出主導の成長が展開する一方，他方では内需停滞の反映である過剰資金が，高金利に引かれて米国国債投資に向かった。その結果，対米貿易・経常収支の不均衡は急速に拡大し，1985年に米国は世界最大の債務国に転落，日本は世界最大の債権国に上り詰めた（日米逆転）。貿易によって生じた米国の経常赤字を日本の資本輸出がカバーするというバランスが形成されたのである[11]。その帰結が官民一体となっての米国の対日非難であった。

日米経済摩擦は，個別貿易摩擦としては60年代の繊維製品から始まり，その後鉄鋼・テレビ・工作機械・自動車と展開し，そのつど米国の保護主義的対応によって，政府間協定あるいは日本側の輸出量自主規制を通じて管理貿易化

されてきたが，80年代に入ると半導体やコンピュータといった先端産業分野や知的所有権を巡る紛争へと発展した[12]。その点に日本産業の国際競争力の世界水準へのキャッチアップをみることができる。すでに日本の製造企業は，貿易摩擦を避ける目的で70年代から家電・電子分野を中心に海外現地生産を開始していたが，最後までそれを渋っていた自動車産業でも，80年代には米国での本格的な現地生産に踏み切った[13]。さらにこの時期には，両国間の貿易・経常収支の不均衡それ自体が問題となり，その克服策として，米国の商品や資本に対する日本市場の開放要求がエスカレートした。それは工業製品のみならず，金融・保険，情報・通信・弁護士などのサービス業や建設業への参入要求，さらには牛肉・オレンジから始まって従来聖域と考えられてきたコメの市場開放要求にまで至った。日米首脳会談の主要テーマは，かつての防衛問題から経済問題に変わった。

摩擦への対応とバブル　日本の黒字減らしを強く要求する米国の圧力に押されて，政府は85年7月，「市場アクセス改善のためのアクションプログラム」を決定し，また前川前日銀総裁を座長とする会議体に内需拡大の方策を諮問し，86年と87年の2回にわたるその答申（前川レポート）を受けて財政規模の拡大を実施した。日銀もこれに呼応して，公定歩合を当時としては史上最低の3.5％に引き下げた。

他方，1985年9月，ニューヨークのプラザホテルで開催された先進5ヵ国蔵相・中央銀行総裁会議（G5）は，為替レートのドル高是正で合意し（プラザ合意），同年春に1ドル＝260円にまで進んでいたドル高・円安は，秋以降反転して88年11月には1ドル＝110.80円という当時で円の最高値を記録した。その結果，86年から87年にかけて日本経済は円高不況に陥ったと言われるが，88年に入ると政府・日銀の先の施策を受けて内需が大きく盛り上がり，以後91年春まで，60年代後半の「いざなぎ」景気に次ぐ大型景気，それも空前のバブルを伴った大型景気が訪れたのである（図1-①～⑤）。バブルは70年代末以来進められてきた内外両面での金融自由化と，そのもとでの低金利を背景に，株式や土地などの資産への活発な投資から始まった。

1980年に施行された外為法改正による対外取引の原則自由化で，東京が国際金融市場として急浮上するに伴い，東京都心の地価上昇が地方大都市に波及

して，土地価格は上げ一方という土地神話がつくりだされた。地価の上昇は，企業が所有する土地の含み資産価値を増大させて株価の上昇をもたらし，企業はそれを利用して内外市場でエクィティ・ファイナンス（新株発行を伴う資金調達）を行い，そこで調達した資金に金融機関から低利で借り入れた資金を加えて財テク，すなわちキャピタルゲインを狙った外国証券や国内の株式・土地への投資を行った。それが株価と地価のさらなる騰貴をもたらし（図1-⑥⑦），資産インフレというバブルを引き起こしたのである。

　80年代後半のバブルは欧米諸国でも起こっていたが，それは87年10月の株価暴落（ブラックマンデー）で崩壊した。日本の株価も一時的に下落したが，その後再び上昇したためバブルはもうひと回り拡大した。この間，円高と原油価格の低下で輸入物価が低落していたことにより消費者物価と企業物価が共々に安定していたことが（図1-④⑤），政府や日銀を無警戒にしていた。しかし，東京の持ち家価格はサラリーマンの年収の5倍という限度を突破して10倍を超えるに至っていたのである。日銀が公定歩合を引き上げて引き締めに転じたのは89年10月，金融機関の土地関連融資に総量規制を導入したのは90年3月のことであった。戦後日本資本主義は日本的経営＝生産方式とともに，そのピークを越えた80年代の終わりを境に，深刻な停滞へと転じるのである。

III　爛熟あるいは衰退？（1990年〜現在）

　バブル崩壊と不良債権問題　昭和から平成への改元が行われた1989年12月，東証株価は3万8915円の史上最高値をつけたが，翌90年に入って下落を開始し（図1-⑦），91年からは地価が後を追い，実体経済も同年から下降に転じていわゆる平成不況に入った（図1-①②③）。そこから「失われた10年」と言われた90年代，さらには「失われた20年」とも言われる2000年代まで，日本経済は長期の停滞を続けた。GDP成長率は93年，98年（金融機関破綻の連鎖），01年，08〜09年（リーマンショック）とマイナスを記録し，その間のプラスの成長も高くて2％前後という低迷にあえいだ（図1-①）。もっとも，だからといって企業が苦境にあえぎ続けていたわけではない。『法人企業統計』が示す製造業の売上高経常利益率は，高度成長期には劣るものの80年代に遜色のない高さを

維持しており，2001年に始まる「好況感なき好況」は「いざなぎ景気」を越える期間記録をつくった（図1-②）。こうした低成長下の高利潤に，日本経済の爛熟の一端をみることができる。

　長期低迷の主要な原因は，バブル崩壊で一挙に生じた金融機関の巨額の不良債権処理の困難であった。それは，都市銀行の別働隊とも言える住宅専門金融会社の整理に当たって公的資金の注入でもたつき，親銀行のガバナンスの欠如（無責任体制）もあって整理は進まず，やがて地方銀行・都市銀行・さらには長期信用銀行を巻き込んでいったが，90年代央には追い貸しなどを通じて不良債権が増大する傾向さえ見られた。95年には住専7社の整理が始まり，地方銀行や信用組合の破綻が始まったが，97〜98年に至って北海道拓殖銀行，山一證券，日本長期信用銀行，日本債券信用銀行など大手金融機関が破綻する事態に至った。政府は一連の緊急立法を制定し，都銀を含めて公的資金の注入を行い，98年6月に金融監督庁（2000年7月，金融庁に改組）を発足させた。銀行業界では，大和とあさひ両行の合併によるりそな銀行の発足（01年10月），住友・さくら両行の合併による三井住友銀行の発足（01年4月），三和と東海の合併によるUFJ銀行の発足（02年1月），第一勧業・富士・日本興業の3行合併によるみずほ銀行の発足（02年4月），そして三菱東京とUFJ両行の合併による三菱東京UFJ銀行の発足（06年1月）が相次ぎ，現在の三大メガバンク体制が整えられたのである。信託銀行や保険業界でも銀行系列に対応した合併が進められた。この金融業界の再編は，高度成長期に形成された六大企業集団体制を再編する側面を持っているが，その行方は未だ明確ではない。

　新自由主義への迎合・規制緩和と日本的経営の変質　日本経済がその強靱性のピークに達したとみられる1980年代の初頭は，先にも触れたようにサッチャー，レーガンの両政権が登場してケインズ主義と福祉国家政策を反転し，市場原理主義と新自由主義(ネオリベラリズム)に基づく一連の政策を追求した時期であった。それは，スタグフレーションに加えて頻発するアブセンティズムに社会解体の危機を感じた両政権による荒療治であったが，その内容は，労働組合の弱体化，福祉削減と自助努力の推進，産業・金融・労働などあらゆる部門での規制緩和，公共部門の民営化，それらに企業減税や累進所得税率の大幅緩和を合わせた「小さな政府」への回帰といった，イデオロギー的には19世紀自由主義段階への回帰

を標榜する資本主義的反動であった。

　こうした動きに対して，根強い拝米思想に囚われていた自民党政府は，日本にスタグフレーションの繰り返しやアブセンティズムが存在しないにもかかわらず，新自由主義に迎合する路線をとったのである。1981年に鈴木内閣のもとで設置され，中曽根内閣の時代に活動した第2次臨時行政調査会（会長 土光敏夫元経団連会長）の答申に基づき，80年代後半から2000年代初頭にかけて，三公社（専売・国鉄・電信電話）・五現業（郵政・林野・印刷・造幣・アルコール専売）をはじめ多くの公団・事業団の民営化・独立行政法人化を推進し，また所得税累進制の緩和やさまざまな分野での規制撤廃，さらには中央省庁の統合再編などを実施した。これらの措置の中には，時代遅れの規制や制度疲労を生じていたもの，長年の政官財の癒着の下での腐敗やスキャンダルに事欠かない対象も存在したから，民営宅配便の登場のように国民に歓迎されたものもあったが，国鉄の解体・分割民営化の場合のように，事実上の人員整理が行われた場合もある。ただ，その後の日本経済に最も大きな影響をもたらした規制緩和としては，労働法制における派遣労働の拡大を挙げておく必要があるであろう。

　戦後の日本では，戦前にあった人身売買や中間搾取などの弊害を考慮して，職業安定法（1947年）でごく一部の専門的職業に例外を認めたほかは原則として私的職業紹介を禁止していたが，85年に労働者派遣法が制定され，通訳など専門性の高い労働者の派遣事業が認められた。04年3月の改正法では対象業務が製造業を含めて原則自由化され，その結果，派遣労働者の数は2000年の約33万人から08年には一挙に140万人（全雇用者の8％）に増加した。これに契約社員・嘱託・パート・アルバイトなど以前から存在した非正規労働者を含めると，その後は雇用労働者の約3分の1強が非正規労働者で占められる事態が常態化し，一方では正規・非正規労働者間の所得格差の拡大を招くとともに，他方では採用が抑制された正規労働者の労働時間の延長をもたらすことになった。年功序列賃金に替わって成果に基づく賃金が導入され，昇進制度にも抜擢人事が取り入れられた。成果賃金は旧来のベースに上積みするものではなかったから，実質的には賃金削減の手段として機能し，抜擢人事とともに，日本的経営の特質であった先輩・後輩間や同僚間のチームワーク，知識・技能の伝授を困難にする弊害が生じたと言われる。

株主と役員の関係でも米国流のコーポレート・ガバナンスが持ち込まれ，企業間の株式持合が薄められる一方，株主を代表する取締役会と執行役員の分離，後者へのストックオプションの付与，社外取締役の導入，株主配当の充実など，その効果は未だに定かではないが，経営システムの米国化が進んだ。そして21世紀に入ると資本主義のグローバル化に伴い，日本的生産システムにも変化が及んだのである。

　グローバリズム下の日本経済　1991年のソ連崩壊による冷戦の終結と80年代以降の中国における市場経済導入は，資本主義のグローバル化をもたらしたが，それを技術的に可能にした生産力的基盤は，この間米国を舞台に展開したICT（情報通信技術）革新であった。それは，デジタル処理技術の向上によるコンピュータの計算能力の飛躍的向上と，そのポータブル化を可能にしたパソコンの登場，それまで軍事利用されていたインターネットの民間開放とその世界的普及，それらを可能にしたハードとソフト両面での情報通信分野の技術革新を意味する言葉である。それは国家間の国境と政治的主権を残したままではあるが，世界経済の「国際化」を超えるグローバル化（中国語訳では「全球化」）を進めた。

　グローバル化は，まず，一物一価がもっとも成立しやすい金融市場で，しかも金融部門が米国に残されていた競争力のもっとも強い比較優位分野であったことから米国主導で推進され，21世紀初頭には各国での為替・貨幣・資本の各市場を含む金融市場の自由化，オフショア市場の形成によって，ほぼ単一の世界市場が形成された。そこで推進されたのが，これも米国での銀行・証券分離の撤廃によって可能となった，住宅ローンをはじめとした各種債務・債権を証券化した金融商品その他各種金融派生商品（デリバティブ）の開発と販売，またそれら証券化商品に関連した保険や格付け事業の展開であった。金融グローバリゼーションは投機的バブルを随伴したが，その帰結が，21世紀の最初の10年の米欧を彩った住宅ローンのサブプライム・ブームとその崩壊（2008年リーマンショック）であった。こと日本に関して言えば，大銀行は既述のように一足先に90〜91年のバブル崩壊で大打撃を受け，その後始末で内向きになっていたため，このブームにはあまり手を出す余裕もなく，したがってショックによる打撃も軽微だったと言える。

しかし，グローバル化のもう一つの側面である産業グローバリゼーションは，日本経済に大きな影響をもたらした。その発端は，国際競争力を失った米国製造業企業が，その再建 (restructuring) の手段として部品や製品のアウトソーシング，オフショアリングあるいは海外投資などによって生産の海外移転を図ったことにあるが，それが80年代以降，文化大革命を収束して改革開放に転じた中国などBRICsと呼ばれた新興諸国の外資導入を手段とする工業化政策と結びつくことによって，一挙に展開した。その祖型は70年代のNIEsによる輸出志向工業化にあったが，それが中国のような人口大国で実施されると，そこに進出する先進国資本にとっては，宇野弘蔵の言う資本の自己矛盾の基礎をなす労働力商品の供給制約[14]が大幅に緩和されることになる。先進国資本が，直接投資あるいは生産のアウトソーシングによってこの無限に近い労働力を自由に利用できることは，労働力の移動に替わる資本の移動ないし海外委託生産を通じて，間接的な労働市場のグローバル化が実現したことを意味する。この点にグローバリズムの本質があるというのが私見であるが[15]，その日本経済への帰結の一つが，日本の産業企業——それは繊維から家電・自動車まで，ほとんどの分野に及んだ——の雪崩を打っての海外とくに中国進出による現地生産の拡大，裏返せば国内産業の空洞化，その結果としての国内労働市場における失業率の上昇（図1-③）と賃金率の低迷であった。

　それだけではない。上述のICT革新にかかわる新産業として米国で登場したパソコン・携帯電話・スマートフォンなどの新産業は，モジュール化された諸部品の簡単な組み合わせで空輸に適した軽薄短小な完成品ができるという特性を持つ点で，日本が得意とした家電・自動車などの，数千数万の部品を摺り合わせながら組み立て完成するインテグラル型（擦り合わせ型）産業と異なる。これらの産業では，一般に開発・設計と流通・販売は自社で担うが，生産工程が「レゴブロックのように」分割できるため，高品質部品は自社ないし日本などの先進国企業から調達し，汎用部品や簡単な組立工程は低賃金の新興国企業にアウトソーシングすることが可能である。なかには生産工程を自社内に持たないファブレス企業も登場した（アップル，デルなど）。そして今や，これらの企業が産業内・企業内の国際分業を組織し，世界市場を席巻する事態が生まれているのであるが，日本企業は携帯電話のいわゆるガラパゴス化が示すよう

に，この潮流に大きく乗り遅れた。かつてはインテグラル型と言えた家電製品もモジュラー型化が進み国内生産は大幅に縮小しているし（表1の2005年の数字），自動車はなお世界のトップに位置するが，電池自動車，水素自動車の登場は，そのモジュラー型への産業特質の変容を加速するであろう。

日本企業ひいては日本経済は，はたしてこの産業グローバリゼーションの潮流の主役になりうるのか，それともそれに乗り切れずに斜陽化し衰退の道をたどるのか。大きな岐路にあると言わなければならない。

むすび——東日本大震災を経て

2011年3月11日に発生した東日本大震災は，それによって生じた福島第一原子力発電所の苛酷事故とともに，日本の歴史を大きく区分する大画期となるであろう。

日本資本主義は歴史的に2度にわたる産業構造の大転換を経験した。第1は19世紀末から20世紀初頭にかけての綿工業と製糸業を軸とした工業化がそれであり，第2は20世紀央から末にかけての本稿が対象とした重化学工業化がそれである。東日本大震災と福島原発の事故は，上に続く第3の大転換，すなわちソフトな知識集約型サービス産業化への画期をなすように思われる。そしてこの転換は，意識的にも推進すべきものであろう。

その理由は二つ。一つは歴史の必然に関連している。現在進行中の産業グローバリゼーションの下で，日本が誇る家電や自動車に代表されるインテグラル型のモノ造りは，すでに国内生産がそのピークを越え，海外直接投資による現地生産に重点が移りつつある。また，現在の先端工業製品は，先進諸国の情報関連企業が研究開発し，主として新興工業諸国が受託生産しているパソコンや携帯電話等のモジュール型製品に移行している。もちろんこれら製品の要所に日本製部品が不可欠であることは，大震災後のその供給途絶で再認識されたが，NIEs諸国製品による代替が進みつつあることも事実である。自動車産業もまた，蓄電池の性能向上とともにモジュール型製品化しつつある。モノ造りの担い手の先発国から後発国への移行は，資本主義の不均等発展がもたらす歴史の必然であって，それに抵抗することは日本のモノ造りを神話化することにほか

ならない。

　二つは，私の価値観にも基づく理由である。産業グローバリゼーションは，ICT技術の発展と運輸革命（大量化と高速化），さらには製品・部品の軽薄短小化といった技術的条件に加えて，モジュール型製品を開発したグローバル企業と新興工業諸国の利害の一致によって展開したが，これは先にも触れたように，労働力ではなく資本の国際移動を通じて労働市場の事実上のグローバル化が実現したことを意味している。その結果グローバル企業は，低賃金労働力は新興諸国で，開発や高品質部材を生産する熟練労働力は先進国で「調達」することが可能となった。このことが一面では先進国の産業空洞化と労働市場における高失業・賃金低下をもたらしたが，これに対しては，後掲のソフトな知識集約型産業の振興で対処すべきであろう。資本の国際移動による企業内・産業内国際分業の徹底は，労働力の移動（移民）を抑制する効果を持つ。それは，海外から低賃金労働力を導入して完結的なインテグラル型産業を維持し，その結果，現在西欧諸国を悩ませている移民問題に苦しむよりも，はるかに好ましい国民経済の形だと私には思われる。

　日本はモノ造り神話にしがみついて，製造業一般の維持にこだわるべきではない。先端技術関連の素材や部品・製品の開発と生産は維持しつつも，基本的には製造業を直接投資の形で新興諸国に移転し，労働集約的でかつ知識集約化の可能性に富む諸産業，具体的には一部の農林水産業や，医療・介護その他の社会福祉関連産業，保育・教育・健康・美容・芸能・観光などの対人サービス産業に重点を移し，あわせて科学技術・学問，芸術・文化の振興に注力して「一億総『知識人』社会」の建設を目指すべきであろう。もっとも，これらの産業や事業のすべてに民間資本の参入が期待できるか否か，またそれが好ましいか否かについては，分野によっては問題なしとしない。民間資本には増大する海外投資からの収益の税制を通じた還元を期待しつつ，担い手としては，国とともに地方団体，協同組合やNPO法人・公益法人，さらにはいわゆる社会企業などの中間組織が重視される必要があるであろう。

注
1) 詳しくは，東京大学社会科学研究所編『戦後改革』全10巻（東京大学出版会，1974〜

75年）を参照。
2) それぞれの代表例としては，山田盛太郎「農地改革の歴史的意義」（東京大学経済学部創立記念論文集第二巻『戦後日本経済の諸問題』有斐閣，1949年所収），大石嘉一郎「戦後改革と日本資本主義の構造変化」（前掲『戦後改革Ⅰ 課題と視角』所収）がある。
3) 大内力「戦後改革と国家独占資本主義」（前掲『戦後改革1 課題と視角』所収）。なお，ここで私が「現代資本主義」と表現している内容を，大内は上掲論文で「国家独占資本主義」という概念で論じている。古典的資本主義と現代資本主義の区別についての私の理解は，柴垣和夫「宇野理論と現代資本主義論：段階論との関連で」（櫻井毅・山口重克・柴垣和夫・伊藤誠共編『宇野理論の現在と論点：マルクス経済学の展開』社会評論社，2010年所収）を参照。
4) この条約は米軍の日本駐留を認める一方でその日本防衛義務を規定していなかったことから，1965年にその片務性を解消する改訂が行われて現在に至っているが，米軍基地の使用条件や駐留軍人に対する裁判権などの面でなお不平等性を残している。
5) ここで形成された日米関係をめぐっても，日本の対米従属を植民地的なそれとみるか否かについての論争が発生した。それは主に革命戦略論争として闘わされたが，いずれの立場もレーニンの『帝国主義論』が基準とされたため，植民地的従属か帝国主義的自立かという不毛の論争に終わった。米ソ対立の冷戦下で，すべての先進資本主義諸国が程度の差はあれ，西側世界で唯一の覇権国米国に従属するという，新しい国際関係がつくりだした新しい従属関係として把握すべきであった。
6) 大内力『日本経済論（上）』東京大学出版会，1962年。
7) 公害等は，典型的には自動車の排気ガスによる健康障害のように，加害者と被害者がともに不特定多数の人為的災害をさすが，被害者の側のみがそうである場合も公害と呼ばれた。
8) 馬場宏二「現代世界と日本会社主義」（東京大学社会科学研究所編『現代日本社会1 課題と視角』（東京大学出版会，1991年所収）。
9) 詳細は，柴垣和夫『現代資本主義の論理』（日本経済評論社，1997年）第二章「資本と企業の経済理論」を参照。
10) 奥村宏『法人資本主義』（御茶の水書房，1984年）。なお企業集団の社長会を構成する従業員出身の社長（経営者）は，自社の大株主ではないが，他社の大株主である法人（自社）の代表者であるから，社長会は大株主会でもある。そこから奥村氏は，社長相互の「相互信任と相互支配」を主張されているが，実態としては他社の経営への介入は例外的で，「相互信任」が主であった。
11) このバランスは，日本が米国の過剰消費をまかなうためのモノを供給している（商品輸出）だけでなく，それを購入するためのカネをも供給している（資本輸出）ことを意味する。それ故，日本は米国に感謝されてよいはずだ，という議論が成り立つ。しかし，政治の場では消費者よりも生産者の声が大きく反映するのが常で，日本の輸出品との競争にさらされる企業や労働者の利害が経済摩擦となるのである。

12) 日米経済摩擦について詳しくは,前掲,柴垣『現代資本主義の論理』第六章「日米経済摩擦——その諸要因と歴史的意味」を参照。

13) 1980年代以降,日本的経営＝生産システムの海外移転が進んだ。それは主として海外現地生産を開始した日系企業によって推進されたが,多くの場合,現地で適用が可能で受け入れられた側面と,それが困難で現地の慣行に適応しなければならなかった側面を併せ持つハイブリッド化されたケースが多かった。以下の安保グループによる現地調査の成果を参照。安保哲夫・板垣博・上山邦雄・河村哲二・公文溥『アメリカに生きる日本的生産システム』(東洋経済新報社,1991年),板垣博編著『日本的経営生産システムと東アジア』(ミネルヴァ書房,1997年),公文溥・安保哲夫編著『日本型経営生産システムとEU』(ミネルヴァ書房,2005年),上山邦雄・日本多国籍企業研究グループ編『巨大化する中国経済と日系ハイブリッド工場』(実業之日本社,2005年),和田正武・安保哲夫編著『中東欧の日本型経営生産システム』(文眞堂,2005年),山崎克雄・銭佑錫・安保哲夫編著『ラテンアメリカにおける日本企業の経営』(中央経済社,2009年)。なお,日本的経営＝生産システムを調査し,米国のそれに反省を促した米国の研究者による代表的調査研究として,Michael L. Detouzos et al., *Made in America*, MIT Press, 1989. 依田直也訳『Made in America：アメリカ再生のための米日欧産業比較』(草思社,1990年)がある。

14) 宇野弘蔵は,資本主義の基本的矛盾の基礎を,資本がその存立に不可欠な労働力商品をみずから生産できない点(労働力商品化の無理)に求めた。

15) 柴垣和夫「グローバル資本主義の本質とその歴史的位相」(政治経済研究所『政経研究』No. 90,2008年5月号所収)を参照。

# 第16章　戦後日本の設備投資と過剰生産能力

小林正人

はじめに——マクロ経済における不均衡の悪循環

　働く意欲も能力もある国民に雇用の場があるかどうかは，どの先進国でも国民生活の安定のための基盤である。日本の完全失業率の推移をみると，高度経済成長期には1.5％未満が続き，バブル経済期には2％程度だったが，そのあと急伸して2002年には5.4％と戦後最高になった。しかも雇用の質が不安定化した。非正規（パート・派遣・契約社員等）の雇用者が全体に占める割合はバブル経済期には約20％だったが，1995年から上昇して2003年からは30％を超えてさらに上昇した[1]。

　正規か非正規かという雇用の質の違いは所得格差につながる。図1によれば，年収300万円未満の雇用者（統計上の給与所得者ないし賃金労働者）が1997年の2463万人から2012年の3044万人へと激増した。これを構成比でみると，年

図1　所得階層別雇用者数

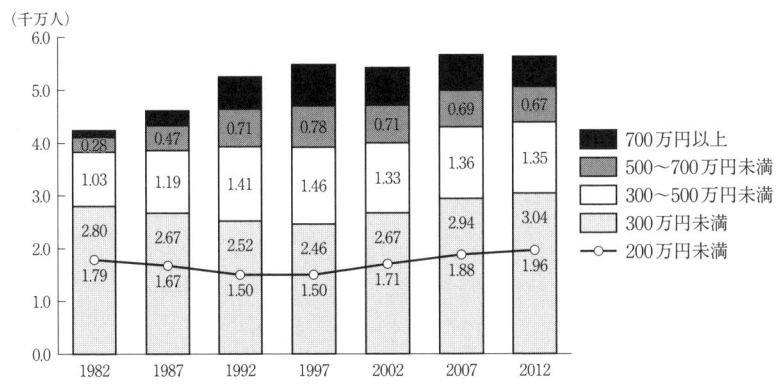

資料：厚生労働省ウェブサイト「就業構造基本調査」。

収300万円未満の雇用者は44.8％から53.4％へと過半数になった。さらに図1で年収200万円未満の雇用者を見ると，1501万人から1964万人と30％増加し，構成比も27.3％から34.5％へと高まった[2]。年収200万円以下の雇用者は自立した家計の維持が困難な勤労者（ワーキング・プア）である。

5％の失業率は欧米の最悪の状態と比べれば中位の水準ではある。しかし人件費が安いという理由で企業が非正規雇用を主な求人にするならば，失業者は非正規雇用を甘受するしかない。しかも4％以下だった失業率が，リーマン・ショック後にはいっきに5％を超えたように，非正規雇用は国民を生活不安に追い込み，マクロ経済の消費低迷につながっている。

それでは国民に雇用の場はないのだろうか。

図2に示したのは調整稼働率指数（製造工業の年平均の稼働率指数を現実の稼働率に近い数値に加工したもの）である。これによると，バブル経済期までは90％前後だった製造工業の稼働率は，1992年から急降下し，それ以降80〜85％と低迷した。「失われた10年」の基底にこれがある。稼働率はリーマン・ショック直前の2007年でも90％未満にとどまり，その直後には65％にまで低下，その後は75％程度が続いた。これほど長期間で製造工業全般にわたる過剰生産能力，つまり慢性的で全般的な過剰生産能力の存在は，戦後日本経済で初めての事態である。

図2 製造工業の生産能力指数と調整稼働率指数（年平均）

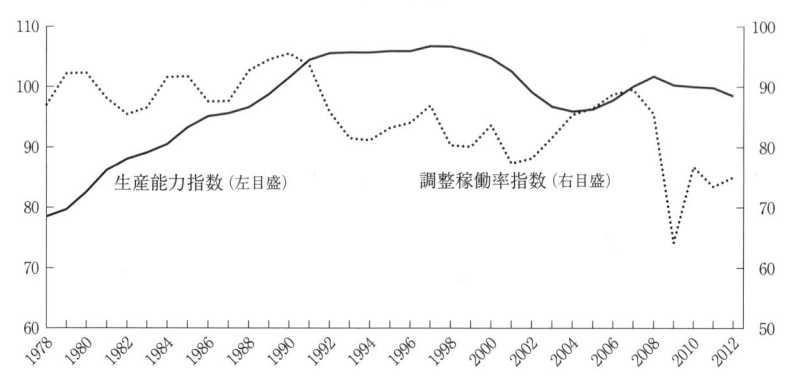

注：調整稼働率指数＝稼働率指数（年平均値，2010年＝100）÷0.767（製造工業の2010年の実稼働率水準）。
資料：経済産業省「製造工業生産能力・稼働率接続指数」。

〔稼働率＝生産量(年間)÷生産能力(年間)〕であり，生産能力とは企業の生産設備の最大生産量(年間)である。稼働率を裏返して言えば生産能力の過剰率(あるいは未利用率)であり，稼働率の低下とは，未利用の生産能力ないし生産設備の増加でもある。これは，人口にたいして耕地が不足するから生産する場がなくて生活できないという事態ではない。未利用の生産設備があり，働きたいのに失業中の人が多く，かれらをまっとうな賃金で雇えば社会全体への消費需要となり生産設備の稼働率も上がるという経済循環が否定された状態である。むしろ失業率が高く低所得者が増えて消費が低迷するから，企業は生産能力の稼働率を上げず，国内では生産量と雇用を増やさないという悪循環が生じている。

　本章は，生産能力，それを生み出す設備投資やイノベーション，損益分岐点や「負の利潤原理」などの概念を使いながら，高度経済成長期に累積された巨大な生産能力が，慢性的で全般的な過剰生産能力に転化した歴史について，ニクソン・ショック，石油ショック，プラザ合意，バブル経済とその崩壊，舞浜会議などの事件を織り込みながら論じていく。

I　高度経済成長期の設備投資による生産能力の累積と消費需要

　実質成長率が平均で10％という日本の高度経済成長期には企業間のイノベーション競争と設備投資競争の末に，鉄鋼，造船，石油化学，自動車，重電機，家電などの広範な産業で巨大な生産能力が急速に形成された。例えば粗鋼生産能力は1958年の0.17億トンから1977年の1.68億トン(ピーク)へと10倍に増強され(図3)，そして日米欧の上位10位以内の製鋼工場の生産能力のうち実に48％が日本で累積された(1976年)[3]。またその間の稼働率はほぼ80％を超えていた。

　設備投資には二系列の需要拡大効果がある。一つは工事中の設備投資から波及する建設需要や生産設備需要(投資乗数という概念でケインズ理論が説く需要)であり，もう一つは(1)完成した生産設備の稼働から派生する原材料需要，(2)その稼働が必要とする雇用から賃金所得が生まれ，それが支出されて生じる新規の消費需要である。(2)は設備投資の雇用効果から生じる需要拡大効果である。ある企業の設備投資は，この二系列の需要波及をとおして，他の企業の生産能力の稼働率を引き上げ，フル稼働(利潤率最大)へと導けば，新たな

図3　日本の製鋼能力と産業稼働率

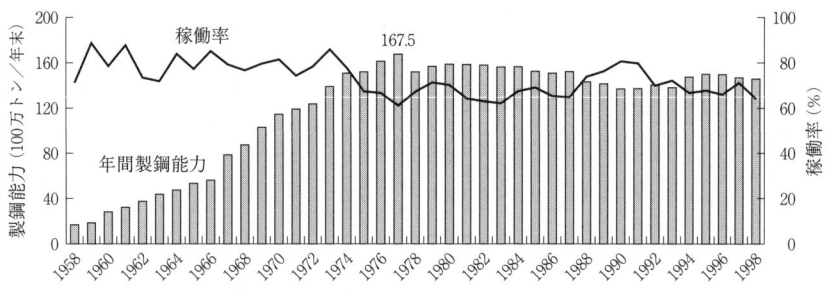

注：稼働率(%)＝粗鋼生産量÷製鋼能力(年末)。
資料：『鉄鋼統計年報』。

設備投資競争が引き起こされ，その設備投資がまた二系列の需要波及を生むという需要拡大の連鎖を生み出す。それが雇用を連鎖的に増加させ，消費需要も拡大させる。これがさらに広範囲の産業で設備投資（競争）を引き起こし，二系列の需要拡大効果を連鎖させる。図3が示す鉄鋼業の生産能力の累積も，この設備投資競争の結果である。

　高度成長期には，設備投資が多数の産業の間で需要を波及させるとともに，巨大な生産能力が多数の産業で累積された。その一方で，完成した生産設備群の稼働に必要な労働力が農村地域から大量に流出し，都市部で「雇用者」（給与所得者ないし賃金労働者）となり，国内の消費需要の広大な担い手になった。雇用者数は1955年の1778万人から75年の3646万人へと倍増し，労働力人口に占める割合も42％から68％へと上昇した[4]。

　また当時の設備投資のための巨額の資金は銀行からの融資に依存し，それはまた日本銀行の政策に左右された。一方，生産能力の累積と稼働は原料や燃料の輸入を増やし，「国際収支の天井」問題を引き起こした。そのたびに日銀は公定歩合を引き上げ（窓口規制も含む），設備投資と経済成長を故意に抑制して外貨危機を回避した。しかし迅速に公定歩合が引き下げられると成長率はV字回復した（公定歩合循環）。このときの経験が漫然と受け継がれ，金利の上下が経済成長率の高低に直結するかのような経済理論が普及した（IS曲線）。金利を上げると設備投資の期待利潤率を引き下げるのは確かだが，逆に金利を下げれば期待利潤率を上げるとは限らない。設備投資の期待利潤率をまず決定

するのは，その特定の設備投資のあとにできる生産設備の生産能力にたいして損益分岐点以上の量の需要があるかどうか，その生産能力の稼働率が損益分岐点を超えるかどうかという需要予測である。高度成長期には「終身雇用」という特殊な雇用慣行のもとで，生産設備群が吸引した大量の雇用が安定し（失業率1.5％未満），家計部門の消費需要を持続させ，それが企業に強気の設備投資を続けさせたので，公定歩合を下げると景気が回復するかのように見えたのである。

1999年以降，数回にわたり日銀は政策金利をゼロ近くに下げる政策をとってきたが，設備投資と景気は回復しなかった。前述のような悪循環が実体経済に存在すると，国内での設備投資の期待利潤率が上昇せず，設備投資のための資金需要も低迷するのである[5]。

II 変動相場制への移行と石油ショックによる産業構造の転換

高度経済成長のなかで，鉄鋼をはじめ重化学工業を中心に莫大な生産能力が，世界史上初めて欧米以外の地域で累積された[6]。各企業は，欧米技術を改良するイノベーションと，相対的な低賃金により，対米輸出を強めた。さらに1ドル＝360円の固定相場が続いたことも，革新的な日本企業に安定した輸出利益をもたらした。

その一方で日欧の対米輸出は，米国の貿易黒字を縮小させ，国際収支の赤字を定着させ，米国から金を流出させ，固定相場制の根拠だった「金とドルの交換可能性」に不信感をもつ投機筋によるドル売り投機を引き起こした。これが1971年の金ドル交換停止（ニクソン・ショック）となり，さらに1972～73年には固定相場制の放棄，変動相場制への移行となる。

一方，戦後の世界先進国の経済成長は，安価（1バーレル＝約2ドル）な中東原油の大量輸入に支えられていた。しかしドルの価値が下がったので，中東産油国は原油収入の目減りの回復をめざすようになり，1973年に原油公示価格を4倍に引き上げた。この第1次石油ショックにより，中東原油の大量輸入に依存していた日本の重化学工業は競争力を失い，設備投資も抑制した。さらに，石油ショック後の「狂乱物価」を収拾するための公定歩合の引き上げ（9％）をふくむ総需要抑制政策も設備投資を縮小させ，戦後初のマイナス成長をもたら

した。このような総需要の縮小により、鉄鋼、石油化学、石油精製、化学肥料、合成繊維など多数の産業の生産能力が25〜30％も過剰になり[7]、戦後初めて本格的に全般的な（多産業の）過剰生産能力が形成された。

2度にわたる石油ショックにより、石油多消費の重化学工業は日本経済の推進力にはなりえなくなった。しかし高度成長の中で日本には、石油多消費ではない産業も成長していた。小型車を中心とする自動車産業や、IC化されたカラーテレビとか新興のVTRなどを筆頭とする家庭用電機産業である。これらの「機械系消費財産業」による国内での設備投資が新たな雇用と輸出を生み出し、それが国内の消費を増やし、その需要が次の設備投資につながるという好循環が生じて、石油ショック後の日本経済の基軸となった。その過程で、製造工業の生産能力指数は1992年まで上昇を続けた（図2）。

ニクソン・ショックも石油ショックも巨大な生産能力の累積にたいするグローバルな反作用であり、その後の新たな生産能力の累積への転換点にもなったのである。

日本の機械系消費財産業の各企業は、変動相場制のもとでの円高を克服して輸出競争力を維持するために、ME化を核とするイノベーションとコストダウンを社員一丸となって追求した。さらに下請け企業をふくむ企業系列でも結束してこれを追求した。このような円高の克服をめざす企業間競争、系列間競争がJapan as No. 1の新製品を生み出し、それが欧米市場への集中豪雨的な輸出となった。それはまた、円高に対する競争力の回復→貿易黒字の増加→さらなる円高という悪循環につながった。いわゆる「働いて円高にして首をしめ」である。このなかで「終身雇用」を暗黙の前提とする「日本型企業社会」が維持されたが、企業規模間の人件費格差は温存された。

III　トヨタ生産方式と日本型イノベーション
　　　――JIT生産と恒常的コストダウン

機械系消費財産業の中軸の一つである自動車産業では、トランスファーマシンによる部品の大量生産や、一定の時間間隔によるコンベアラインでの最終組立は世界的必要条件である。しかし後発の日本がそれらを模倣するだけでは、

欧米の大企業との競争に耐えることはできなかった。後進国だった日本で自動車産業が存続するには，日本独自のイノベーションが必要だった。大量生産の中にひそむムダとコストを最小にするしくみを内蔵した生産システムを追求したのがトヨタ自動車（株）だった。

　トヨタではまず，毎月の需要予測をもとに，翌月の完成車の1日当たり生産量を決め，完成車と部品を何秒ごとに生産するか（タクトタイム）を計算する。生産量が増えタクトタイムが短くなれば各作業者が受け持つ作業範囲をせばめ，減産するときはタクトタイムを長くして各作業者の作業範囲を広げる。これにより，毎月の生産量と実際の販売量との開差，つまり完成車の「つくり過ぎのムダ」を最小にする。このためには，作業範囲の毎月の変動に対応できる作業者（多能工）の日常的養成が必要になる。

　ただし完成車の過剰生産が極小になっても，それまでに何段階もある部品工程に部品在庫が滞留しておれば，「在庫のムダ」が膨大になる。既定の生産計画に従って各部品が生産されてしまい過不足は部品在庫で調整する方式ではなく，後工程が不足になった部品を必要な時に必要な量，後工程から前工程に取りに行き，前工程はその部品を補充生産するのがトヨタ方式である。不足になった部品の種類と量を示すのが「かんばん」というカードであり，これが部品工程への生産指示書にもなる。かんばん方式はトヨタの社内で定着した（1963年）あと，取引する部品メーカーにも適用され，企業系列の柱になった。

　こうして必要なモノを必要なとき必要な量だけ生産する「JIT生産」へと接近したが，人件費が不変では原価低減（コストダウン）にはならない。まず，タクトタイムが以前と同じ月には，各生産ラインを担当する班がカイゼン活動により「動作のムダ」を削り，各作業者の受け持つ作業を増やして，班員を一人ずつ減らす。一定の生産量に必要な人件費を低減させるこの「省人化」は，1949年の「多台持ち」以来の取り組みである。一方，減産してタクトタイムを延長する月には，各作業者の作業範囲を広げて「作業者のムダ」を排除する。この「少人化」により生産量の減少にも人件費の低減を対応させる。

　このようにトヨタ生産方式は，GMやフォードなどの巨大企業との競争を念頭に，生産量の変動に合わせてムダやコストを最小にすることを恒常的に追求する大量生産システムであるが，その有効性は石油ショックのあとの大幅な減

産への対応力で示された。欧米に匹敵する生産能力をもつ自動車産業の,「極東の島国」での確立はトヨタ生産方式の確立を抜きに論じえない。欧米型の職種別賃金体系を否定した多能工集団による絶えざるカイゼンは,企業別労働組合に補完された企業社会を形成し,かんばん方式で緊密に取引する下請け部品企業のカイゼンとともに,系列内で結束したコストダウンの機構になり,日本の他の自動車メーカーにたいする競争力にもなった。ただし,下請け中小企業の労働者との同一労働同一賃金は否定され格差は維持されて,人件費低減にともなう労働密度の上昇にも人間工学的限定はなかった[8]。

IV　バブル経済の形成と崩壊,過剰生産能力の再形成

　1980年に1ドル200円近くまで上がった円相場は,1985年には250円前後まで下がった。日本の製造業はこの円安も追い風にして欧米市場への輸出を急拡大させたが,それは欧米にとっては「失業の輸出」でもあった[9]。またこの円安の背景には,レーガノミクスによるドル高政策があり,それが米国製造業の競争力低下と失業増加をもたらし,ドル高修正が先進国の共通認識になった。1985年9月のプラザ合意により,G5はドル安をめざして協調介入を始めたが,為替投機も重なり,1ドル200円を突破する円高へと向かった。日本の政策当局は円高不況をおそれ,日銀が公定歩合を急速に引き下げて史上最低にしたが,そこからの潤沢な資金を銀行は土地担保融資へと向けた。また企業も余剰資金を設備投資にも,株式投機にも向けた。このような土地と株式への投機的な信用膨張を背景に,土地の公示価格や平均株価は未曾有の上昇を記録した。バブル経済の形成である。
　しかし地価高騰が商業地から住宅地にも波及したことや地上げ屋の動きなどへの批判的世論を背景に,日銀が公定歩合を急速に引き上げ,政府は不動産融資を規制し,土地税制を強化した。こうして地価も株価も上昇が期待できなくなると,投機的信用の膨張は止まり,地価と株価が下がり始め,資産の「売り抜け」「投げ売り」が展開し,資産価格は暴落へ向かう。すると銀行は,土地担保融資と保有株式の資産価値の急速な減損（含み損,不良債権）をこうむり,危機回避のために信用収縮へと転じる。これが実体経済にたいする信用収縮に

なり，設備投資の縮小，需要の縮小，倒産の増加になる。実体経済が悪化すると，銀行の不良債権が増え，銀行の自己資本をさらに減損させ，さらに信用収縮となる。こうしてバブル崩壊は信用収縮と，実体経済における需要縮小との相乗的な下降スパイラルを引き起こす[10]。この結果として実体経済では，縮小した需要にたいする（多数の産業の）生産能力の過剰[11]，つまり需要が企業の生産能力の損益分岐点を下回り赤字に転落する事態が広がる。その結果，機械系消費財産業の主導で累積してきた製造工業の生産能力が，1992年から過剰に転じた（図2）。このような大規模な全般的過剰生産能力の形成は，石油ショック以来の現象である。

　金融部門の信用収縮は，バブル崩壊直後の1991年，複数の信用組合で預金取り付けがあった1995年，インターバンク市場で生じた戦後初の債務不履行をきっかけに一連の大手金融機関が破綻した1997～98年，中堅の預金銀行が破綻した2002年と波状的に生じた[12]。この間，企業倒産件数が高止まりし，失業率が上昇した。バブル崩壊の直後は，逆資産効果とかローン金利の上昇によるバブル的消費の縮小がみられたが，この波状的な信用収縮が実体経済の悪化（倒産や失業）を持続させ，銀行の減損と信用収縮を長引かせ，さらに非正規雇用の増加による消費抑制も重なり，消費本体を低迷させた。これが設備投資の低迷と相互作用して「需要の縮小スパイラル」を長期化させた。

　さらに，バブル経済の遠因だった円高が，生産拠点の海外移転を企業に促し，産業空洞化（雇用の大量減），国内の設備投資需要の流出をもたらした。機械系消費財産業の輸出競争力が低下し，国内の部品企業との系列関係を維持できなくなり，下請け企業の選別淘汰や，「町工場」の廃業につながった。また企業は海外の生産拠点で世界標準の生産設備を装備したので，現地の低賃金と先進国の高賃金とがコストの差として意味を持ち，機械系消費財産業は国内では価格競争力を持てず，生産拠点の海外移転こそが活路になった。

V 舞浜会議と日経連報告書
　　——経営者による「企業社会」解体宣言

　バブル崩壊後の信用収縮と設備投資の縮小との「負の相乗作用」は，総需要

を縮小させ，生産能力全般の稼働率が1992年から急降下した（図2）。鉄鋼業の稼働率も70％に下がった（図3）。稼働率が生産能力の損益分岐点に近づき，あるいはそれ以下に下がったとき，ミクロの立場の企業がとる対策は，あらゆるコストを低減して損益分岐点をもっと下げることである。しかし原材料の購入量の削減は容易だが，雇用と人件費とを「自由に」調整することは，「終身雇用」を標榜してきた日本企業には簡単ではなかった。

　需要が低迷するなかで日本企業がとるべき経営方針をめぐる論争が，1994年2月に経済同友会の研究会で行なわれた。この「舞浜会議」での論点は，日本企業は従来のように終身雇用を維持して雇用を優先するべきか，それとも株主の利益を優先し，短期的な決算を悪くしないように雇用調整もするべきかであった[13]。しかし，利潤原理と株式会社制度を前提とする限り，株式会社に雇用責任はなく，株主のために業績を上げる経営者しか地位は保証されないという結論にならざるをえない。また，株主利益を優先する企業の買収合併が盛んだった当時の米国経済や，外国人投資家の比重の高まりなどの現実のもとでは，終身雇用を維持して賃金を固定費のままにしておく経営者は株式会社には不利だった。

　終身雇用という看板を保持するかどうかという論争は日本経営者団体連盟のなかでも行なわれ，その集約として1995年5月に出された報告書が「新時代の『日本的経営』」だった。同文書は，必要な従業員を必要な能力によって三層に分けることを提言した。それは，(1)管理職や技能部門の基幹職のグループ，(2)営業や研究開発の専門能力のグループ，(3)技能工，販売員，一般職の雇用柔軟グループである。最後の第3グループの処遇は短期勤続で流動的，時間給（職務給），昇給なしとされたが，このグループこそ最大多数の労働者である。すでにこのとき正社員と非正規従業員が混在する企業が増えている中での上記の提言は，第3グループ全体を終身雇用からはずして非正規雇用にする雇用管理の正当化になる。それはまた，過剰生産能力をかかえて人件費削減を迫られていた経営者たちに，「必要な時点で必要な人数と能力」[14]だけ雇用し解雇することの推奨にもなる。

　高度成長期以来の日本的経営では新規学卒者を一括採用し，時間と費用をかけて社内教育を施し，昇給昇進制度の中で養成選抜する，従業員側も転職より

は定年までの勤続を見通して企業の競争力に奉仕するという相互依存関係の中で雇用が維持されていた。バブル崩壊後の需要低迷は経営者にその余裕を失わせた。それが最大多数の第3グループを自由な人員調整の対象とし，「企業社会」のメンバーから除外するという「企業社会」の解体宣言になった。この延長線上に，2004年の製造業派遣の合法化がある。

　前述のように，第3グループの賃金体系には「職務給」が想定されていた。欧州のような，産業別労働組合と経営者団体とが団体交渉により職種等級別の賃金率を労働協約にする社会では，最下位の職務給でも最低賃金を十分に上回る。このような同一労働同一賃金の労働協約があれば，第3グループの賃金に職務給を想定することも現実性があった。しかし労働組合が企業別のままで，中小企業労働者は広く未組織という社会では，このような産業別労使交渉はありえなかった。

　産業別賃金協約という枠組みがなく，最低賃金並みの賃金も合法だということになれば，非正規労働者の賃金は最低賃金に接近する。そういう賃金格差は，その賃金だけでは生活できないパートタイマーの時間給とか，社会保険に入れない中小企業労働者などとして以前から日本に存在していた。こうして年間2000時間働いても時間給が1000円だから年収は200万円という水準で人間を雇用することが常態化した（図1）。最大多数の労働者の人件費を最低限にして利潤を維持しようとする個々の経営者の企業努力[15]が，マクロ経済では消費を低迷させ，自らの期待利潤率を引き下げ，海外への設備投資を迫られてさらに設備投資を低迷させるという悪循環を発生させたのである。

VI　デフレの底流
　　──過剰生産能力が「負の利潤原理」として経営者に作用する

　最後に，以上の歴史叙述を総合しながら，需要縮小に直面した企業の経営者が「負の利潤原理」に従って経営行動をすることが，需要低迷と過剰生産能力との悪循環，さらにデフレーションの底流にあることを論じる。

　製品を生産し販売して利潤を取得する企業は，まず設備投資によってその製品をつくるための生産設備（工場）を整える。そして，需要が増えれば生産量

を増やし(稼働率を上げ)，より多くの売上額とより大きな利潤とを取得するように生産設備を運用し，年月をかけて投資資金の回収をめざす。生産設備には生産能力(最大生産量)という機能値があり，需要がそれを上回ると生産設備はフル稼働(利潤率最大)になり，製品の納期が延びたり受注残が増えたりする。このときは買い手がその製品に殺到しているので，その実売価格が上昇する。設備投資を追加して生産能力と売上額を増やせば企業はさらに大きな利潤を取得できるから，この製品をあつかう産業に競争があれば設備投資競争が展開される。この競争的な設備投資が生産設備や原材料への新たな需要に波及し，雇用と消費も拡大し，これらの相互作用が総需要を拡大する。このような設備投資競争により経済成長が実現し，同時にインフレーションも進行したのが高度経済成長期の日本だった。このような設備投資競争の中では企業の利潤原理が相乗的に作用しているが，このときの利潤原理は雇用と消費を拡大させるというポジティブな効果も持っていた。そこで，このときの利潤原理は「正の利潤原理」と呼べる。

　それでは，過去の設備投資によって一定の生産設備をすでに所有している企業が，需要の縮小に直面するとどうするか。一定の生産設備には，生産量がそれ以下になると赤字になる損益分岐点が必ずあり，〔損益分岐点生産量÷生産能力=損益分岐点稼働率〕となる。実体経済で営業する企業が，過去の設備投資によって建設した生産設備の減価償却が終わらないうちに需要が縮小して赤字になれば，倒産の危機におちいる。また，需要がまだ損益分岐点よりは大きいときでも，生産量の必要以上に原材料や雇用に資本を使い続ける企業はやはり〔利潤≦0〕になり，経営危機になる。生産設備の損益分岐点稼働率は産業によって異なるが，設備投資額がとくに多い装置産業では80％，自動車産業では70％，それよりも労働集約的な産業では60％というのが目安になる。

　製品への需要が縮小すると，その企業の製品在庫が増加し，ときには大量の売れ残りが製品倉庫にあふれることもある。このときに経営者がまず行なうのは減産(生産量を削減)して，不良在庫の増加を止めることである。さらに(素材や部品などの)原材料の仕入れ量も減らさないと，原材料在庫があふれてしまうので，部品企業や素材メーカーにたいして発注量を減らすか停止する。するとこれら上流部門の企業の経営者も，この受注減を補うだけの他の買い

手がなければ，減産に入り，かれらも原材料の発注量を減らす。どの企業も社会的分業の中の一員であり，自分の減産は他の企業への発注減となり，その縮小の影響は経済に広く及ぶ。このような減産の連鎖は「需要の縮小スパイラル」[16]の一部でもある。原材料の発注量を減らすのは，減産した生産量よりも過大に原材料を仕入れると，資本支出も過大になり，むしろ赤字になるからである。需要が拡大しているときには利潤を増やすために原材料の購入量を増やすのが「正の利潤原理」であるが，需要が縮小すれば原材料の購入量を生産量に必要な量まで減らして利潤の減少を小さくするというのは「負の利潤原理」である。バブル崩壊後のような大規模な需要縮小が生じると，この「負の利潤原理」による減産が多数の企業で行なわれ，実体経済は縮小再生産へと向う。

　減産のときに削減すべき費用は原材料費だけではない。人件費〔＝雇用量×賃金〕も削減の対象である。生産量を削減して作業量が減ったのに従業員の雇用を維持すれば，人件費の支払いだけを続けることになり，利潤はもっと削られる。そこで人員削減や雇用調整つまり解雇がなされる。減らした生産量にふさわしい水準まで雇用量も減らすことにより，利潤の減少をできるだけくいとめるという「負の利潤原理」に沿った経営者の意思決定が，減産の連鎖の中にいる多数の企業で相次いで行なわれる。さらに，人件費削減のための別の方法が賃金（労働力商品の価格）そのものの切り下げである。そこで既存の従業員を，賃金がもっと低い従業員，たとえばパートタイマーや派遣労働者などの非正規従業員に入れ替える。この入れ替えが，減産の連鎖の中にいる多数の企業で，受注獲得のためのコストダウンの一貫として徐々に実行され，年間人件費200万円未満の雇用が蔓延する。

　各企業が分権的に人件費を最小限にし，需要縮小による利潤減少を抑えようとする。これを多くの企業で経営者が連鎖的に行なうと，経済全体での人件費支払いが圧縮され，消費需要を低迷させる。すると国内需要の将来について経営者は悲観的に予測するようになり，設備投資にかんする期待利潤率が下がる。そこで設備投資が縮小し，総需要も縮小する。信用収縮による倒産や失業がこれに重なると，多くの企業の生産能力の稼働率がさらに下がり，損益分岐点に接近するか下回る。実体経済は，総需要の低迷と全般的な過剰生産能力とが併存しながら悪循環する状態におちいる。さらに，これが，期待利潤率が高い新

興国への設備投資を促進し，それが国内の設備投資を低迷させるという悪循環も重なる。

　過剰生産能力が全般化すると，同種の製品の販売をめぐって競争がある産業では，競合企業から買い手を奪って自社の稼働率だけは損益分岐点を上回るようにしようとする企業が出てくる。そのための有力な方法が値引きや薄利受注などの価格引き下げである。たとえば100個の需要をA社が50，B社が50で分け合っていたあとで需要が80に縮小したとき，A社40，B社40で分け合っても，その40が両社の損益分岐点生産量ならば両社の利潤は0になる。これを避けるためA社が価格を下げてB社から買い手を奪えば，A社の稼働率は以前の水準になり，利潤もかろうじてプラスになるが，需要が30に減ったB社は赤字になる。このあとB社が倒産に追い込まれれば，A社は50を超える需要を手に入れる。しかしこれを防ぐためにB社も価格を下げると，両社が赤字すれすれの稼働率競争に入ってしまう。このようにして生産能力の過剰から脱するための価格引き下げ競争がさまざまな産業で次々と展開するとデフレーション（持続的な物価下落）が現れる。デフレは，過剰生産能力が全般化したときに「負の利潤原理」が作用した実体経済の「症状」である。デフレは実体経済の悪化に反作用するが，実体経済の悪化の根本原因ではないから，「デフレからの脱却」自体は政策目標にはならない。さらに，実体経済が過剰生産能力と需要低迷との悪循環にあるときに，各銀行に「異次元」の規模のマネーを日銀が供給しても，それを借りて設備投資に使おうとする企業が増えるのは難しい。生産と消費が縮小の悪循環にあるとき，両者を媒介する労働と雇用を改善する方策は「規制緩和」ではない。

注
1）　厚生労働省『労働経済白書（平成20年版）』27ページより。
2）　飯田和人『グローバル資本主義論』日本経済評論社，2011年，100ページ以下参照。
3）　米倉誠一郎「鉄鋼」，米川・下川・山崎編『戦後日本経営史』第1巻，東洋経済新報社，1991年，268ページ。
4）　厚生労働省『労働経済白書（平成13年版）』2001年，234ページ。
5）　「もともと設備投資は実体経済の期待利潤の高さによって決まるものであ」る（長島誠一『戦後の日本資本主義』桜井書店，2001年，209ページ）。さらに井村喜代子『日本経済　混沌のただ中で』勁草書房，2005年，190ページも参照。

6) 高度経済成長期の競争的な大型設備投資による「生産能力の飛躍的拡大」については井村喜代子『現代日本経済論〔新版〕』有斐閣，2000年，168ページ以下，249ページ以下を参照。
7) 通商産業省『昭和53年度 産業構造の長期ビジョン』1978年，242-332ページ。
8) 千田忠男『現代の労働負担』文理閣，2003年，75ページ以下を参照。
9) ソニーの会長だった盛田昭夫の「『日本型経営』が危い」(『文藝春秋』1992年2月号)は，このような日本企業の成功にたいする警鐘だった。
10) 鶴田満彦『グローバル資本主義と日本経済』(桜井書店，2009年，174ページ)が，「資産……価格の暴落を契機として開始され，実体面の過剰生産・過剰設備がそれに続き，不良債権をかかえた金融機関のクレジット・クランチが回復の足枷となる」と「90年代の不況」をえがき，それを「古典的形態をとった不況」ととらえた点は重要である。
11) 「過剰設備 変わる経営(1)〜(5)」『日本経済新聞』1992年7月12〜16日。
12) 日本銀行「全国企業短期経済観測調査」の「金融機関貸出態度判断DI」による。1991〜2003年に銀行20，信用金庫27，信用組合114の預金金融機関が破綻した(島村高嘉・中島真司『金融読本(第28版)』東洋経済新報社，2011年，257ページ)。
13) 「さらば日本型経営。『舞浜会議』で始まった」『朝日新聞』2007年5月19日付。
14) 日本経営者団体連盟『新時代の「日本的経営」：挑戦すべき方向とその具体策』1995年，34ページ。
15) 吉川洋『デフレーション』(日本経済新聞社，2013年)は，「1990年代後半，大企業を中心に高度成長期に確立された旧来の雇用システムが崩壊したことにより，名目賃金は下がり……デフレを定着させた」(212ページ)と述べているが，崩壊したというよりも，上述のように大企業の経営者が崩壊させたのである。
16) 「需要の拡大スパイラル」と「需要の縮小スパイラル」とを対比させつつ，生産能力の累積と過剰化とに基づいて景気循環を論じた研究として小林正人「『景気循環』研究序説」『駒澤大学経済学論集』2010年12月がある。

第17章　バブル経済

古野高根

はじめに

　商品，有価証券，不動産等への投機と価格高騰・暴落は有史以来幾度となく繰り返されてきたが，バブルとはなかでも「持続性は乏しいが，崩壊も含めてその変動が実体経済を巻き込み，大きな影響を与える現象」と定義すべきであろう。直近では，日本の1980年代後半の不動産を中心とする「20世紀末バブル」[1]，米国の2000年代初頭の「住宅バブル」はその好例である。
　「20世紀末バブル」については，不動産と同時に株式でも東証株価指数がピークの1989年末には1980年末の3.5倍に急騰し，その後2011年末にはピーク時の42%にまで低下しており，これもバブル現象といえるが，株式投資はどちらかといえば余資運用の色彩が濃く，株価も地価に影響されがちで，その反落の結果も山一證券，三洋証券の破綻等はあったものの，不動産に比べて相対的に経済への影響は薄いと見て本稿では検討の対象とはしない。

I　日本の「20世紀末バブル」

1　3つの時期区分

　主として日本経済に焦点を当ててこの時期のバブルの生成と崩壊の歴史を俯瞰するとき，大きく3つの時期に分けることができる。これらを経済活動を示す指標，実質GDP成長率，消費者物価指数前年比，完全失業率（図1）と日本の市街地価格の推移（図2）を併せてみると，最初は1980年の景気循環日付のピークを起点とし，80年代前半の第2次オイルショックの後遺症が残る時期を経験するが，後半には短い景気後退以外は円高に見舞われつつも拡大基調で推移し，GDP成長率は1980年代を平均すると比較的高い水準（年平均4.7%），

図1 実質GDP成長率，消費者物価指数前年比，完全失業率　　（単位：％）

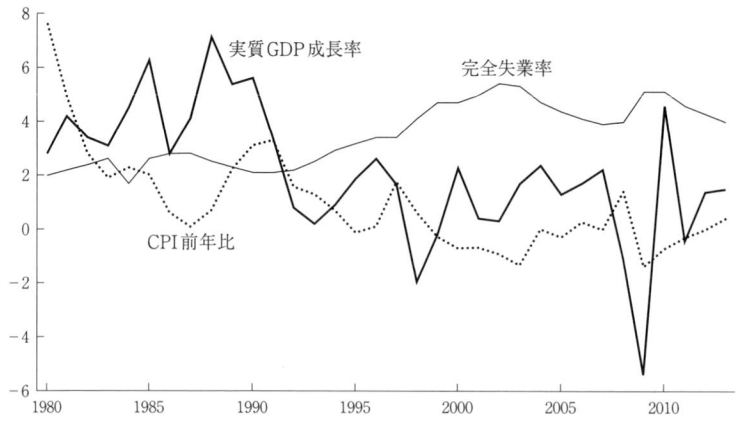

資料：内閣府「国民経済計算」，総務省「消費者物価指数」，厚生労働省「毎月勤労統計調査」。

図2　日米不動産価格推移　　（日本：2000年＝100，米国：1980年＝100）

資料：日本は日本不動産研究所「市街地価格指数」。米国はCase-Schiller, "Real Home Price Index."

　消費者物価指数前年比は平均上昇率年2.1％，完全失業率も1980年代は2％台（10年平均2.2％）と低かった。特筆すべきは85年の小ピークを過ぎた後90年の成長率のピークに至るまでの後半で，景気指標も過熱気味となったばかりでなく，とくに不動産価格が急騰してその助走期間も含めて80年代を通じてバブル期を形成した。

1990年代に入ると，不動産価格は1991年にピークをつけたのち急落に転じた。景気も1991年2月をピークに下降局面に入ったが，93年10月には底入れし，97年5月までの緩やかな伸びののち停滞局面に入り，成長率は98，99年にはマイナスとなり通期平均1.1％，消費者物価の平均上昇率0.8％，失業率も1990年代後半から水準が上昇して同3.0％，とくに後半には5％近くまで上昇した。バブルの反動と整理が一段落する2000年のピークまでが崩壊期である。

2000年に入り銀行の不良債権処理も一段落して不動産価格の下落ペースも後半にはやや緩やかになった。成長率もプラスに転じ，その後，設備投資の回復と円安に伴う輸出の好転から2003〜07年には比較的順調な回復を示した。消費者物価の前年比も2004年にはいったんマイナスが解消して2008年まではおおむねプラス，完全失業率も徐々に低下していったが浮揚感は乏しく，2007年に発生した米国のサブプライム・ローン問題に端を発する金融危機から一転円高に転じ，輸出不振，設備投資の低迷から停滞色が強く成長率は2008，09年にはマイナスとなり10年平均でも0.8％，消費者物価は2009〜12年に再度マイナス，失業率も2009年には5％台に上昇した。結果的には10年間に及ぶ停滞期となった。

これら一般的な経済指標の動きに比べると，日本の市街地価格指数は1980年代後半に突出して高く，その反落が日本経済に与えた打撃もはかりしれない。経済指標から判断すると，1980年代後半のバブル経済の崩壊に伴う経済活動の停滞は，1992年頃から始まり2002年頃にはいったん終息したとみられる。2003〜07年は不十分ながら回復期とみてよく，景気循環の日付で見ても2002年11月から08年2月まで「いざなぎ景気」を上回る息の長い上昇を記録した。

2 「20世紀末バブル」

1980年代の後半に日本で発生した「20世紀末バブル」の発生原因については，いろいろの角度から議論が展開されている。その代表的なものを検討すると，まず挙げられるのはグローバル資本主義下の景気循環のうち，バブルは大型好況であるとする見方で，景気の過熱は金融引き締め政策を招来し，景気後退の結果，三つの過剰（過剰設備，過剰雇用，過剰債務）を招いて，バブル崩壊に至るという。振幅は大きいかもしれないが資本主義経済に一般的な図式が提示

される(星野, 2008年)。これはバブルを資本主義の循環として一元的に捉えようとする点で, 一見すっきりした説明ではあるが, バブルという特異な現象に対する説明としては物足りない。

また1970年代までの設備投資と輸出に大きく依存した高度成長によってつくりあげられた輸出依存偏重体質は貿易摩擦を引き起こし, プラザ合意と円高進行による修正過程で, 無節操な国内投資バブルがもたらされたとする考え方がある(増田, 2008年)。高度成長に伴う産業構造の変化・円高には傾聴すべきものがあるが, 政策的な誘導とそれに応じた産業界の動きの帰結として国内バブルを説明するのは一面的にすぎはしないだろうか。

産業政策に加えて, 金融政策についても, 1986年の株価と地価の最初のジャンプはファンダメタルズの変化と関係があるとしても, 金融自由化の役割, 1986～87年の金融の緩め過ぎがバブルを拡大させ, 逆に1989～95年にわたる過度の金融引き締めはバブル崩壊に与える影響を大きくしたとする見解もある(伊藤隆敏, 2002年)。たしかにこれらはバブルを拡大させ, その崩壊の影響を大きくした要因ではあるが, バブル発生の直接の原因とは認めがたい。

いまひとつイベントないし政策・事業主体の行動に原因を求めようとする議論として, 「銀行性悪説」が広く囁かれている。大企業の銀行離れと金融自由化により新たな収益源を求められた銀行が, 不動産融資に殺到してバブルを引き起こしたというものである。たしかに寡占競争の結果とはいえ, 安易な融資姿勢が不動産価格高騰を助長した一因であることは否定できないとしても, 資金供給はあくまで需要とマッチして発生するもので結果にすぎない。

これまでの説明はそれぞれに説得力を有するが, 「20世紀末バブル」を不動産投機とみる以上, その主役となった企業と銀行に何が起こったかを分析する必要がある。そこで, 『法人企業統計年報』に基づき全産業および主要産業について, 1980年代, 90年代, 2000年代初頭10年の主要勘定科目の異動(表1), さらに製造業については10年ごとの主要損益勘定の集計値(表2)を示した。同時に日本銀行の「貸出先別貸出金」に基づき銀行サイドからの業種別貸出動向(図3)を検証する。

製造業の1980年代の売上高と当期利益について70年代と比較すると, 売上高, 当期利益ともに2倍で, 1980年代が拡大基調で推移したことをうかがいし

表1　産業別資金移動
(単位：十億円)

		資産			負債・資本		
		流動資産	固定資産	投資ほか	借入	その他負債	資本
全産業	1980〜90	345,838	210,693	86,169	277,281	222,989	142,430
	1990〜00	−65,507	148,328	84,581	21,875	27,830	117,697
	2000〜10	25,255	−16,836	128,107	−35,352	−6,666	178,544
製造業	1980〜90	89,305	49,603	27,878	30,364	66,842	69,581
	1990〜00	84	28,673	37,020	10,957	1,493	53,327
	2000〜10	−6,053	−12,871	19,567	−6,212	−17,811	24,667
鉄鋼・化学	1980〜90	13,074	6,053	3,937	734	9,253	13,078
	1990〜00	−4,467	3,009	7,400	1,301	−4,671	9,312
	2000〜10	1,906	−2,075	4,842	893	−2,318	6,098
電機・自動車	1980〜90	32,033	14,616	11,446	7,783	26,135	24,177
	1990〜00	5,751	7,172	15,859	2,240	10,019	16,523
	2000〜10	1,880	−1,434	7,650	2,381	−1,102	6,820
非製造業	1980〜90	256,533	161,090	58,291	246,917	156,147	72,849
	1990〜00	−65,591	119,655	47,561	10,918	26,337	64,370
	2000〜10	31,308	−3,966	108,540	−29,138	11,143	153,877
建設・不動産	1980〜90	94,147	46,907	14,074	86,169	51,012	17,946
	1990〜00	−33,344	36,134	9,928	675	−4,760	16,803
	2000〜10	−14,707	15,666	10,199	−11,225	−2,971	25,355
卸売・小売業	1980〜90	98,854	32,231	25,424	69,162	61,213	26,134
	1990〜00	−42,191	20,221	8,148	−4,824	−21,568	12,571
	2000〜10	−16,867	−11,662	3,815	−30,189	−12,782	18,256

資料：財務省『法人企業統計年報』。

表2　製造業主要損益勘定推移（10年ごと累計）
(単位：十億円)

	売上高	売上原価	管理販売費	営業利益	営業外損失	特別損失	法人税ほか	当期利益
1981〜90	3,310,196	2,646,014	519,407	144,775	25,169	163	64,214	55,433
1991〜00	4,067,233	3,195,326	739,162	132,745	14,212	22,389	54,424	41,719
2001〜10	4,141,650	3,302,577	695,985	143,096	−18,801	40,571	58,463	62,863

資料：財務省『法人企業統計年報』。

ることができる。もっとも資産面についていえば，これを受けて1990年には国民所得統計上の設備投資もGDPに占める割合が久方ぶりに20％に迫るほどの盛り上がりを見せたにもかかわらず，1980年代を通じての全産業の総資産

図3　国内銀行貸出先別貸出金　　　　　　　　　　　　　　　（単位：十億円）

凡例：個人／その他非製造業／金融・保険／卸売・小売業／建設・不動産業／製造業

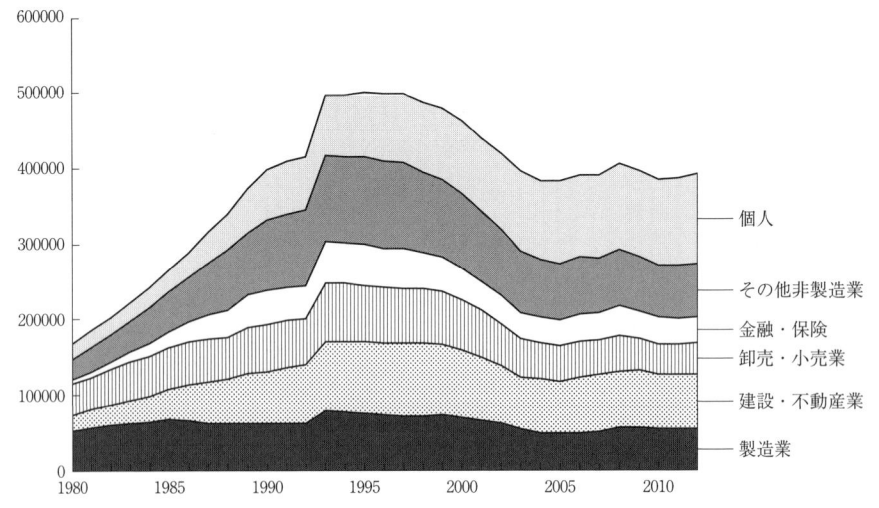

資料：『日本銀行統計』。
注：1）1980~90年の非製造業は，独立した係数がないため，総貸出から製造業，地方公共団体，個人，海外円借款，国内店名義現地貸を差し引いたものを用いた。
　　2）1993年，99年に集計対象の変更あり，不連続。

増加643兆円のうち製造業は26％，固定資産の増加でも24％を占めるにすぎず，非製造業の限界的な増加に圧倒された。

　業種的にみると，製造業では電機・自動車産業の資産増加が大きく，これに鉄鋼・化学の重厚長大業種を加えた主要4業種で製造業の49％を占めた。しかし，資産としては好況の長期化で流動資産の増加が大きく，固定資産の増加はこれら主要4業種ではさほど大きくなく，資本増加の範囲内に収まったため，製造業の借入の増加は，流動資産に含まれる現金・預金・有価証券の増加とほぼ同額で，実質的な借入需要はなかったことになる。増加額自体も全産業借入増加の1割強にすぎず，とくに製造業主要4業種の固定資産増加は自己資金調達が目立った。主要製造業種については生産資産の蓄積は飽和状態に近づきつつあったことをうかがわせる

　これに対して，外資系企業の日本進出や第三次産業の増加により大都市圏のオフィス・住宅需要が増加して，これに応えるための旺盛な不動産投資意欲が投機の様相まで呈した建設・不動産と，拡大意欲が旺盛な卸売・小売の不動産

関連業種は非製造業総資産増加の3分の2を占めた。なかでも建設・不動産では流動資産，固定資産ともに増加が旺盛で，しかも非上場企業も多く，資本市場からの調達力が脆弱で調達割合が12％と極端に低い（製造業42％）ため借入依存度が高く，借入増加額は全産業の31％を占めた。卸売・小売業では売上債権や流動性資金など業容拡大に伴う運転資金の増加が大きかったが，固定資産投資も資本の増加ではまかなえなかった。したがってこれら非製造業主要4業種合算の借入増加は非製造業全体の63％，全産業の56％に達した。

これを銀行貸出の状況から見ると，図3のとおりで，1980年代についてみれば，金融自由化により，これまでの規制金利下での預金量拡大競争から，収益拡大，運用力強化が求められるようになる中で資金需要が乏しくなり，調達手段も多様化して，借入残高が横ばいに転じた製造業に対して，銀行依存度の高い建設・不動産業や残高が少なかったものの個人向けの不動産関連融資やローンの資金需要が高まったのは，資金運用に頭を悩ます銀行にとっても好都合な運用対象で，勢い融資条件の緩和競争も激化した。これにレジャー関連その他の非製造業が続く。これら広い意味での不動産関連業に対する貸出残高は，用地取得意欲が旺盛な卸売・小売業や不動産関連への運用が多い金融業も加えその他非製造業を除いても全体の6割弱に達した。

3 「20世紀末バブル」の崩壊

「持続性は乏しいが」の言葉通り，1988年には地価上昇の先頭を走っていた東京都心の地価に一部値下がり傾向が報じられるなど，バブルにも息切れがうかがわれ始めた。しかしながらその後，地価上昇は周辺部から地方へと波及し，1989年5月からの数次にわたる公定歩合引き上げ，90年3月の不動産融資規制にもかかわらずしばらく止まらなかった。これは，地価上昇の広がりに加えて資金供給ルートも銀行から農協系，住宅金融会社，その他のノンバンクへと拡大していったこと，担保評価方式も確立しておらず取引事例など高騰する地価を追認したものになりがちであったこと，不良債権処理に伴う破綻金融機関の救済方式がなかなか確定しなかったこと等が挙げられる。

結果として1998年にいわゆる金融再生関連4法の成立，最終的には2002年の不動産担保評価方式の決定（収益還元法）までまつことになる。

これを受けて，借入により急拡大した非製造業では，バブル崩壊で不動産業は業界全体で1991年から2001年まで，建設業も1998年から2002年まで連続して赤字，卸売・小売業も1998年には赤字となった。この間銀行が喫した96兆円（1992～2004年累計）に及ぶ貸し倒れ損失も含めれば打撃はさらに大きい。これに伴い，建設・不動産，卸売・小売業ともに流動資産は大幅に縮小したものの，固定資産は圧縮・評価損計上が遅れて増加を余儀なくされ，資本の増加にもかかわらず，借入は若干ながら増加した。

　これに加えて，製造業でもこれまでの急激な業容拡大の反動は大きく，10年通算でみると，売上高は増加したものの売上原価，管理販売費の増加が大きく80年代に比べて営業利益段階で減益となるなど不況色が強くなった。さらに，金利低下もあって営業外損益は改善したものの，遅れた事業転換や失敗した多角化事業の整理・リストラ等に伴う特別損失が増加して当期利益は大きく減少した。鉄鋼業では市況低迷と低操業，その結果としてのリストラおよび子会社の整理等から高炉各社のみならず特殊鋼，電炉各社でも巨額の損失を計上するところが相次ぎ，1993，94，98，99年と業界全体で赤字，電機では1998年の三菱電機のテレビ，半導体事業の縮小，自動車では99年の日産自動車，トラック各社のリストラ等の要因で業界全体の最終損益がマイナスとなった（表2）。

　これを要すれば，「20世紀末バブル」は相対的に蓄積の進んでいなかった電機，自動車はともかくとして，製造業全体では高度成長による過剰蓄積の進行から純投資は低下，借入増加もさしてないなかにあって，グローバル化や再開発を見込んで設備投資が旺盛で借入依存度が大きい建設・不動産業，卸売・小売業等で借入をテコに不動産投機が噴出したといえる。その結果，土地バブルの崩壊では，動員した資金量，崩壊に伴う損失額から見て，喫した打撃は最も大きい。しかも銀行借入への依存度が高く，その後の不良債権の処理に伴い幾多の金融機関の破綻と混乱を招くことになった。

　1990年代の停滞は，これら不動産バブル崩壊に加えて，通常の設備投資循環（ピークは1991年）の下降局面，個別企業に濃淡はあるものの，企業の高度成長期の既存事業からの構造転換，技術変化に対応するための構造改革や失敗した多角化の整理のためのリストラの3つの要因が重なっているとみるのが妥

4 2000年代の回復

　この間の製造業の業績をみると，売上高は若干の増加に加えて管理販売費の改善で売上原価高を吸収して営業利益は1980年代の水準には及ばないものの，増加した。加えて営業外損益はプラスに転じたため特別損失の拡大も吸収して当期利益は大幅な増益を実現した。このため資産面でも流動資産，固定資産でスリム化が進行し，資本勘定も増加して借入，その他負債は大幅に圧縮されアク抜けしてきたさまがうかがえる。

　非製造業では，懸案の不動産関連を中心とした銀行の不良債権の処理は，1998年の金融危機を切り抜けた後も徐々に進み，2002年，竹中蔵相は不良債権償却の基準を明示するとともに，2005年3月までに不良債権比率の半減を目指すとした。卸売・小売業は流動資産，固定資産が増加，建設・不動産業は2000年初頭の数年間は赤字が続いたうえ，その後不動産のミニブームもあって固定資産の圧縮が進まず流動資産の減少にとどまった。しかしともに資本の増加も回復したため借入，負債は圧縮でき，全体として不良債権比率圧縮も目標を達成できた。この間，米国の影響を受けて抵当証券による資金調達も行われたが，不動産関連は2010年で残高12兆円程度とそれほど大きな規模とはならず，リーマンショック後の金融機関のリスク管理強化の影響もあり，漸減していった。銀行貸出の状況を見ても，製造業，非製造業の各業種で減少しつつあり，唯一個人向けだけが増加するにとどまり，一段と停滞色が強まった。

II　米国のバブル

1　「住宅バブル」

　1960年代に入ると好景気が続き，名目成長率は1971年から84年まで8％を上回り，GDPに占める設備投資の比率もこの14年間で7回にわたり12％を超えるなど，資本蓄積が進んだ。1980年代後半にS&L向け融資，90年代後半にはITバブルなど一部にバブルに近い現象も見られたが，1990年代に入ると2〜4％の安定した成長となった。設備投資がGDPに占める比率は，1992年の

9.7％の底から1990年代末の3年間は再び12％台をつけたが，ITブームの沈静化から10％台に低下した。このなかで安定した成長を遂げたのが住宅投資で，GDPに占める比率は1991年の3.4％から2005年には6.2％にまで一貫して上昇した。この理由としては，それまでの経済成長で所得が増加したこと，低所得者の住宅取得促進のための規制緩和が行われたこと，低金利の長期化，とくに当初は固定金利，大半を占める残余期間は変動金利というローンは低金利であった当時としては魅力的に映ったこと，などが挙げられる。さらにこの急激な拡大には，投資銀行が行った住宅金融会社から買い集めた住宅貸付債権を裏づけに抵当証券化して投資家に売却するか，再度ほかの種類の債権と合算して債務担保証券を発行・売却するという際限のない金融投機があり，住宅貸付の取組みに対する圧力は一段と強くなった。結果，住宅価格はケース－シラーの住宅価格指数によると，図2に示した通り15年間で，1.7倍，別の統計によると移民の多いところでは2倍を上回る状態になった。

2　「住宅バブル」の崩壊

　しかし2007年，住宅抵当証券を構成する住宅貸付の焦げ付きから住宅抵当証券，それを含んだ債務担保証券へと信用不安が拡大し，最終的にはそれらを取り扱う金融機関の信用不安に至る全面的な金融危機の様相を呈することになった。

　すなわち米国ではリーマンブラザーズの破綻に続いて，公的住宅金融会社，大手生命保険会社への財政支援，大手投資銀行の再編成など金融システム上の大変革を余儀なくされた。しかしながら，実体経済は実質GDP成長率で見ると2009年はマイナスを記録したものの，その後は回復軌道に乗った。株価（年末）で見ても2008年には落ち込んだが，翌年からはペースを取り戻している。

　これに対して，リーマンブラザーズに関連する債権をほとんど保持していなかった日本の金融機関は直接的な被害はまぬがれたが，日本経済への打撃は少なくなかった。2008年2月に景気循環のピークを迎えたのちの下降局面で外生的ショックを受けたわけで，円高・輸出不振から，2008，09年にマイナス成長を記録したが，その後の持ち直しは米国と同程度であった（『経済財政白書 平成22年版』）。

III　残された問題点

　しかしながら，日本経済はその後不況感から脱却できていない。具体的には，実質GDP成長率はいったんプラスを回復したものの，2011年には東日本大震災の影響で再度マイナス成長に転じた。片や，企業の業績は，表2で製造業について総括的に示したとおり，2001年から2010年に至る10年間の営業利益10兆円の増益には，売上原価，管理販売費に分散して，従業員給与・賞与・福利厚生費の圧縮約78兆円が含まれており，大幅リストラに伴い従業員数は期中平均ベースで15％減，これが相対的に給与水準の低い非製造業に吸収されていった。一方，物価の戻りは遅く2012年の名目GDPの水準は2007年の92％にとどまっている。すなわちデフレ，「持続的な物価の下落」である。

　このことは個人消費の低迷をもたらし，実質民間消費の伸びは2003年以降1％前後で推移し，2008, 09年にはマイナスを記録した。また設備投資も2001, 02年，2008, 09年，2013年とマイナスを記録，法人企業統計における全産業の集計で見ても2000～10年間の固定資産は減少している（表1）。

　それを端的に説明するものとして，本来は一過性のものであるべき需給ギャップがある。内閣府の試算（『経済財政白書 平成26年版』）によると，少なくとも2000年から2006年第II四半期まで，その後いったんプラスに転じたものの2008年第III四半期から，2009年の最大－8％を含めて2013年までマイナスが続いたことが指摘される。

　バブル崩壊後の長期不況の原因については，①バブル崩壊後の金融緩和が不十分で，高い金利水準の持続は実質成長率を押し下げ，その長期化の予想が浸透して国内での投資の減退をもたらすと同時に円高となって国内産業の空洞化を招いた，②この結果生じた巨額の不良債権は，企業・銀行に大きな負担となり，新たな投資意欲をそぎ，金融危機も発生した，③この結果，逆資産効果に加えてリストラ等に伴う所得減少から個人消費も大きく冷え込んだ，④設備投資の減退は有効需要面でのマイナス要因になると同時に潜在的需要が大きかったICT投資などを減少させ生産性向上への阻害要因となった（深尾京司，2012年），等が挙げられている。

これらの問題からの脱却と提言を織り込んだアベノミクスの「三本の矢」も無制限な量的緩和を含んだ金融政策については株式市場，為替市場の反応は早く，実体経済面でも若干ながら改善を示した。しかしながら，個人消費，設備投資の盛り上がりに欠け，輸出も円ベースでこそ伸びているが，数量は低調で，企業環境，労働環境の持ち直しも楽観を許さない。もともと財源的な制約がある財政政策，具体策を欠く成長戦略に多くを期待できず，金融政策も限界が見え始めた現在，循環的要因はともかく，日本経済は安定した成長軌道に復帰したと見るのは時期尚早である。

　このためには，日々起きる経済事象や政策論議から離れて，現代資本主義の底流にあるものを改めて考えてみる必要がある。それは，日本，米国に共通して1990年代，2000年代に発生した問題が未解決なためである。

　宮崎（1992年，250ページ）は，「20世紀末バブル」の崩壊が始まった直後の不況について，「1990年第IV・四半期から始まったアメリカの景気後退と1991年第II・四半期から下降局面に入った日本経済のいずれにも共通しているのは，従来例を見ない"金融部門リードの景気後退"（"複合不況"）である点であり，従来型の有効需要不足による景気後退と異なっている。その意味で明らかにリセッションのニュー・フェイスであった。／その特徴をまとめて考えてみると，それが何よりもまず1980年代後半から次第に展開された金融の国際化・自由化後はじめての景気後退である点が浮かび上がってくる」と実物経済循環に金融面が主体的に作用したことを指摘して，21世紀に入ってのからの「住宅バブル」の展開と帰結までも予見している。

　井村（2005年，333-342ページ）は，米国の影響を重視して，「『現代資本主義』の変質は，アメリカの膨大な貿易収支・経常収支の赤字の恒常化と結びついて，基軸通貨ドルの不安定性の恒常化，膨大な国際的投機的活動の恒常化というこれまでの資本主義が経験したことのない事態を生み出した」として，具体的には，①「アメリカのヘッジファンド等はすでに1980年代末以降，日本の株式市場で……さまざまな手法で投機的活動を展開しており……日本の金融ビッグバンでは徹底的な自由化が必要な規制措置をほとんどとらずに進められたため，日本の企業は外国投機筋の株式・為替市場の操作やM&A攻勢にさらされていたのである」。したがって，②「この投機的活動の暴走を抑止していく方法を

世界の人々が協力して確立し，社会的モラル回復を実現していく」必要があること，③慢性的ドル安・円高という状況に陥り，「ますます不安定化するドルに翻弄されることは日本経済の混沌とともに状況をさらに倍加するものである」と，金融自由化をテコにした米国金融資本主導の経済環境からの脱却を強く主張する。

このような金融的側面，海外とくに米国との関係といった外部要因はそれまであまり注目されてこなかっただけに，考慮すべき視点を提供したといえる。しかし同時に，日本，米国それぞれのリアルな自律的要因があることを忘れてはいけない。

それは過剰蓄積である。高度成長時代，日本の設備投資は1956年から70年にかけて10％を上回る率で増加を続け，とくに1967年から69年の3年間は20％を上回る伸びを記録した。これは少し遅れるが米国も同様で1972年から81年にかけて途中の2年を除き10％以上の伸びを見せている。高度成長による過大な投資は，生産設備稼働率の低下を招いて，収益率の低下，景気低迷をもたらすばかりでなく，過去の投資は収益のみならず減価償却を通じて現金収支を改善し企業の金余りをもたらす。同時に勤労者人口比率が安定ないし上昇している場合は，彼らの家計貯蓄が（とくに日本の場合には）銀行に蓄積し，銀行全体でも金余り現象が発生する。家計の行動様式は日米で異なるが，企業サイドの事情は同様であろう。

この設備投資の下降傾向の永続性を考える場合，コンドラチェフが実証的に提唱した50年周期の長期波動説をいまいちど想起する必要があるのではなかろうか。筆者（古野，2008年）は「バブルは長期波動の下降局面，成功体験の残像と投資機会の希少化が重なる時期に発生しやすいのではないか」と指摘したことがある。長期波動のクロノロジーは諸説あるが，ほぼ世界的に共通して観察されており，第Ⅰ循環の谷1790年，山1815年，第Ⅱ循環の谷1845～50年，山1872～73年，第Ⅲ循環の谷1890年，山1910年，第Ⅳ循環の谷1945年，山1970年が大勢のようである。ちなみにこれを，マディソンの長期統計に従い1891～1991年間の日米の非住宅構造物と設備・機械合算の対前年比増加率（％）を見たものが図4である。大きな趨勢線としてみると，米国では1890年代初頭が山，1920年代後半に若干高い時期を記録したものの30年代には底入れし

318　第4部　日本経済

図4　資本ストック（非住宅構造物＋設備・機械）対前年比増加率（単位：％）

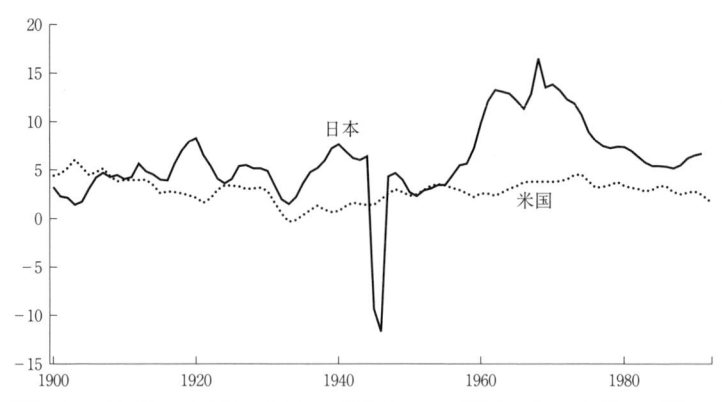

資料：Angus Maddison, *Explaining the Economic Performance of Nations: Essays in Time and Space*, 1995, Edward Elgar.

図5　有形固定資産（住宅を除く）前年比増加率　（単位：％）

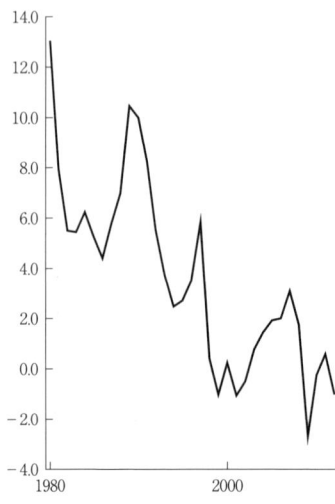

資料：内閣府経済社会研究所「国民経済計算報告書」昭和30年～平成10年，平成19年版，平成24年版。

て上昇1973～74年をピークとする山とおおむね50年周期の長期波動が認められる。日本についても戦争による攪乱要因を除外すれば20世紀初頭から1921年のピークまでが上昇期，1940年代の大きな落ち込みを経て1968～70年に再度ピークというほぼ同様のトレンドとなっている。参考までに，日本についてのその後を国民所得統計の有形固定資産（住宅を除く）対前年比増加率のトレンドを見ると，1970年のピーク後の下降トレンドはいまだに続いていると見られる（図5）。

資料，データの違いにより若干の差異はあるが，現在の停滞はこの長期波動の下降局面に相当するとも考えることができる。長期波動が引き続き存在するとすれば，長期上昇局面への反転は遠からず来ることになる。今後の動向が注目される。

注

1) 「平成バブル」とも称されるが,発生は「昭和」で,「平成」はいまだ進行中であるため,仮称としてこの表現を用いる。

参考文献

伊藤隆敏／トーマス・カーギル／マイケル・ハッチソン『金融政策の政治経済学(上)(下)』(北村行伸監訳)東洋経済新報社,2002年。
井村喜代子『日本経済 混沌のただ中で』勁草書房,2005年。
内閣府『経済財政白書』平成22年版,26年版。
深尾京司『「失われた20年」と日本経済 構造的原因と再生への原動力の解明』,日本経済新聞出版社,2012年。
古野高根『20世紀末バブルはなぜ起こったか』桜井書店,2008年。
―――「『20世紀末バブル』と米国住宅バブル――その崩壊と影響」,『東京経済大学会誌 経済学』第277号,2013年3月。
星野富一「日本のバブル期における大型好況とその終焉」SGCIME編『グローバル資本主義と景気循環』御茶の水書房,2008年。
増田壽男「『平成大不況』から脱し切れない日本経済」増田壽男・吉田三千雄編『長期不況と産業構造転換』大月書店,2008年。
宮崎義一『複合不況 ポストバブルの処方箋を求めて』中公新書,1992年。

第18章　日本資本主義分析と労働時間

森岡孝二

はじめに

　よく知られているように，日本は高度に発達した資本主義諸国のなかで労働時間が際立って長い国である。にもかかわらず，日本の労働組合運動においては，時短よりも賃上げや雇用維持が優先され，見るべき時短闘争は展開されてこなかった。労働時間問題を置き去りにしてきたのは労働運動だけではない。この国の経済学も労働時間について，実生活の重要性にふさわしい位置づけを与えてきたとは言えない。マルクス『資本論』は，労働時間を総資本と総労働の対立と抗争の焦点に位置づけ，労働条件のみならず資本蓄積と雇用・失業の規定的要因ととらえていたはずである。しかし，主流派の新古典派経済学に立つ日本経済論はもちろん，マルクス経済学を理論的ベースとした日本経済論においても，労働時間の問題は最重要の社会問題の一つとしては扱われず，むしろ理論的に軽視されてきたのではないだろうか。

　そこで本稿では，まず日本の戦前と現在の労働時間を概観し，次に代表的な文献を例に，日本資本主義分析あるいは日本経済論において労働時間問題がいかに軽視されてきたかを述べ，その原因を，(1)労働過程論・労働時間論を欠いた『資本論』理解，(2)資本・賃労働関係を置き忘れた段階論的アプローチ，(3)平均時間と支払時間にとらわれた労働時間把握，という三つの要因から説明する。最後に，最近の政治情勢に触れ，労働時間問題に照明をあてることの重要性を確認する。

I　日本の戦前と現在の労働時間——断絶と連続

1　戦前の日本資本主義と長時間労働

　一般に日本資本主義の特徴として労働時間が長いという場合には，戦前はも

っと長かったということが含意されている。それゆえにまず，戦前の日本の労働時間について，1903（明治36）年に出た農商務省の工場調査報告書『職工事情』（岩波文庫，上中下）と，1925（大正14）年に出た細井和喜蔵『女工哀史』（岩波文庫）から簡単に見ておく。

　20世紀初頭の日本では，綿糸紡績業や製糸業などの繊維産業が発展し，原生的な資本・賃労働関係の基礎上に資本主義が確立していた。しかし，当時の日本は，人口構成から言えばなお農業国であり，寄生地主制のもとで高い小作料に喘ぐ農村では，農民層の分解と貧困化が進み，急激な人口増加を背景に，繊維産業を中心とする大工業のための大量の産業予備軍が創出されていた。繊維産業は当時の工場総数の6割強，職工総数の3分の2を占めていた。

　職工の大多数は女工であった。女工の多くは募集人を介して農村から供給された。多数の少女を含む女工の予備軍は，どこでどのような労働条件で働くかも，親がいくら前借りしたかも知らないまま，遊女が身売りをするように親によって募集人に売られ，さらに募集人によって工場に売られた。雇用関係は工場主と女工との契約関係であるまえに，工場主と募集人の契約関係であった。そのために工場主と職工とは，実質上はもちろん，形式上も対等ではなかった。

　『職工事情』によると，紡績工場では昼夜交替制が行われていた。公式には昼業は午前6時始業・午後6時終業，夜業は午後6時始業・翌日午前6時終業になっていた。職工には食事時間として30分の休憩時間が与えられていたが，休憩時間中も機械の運転を止めなかったので，全員が同時にゆっくり食事をとることはできなかった。

　労働時間が公式には休憩を除いて11時間半である場合も，2,3時間の居残りをさせられることが通例になっていた。そればかりか「徹夜業は一般職工の耐え難き所なるを以て，夜業には欠勤者多く，操業上必要なる人員を欠く場合多し。ここにおいてか昼業を終えて帰らんとする職工中につき居残りを命じ，ついには翌朝に至るまで24時間の立業に従事せしむること往々これあり。甚だしきに至りては，なおこの工女をして翌日の昼業に従事せしめ，通して36時間に及ぶことまた稀にこれなしとせず」[1]というほど過酷を極めた。

　このような労働者の健康を顧みない長時間の過重労働が広がるなかで，1880年代以降，女工をはじめとする工場労働者の保護のために，職工条例や工場法

の制定の必要性が政府部内でも議論されるようになってきた。1896 (明治29) 年には，農商務省の諮問機関である農商工高等会議において，工場法制定の是非が取り上げられた。そこで東京商業会議所会頭の渋沢栄一は，資本家・工場主を代表して，工場法制定に反対する立場から次のように述べた。

「(職工の) 働ク時間ガ長イト云フコトハゴザリマセウ。左リナガラ大抵，其職工ガ堪ヘラルル時間ト申シテ宜イ。又，夜業ハユカヌト云フコトハ，(中略) 学問上カラ云フトサウデゴザリマセウガ，併シ，一方カラ云フト，成ルベク間断ナク機械ヲ使ツテ行ク方ガ得デアル。之ヲ間断ナク使フト云フニハ，夜業ト云フコトガ経済的ニ適ツテ居ル。(中略) 夜間ノ仕事ヲスル方ガ，算盤ノ上デ利益デアルカラヤツテ居ル。為メニ衛生ノ上カラ云フト，害ガアツテ職工ガ段々衰弱シタト云フ事実ハ，能ク調査ハ致シマセヌガ，マダ私共見出サヌノデゴザリマス」[2]。

経済界の強い反対があるもとで実施された『職工事情』の工場調査は，過酷な長時間労働から労働者を保護するために工場法の制定が日程に上り，そのために必要な基礎資料を集めることが目的であった。1911 (明治44) 年には，もともと不十分だった法案がさらに骨抜きにされて，適用対象が15人以上の職工を雇用する工場に限定され，職工のうち女性と15歳未満の年少者についてのみ労働時間を1日12時間までに規制する工場法が制定され，1916 (大正5) 年にようやく施行された。23年の改正では年少者が1歳引き上げられて16歳未満とされ，1日12時間が11時間に短縮された。紡績女工の深夜業は1929 (昭和4) 年にいたって辛くも廃止された。

しかし，工場法が制定されたといっても長時間労働の規制にはほど遠かった。同法の改正後に出た『女工哀史』に描かれた労働世界も『職工事情』と大きく異なるものではない。『女工哀史』によれば「およそ紡績工場くらい長時間労働を強いる処はない」[3]。著者の細井が働いたことのある東京モスリンでは，11時間制を原則とし，夜業は紡績部だけで，織布部では昼業しかないと公表していた。しかし，1時間は「残業」という名目で実際は12時間制になっていたうえに，希望者による「自由服夜業」という名目で夜業もあった。細井はこれを批判して「一年三百有余日残業するところがはたして欧米にあるだろうか？」と問い，それを「強制的残業政策」と名づけている[4]。今日の日本でも，一時

的・臨時的であるべき残業が計画的・恒常的になされている点では戦前と異ならない。今日では所定労働時間が短くなっているだけに，残業時間は戦前よりはるかに長くなってさえいる。

　製糸工場における女工の労働時間も紡績に劣らず長時間であった。『職工事情』によれば，製糸工場では，昼夜二交代の徹夜業こそなかったが，日の出から日没まで働かされていた。冬季の労働時間は10時間を下まわることもあったが，夏季は13時間以上になることもあった。長野，山梨，岐阜，群馬などでは，日没の早い時季には，日没後照明をともして就業させた。「この方法を行うときは毎日の労働時間は，決して13, 4時間を降ることなく，長きは17, 8時間に達することもまたこれなし」5）。諏訪地方の工場では，午前午後の休憩時間を与えないだけでなく，食事時間もなるべく短縮しようと，ある工場では「食事時間は五分を過ぐべからず」6）（同書，239ページ）という規則を設けていた。また握り飯を各女工の受け持っている繰釜（くりがま）の側に配り，女工は握り飯を頬張りながら作業をするところもあった7）。

　長時間過重労働，採光や換気の悪い作業環境，拘束的で感染しやすい寄宿舎生活などが重なって，紡績や生糸などの繊維産業においては職工の疾病が多かった。なかでもとくに多かったのは結核である。『女工哀史』は，日本の産業衛生学の先駆者で，内務省の「工場衛生調査」にも携わった石原修の「衛生学上より見たる女工の現況」（1913年）を援用し，工場在職女工の死亡率の高さと結核による女工死亡の多発を問題にして概略次のように述べている。

　寄宿女工1000人のうち約13人が毎年死亡する。病気になって解雇されるか退職して，帰郷後死亡した者を加えると，女工の死亡数は1000人のうち23人に上る。女工の死亡率に関するこの数字は，12歳から35歳までの一般の女性より3倍も高い。死亡した工場在籍女工1000人のうち386人，約4割は結核またはその疑いがある者である。また病気帰郷後に死亡した1000人のうち703人，約7割は結核またはその疑いがある者である8）。

　細井が東京モスリンの職工組合「労正会」の例を挙げて示唆しているように，労働者の地位の向上や生活の安定や健康の確保の鍵を握っているのは労働組合である。『女工哀史』より四半世紀以上前の1897（明治30）年，片山潜や高野房太郎らが，日本の労働組合の嚆矢とされる「労働組合期成会」を立ち上げた。

その翌年には，農商務省から工場法案が発表された。期成会は工場法案に対して修正を求めて，その機関紙『労働世界』に，10歳未満の幼少者の使役を禁止すること，14歳未満の職工の1日8時間以上の使役を禁止すること，最低毎日曜日および1日1時間の休憩を確保すること，尋常小学校を卒業していない14歳未満の職工の教育を工場主に義務づけることなどを要求して「工場法案に対する意見書」を提出した[9]。また『労働世界』は，『職工事情』の調査が実施された1901（明治34）年に，芝浦製作所や沖電気で起きた「過労による結果の衰弱や頓死」を取り上げ，「いまや労働運動は賃金問題でも権利問題でもなく，生命問題である」[10]と述べた。

世界ではニュージーランドで他の国々に先駆けて1873年に8時間労働制が確立された。翌年にはオーストラリアがそれに続いた。両国とも当初は女性だけに適用されたが，やがて全労働者に拡大された。ロシアでは1917年の10月革命で8時間労働制が布告された。続いて18年にドイツで，19年にフランスで8時間法が制定された。

1919年，第一次大戦の戦後処理のためのベルサイユ条約に基づいて，国際連盟の一機構としてILO（国際労働機関）が設立された。同年の第1回総会で採択された条約が，8時間労働制（工業・工場1日8時間，週48時間）を定めた第1号条約である。ヨーロッパ諸国は，反対する日本を説き伏せるために，日本について，満16歳未満の年少者と坑内労働者だけを週48時間までとし，それ以外は週57時間，製糸工場のみは60時間までとする特例措置を認めるところまで譲歩した。しかし，日本の4人の代表のうち，労働者代表は原則的に8時間労働制を導入することを強く主張したものの，政府代表2人と使用者代表が反対し，結局，批准に加わらなかった[11]。

とはいえ，日本でも1920（大正9）年のメーデー以降，8時間労働制を要求するスローガンが掲げられ，鉄鋼や造船の一部には8時間制を受け入れる工場も現れた。しかし一般に大きなストライキにおける要求は賃上げや解雇反対が中心で，時短の課題が正面に掲げられることはほとんどなかった。第二次大戦中は，軍事動員体制のもとで労働組合が禁圧され，労働時間の延長が生じた。

2 戦後の日本資本主義と長時間労働

　第2次世界大戦が終わると,アメリカ軍占領下で労働改革が始まり,1947年4月に労働基準法が制定された。それは,男女の別なく全産業を対象とする一般法として1日8時間・1週48時間を定めた画期的な法律であった。しかし,肝心の法定労働時間の強制力という点では,労働基準法は成立当初から重大な不備を抱えていた。使用者は同法の第36条にもとづいて,労働者の過半数を組織する労働組合(あるいは組合に代わる労働者の過半数を代表する者)との間で労使協定(いわゆる36協定)を締結して労働基準監督署に届け出れば,時間外および休日にいくら労働をさせても罰せられない,という抜け道が用意されていたからである[12]。とはいえ,その場合も残業賃金の支払義務は免除されなかった。

　にもかかわらず,経済界＝使用者側は労基法制定後も労働基準の引き下げを繰り返し言い立ててきた。とくに1980年代半ば以降は労働市場制度の規制緩和と軌を一にして労働時間制度の規制緩和が強まってきた。主だったものだけでも,週40時間制への移行と引き替えの1日8時間規制の柔軟化,変形労働時間制の拡大,裁量労働制の導入と拡大,女性の残業規制の撤廃,ホワイトカラー・エグゼンプション制度の導入の企図などがある。

　1988年11月11日付のアメリカの新聞『シカゴ・トリビューン』は,"Japanese live…and die…for their work(「仕事に生き……仕事に死ぬ……日本人」)という大見出しを1面トップに掲げて,椿本精工(現ツバキ・ナカシマ)のボールベアリング工場で起きた平岡悟(当時48歳)の過労死事件を詳しく報じた。

　この年の4月から6月にかけて,大阪を皮切りに全国主要都市で,過労死被災者の家族や労働者本人から弁護士が労災申請や過労死防止について電話による相談を受ける取り組みが実施され,「過労死110番全国ネットワーク」が結成された。これが大きく報道されて「過労死」という言葉が一挙に時代を映す現代用語として広がった。

　1980年代末に過労死が深刻な社会問題となったのは,1987年に脳・心臓疾患の労災認定基準がわずかに緩められたという事情もあるが,それ以上にバブル経済下で残業が増加し,男性フルタイム労働者の労働時間が一段と長くなり,過労死が多発したからである。

総務省「労働力調査」によって，1975年〜90年の時間階級別の労働者の分布の変化を見れば，一方では週35時間未満の短時間労働者が353万人から2倍の722万人に増加し，他方では週60時間以上の超長時間労働者が380万人からこれまた2倍の753万人に増加している。性別に見ると，超長時間労働者が増えたのはほとんど男性で，短時間労働者が増えたのはほとんど女性であった。このことは，この時期に「男は残業・女はパート」の日本的働き方が強まり，労働時間の性別二極分化が進んだことを物語っている[13]。

　1970年代半ばのオイルショック不況から1990年代初めのバブル崩壊までは，労働組合運動の企業内への封じ込めが進んだ時期でもあった。ストライキは1975年をピークに消滅的に減少し，総評が解散して連合が発足した1989年以降，日本はほとんどストライキがない国になった。

　1990年代に入ると図1に見るように，1980年代に年間2400時間を超えていた男女計の平均労働時間は大きく減少しはじめ，今では2100時間を切るまでになっている。しかし，この減少は，図2と対比すればわかるように，女性を主力とするパートタイム労働者（アルバイトや派遣をも含む週35時間未満の短時間労働者）の増加によるところが大きく，男性のフルタイム労働者の労働時間はほとんど変化していない。5年ごとに実施される総務省「社会生活基本調査」の最新結果（2011年）では，男性正規労働者（「正規の職員・従業員」）は，週平均53.1時間，年間ベースでは約2760時間働いている。これは1950年代後半の男性の平均労働時間とほとんど変わらない（図1および表1参照）。

　表1に示したフルタイム労働者（日本は正規労働者）の労働時間の国際比較によれば，日本の週労働時間は，米英より10時間前後，独仏より12〜13時間長い。独仏と比べれば，年間で600時間以上長く働いていることになる。日本の女性は，2011年現在で週53.1時間の男性より9時間短い。にもかかわらず，上記4ヵ国の女性の週平均39時間と比べると5時間も長く働いている。家事労働と市場労働合わせた合計労働時間は，世界の先進諸国の男女のなかで日本の女性が最も長いというデータもある[14]。

　国際比較で無視できないのは，日本の年次有給休暇の取得率の著しい低さである。EU諸国では年間30日前後の有給休暇が付与され，そのほぼ9割が消化されているが，2014年に日本の企業が労働者（パートなどの非正規労働者を除

図1 性別労働時間の長期的推移 (単位：時間)

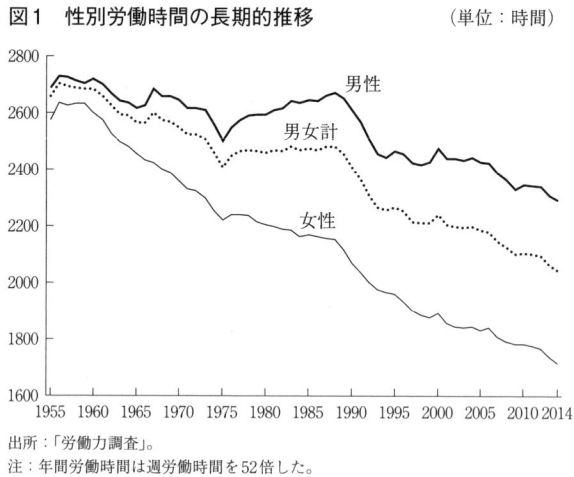

出所：「労働力調査」。
注：年間労働時間は週労働時間を52倍した。

図2 パートタイム労働者の増加傾向 (単位：％)

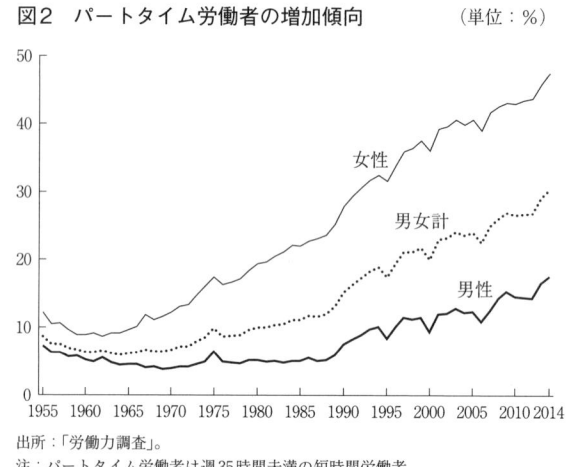

出所：「労働力調査」。
注：パートタイム労働者は週35時間未満の短時間労働者。

く）に付与した有給休暇日数は，1人平均18.5日で，そのうち実際に取得した日数は9日，取得率は48.5％であった。年休を取得する場合も，本来の休暇や余暇目的以外の，病休の振替や臨時の用務に使われることが多い。調査対象労働者の16％は1年間に年休をまったく取得していないという数字もある[15]。男性が貯まった年休を気兼ねなく取得するのは退職直前だけだという状況もある。

表1 フルタイム労働者の週労働時間の国際比較

国別	性別	2001年	2006年	2011年
日本	男性	50.9	52.5	53.1
	女性	42.9	44.9	44.1
アメリカ	男性	43.0	42.9	42.5
	女性	40.3	40.3	40.2
イギリス	男性	45.1	43.8	43.6
	女性	40.2	39.6	39.6
ドイツ	男性	40.3	40.6	40.9
	女性	38.6	38.5	38.6
フランス	男性	39.1	40.1	40.3
	女性	37.4	37.7	38.2

出所：総務省「社会生活基本調査」各年版。OECD, Average usual weekly hours worked, 2011.

II 日本経済論における労働時間問題の軽視とその要因

　紙幅の制約でいちいち文献を挙げて細かに検討する余裕はないが，マルクス経済学をベースにした日本資本主義論や日本経済論のなかで，日本の長時間労働の実態と労働者階級の状態に及ぼすその影響を正面切って考察した文献は少ない。

　戦前では1934 (昭和9) 年に刊行された山田盛太郎『日本資本主義分析』(岩波文庫) もその例外ではない。同書は『日本資本主義発達史講座』(岩波書店，1932年5月～33年9月) に発表した論考を一書にまとめたもので，「日本資本主義の基礎の分析を企図」して，明治後期の日本における産業資本の確立過程を考察している。山田の方法は，マルクスの再生産表式分析を日本資本主義分析に適用して，当時の日本資本主義の「軍事的半農奴制的」パターンを析出しようとするものである。筆者は若い頃に同書を読み始め，晦渋で衒学的な用語法につまずいて，途中で投げ出した記憶がある。

　いまあらためて手にして気づいたことだが，同書は『職工事情』と同時代の日本資本主義を対象としながら，労働時間の立ち入った考察はほとんどしていない。言葉のうえでは「紡績業における徹夜業の肉体破壊」「生命消磨的労役条

件」「拘置的な寄宿舎制度」などに触れてはいる[16]。しかし，そこでも労働時間については具体的に述べておらず，同書からは『職工事情』で観察されているような工場労働の過酷な実態が見えてこない。

　今日のマルクス経済学の代表的日本経済論の一つに，井村喜代子『現代日本経済論――戦後復興，「経済大国」，90年代大不況』(有斐閣，新版，2000年)がある。この本は第3章「新鋭重化学工業の一挙確立と高度成長の開始」の第3節「巨大企業の支配体制」のⅡで「労働者に対する支配体制」を考察しているが，そこでは「本採用者」(本工)の人事管理と臨時工・社外工制度に言及しているだけで，労働時間は取り上げていない[17]。その点は1980年代のバブル経済と90年代の不況を扱った後半の諸章でも同様である。第6章「日本経済の躍進と1980年代後半の好況・"資産価格高騰"」では「おわりに」において「巨大企業の強大化と労働組合の弱体化」に触れているが，労働時間については「主要な要求である労働時間短縮も決して成果をあげていない」[18]と述べているにとどまる。

　日本資本主義や日本経済に関する二つの代表的な著作に簡単に触れたが，ここでの課題はあれこれの文献がいかに労働時間を論じていないかを確認することではない。むしろ課題は，労働時間を正面から論じた文献が非常に少ない理由を検討することにある。しかし，問題をこのように立てたとしても，ことは単純ではない。検討すべき要因は，経済学の分析視角ないし理論的枠組みにかかわるものと，労働時間の把握それ自体に内在するものとがある。まずは前者の枠組みから考えてみよう。

1　労働過程論・労働時間論を欠いた『資本論』理解

　日本のマルクス経済学において労働時間分析が軽視されてきたのはなにも日本資本主義論や日本経済論に限られたことではない。マルクス『資本論』の理解においても労働時間を扱った第1巻第8章「労働日」や，第13章「機械と大工業」はしかるべき理論的位置づけを与えられてこなかった。数ある『資本論』入門書をみても，この二つの章を重視したものは少ない。

　マルクスは，人間の生活時間を規定する労働時間は，なによりも1日24時間の自然日に制約されることを強調するために，ドイツ語にはなかったa working day（1労働日，1日の労働時間）という言葉を英語から採り入れ，『資本論』で最も長い章に「労働日」というタイトルを付けた。そして，工場監督官報告書を事実資料として，イギリスの産業革命期の労働時間の延長と工場法による短縮の歴史を考察するとともに，労働者の人間的発達と社会変革にとっての1日の労働時間の制限と短縮の意義を述べている。

　労働市場では労働力の買い手としての資本家と，労働力の売り手としての労働者が登場し，ある種の商品交換が行われるが，1日の労働時間がどのように決まるかは，商品交換の一般的な法則や原理からは説明できない。だからマルクスは言う。「資本主義的生産の歴史においては，労働日の標準を確立することは，労働日の制限をめぐる闘争として，総資本すなわち資本家階級と，総労働すなわち労働者階級とのあいだの闘争として現れる」[19]。これについてデイビッド・ハーヴェイは，近年の『資本論』ブームに火をつけた『〈資本論〉入門』のなかで，「歴史的には，労働日の長さ，週労働日数，年労働日数（有給休暇），生涯労働年数（退職年齢）をめぐる画期的で持続的な闘争があったのであり，この闘争は今日もなお続いている。これは明らかに……資本主義的生産様式における中心的問題である。これを無視するような経済理論がいったい何の役にたつだろうか」[20]とコメントしている。

　労働時間をめぐる資本家階級と労働者階級の闘争は必ずしも先鋭的な形をとるとはかぎらない。資本に労働が屈服させられて産業平和が維持されている状態も階級闘争の一つの姿である。今日の日本では，労基法による時間規制が36協定によって形骸化しているうえに，労働時間の制限と短縮のための労働組合の取り組みが著しく弱い。そのためにフルタイム労働者の間では計画的で恒常的な長時間残業が罷り通っている。大企業の正社員たちで組織された労働組合がストライキ権を行使できず，労働時間をめぐる総資本と総労働の綱引きにおいて労働側が闘わずして敗北したことを考慮に入れなければ，労働時間の制限を欠いた日本資本主義の蓄積様式は説明できない。『資本論』の労働時間論から学ぶなら，そうした現実を踏まえて，日本における労働者階級の状態を考察しなければならない。

2 資本・賃労働関係を置き去りにした段階論的アプローチ

　いまではすっかり下火になっているが，一時期のマルクス経済学においては，帝国主義論，独占資本主義論，あるいは国家独占資本主義論が大きな位置を占めてきた。資本主義発展のこうした「段階論的アプローチ」も，研究者の理論的・歴史的視野を制約することによって，労働時間問題の重要性を過小評価する一因になってきたと考えられる。

　たとえば，19世紀の末から二つの世界大戦を挟む20世紀の半ばまでをとってみよう。この間，マルクス経済学においては，帝国主義論の名のもとに独占，金融資本，恐慌，危機，戦争，革命，植民地，民族独立などが主要なテーマとなってきた[21]。しかし，そうしたテーマに関心が集まるほど，失業，貧困，長時間労働，健康障害，労働疎外などの資本主義に一般的な傾向に対して十分な注意が向けられなくなる可能性がある。この可能性は独占資本主義論や国家独占資本主義論ではもっと強まる。

　独占資本主義論にはいくつかの類型があるが，その多くは19世紀末から20世紀初頭にかけて先進資本主義諸国において資本の集積と集中が進み，独占と金融資本が形成されることによって出現した，自由競争段階の資本主義とは異なる経済的諸関係・諸現象を考察の対象としている。また，国家独占資本主義論の多くは，管理通貨制度の成立や国家財政の肥大化によって経済過程への国家介入が恒常化した段階の独占資本主義に特徴的な経済的諸関係・諸現象を考察の対象としている。こうした段階論的アプローチにあっては，現代資本主義の全体像は，資本主義の一般理論と独占資本主義論と国家独占資本主義論とを重層的に積み重ねた体系によってとらえられる。

　筆者はこうした段階論的アプローチの有効性を一概に否定するものではない。筆者自身も独占資本主義論の批判的再構成に関心をもった時期がある[22]。しかし，そこには理論的・方法的な落とし穴があることに留意する必要がある。これは「戦後50年」の節目に開かれた経済理論学会第43回全国大会(慶應大学，1995年)の共通論題「現代資本主義分析の理論と方法」における北原勇，伊藤誠，山田鋭夫の報告に対してコメントした拙稿で述べたことだが，このような段階論的アプローチをとる限り，資本主義の構造と運動の分析は，「資本主義の一般理論」「独占資本主義の理論」「国家独占資本主義論」という順に先細りにな

っていき，全体性を失っていくということになりやすい。そうなると，現代資本主義の全体像は，積み重ねられ先細りしていく理論の限定された視野に押し込められ，それからはみ出る現象は切り捨てられることになりかねない。またその結果，「独占支配」や「国家介入」という限定された視野に映る現代だけが現代として取り上げら，労働時間を基底とする資本・賃労働関係は抜け落ちることになりかねない[23]。

　くわえて，日本の大学や学界おけるマルクス経済学の伝統的な研究と教育では，『資本論』を資本主義の一般理論の古典と見なす場合も，それを資本主義経済の一般的・抽象的な原理論として，したがって無政府的生産を貫く平均法則の理論として読む傾向が強く，工場労働者の労働時間の実態を考察した「労働日」の章や「機械と大工業」の章は，原理論とは次元を異にする歴史・具体的考察として扱われてきた。そうなると，労働過程と価値増殖過程の統一であるはずの剰余価値の生産過程の考察から労働過程の考察が抜け落ち，『資本論』の労働日の章や大工業の章で重視されている労働時間，工場制度，作業組織，技術体系，女性労働，児童労働，工場法などの諸問題も理論的視野からこぼれ落ちることになりやすい。

3　平均時間および支払時間にとらわれた労働時間把握

　厚生労働省「毎月勤労統計調査」(「毎勤」)によれば，規模30人以上の男女労働者の2014年現在の1ヵ月当たりの平均労働時間は149時間である。これは年間ベースでは1788時間になる。1988年5月に閣議決定された経済運営5ヵ年計画『世界とともに生きる日本』(経済企画庁，1988年)では，1987年に年間約2100時間だった労働時間を1992年度までに「1800時間程度に向けできる限り短縮する」という目標が打ち出された。この目標は結局達成されずに，2006年には最後的に放棄されたが，現在では「毎勤」の男女計の平均労働時間は年間1800時間を下まわるようになっている。

　しかし，これはパートタイム労働者を含む平均である。女性パートタイム労働者を中心とする非正規労働者の比率が高まると，全労働者の平均労働時間は当然短くなるが，それをもって時短が進んだと手放しで評価することはできない。一般労働者に限れば，「毎勤」の1ヵ月当たりの平均労働時間は2014年現

在，月166.5時間，年間1998時間となっていて，先のパートタイムを含めた平均より年間200時間以上長い。しかし，それ以上に注意すべきは，「毎勤」は事業所の賃金台帳に記載された支払労働時間を集計していて，いわゆるサービス残業（賃金不払残業）は含んでいないことである。

「毎勤」が企業調査であるのに対して，労働者調査である総務省「労働力調査」（「労調」）は，月末1週間に早出や居残りを含めて実際に就業した時間を集計している。そのために，2014年の「労調」の平均労働時間は，週40時間，年2080（週40時間×52週で換算）となっていて，「毎勤」より年間292時間長い。この大部分は賃金不払残業にあたると見なすことができる。

1980年代に過労死が社会問題になるまでは，パートタイム労働者を含み，賃金不払残業を含まない「毎勤」の労働時間が日本の労働時間として語られてきた。それでも製造業の生産労働者の比較では，日本の労働時間は当時の西ドイツやフランスより500時間も長かったことから，労働時間の統計把握の現実からの乖離がとりたてて問題になることはなかった。労働時間の把握において「労調」が考慮されるようになったのは，過労死を生む異常な長時間労働は「毎勤」では説明できないことが問題になってきたからである。

問題はそれだけではない。「毎勤」には反映されない賃金不払残業の問題に劣らず重要なのは，性別・時間階級別・雇用形態別の労働時間の較差である。先に2014年現在の雇用者の年間労働時間は2080時間であったと言ったが，男性だけをとると，週45時間，年2340時間になる。他方女性は週33.5時間，年1742時間である。両者の間には年間600時間近くの較差がある。「社会生活基本調査」の2011年結果を見ると，すでに述べたように，正規労働者の男女の間でも，男性は週53.1時間，年2761時間，女性は週44.1時間，年2293時間で，年間で見ると468時間の較差がある。このように男女の較差が非常に大きいこの国で，性別を無視して労働時間を議論することはできない[24]。

今日でも，パートタイム労働者を含み，賃金不払残業を含まない「毎勤」の男女計の平均労働時間にとらわれて，日本の労働時間を語っている文献が多い。しかし，それでは「男は残業，女はパート」に象徴される労働時間の性別二極分化も，過労死の不安と背中合わせに働く正規労働者の悩みも，ワーキングプアから抜け出せない非正規労働者の不幸も説明できない。長時間労働は，社会

問題の一つではない。それは日本社会においては，ある意味で「諸悪の根源」[25]であって，過労死・過労自殺が多発しているのも，女性の社会参加が阻まれているのも，非正規労働者の間に貧困が広がっているのも，少子化が進み家庭と地域の崩壊が進んでいるのも，人々の社会運動への参加が困難であるのも，正規労働者の長すぎる労働時間と非正規労働者の短すぎる労働時間とに無関係ではない。

おわりに

2014年6月20日，参議院本会議において「過労死等防止対策推進法」（略称・過労死防止法）が全会一致で成立した。その4日後，安倍内閣は「新たな労働時間制度」の創設を盛り込んだ「日本再興戦略，改訂2014」を閣議決定した。過労死防止法は同年11月1日に施行され，同月が法にもとづく最初の「過労死等防止啓発月間」となった。すでに厚労省には「過労死等防止対策推進室」が置かれ，過労死被災者の遺家族，有識者，使用者代表，労働者代表など20名で構成される「過労死等防止対策推進協議会」では，過労死防止対策の「大綱」が策定され，2015年の年央には閣議決定される予定である。

他方，厚労省労働政策審議会は，2015年2月17日，「新たな労働時間制度」の創設などを盛り込んだ報告書を労働者側委員の反対を押し切ってとりまとめ，厚労大臣に建議した。国会に上程された法案では「高度プロフェッショナル制度」という名称がつけられているが，一定範囲の正社員を対象に労働基準法の時間規制を外し，残業代の支払義務を免除して無制限に働かせることを合法化する制度であって，第一次安倍内閣のときに「残業ただ働き法案」「過労死促進法案」として世論の総反発を受け，国会提出が見送られたホワイトカラー・エグゼンプション法案の焼き直しにほかなならい。

こういう情勢を考えると，労働時間の問題が労働者の働き方と日本経済の行方を左右する重要な争点であることがわかる。それだけに労働時間の実態を見据えた日本資本主義分析が強く求められている。

注

1) 農商務省『職工事情』岩波文庫，上，1998年（1903年初版本），46ページ。
2) 中村政則『労働者と農民――日本近代を支えた人々』小学館ライブラリー，1998年，207-208ページ。
3) 細井和喜蔵『女工哀史』岩波文庫，1977年，128ページ。
4) 同書，131ページ。
5) 農商務省，前掲書，上，236ページ。
6) 同書，239ページ。
7) 同書，239ページ。
8) 細井，前掲書，392-393ページ。
9) 法政大学大原社会問題研究所編『新版 社会・労働運動大年表』労働旬報社，1995年。
10) 細川汀『かけがえのない生命よ――労災職業病・日本縦断』文理閣，1999年。
11) 藤本武『労働時間』岩波新書，1963年，中山和久『ILO条約と日本』岩波新書，1983年。
12) これが躓きの石となって，日本は現在にいたるまで8時間労働制を定めた第1号条約をはじめとして25本を数えるILO条約を1本も批准していない。深澤敦「国際社会政策論：国際社会政策（ILO）と日本」『立命館産業社会論集』第47巻第1号，2011年6月。
13) 森岡孝二『過労死は何を告発しているか――現代日本の企業と労働』岩波現代文庫，2013年，第2章。
14) 水野谷武志『雇用労働者の労働時間と生活時間：国際比較統計とジェンダーの視角から』御茶の水書房，2005年。
15) 労働政策研究・研修機構「年次有給休暇の取得に関する調査」調査シリーズNo. 85，2011年6月。
16) 山田盛太郎『日本資本主義分析』岩波文庫，1977年，46-47ページ。
17) 井村喜代子『現代日本経済論〔新版〕』有斐閣，2000年，207-213ページ。
18) 同書，411ページ。
19) マルクス『資本論』大月書店版，第1巻第1分冊，305ページ。
20) D.ハーヴェイ『〈資本論〉入門』（森田成也・中村好孝訳）作品社，2011年，212-213ページ。
21) H.ブレイヴァマン『労働と独占資本』（富沢賢治訳）岩波書店，1978年，10ページ。
22) 森岡孝二『独占資本主義の解明――予備的研究』新評論，1979年（増補新版1986年）。
23) 森岡孝二『強欲資本主義の時代とその終焉』桜井書店，2010年，第1章。
24) 森岡孝二「労働時間の二重構造と二極分化」『大原社会問題研究所雑誌』第627号，2011年1月。
25) 熊沢誠『労働組合運動とはなにか――絆のある働き方を求めて』岩波書店，212ページ。

第19章 消費構造分析の視角

姉歯 曉

I 「サービス」化社会という言説

1 第三次産業部門と「サービス」部門

　周知のように，日本においても他の先進諸国においても，経済構造に占める第三次産業の比率が拡大している。そうした変化を「サービス」化社会の到来という視点で捉える主張がある。一般的に，経済構造の「サービス」化とは，「工業もしくは製造業」が中軸をなしていた「工業社会」がすでに過去のものであり，現在では「ポスト工業社会」＝「サービス」産業中心の経済社会が構築されつつあるとの見解にもとづいて用いられる。

　経済統計上では「サービス」産業の多くは第三次産業に含まれる「モノを生産しない産業」として一括されている。第三次産業部門の就業者人口が第一次・第二次産業部門の就業者人口に比して顕著な増大を見せるようになった1980年代以降は，第三次産業における就業者人口の相対的増加をもって「サービス」化のメルクマールとされるようになった。先進国を中心に第一次産業部門の就業人口が大幅に減少し，次いで第二次産業部門の雇用が伸び悩むなかで，逆に第三次産業部門の雇用の増大をみて，そこに新しい経済社会が立ち上がるのではないかという期待が，ある種の幻想を生むことになった。「サービス」化，「ソフト」化という言葉に込められた期待がそれである。つまり，女性の社会進出機会の増大，たとえば消費者が主役で，消費者が生産者に意志を伝える機会が増加する（「消費社会」の実現）などといった社会像が「サービス」化社会の到来とともに現実になるといった言説もそのひとつである。こうした言説は，もとをただせば，資本主義がもたらす矛盾の根源を「かつて文化と経済をひとつに結び合わせていた絆が解体したこと」にみて，その結果「快楽中心の価値観が，われわれの社会の主要な価値観になってしまった」（『資本主義の文

化的矛盾』)[1]ことを嘆くダニエル・ベルによって「脱工業化」社会像として提示されたものだが，それが日本にも定着し，ある種の「サービス」化社会幻想としてさまざまな衣装をまとって広まったものである。

2 反物質主義としての「サービス」化社会論

ベルは「脱工業化」社会論[2]を発表してのちに出版した前掲の『資本主義の文化的矛盾』において，資本主義は一方では生活の向上をもたらしたが，その一方で政治・経済・文化という社会の三つの構成要素のそれぞれが分断され，やがて相互に矛盾をきたしていると主張した。ベルはボードレールを紹介しつつ，次のように論じている。「効用，合理主義，物質至上主義といったものは，不毛で味気ないものである」(同書，51ページ) と。

ベルにとって，「工業中心社会」からの脱却とは，すなわち「物質主義」からの解放を意味している。この種の主張は，日本が高度経済成長期から低成長期へと移行するなかで，あらためて急激な経済成長がもたらした環境破壊やコミュニティ機能の崩壊への危機意識の高まりなどを背景に，経済成長至上主義に対するアンチテーゼとしてアンチ資本主義を自認する人々に広く受けいれられた。その過程で，「サービス」化を新しい経済社会の到来とみる主張が生まれたのである。しかしその後，たとえば「サービス」産業に従事する労働者が低賃金・不安定就労の状態に置かれている現実が明らかになってくるにつれて「サービス」化社会に対する過大な期待は鳴りをひそめていく。こうして，今度はそれを資本主義腐朽化の証左として示す論者が現れた。両者は正反対のことを主張しているようにみえるが，多様な性格をもつ「サービス」産業を詳細に吟味することなく，表面的な観察を繰り返している点で，その姿勢は驚くほど似通っている[3]。ごく一部の研究者を除き，マルクス経済学者の多くもこの例にもれない。

このように，ベルの「脱工業化」社会論に対しては，日本ではほぼ無批判にそれを受け入れる雰囲気がつくりだされてきた。「サービス」産業部門の雇用の増大は，最終消費の担い手である消費者の「モノからサービスへ」という消費志向の転換によるものとされ，消費が主体的存在として産業構造を変化させるだけの力をもつ「消費社会」の出現を示すものとされた。こうして，消費の

「サービス」化をめぐる議論は「消費社会」論とセットになって展開されることになる。その代表的なものが，山崎正和の『柔らかい個人主義の誕生——消費社会の美学』[4]である。

　山崎は，1970年代以降の社会を「『脱産業化』を迎えた」社会と規定する。この転換は「効率主義的なこ(ママ)はばりを捨てる」（同書，172ページ）プロセスでもある。その結果，「官僚，経営者，管理職，科学者，技術者，医師，教師，デザイナー，ならびに各種のサーヴィス業」（同書，83ページ）といった高賃金・知識労働分野の職種が増え，それにともない生産がいまや階級対立を乗り越え「人間相互間のゲーム」になった，と山崎は結論づける。こうして，階級は自然に消滅する。さらに「生産の上に消費がおかれる」消費社会では，生産者である「現代の産業は，もはや消費者の需要を自明のものとしてあてにすることができず，逆に彼らの需要が何であるかを探求し，開発することにより多くの力をさかねばならない」（同書，170-171ページ）のであって，このような社会になれば，消費者におのずと主権が付与されることになる。

　こうした「消費者は神様である」と言わんばかりの主張は，実際には資本の側が消費者とその選択を支配しているという厳然たる事実を覆い隠すものであることは，多くの研究をとおしてすでに明白である。にもかかわらず，資本主義社会のもとで破壊されてきた文化的価値や人間的なつながり，あるいは資本主義がもたらした疎外からおのずと解放される社会こそが「サービス」化社会であるとする言説は，いまなお根強く生き残っていて，機会あるごとに繰り返されている。

3 「サービス」化の進展は豊かさを測る尺度か

　「サービス」品目への支出に顕著な増加がみられたからといって，それが豊かさや「脱工業化」社会への転換の証左であると結論づけることはできない。なぜなら第一に，その根拠とされている家計調査等で規定されている「サービス」品目は，異なる性格のものを雑多に寄せ集めたものであり，その増減から消費構造のいかなる変化を反映しているのかを判断することはできないからである。第二に，「豊かさ」を定義することなしに，また「サービス」を概念的にきちんと規定することなしに，「サービス」化が豊かさの表われと結論づける

ことはもとよりできない。

　ちなみに，マルクスは「幸福」や「豊かさ」に関する議論に特段言及してはいない。しかし，「不幸」とは何かについては各所で語っている。たとえば『ヘーゲル法哲学批判』においてマルクスは，「宗教上の不幸は，一つには現実の不幸の表現であり，一つには現実の不幸に対する抗議である。宗教は，なやめるものの溜息であり，心なき世界の心情であるとともに精神なき状態の精神である。それは民衆の阿片である」5)との有名な言葉を残している。雑多な性格のものを混在させたままの「サービス」消費の増加を根拠とする「サービス」化社会論は，ダニエル・ベルの「脱工業化」社会論以来，40年以上にわたって多くの日本国民に「幻想的幸福」を与えてきた。「サービス」化社会論は，一時期，消費があたかも劇的な構造変化を遂げたかのように人々に思い込ませることはできたとしても，社会の実態は寸毫も変わっていない。まずは，この幻想から抜け出す必要がある。そしてそののちにわたしたちは「豊かさ」とは何かを考えるに必要な現実と真に向き合うことができるのではないか。その際には，豊さとは対極にある貧困の実態を直視する必要があることはいうまでもない。

　「サービス」化社会論が出現したのは日本の高度経済成長が終焉を迎えた1970年代後半から80年代にかけてであった。この頃，「財による豊かさから心の豊かさへ」がさかんに喧伝されたが，80年代末のバブルとその崩壊を経て，90年代には失業率の上昇，賃金の低下，そして格差の拡大が次第に顕著となっていった。その過程で，それまで隠されてきた貧困の実態が90年代末から2000年代にかけて顕著に明らかとなる。世界経済恐慌に見舞われた2008年には，パートなど「非正規労働者」が労働者の3割を超え，若者や母子家庭や高齢者世帯の貧困の実態が「セイフティネット・クライシス」として報道された。また同年末の年越し派遣村の運動などをとおして現代日本の貧困の実態が可視化されていった。

　このように，かつて「サービス」化社会論が示した将来像とはおよそ異なる現実を可視化する努力が続けられる一方，「サービス」化社会論はそれを「モノではなく心の充足こそ豊かさの象徴」というイメージで覆い隠す役割を果たしてきたのである。

II　マルクスのサービス概念を再確認する
　　──現代の「サービス」消費の増大をどう理解するか

　これまで，さまざまな職種・要素で構成された産業分類上の「サービス」部門を個別に吟味することなく「サービス」化社会論を展開することの非科学性とその負の役割について述べてきたが，それでは現代マルクス経済学にとって，マルクスのサービス概念を踏襲して現代の消費構造と「サービス」化を解明することは可能なのか。

1　マルクスのサービス概念
（1）人身的用役給付（Persönliche Dienstleistung）
　マルクスは『経済学批判要綱』において，サービス労働を「人身的用役給付──また人身的消費，料理，針仕事等のための労働，庭づくり仕事等から，いっさいの不生産的階級，公務員，医者，弁護士，学者等にいたるまで──とこの範疇の所得との交換はすべてこの部類にはいる」[6]と規定している。かれらの収入は資本家や労働者個人の所得から支払われる。また，この人身的用役給付は運動形態で消費される，と定義づけている。「人身的用役給付の場合には，この使用価値はそのモノとして消費され，運動形態から物の形態に移行することがない」（S. 370, 訳 402ページ）。ここで規定されている給付の特徴は，第一に，購入者に対して直接対人的に行われる労働に対する支払いであり，第二に，その支払いの源泉は所得流通にのみ存在することである。

　現代の「サービス」消費に，この規定は適用できるであろうか。まず第一の特徴にあてはまるものは現代の「サービス」消費品目においても抽出可能である。しかし，それは現代の「サービス」範疇に含まれる対象（あるいは第三次産業）のなかのごく一部分にすぎない。したがってこの概念規定をもって現代の「サービス」全体を解くことはできない。第二の特徴は「サービス」消費品目についてはそのすべてにあてはまる。すべての消費支出は所得からなされるからである。けだし当然だが，これをもって「サービス」品目の性格を特定し分類することはできない。それが「サービス」産業については分類作業が行われ

ても、「サービス」消費品目についてはそういった作業がこれまで行われてこなかった理由でもある。

(2) 現物用役 (Naturaldienst)

マルクスは現物用役を「すなわち物に客体化される用役——と交換する貨幣は、資本ではなく、所得 (Revenu)、使用価値を手に入れるための流通手段としての貨幣であって、この貨幣には価値の形態はたんに瞬過的なものとして措定されている」(S. 370-371, 訳403ページ)。その代表的なものが「たとえば農民が、その昔登場した旅回りの裁縫師を家に泊め、そして彼に材料をあたえて着物を縫わせるといったばあいである」(S. 369, 訳401ページ) と指摘している。

この指摘から、第一に、その労働の結果は「モノ」、ここでは「着物」に客体化されることが示されている。また第二に、それが所得からの支払いであるという点で「人身的用役給付」の場合と変わらないことも明らかである。

この例でも、第一の特徴から抽出できるサービスは消費における「サービス」品目のなかに存在しており、実際に抽出可能である。しかし、第二の特徴は、「人身的用役給付」と同じ理由で、消費の「サービス」化を検証する際には意味をなさない。

他の箇所でマルクスが述べているように、こうして所得流通で行われる活動状態にある労働は、それがサービスそのものであっても、あるいは「モノ」に客体化されたサービスであったとしても、価値を生む労働でないことは自明である。このことは、サービスをめぐってこれまで長きにわたって展開されてきた「価値生産性論争」レベルの話ではなく、単純に資本流通と所得流通の違いによるものなのである。

マルクスが「用役」(Dienst) という概念で論じている部分はごくわずかである。したがって、それらをもって、いわゆる「サービス」部門とされているすべての職種、「サービス」消費とされるすべての品目を分析することはもとよりできない。たとえば、「サービス」消費支出のなかで最も多くの支出が振り向けられている「家賃地代」にマルクスのDienst概念をそのまま適用することはできないし、「非貯蓄型保険料」を説明することもできない。しかし、それはマルクスの当時の分析手法やマルクスが発見した法則が現代の「サービス」分析には無力であることを意味するものではない[7]。これらの品目の性格づけを行

うための方法的・理論的手がかりは，「地代論」や「利子生み資本論」，そのほかマルクスの理論体系のいたるところに存在しているのであるが，紙数の限られた本稿ではその詳細に立ち入ることはできない。

III 家計支出にみる消費の「サービス」化の実態

1 「サービス」消費の内実

消費の「サービス」化を示す指標は，家計支出に占める「サービス」支出の増加である（図1）。それは，家計のどの領域で進んでいるのであろうか。消費支出に占める「サービス」項目の品目別支出割合をみると，2012年現在の上位3項目は「通信（郵便料・通信料）4.59％」，「家賃地代（4.50％）」，「授業料等（4.19％）」となっている。そのほか支出割合の高いものは「非貯蓄型保険料（医療保険料など，各種掛け捨ての保険料：2.60％）」「交通費（2.21％）」「保健医療サービス（2.03％）」などである。

筆者は，家計調査で「サービス」消費品目として一括されているさまざま性格をもつそれぞれの品目を，いかなる要素に対する支出なのかを基準として分類した（詳しくは拙著[8]を参照されたい）。たとえば「通信」「家賃地代」および「交通費」は，統計上「サービス」消費の大きな部分を占めているが，これらは

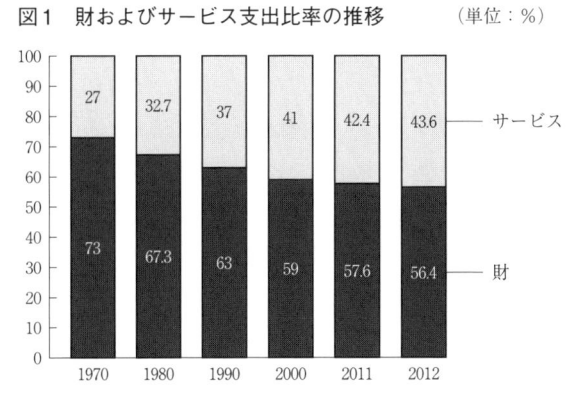

図1　財およびサービス支出比率の推移　（単位：％）

年	財	サービス
1970	73	27
1980	67.3	32.7
1990	63	37
2000	59	41
2011	57.6	42.4
2012	56.4	43.6

注：財＝耐久財・半耐久財・非耐久財
出所：総務省『家計調査年報』各年版より作成。

いずれも土地という利子生み資本とこれに固着した現物貸付資本の貸付に対する支出であり，その支出額の大きさは，基本的には土地資本すなわち地代＋減価償却＋利子によって規定される。「通信」に含まれる「郵便」については，その基本料金に法的拘束力が及んでいるため，集配業務に必要となるコストがそのまま料金に反映されるものでないことはいうまでもない。そこに投じられる労働も，マルクスのいうところのサービス労働の範疇に当てはめることはできない。また，「授業料等」「保健医療サービス」は，共同体的・一般的条件としての消費すなわち共同体を維持するために必要とされ，マルクスが本来のサービスとして位置づけていた「人身的用役給付」，すなわち本来のサービスに対する支出である。しかし，ここでも，マルクスのDienst概念をこれらのいわゆる公的サービスに当てはめただけでは，それをここで扱う目的は達成されない。なぜなら，本章の課題は「消費構造の変化」を読み解くための視角を提起することであり，そのためには，これらのいわゆる公共サービスが資本主義社会においてどのような意味をもって提供されているのか，あるいはそれが不足することで労働者にいかなる事態が生じるのかを検証することが必要だからである。

　こうしたことを踏まえたうえで，「サービス」品目への支出増あるいは消費支出全体に占めるその支出比率の相対的な大きさはどのような要因にもとづいているのかを考察していこう。

2　「サービス」消費支出増大の原因と影響についての考察
(1) 通信費

　「通信費」の増加は，インターネットという通信システムの普及およびPCや携帯電話といった耐久消費財（物財）の普及を直接的な要因とするものである。インターネット普及率は図2が示しているように，従業員100人以上の企業ではほぼ100％となっており，個人および世帯における普及率も8割を超えている[9]。

　いまや，インターネットを利用して情報を収集したり連絡を取り合うことは社会関係を維持するための必須条件となっている。岩田正美氏らの調査によれば，そうした事情を反映して，この費目への支出額は低所得若年層においても

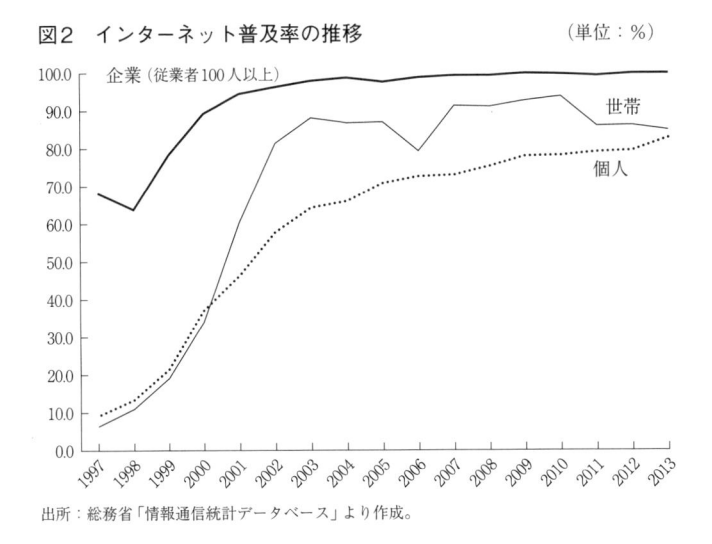

図2 インターネット普及率の推移　　　　　　　（単位：％）

出所：総務省「情報通信統計データベース」より作成。

ほぼ固定化されている[10]。また，年齢階級別にみた携帯電話通信料，インターネット接続料等（図3）も，30歳未満の層は，30～39歳層より年収では100万円程度の差があるにもかかわらず，「移動電話通信料」すなわち携帯電話の利用料への支出は月額でその差はわずか71円である。また，総務省の「平成25年（2013年）通信利用動向調査」によれば，20代，30代の携帯電話所有率はほぼ100％，年収200万円未満層で82.4％，200～400万円の階層で93.5％となっている。

　かつてOA化やFA化が労働者に新規技術の習得を強要し，その流れに対応できない中高年の労働者を労働市場から退場することを強いたたように，OA化の延長上にあるインターネットの導入は，おのずと労働者にインターネットを利用できる技能習得を強制することになるが，それは労働時間外に延長させられた労働時間である。また，それは資本の管理下にない時間と空間での労働者の自主性にもとづいて行われるという体裁をとるため，習得費用は労働者の負担となる。しかも，その支出額が低所得者層でも変わらないということは，これが「基礎的支出」に組み入れられるべき固定的な性質をもつものと理解すべきである。こうした理解は，次の調査結果[11]によっても補完されよう。

　家庭内におけるインターネット利用の目的としては，「電子メールの受発信

図3 年齢階層別にみた携帯電話通信料, インターネット接続料等

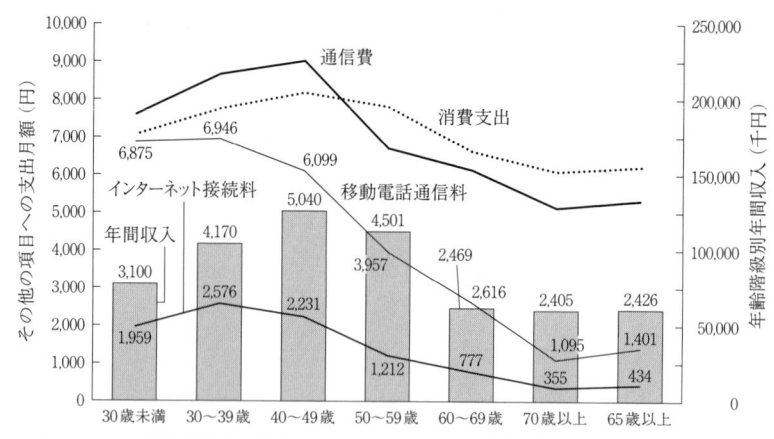

注：数字は単身世帯の品目別1世帯当たり1か月間の支出について，年間階級別にみたもの。
全国の単身世帯のうち勤労者世帯のみを抽出した。
出所：総務省統計局『平成21年全国消費実態調査全国品目編』データベースより作成。

（メールマガジンは除く）」が世代に関係なく最大であるが，なかでも20代から40代までの層ではこうしたメール機能の利用が7割を超えている。また，とくに「ホームページの閲覧」全体と，「企業・政府等のホームページの閲覧」といった仕事に関連すると考えられる利用が30代から50代の中堅の労働者層で約6割と高くなっている。日常的な連絡と仕事に関連する利用がインターネット利用の主たる目的となっていることがわかる。

これまで，一般的には，支出弾力性が1.00未満の品目については「基礎的支出」とみなされ，これをもって必需品と考えられてきた。また，支出弾力性が1.00以上のものは「選択的支出」とみなされ，ここには「通信費」のなかの「移動電話通信料」と「他の教養娯楽サービス」に含まれる「インターネット接続料」が分類されている。こうした費目への支出は，年収ではなく年齢の影響をより強く受けており，若年層にとっては携帯電話の使用料は生活基盤を支える基礎的な支出項目となっていると推察される。

それでは，出社や帰宅時の電車のなかでゲームや動画鑑賞に没頭するサラリーマンが支払う通信費についてはどのように解釈すべきだろうか。このことについては，マルクスによって，生産性の上昇と富の蓄積が進行する一方で，

「労働過程では彼を狭量陰険きわまる専制に服従させ，彼の生活時間を労働時間にしてしま（う）」[12]ことが指摘されているが，先進国でもまれにみるほどの日本の長時間労働と労働現場における人間関係の希薄さ，競争の激化，将来への不安感の増大などを背景に，精神的な疲労の蓄積がその解消を要求しているものと考えられる。

男性の自由時間の総平均は，すべての年齢層のなかで25～44歳までが最も短く，3時間35分である。そのうちの約2時間が「マスメディア利用」にあてられ，テレビの視聴に1時間半から2時間があてられている。「教養・趣味・娯楽」に関して「25～34歳」の層では1時間10分が，また「35～44歳」の層では46分間があてられているが，前者の年齢層ではそのうち32分がコンピュータの利用に費やされ，しかもそのほとんどの時間（26分）がゲームにあてられている。後者の年齢層では46分間のうち，コンピュータの利用に21分が，そのうち14分がゲームにあてられている。両者とも「教養」にあてられる時間は4～5分である[13]。

一方，多くの国民がイメージする「レジャー・余暇生活」の代表的なものは旅行であろうが，現実には，2010年には1年間をとおして国内旅行に出かけた回数は，帰省や仕事によるものを除けばわずか1.34回にすぎず，宿泊日数も観光だけでみると1.48泊にとどまっている[14]。

したがって，「通信費」にかかわる品目への支出増は，労働時間との関係でみれば，残業という公式の労働時間の延長の形をとらない，いわば非公式の労働時間の延長が生じていることを示すものであり，さらに長期の休養がとれない労働者の精神的・肉体的疲労をつかの間解消するための手段としての支出といえる。そこには教養を培う，旅行に出かけて気分転換をはかるといったレジャー活動を選択できない労働者の今日の実態が反映していると考えられよう。

労働力の再生産費に入り込むこうした文化的費用については，これまでも生活分野を対象とする研究において取り上げられてきた問題である。本稿でのわずかな検証をもって，「通信費」の増加要因のすべを検証できるわけではもちろんない。しかし，そのわずかな検討をとおしても，いわゆる「サービス」消費品目に位置づけられているそれぞれの品目が示すものに対する精緻な検証作業なくして，「サービス」化が豊かさの証しなどという主張がいかに表面的で

根拠にとぼしいものであるかは明らかだろう。

(2) 家賃地代

普通世帯の所有形態別借家割合をみると，借家の圧倒的部分は民営借家であり，とくに25歳未満の世帯では9割超が民営借家に居住している（図4）。近年，収入の減少や不安定雇用の拡大で，ますます公共住宅への入居条件に適合する階層が増え，その需要は高まるばかりであるが，公共住宅建設は東日本大震災の復興対策を除けばほぼストップしている状態にある。

戦後復興期から現在に至るまで，住宅政策における公的関与の中心は公共住宅建設ではなく，「持ち家政策」を柱に，住宅金融公庫（1950年設立）の資金供給を通じて私的な住宅建設のための資金「貸与」におかれてきた。戦後復興期の住宅不足とその後の高度経済成長期を経て，都市部とその周辺地域へのかつてないほど急速かつ大規模な人口集中を背景に都道府県営の公営住宅の建設が進んだが，インフラ整備の実態は，宮本憲一氏らによって，「産業基盤投資は6兆9300億円で全体の43％（とくに道路投資は4兆9000億円で30％）であるが，他方，生活環境の投資は，その1/3の2兆2700億円（とくに住宅投資は1兆3000億円で，道路投資の27％にしかならぬ）」[15]と指摘されてきたように，産

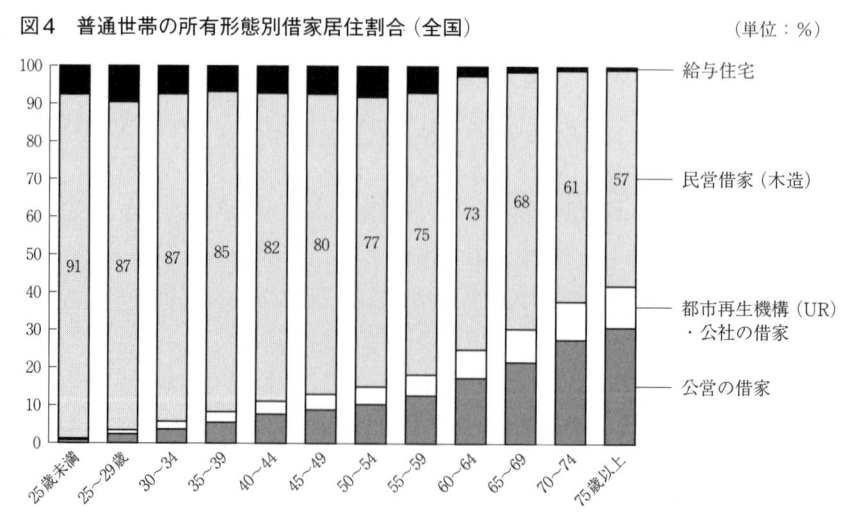

図4　普通世帯の所有形態別借家居住割合（全国）　　　　　　（単位：％）

注：「給与住宅」とは社宅や官舎のことをさす。
出所：総務庁統計局「住宅・土地統計調査」2013年版より作成。

業基盤に著しく偏ったものであった。

　結局，現在の住宅問題の源流は，住宅不足を公共住宅の建設によってではなく，持ち家政策とそのための住宅金融公庫による資金供給によって解決しようとしてきた住宅政策にみいだすことができる。

　戦後の一時期，労働運動の闘争方針にはつねに物価安定，年金，医療などと並んで住宅分野の要求が組み入れられてはいた。しかし，組織労働者の闘争を抑え，労働運動と国民の運動とを切り離す手段として，あるいは労働運動の懐柔策として，「社宅」や「持家取得時の利子補助」や「ローンの斡旋」が用意された。男性の正規労働者は年功序列賃金と終身雇用制を享受できたために，失職という出来事さえ生じなければ，持ち家はライフコースの一部に組み込み可能なものであった。したがって金融を包摂した持ち家政策は，低所得者層が求める公共住宅建設への組織労働者の関心を低下させ，国民の運動を分断した。こうした運動の担い手の分断は政府の住宅政策と呼応している。

　戦後の圧倒的な住宅不足に対して，包括的で平等な政策・予算配分によってその解消をはかるのではなく，公的援助の大半が住宅金融公庫や日本住宅公団（1955年設立，1981年解散）を経由して中間所得者層に向けられ，「低所得者向けの住宅供給は残余的な施策とされた。公共政策における『残余』の政策とは，中心的な施策では対応できない『余った部分』に対する対策を指し，その実施は小規模かつ消極的である。公営住宅をはじめとする公共賃貸住宅の建設は少量であった。民営借家の供給を援助する施策は皆無に近く，その入居者に対する家賃補助の制度は存在しない」[16)]に等しかった。

　したがって，公共住宅建設は，高度経済成長期の人口集中に呼応して進んだ一時期をピークに，その後は急激に減少し，2010年度以後は，震災の復興住宅など一部を除いてほとんど計画されなくなった（図5）。2010年度の国家予算に占める住宅予算の割合はわずか2％にすぎず，これは諸外国に比べてもその少なさは歴然としている（図6）。また，住宅予算のうちの約5割は「持ち家」に対して支出されており，「民営借家」に対してはなんとゼロである。

　国家による住宅政策は，持ち家にアクセスできるだけの所得を安定的に得ることができる中間所得者層に対する施策をメインストリームとし，一方，企業は労働者支配の道具として家賃補助や住宅補助，社宅などの制度をつくりあげ

350 第4部 日本経済

図5 建設年度別施設数 (単位：戸)

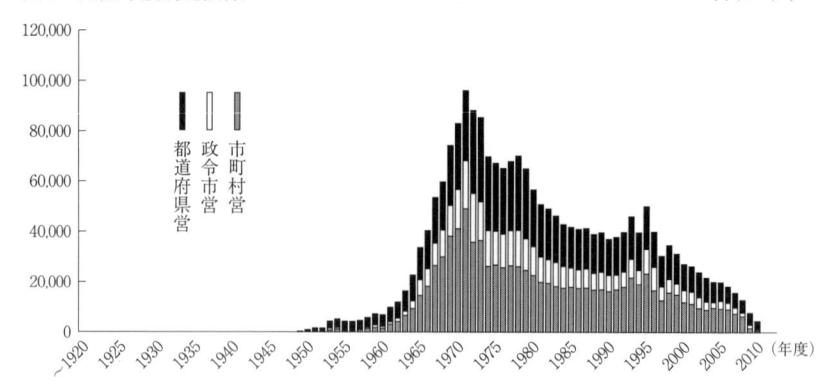

凡例：都道府県営／政令市営／市町村営

注：2011～2012年度はデータ未集計。
出所：国土交通省「社会インフラの維持管理の現状（資料）」http://www.mlit.go.jp/common/001016267.pdf（アクセス日，2014年9月3日）。

図6 各国の国家予算に対する住宅予算の占める割合

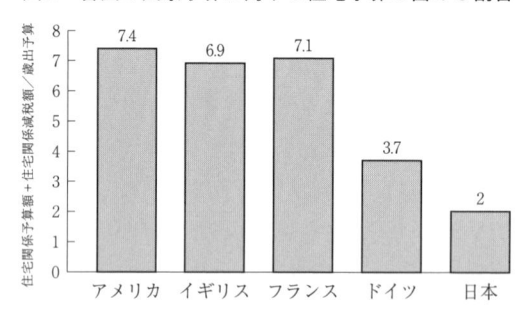

縦軸：住宅関係予算額＋住宅関係減税額／歳出予算

アメリカ	イギリス	フランス	ドイツ	日本
7.4	6.9	7.1	3.7	2

出所：社団法人住宅生産団体連合会「2008年度住宅土地税制改正要望関連データ」，2007年8月，38ページ。

てきた。こうして日本の持ち家制度は公的ローンと企業内福祉によって定着・進展する一方，そこから外れた低所得者層や単身者，高齢者や障碍者は住宅政策から排除されるという現状ができあがった[17]。企業内労働組合中心の労働運動の側も，企業内福祉の一環としての家賃補助，利子補助等の充実を求めることが中心で，「弱者救済」のための公共住宅建設の必要は謳っていても，公共住宅建設を自らの問題としてとらえることはできなかった。
　たとえば，総評は，1974年の『調査年報　狂乱インフレと国民春闘の課題』

で組合員たちに次のように訴えている。「ある企業内労働組合のなかの組合員の住宅要求がきわめて熾烈であったとしても，マイホーム，社宅ないしは住宅手当といった要求もあり公営住宅の大量建設——それには土地規制をはじめさまざまな政策的な展開が必要であるが——その要求はさしあたり少数派であるかもしれない。しかし企業を超えてこの課題で連帯しうる人びとは多数にのぼるであろう。こうした課題ごとでの企業をこえた連帯を労働組合がどのように保証するかが緊急の問題となってきたのである。こうした発展は運動の新たな展開を必要とするであろう。第一に企業内労使関係をこえた生活の質にかかわる運動は現代日本資本主義の構造や政策とぶつからざるをえない。第二にこれらの運動は課題を持っている労働者の自主的な運動の発展を要請する。既存の組織による利益の享受者から課題ごとの運動の担い手への変化である」[18]。このように，労働運動には住宅問題に限らず「生活の質」をめぐって労使関係の枠組みを越えた国民的連帯が求められているという認識はあった。しかし，企業内福祉がまだ機能していた段階では，労働運動はこうした国民との連携の困難さをも同時に抱えていたのであった。

　住宅金融公庫は，一方で住宅建設が急がれるなか，民間銀行から排除されていた中間所得者層（持ち家を持てる可能性を有する受信希望者）は救済したが，持ち家は望むべくもないが，最低限の健康的な生活を営むための住いを望む低所得者層がその視野に入ることは設立時から現在に至るまでなかった。こうして，公的救済を受けられる集団と受けられない集団の分断がつくりだされた。持ち家を望むべくもない低所得者層は公的支援からも排除（社会的排除）される一方で，中所得者層は企業内福祉と公的信用とに包摂されてきたのである。

　(3)「授業料」等

　「授業料」をはじめ，「サービス」消費に含まれる「保健医療サービス」や「介護サービス」「保育所」等，公的に提供される労働サービスについては，マルクスのいう消費の「共同社会的・一般的条件」の規定で考察できよう。社会・経済環境の変化を背景に進行する「生活の社会化」が，このような公的サービスの必要性を増大させるのであって，この分野は「生活の社会化」をめぐる一連の研究の対象ともされてきた。

　マルクスは，公的に提供されるサービスについて以下のように規定している。

第一に，それは「共同社会的・一般的条件」として，超歴史的な性格すなわち「他の諸個人と共同して欲求し消費するところの対象」[19]たる性格を受け取る。そして，第二に，資本主義のもとでは，それは資本蓄積に利するよう管理運営がなされる可能性を有する。たとえば，大資本が，税と国債でつくりだされた原資によって，自らが利用する中間生産物の巨大な物流システムに対応する大規模な港湾設備や橋梁，高速道路建設などを手がける例がこれにあたる。一方，国民生活にとっていかに必要なものであろうと，それが資本にとって魅力のない対象であれば，それらは資本の外側に追いやられ，公的に管理運営される以外にはない。生活道路や少人数の乗客しか見込めない鉄道等の公共交通機関などは，こうして，自治体が税金で管理・運営するか，あるいはそのサービス自体が不要なものとして除去される。「資本はつねに自己の価値増殖の特殊的な諸条件だけを求め，共同体的な諸条件はこれを国家的に必要なもの (Landes Bedürfnisse) として全体の国に押しやる。資本は有利な，資本の意味で有利な企業だけをいとなむ」[20]のである。

　マルクスによれば，第一の側面は，資本主義社会における消費の一般的条件の性格を形成する。もちろん，いつの時代にも消費欲求の出発点は個人の生存と発達におかれるのではあるが，資本主義社会においても，共同して消費する行為をとおしてはじめて，個人が社会的な存在であることを認識する機会が与えられる。すなわちこの社会において「人間は最も文字通りの意味でゾーン・ポリティコン〔ζωον πολιτιχον：共同体的動物，社会的動物〕である。単に社交的な動物であるだけではなく，ただ社会のなかだけで個別化されることのできる動物である」[21]。また，消費の一般的条件は，資本主義の下では，資本と結びつけられる労働者がその労働力の再生産を行うための必要条件としての性格が与えられる。したがって，公的に提供されるサービスは，資本主義のもとではつねに二重の性格を受け取るのであり，それをそのいずれかの性格に分類することは不可能であり，いずれの性格がより強く示されるのかは，資本と労働者の力関係によって決まるのである。

　以上，公的サービスは二つの相対する性格を併せ持つものなのであって，たとえば，学校教育は，共同体を維持するために必要な共同社会的・一般的消費手段としての性格と，資本にとって必要な資本の代理人としてのエリートを育

て上げるための選抜機構としての性格を併せ持つ。学歴は，いまや雇用の弾力化を推し進め，労働者を分断するために機能するシステムとなっている。資本にとって，「勉強＝個人的努力＝自己責任」というイメージを子どものころから徹底して植えつけるためにも「学歴」というゴールに向かって個人を競争させることは効果的である。この競争過程で「脱落」すれば，それは本人の努力が足りないせいであり，努力させない親，家庭のせいであるとされるのである。しかし，一見，誰にでも門戸が開かれているかのように見える学校教育の実態が，「エリートを育てるエリート大学の閉鎖性，そこに入る学生たちの多くが上流階級，社会の上層部分，つまりエリート出身に偏っている」[22]という事実は，文科省が2014年に公表した全国学力テストをもとにしたお茶の水大学の研究チームによる分析よっても証明されている[23]。

現在，学校教育への支出が消費支出全体に占める割合は4.19％と保健医療サービスへの支出を超えている。その要因の一つに授業料の高騰があげられる。たとえば国立大学の授業料は，1971年にはそれまでの1万2000円からいきなり3倍の3万6000円へ，1980年には18万円へ，1990年には33万9600円へ，2005年には53万5800円へと引き上げられてきた。1971年から2005年までに国立大学の授業料は実に約15倍に急騰したことになる（図7）。

子育て中の親にとっての最大の関心事であり心配事が子どもの教育費であることは各種調査によっても明らかである。実際，親の所得水準に子どもの高校卒業後の進路が大きく左右されていることはよく知られた現実である（図8）。すでに学校は「階級選抜の制度化」[24]を具現化するものとしての性格を強めているのであって，「ゾーン・ポリティコン」であるために重要な社会参加の機会を保証するものではなくなっている。

「第一に，直接に生産に属さない一般管理費」「第二に，学校や衛生設備等々のようないろいろな欲求を共同でみたすためにあてる部分」[25]は「労働の全収益」から「各個人に分配されるまえに」控除されなければならない。しかし，学校教育のための「控除」部分はけっして価値を付け加えることはない。「資本はこの空費の大部分を，自分の肩から労働者階級や下層階級の肩に転嫁することを心得ている」[26]のであって，「授業料等」への支出の大きさやその増加，また付随する「補習教育費（消費支出に占める比率は1.4％）」の増加は，この分

図7　国公立・私立大学（法文経系）の年間授業料の推移　　　（単位：円）

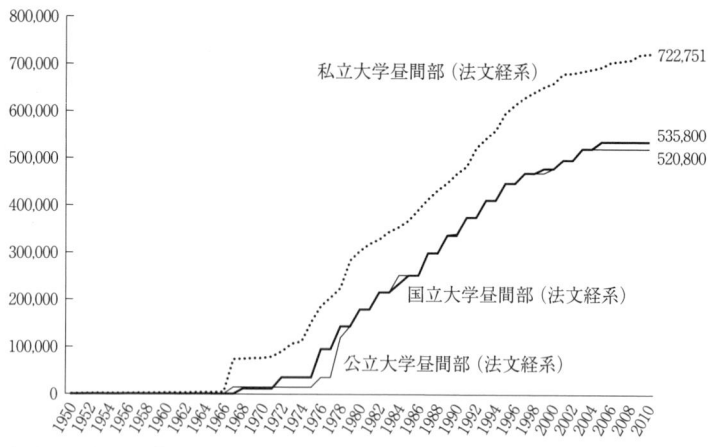

出所：総務省統計局『小売物価統計調査（動向編）』主要品目の東京都区部小売価格（1950年〜2010年）。

図8　両親年収別の高校卒業後の進路（所得階級7区分）　　　（単位：％）

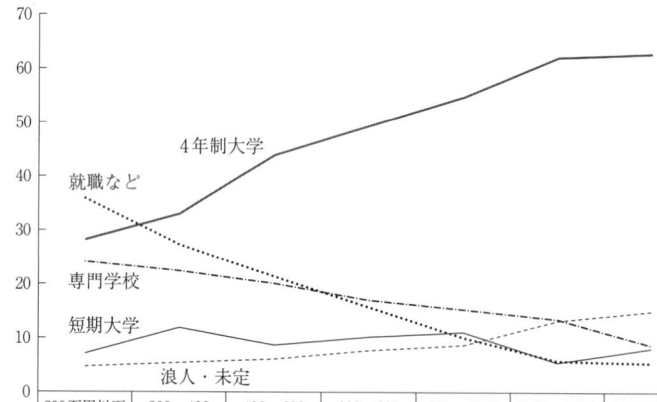

	200万円以下	200〜400	400〜600	600〜800	800〜1000	1000〜1200	1200万円超
就職など	35.9	27.3	21.4	15.7	10.1	5.8	5.4
専門学校	24.1	22.4	20.1	17.0	15.3	13.5	8.7
短期大学	7.1	11.9	8.7	10.2	11.1	5.5	8.1
4年制大学	28.2	33.0	43.9	49.4	54.8	62.1	62.8
浪人・未定	4.7	5.4	6.1	7.7	8.7	13.2	15.0

出所：東京大学大学院教育学研究科大学経営・政策研究センター『高校生の進路と親の年収の関連について』2009年7月31日，3ページ図表2。

野における共同体的機能の後退を示している。そしてそれは，社会参加のための多様なスキルの獲得機会を失わせ，雇用機会を狭めるという意味で社会的排除を促進させ，それが次の世代における貧困の再生産へとつながっていくことを示しているのである。

まとめ

　これまで述べてきたように，「サービス」化社会という視角で日本の消費構造の変化を語ることはできない。なぜなら，経済の「サービス」化に関してであれ，消費の「サービス」化に関してであれ，その対象となっている「サービス」部門そのものが，さまざまな性格をもった産業や消費品目の集合体で構成されているのであって，これらを一括したままで分析を行うことなどとうていできないからである。本章で試みたように，消費の「サービス」化を象徴する上位3品目への支出増が意味するところを解き明かそうとするだけで，膨大なエネルギーと紙数とを要するのである。多分野からのいくつものアプローチによってそれぞれの検証作業が行われなければならない。この作業なしに「サービス」化の現代的意味を語ることはできないし，消費構造の変化を分析することはできない。だが，そのごく一断面だけを切り取っただけでも，本章で分析したように，「サービス」消費品目に対する支出の増大が「豊かさ」を表す指標とはとうてい言えないことは明らかである。

　　注
1) Daniel Bell, *The Cultural Contradictions of Capitalism*, Basic Books, 1976. ダニエル・ベル『資本主義の文化的矛盾（上）』（林雄一郎訳）講談社学術文庫，1976年，18ページ。
2) Daniel Bell, *The Coming of Post-Industrial Society: A Venture in Social Forecasting*, Basic Books,, 1973. ダニエル・ベル『脱工業化社会の到来——社会予測の一つの試み』（内田忠夫ほか訳）ダイヤモンド社，1975年。
3) たとえば，山口雅生氏は，「サービス業は，娯楽，理美容，洗濯，清掃などの職務から，医師，弁護士，研究，デザイン，広告などの職務まで幅広く含まれており，それらの職務を区別することが必要である」にもかかわらず，「サービス業の詳細に立ち入れていない」ことを自覚したうえでなお，「本論文の事実が含意することは，今

後もサービス経済化が進展すると、低所得者層が増え続けることになると予想されることである」と結論づけている(「サービス経済化と所得分布の変化」『季刊 経済理論』第51巻第4号、2015年1月号、53-54ページ)。だが、「洗たく工(年収243万円)」と「医師(1169万円)」、あるいは同じコンピュータ関連の職業でも「システム・エンジニア(563万円)」と「キーパンチャー(292万円)」を区分けせずに、「サービス」経済化の進展と所得分布の関係性を明らかにできるとは考えにくい(いずれも2011年。厚生労働省『労働経済の分析』2012年版、本文関連基礎資料より)。さらに驚いたことに、「サービス」業とされる産業部門を区分けし、その性格づけを行ってきた先行研究には一顧だにしていない。ドゥロネとギャドレはいみじくもこう指摘している。「すべての経済活動を画一的に扱うことで、確かに国民勘定におけるある種の問題は解決される。しかし、サービスを所得や雇用について計測可能な一部門として考察するだけでは、サービスの理解はいっこうに深まらない。」(Jean-Claude Delaunay & Jean Gadrey, *Services in Economic Thought, Three Centuries of Debate*, Boston: Kluwer Academic Publisher, 1992. J-C. ドゥロネ & J. ギャドレ『サービス経済学説史 300年にわたる論争』(渡辺雅男訳)桜井書店、2000年、31ページ。

4) 山崎正和『柔らかい個人主義の誕生——消費社会の美学』中公文庫、1987年。

5) Karl Marx, *Zur Kritik der Hegelschen Rechtsphilosophie: Einleitung*, NEW, Bd. 1, S. 378. カール・マルクス『ヘーゲル法哲学批判 序説』、大月書店版『マルクス=エンゲルス全集』(以下、全集と略す)第1巻、415ページ。

6) Karl Marx, *Grundrisse der Kritik der politischen Ökonomie*〔Rohentwurf, 1857-58〕、1939-65, S. 372. カール・マルクス『経済学批判要綱』(高木幸二郎監訳)大月書店、404ページ。以下、本文中の( )内にページ数のみ記す。

7) ドゥロネ&ギャドレ、前掲書。訳者の渡辺雅男氏は同書の「あとがき」で次のように語っている。「今日の生産的な『サービス』経済が問題にしている個々の具体的活動をマルクスの理論体系のなかで探り当てようとすれば、浮かび上がってくるのは、そうした活動の現代的発展をも視野に入れゆるぎないマルクスの独自の洞察力あるいはその強靱さである。」

8) 姉歯曉『豊かさという幻想——「消費社会」批判』桜井書店、2013年。

9) 総務省「2011年通信利用動向調査」2011年。

10) 岩田正美氏らによる調査(20代から40代の低所得者層に属する単身の男女の家計簿データをもとにした分析)による。岩田正美「家計実態アプローチによる最低生活費の測定:マーケットバスケット方式との比較——首都圏若年単身者の場合」(生活保護基準部会報告)第5回社会保障審議会生活保護基準部会、2011年9月27日、資料2。厚労省HP, www.mhlw.go.jp/stf/shingi/...att/2r9852000001pqew.pdf (2014年12月4日アクセス)より。

11) 前掲、総務省「2011年通信利用動向調査」2011年。

12) Karl Marx, *Das Kapital*, I, *MEW*, Bd. 23, S. 676. カール・マルクス『資本論』第1巻、大月書店、840ページ。

13) 三冬社『余暇・レジャー＆観光総合統計 2014-2015』2013年。総務庁「平成23年(2011年)社会生活基本調査(生活時間編)」をもとに作成されたものである。
14) 「今後生活の力点を置きたいところはどこか」という質問に対して，最大の回答数が「レジャー・余暇生活」であった(内閣府『国民生活に関する世論調査』2012年6月調査)。また，国民一人あたりの国内宿泊観光旅行についての数字は観光庁『旅行・観光消費動向調査(2011年速報値)』にもとづく。
15) 宮本憲一『社会資本論 [改訂版]』有斐閣ブックス(オンデマンド版)，2001年，230ページ。
16) 平山洋介『住宅政策のどこが問題か』光文社新書，2009年，32-33ページ。
17) 同上。
18) 総評調査部『1974年総評調査年報 狂乱インフレと国民春闘の課題』労働経済社，1974年，187ページ。
19) 山田喜志夫『現代経済の分析視角——マルクス経済学のエッセンス』桜井書店，2011年，114ページ。
20) Karl Marx, *Grundrisse*, S. 432.前掲訳，468ページ。
21) Karl Marx, *Zur Kritik der politischen Ökonomie, MEW*, Bd. 13, S. 616.カール・マルクス『経済学批判序説』，全集，第13巻，612ページ。
22) 渡辺雅男『階級政治！ 日本の政治的危機はいかにして生まれたか』昭和堂，2009年，第2章参照。
23) お茶の水女子大学『平成25年度全国学力・学習状況調査(きめ細かい調査)の結果を活用した学力に影響を与える要因分析に関する調査研究』2014年3月28日参照。
24) 渡辺，前掲書，46ページ。
25) Karl Marx, *Kritik des Gothaer Programms, MEW*, Bd. 19, S. 19.カール・マルクス『ゴータ綱領批判』，全集，第19巻，19ページ。
26) Karl Marx, *Das Kapital*, I, S. 673.『資本論』第1巻，839ページ。

執筆者（執筆順）

鶴田満彦（つるたみつひこ）	中央大学名誉教授（経済理論，現代資本主義論）
小幡道昭（おばたみちあき）	東京大学経済学部教授（理論経済学）
佐藤良一（さとうよしかず）	法政大学経済学部教授（社会経済学）
飯田和人（いいだかずと）	明治大学政治経済学部教授（経済理論）
渡辺雅男（わたなべまさお）	一橋大学名誉教授，中国・清華大学教授（社会学，社会科学）
長島誠一（ながしませいいち）	東京経済大学名誉教授（景気循環論，経済原論，現代資本主義論）
野田弘英（のだひろひで）	埼玉大学・東京経済大学名誉教授（信用論，証券経済論）
建部正義（たてべまさよし）	中央大学名誉教授（金融論）
前畑雪彦（まえはたゆきひこ）	桜美林大学経済・経営学系教授（理論経済学）
小松善雄（こまつよしお）	経済学研究者（協同組合論ほか）
柿崎繁（かきざきしげる）	明治大学商学部教授（理論経済学）
瀬戸岡紘（せとおかひろし）	駒澤大学経済学部教授（アメリカ経済論）
相沢幸悦（あいざわこうえつ）	埼玉学園大学経済経営学部教授（経済理論）
岩田勝雄（いわたかつお）	立命館大学名誉教授（国際経済論）
柴垣和夫（しばがきかずお）	東京大学名誉教授（日本経済論，現代資本主義論）
小林正人（こばやしまさと）	駒澤大学経済学部教授（日本経済論，産業技術論）
古野高根（ふるのたかね）	元住友銀行 取締役，東京経済大学博士：経済学（日本経済論，金融論）
森岡孝二（もりおかこうじ）	関西大学名誉教授（企業社会論）
姉歯曉（あねはあき）	駒澤大学経済学部教授（消費経済論）

マルクス経済学と現代資本主義

2015年7月1日　初　版

編　者	鶴田満彦・長島誠一
装幀者	加藤昌子
発行者	桜井　香
発行所	株式会社 桜井書店

　　　東京都文京区本郷1丁目5-17 三洋ビル16
　　　〒113-0033
　　　電話（03）5803-7353
　　　FAX（03）5803-7356
　　　http://www.sakurai-shoten.com/

印刷・製本　株式会社 三陽社

© 2015 M. Tsuruta & S. Nagashima

定価はカバー等に表示してあります。
本書の無断複製（コピー）は著作権上
での例外を除き，禁じられています。
落丁本・乱丁本はお取り替えします。

ISBN978-4-905261-25-4 Printed in Japan

八木紀一郎ほか編
経済学と経済教育の未来
日本学術会議〈参照基準〉を超えて

A5判・定価：本体3200円＋税

鶴田満彦著
21世紀日本の経済と社会
経済・社会システムのオルタナティヴを提起

四六判・定価：本体3200円＋税

小西一雄著
資本主義の成熟と転換
現代の信用と恐慌

A5判・定価：本体3700円＋税

姉歯 曉著
豊かさという幻想
「消費社会」批判

A5判・定価：本体3200円＋税

森岡孝二著
強欲資本主義の時代とその終焉
ポスト新自由主義の経済・社会を探究

四六判・定価：本体2800円＋税

菊本義治・西山博幸・本田 豊・山口雅生著
グローバル化時代の日本経済
日本経済の現状，推移，これからの課題を読み解く

A5判・定価本体：2600円＋税

桜井書店
http://www.sakurai-shoten.com/

マルクス経済学と現代資本主義

独占研究会創立50周年記念出版

栞 Shiori

- ▼ 独占研50周年に寄せて……本間要一郎
  付:「30年」に寄せて……本間要一郎
- ▼ 独占研と独占資本主義論……重田澄男
- ▼ 高須賀さんと佐藤さんとへの書償……大谷禎之介
- ▼ 独占研究会ミニ小史

2015年
桜井書店

独占研50周年に寄せて　本間要一郎

　独占研究会50周年を迎えるに当たって、この研究会の発足の経緯について書いてほしいという注文である。そのことについては、『独占研究会30年の歩み』ですでに書いているので、まずそれを参照していただきたい〔本稿に続けて掲載〕。そこでは、この研究会の性格や運営の方針などについて話し合うために集まったのは、種瀬茂（四〇歳）、本間要一郎（四一歳）、関恒義（四一歳）、佐藤定幸（四〇歳）、高須賀義博（三五歳）とされている。これはその通りであるが、この人たちがすべて「一橋大学の若きマルクス経済学者」としていたのは正しくない。うかつなことであるが、ここで訂正しておきたい。関は近経の中山伊知郎ゼミで数理経済学を研究していた人で、当時思想的には急速に左傾化しつつあったとはいえ、マルクス経済学の文献をそれほど読んでいたわけではないし、佐藤は一橋大学の経済研究所の所員でありながら、小椋広勝の主宰する世界経済研究所にひんぱんに出入りして、アメリカ経済の現状分析のエキスパートたらんことを目指して修行中であって、およそ理論的な研究にはまったく関心がなかった。それに、本間はこれらの人たちと極く親しい友人であったが、当時橋大学に所属していたのではない。

　これらの独占研の発足にかかわったメンバーのうち、高須賀、種瀬、関が次々に他界して、現在生き残っているのは、佐藤、本間の二人だけになってしまった。

　先日、その生き残りの一人、佐藤に電話して、独占研の発足にかかわって何か記憶に残っていることはないかと聞いてみたところ、ほとんど何も覚えていないという。五十年という時間の重みであろうか。まさに往時茫々、感無量である。

　発足に当たって取り決めたことはいくつかあるが、その中でなかなか賢明な判断であったと思っているのは、

「会員制にはしない」ということ、つまり、まず会員を募集し、会員として登録された者だけが研究会に参加できるというのではなく、誰でも自由に参加できる（いわば参加した人がすなわち会員である）ということ。こうすれば、会員名簿を作ったり、会費を集めたりする雑務はいらなくなるだろうという、ずぼら人間の考えである。この方針は独占研の運営に明らかにプラスになっていると思う。ただし、参加の見込みがあると考えられる研究者に案内状は出さなければならない。この案内状の作成と発送の仕事は、いちばん若い高須賀の担当となったのは自然な成り行きであって、彼もこの事務的な仕事を快く引き受けたのである。

創立メンバーの相次ぐ死亡は、独占研にとって大きな痛手ではあったが、創業者がつぎつぎに他界しても新しい執行部のもとで業績は順調に伸びている企業にも似て、順調に参加者を増やして来た。独占研は高山満、高須賀、鶴田満彦、長島誠一らの優秀な世話役の後継者を得て、参加者は、当初一〇人程度であったのが、数年後には二〇人前後になり、30周年の記念シンポジウムには、たしか三〇人以上の参加者があったように記憶している。

独占研の楽しみのひとつは、ご多分にもれず研究会が終わったあとの二次会である。会場が一橋大学にあった頃は、中央線ガード下の「うなちゃん」という呑み屋に行くことが多かったように思うが、会場が東経大に替わってからは、国分寺駅に近く、線路を見降ろす崖の上にあった、たしか「天下」という名の小料理屋がおきまりの二次会会場であった。私はゆったりした店構えのこの「天下」が気に入っていたが、残念なことに廃業してしまった。

九〇年代に入った頃、合宿研究会というのも、観光旅行的な要素もあって、楽しいものであった。私にとって最も記憶が鮮明なのは、御岳の山楽荘での二泊三日の合宿である。夕食が済んで適当に酔いがまわった頃、宮崎犀一と相手は誰だったか何が原因だったか一寸離れた処にいた私にはわからなかったが、あわやとっ組み合いというけんかが始まったからである。

この合宿研究会という話は、近頃あまり聞かなくなったが、もし今やるとしたら、フクシマ近郊の温泉とか、

「30年」に寄せて　本間要一郎

――独占研究会誕生の準備にかかわった者の一人として、資料集『独占研究会――30年の歩み』に「はしがき」のようなものをまとめたのは、今からちょうど一〇年前のことになる。

少し足をのばして、辺野古の見学を兼ねて沖縄合宿などというのは、いいアイディアではないだろうか。

研究を離れた、独占研としての集会は、海外留学に出かける人の送別会である。これは、「40周年記念誌」『独占研究会40年の歩み』にも載っていないが、八〇年代の初めの頃、アメリカに海外研修に出掛けた平井規之のス留学の場合で、この時は、私が音痴の身も顧みず、「ベニスの舟歌」を歌ったのであった。壮行会では、アメリカの俗謡を歌った平井の味わい深いのどを聴くことが出来たし、もう一つは高山満のイギリス留学の場合で、この時は、私が音痴の身も顧みず、「ベニスの舟歌」を歌ったのであった。

ところで、40周年以降、私は独占研にはほとんど顔を出していない。それは、私が、木版画から油絵へとアートの世界に迷い込んだためである。この一〇年間に六回の個展をひらいて独占研の友人たちにも観てもらったが、私の拙い画技がささやかながら独占研の役に立ったことがある。それは独占研の有志が刊行委員会を組織して出版した追想録『想い出の高須賀義博』にいささか付加価値をつけるために、高須賀の肖像画を木版で三〇〇枚摺り上げて、この本の口絵として綴じ込んだのである（この肖像画の入った本は三〇〇部限定の特装版ということになっている）。

この肖像画は、書棚を背景にして半袖シャツの高須賀がビールのグラスを握っているという図柄である。そして背景の書棚には、彼の最後の著書、『鉄と小麦の資本主義』と『資本論』三巻が、さりげなく配置してあるのだが、独占研の研究者の中で、それに気づいた者はいなかった。

独占研発足当初、この研究会が五十年も存続するなどとは夢にも思わなかったが、五十年の歴史を積み重ねて来た現時点では、今後さらに五十年続くかも知れないと言っても、それは夢のような話とは誰も考えないであろう。

（横浜国立大学名誉教授）

独占研の発足の事情について、実は記憶が定かでなく、確かな記録もない。おぼろげな記憶をよび起こしていえることは、一橋大学の若きマルクス経済学者たち、すなわち種瀬茂、関恒義、佐藤定幸、高須賀義博らの間で、独占資本主義の理論的分析を中心においたインター・カレッジの研究会を組織しようという企てが持ち上がり、そこへ私が（そしてたしか古川哲も）引き込まれて相談にあずかった、ということだったと思う。（これらのメンバーのうち、種瀬、古川、高須賀がすでに故人となっている。あらためて感慨なしとしない。）

この準備会で決まった当面の方針としては、研究会は月一回のペースとすること、さしあたり主として中央線沿線に在住の研究者に案内を出すこと、事務局は種瀬研究室におくこと、とくに会則などは作らない、といったことくらいであった。独占資本主義の理論的分析だけではなく、実業界の友人・知人などから独占企業の実態について話を聞くといったこともやろうという提案もあって賛成されたが、適当な報告者がえられず、これは実現しなかった。ともかく、この研究会が三〇年以上も存続することになるとは、誰も予想しなかったはずである。

当時の経済学界では、独占資本主義というものについて、レーニンの段階規定に安易に依拠して、自由競争段階からの歴史的移行過程を単に叙述するだけで、移行の論理や独占資本主義に固有の経済的諸法則を理論的に解明するという問題意識はきわめて希薄であった。このような状況をなんとか打開しようという意欲が、若い研究者の間に醸成され、これがこの研究会を発足させるエネルギーとなったのだと思う。

研究会の運営の模様は、二〇年前〔一九七五年四月〕に平井規之が『エコノミスト』に紹介しているが、その遠慮釈のない討論に期待して、学会報告を控えた若い研究者が、リハーサルとして報告を希望する場合も少なくなかった。口コミをとおして独占研の存在が知られるようになると、一度手合わせを願いたいといった感じの報告希望が、北は北海道から南は九州にいたる全国各地から寄せられたし、またゲストとして報告をお願いしたときにも、一文の足代も出ないのに、たいていは快く引き受けてくれた。まことに有り難いことである。

この資料集『30年の歩み』にみられるとおり、テーマはかなり多岐にわたっており、必ずしも「独占」の問題に集

中しているわけではない。しかし、資本主義に関わる一般理論に関わる問題が取り上げられる場合でも、その現段階における現実的有効性が多かれ少なかれ意識されていたのはいうまでもないことで、いまでは特にそれにこだわっているわけではないと思われるのに、「独占研」という看板が、なんとはなしに方向を規制してきたのではなかろうか。

この研究会は、発足以来会則もなければ会員名簿もなく、会費もとらない。出入り自由である。ただ、報告をしたい人、報告してほしい人をアレンジして、月づきの研究会を設定するための世話人がいるだけである。現在、案内状は毎回一〇〇通近く発送していて、だいたい一〇～二〇名は参集するが、報告のテーマによってその顔ぶれは変わる。常連とみられる人たちの顔ぶれも何時の間にか少しずつ変わってきている。

こういうルーズな組織と献身的な「世話」があってのことであるのはいうまでもないが、少なくとも主要な理由ではないであろう。世話人の熱意と献身的な「世話」があってのことであるのはいうまでもないが、少なくとも主要な理由ではないであろう。この種の研究会は、面白くてためになるものでなければ決して長くは続かないはずだからである。

ただし、この三〇年の歴史の中で、一九七一年末から約一年の間、研究活動の中断した時期がある。それまで事務局の中心的な働き手であった長島誠一が関東学院大学に移って、事務局機能が低下したこと、科研費補助金（一九六八年度～一九七〇年度）による独占研としての総合研究の成果の刊行について出版社との折衝が頓挫したために、世話役の種瀬がしばらくやる気をなくしたことなどが、一時休止の理由だったように思う。

そして、このような状況のもとで、事務局を種瀬研究室から高須賀研究室に移し、世話人を高須賀・高山とし、会場を東京経済大学に移すという新しい体制が整えられ、独占研はその活動を再開することができたのである。この時から高須賀死去までの二〇年間は、高須賀・高山の世話人コンビがよく研究会を盛り立てた。この両人は、まさに独占研中興の功労者というべきであろう。

なお、会場が一橋大から東経大に移るについては、一つの小さからぬ誘因があった。東経大では井汲学長の時代に、会場が一橋大から東経大に移るについては、一つの小さからぬ誘因があった。東経大では井汲学長の時代に、会場が一橋大から東経大に移される場合、たとえ参加者の大多数が学外者であっても、これにたいして大学の負担で茶菓のサービスをするという「制度」が作られていたのである。研究会を一層楽しいものにして

— 6 —

独占研と独占資本主義論　重田澄男

一九七一年、わたしは静岡大学に勤務することになり、それまでいた関西を離れて、広い意味での東京圏の外縁に居住することになった。

それまで、東京には独占研究会という所属大学の枠を越えた研究会があって、若い研究者たちが中心になって独占資本主義について熱心に議論がたたかわされているという噂を耳にして、羨ましく思っていたところであった。当時の関西には、所属大学の枠を越えた研究会はあまりなく、杉原四郎氏や佐藤金三郎氏の主催でひらかれていた研究会も、そこでのテーマは学説史に傾斜したものが多かった。

わたしの最初の論文は「独占利潤の基本的源泉について――白杉理論批判――」（一九五九年）であり、有斐閣の『マルクス経済学講座』（第一期、一九六三年）で執筆した項目は「独占利潤」であって、独占資本主義については大きく関心をもっていたところであった。

静岡に移ったのを機会に、高須賀義博氏に参加を依頼し、独占研究会に加わることになった。高須賀氏とは、一九六〇年に経済理論学会がはじめて東京を離れてひらかれた第三回大会（大阪市大で開催）において、ともに共通

＊　　　＊　　　＊

くれたこの「学術振興」措置にたいして、われわれは大いに感謝しなければならない。ところで、顧みると、独占研発足時の中心的メンバーは四〇歳そこそこかそれ以下の若い人たちであった。それに比べると現在の独占研はかなり高齢化している。若い研究者がもっと前面に出て新しい視野をきり拓き、この研究会をさらに活性化させてくれることを切に望む次第である。

（『独占研究会30年の歩み』より）

＊　　　＊　　　＊

論題のコメンテータをやったことからわたしにとって知己となっていた。

それ以来、独占研究会は、わたしにとって、経済学的な多面的テーマについての議論を享受し、研究上の刺激を受ける中心的な場となった。

当時の独占研究会は、初期のころの中心的な推進者であった種瀬茂氏のかわりに高須賀義博氏が切り回し役を務めていた。天衣無縫で独立愚連隊的な高須賀氏の切り回しは、自由な報告をうながしながら、それにたいする言いたい放題の活発な議論によって、熱くかつ刺激的なものであった。そのころの常連の論者としては、本間要一郎、高須賀義博、高山満、井村喜代子、北原勇、鶴田満彦、増田壽男、長島誠一などの諸氏が思い浮かぶ。いずれも一騎当千の論客ぞろいであった。そして、研究会のあとの懇親会は、いつも、いささか羽目を外しながら、楽しいものであった。

独占研究会は、当時のわが国のマルクス経済学の現実分析にとっての中心的な存在となっていたといっても言いすぎではないであろう。そのことは、一九八〇年に岩波書店から刊行された《現代資本主義分析》シリーズの編者と執筆者を見ても分かるし、有斐閣の《『資本論』体系》の第一〇巻『現代資本主義』（二〇〇一年）の編集者や執筆者についてみてみても明らかである。

ところで、独占研の中心的な人たちは、基本的には正統派（この区分は正統・異端の分類によるもので好ましくないが、やむなく使用する）に属する理論的立場であったといっていい。だが、それだけでなくて、独占研の独占資本主義論には、ある特有の共通したニュアンスがあったように、わたしには感じられた。すなわち、独占研の中心的な人たちの独占資本主義論は、レーニン『帝国主義論』的な理論的組立てにはあきたりないで、独占資本主義の経済的運動法則の解明にあたって、『資本論』的な経済的運動法則に対応するものとしての、独占資本主義の段階における諸要因と経済的運動諸形態を展開しようとする意向があったように思われる。その先駆的な著作が、高須賀義博氏の『現代価格体系論序説』（一九六五年、岩波書店）であった。それは、

― 8 ―

第一篇「産業資本主義の価格体系」と第二篇「独占資本主義の価格体系」として構成されていて、第一篇の『資本論』的な価格体系にたいして、それと対比的なかたちで第二篇の「独占資本主義の価格体系」が展開されて、参入阻止価格としての独占価格と独占利潤が展開されていたのである。

ところで、独占研の主要メンバーの独占資本主義についての業績がいっせいにうちあげられた一九七〇～八〇年頃以降、現代資本主義は大きな変化を展開しており、独占資本主義論的現実把握は、現代資本主義の現局面の現実的事態の理論的認識にとってそのままでは通用しなくなってきているのではないだろうか。

現代資本主義の現局面の規定的性格を、いまなお「独占資本主義」とみなしている見解も多いが、現実の資本主義は、世界的なグローバル化の進行のなかでの多国籍企業の急速な展開によって、激烈なメガコンペティションを展開するようになってきており、世界市場での協調による独占価格としての価格吊り上げではなくて、世界寡占企業相互の価格競争にさらされるようになっているのではないだろうか。気になっているところである。

（静岡大学・岐阜経済大学名誉教授）

*　　　*　　　*

高須賀さんと佐藤さんとへの書債　大谷禎之介

種瀬茂さん、本間要一郎さんたちが独占研を立ち上げて一〇年後の一九七五年に、はじめて例会に参加した。それはたまたま一橋大学千石原寮での合宿で、「資本の流通過程と恐慌」というテーマで報告した。誘ってくれたのは高須賀義博さんだった。『マルクス経済学レキシコン』編集の雑用係としての仕事の合い間にものした拙稿数編に目をとめて、芽吹けずにいる研究者を元気づけてやろうという魂胆で、報告を勧めてくれたのだった。

そのうち、住居がともに玉川上水べりの近くにあったので、懇親会のあと二人だけで飲み直し、千鳥足で一緒に帰ったりするようになった。二人のあいだにはマルクスの方法についての理解に大きな違いがあったから、議論はしばしば熱を帯びた。ときとしてそれに重田澄男さんが加わられた。いまでも鮮明に思いだすのは、高須賀さんが最後の著書『鉄と小麦の資本主義』でそのサブタイトルにした「下降の経済学」をめぐって激論を交わしたときの情景である。そのあと、あらためて酒を酌み交わし、肩を組んで帰路についたのだった。

高須賀さんは、『資本論』第三部のMEGA版を手に取ることもないまま、一九九一年に急逝された。第三部第五篇のマルクス草稿を紹介する拙稿の進行と完結とに期待を寄せてくれていたのだったが、筆者がこの書債をようやく完済したのはその一一年後の二〇〇二年であった。

高須賀さんの肝いりで、一九八七年一一月二八日に、佐藤金三郎さんを囲んでの『資本論』成立史をめぐる諸問題」という「合同シンポジウム」が開催された。

プラン問題についての佐藤さんの当初の見解は、『資本論』は『経済学批判要綱』当時の「資本一般」の発展したもの、すなわち「範疇的な意味での資本一般」なのだが、そのなかには、「資本一般」に続くものとして構想されていた「競争」、「信用」、「土地所有」、「賃労働」という、それぞれの項目のうちの「基本規定」が組み込まれており、それ以外の部分は、それぞれの「特殊研究」として『資本論』の外部に残されている、というものだった。

佐藤さんはその後、アムステルダムの社会史国際研究所で『資本論』第三部草稿を調査され、その成果を学会で報告されたり、雑誌『思想』に連載されたりしていたので、このシンポジウムでは、そのような考証的研究を経たのちの佐藤さんが、プラン問題についてもなにか新しいことを語られるのではないかと、満員の会場の片隅で、興味津々、長時間にわたる熱弁に耳を傾けた。

期待にたがわず、佐藤さんは、『経済学批判要綱』での「資本一般」と『資本論』との関係についてのかつての考えが、その後、かなり変わってきたことを率直に語られた。すなわち、『資本論』は「資本一般」だ、と言うの

は適切ではなく、『資本論』第三部でのマルクスの表現でのように「資本の一般的分析」と呼んだほうがいいと思うようになった、と言われたのである。のちに高須賀さんがこのシンポジウムを記録した『シンポジウム『資本論』成立史』(新評論、一八八九年)を編まれるさい、佐藤さんのこの発言部分に手を加えられたのでこの書では消えているのだが、佐藤さんはそのさい「大谷さんが言われているように」と言われた(どこかに録音テープが残っていれば確認できるはず)。ここで佐藤さんが念頭に置かれていたものが、一九八五年に発表した拙稿「経済学批判」体系プランと信用論」(『資本論体系』第六巻、有斐閣、所収)での、『資本論』は、『経済学批判要綱』当時の、対象を、多数資本の特殊的分析・研究・叙述にたいする資本の一般的分析・研究・叙述と性格づけられるものだ、という資本の特殊的分析・研究・叙述を捨象した「資本一般」に厳しく限定した冒頭の項目としての「資本一般」に当たるものではなく、拙見だったことは明らかで、佐藤さんのこの発言はまさに我が意を得たものであった。

しかし佐藤さんは、なぜ『資本論』を「資本の一般的分析」と呼んだほうがいいのか、ということについては、このシンポジウムでなにも説明されなかったし、その後もこの点に触れられることのないまま、高須賀さんにさきだって一九八九年に逝去されてしまった。それ以来、筆者は、この点を方法に関連させて立ち入って説明すべき責務を負わされた、と感じてきていたのだったが、二〇一四年に経済理論学会刊の『季刊・経済理論』(第五一巻第二号)の特集「MEGA第Ⅱ部門研究の現在」に執筆の機会を得て、拙稿「資本の一般的分析」としての『資本論』の成立」を書き、『資本論』はなぜ「資本の一般的分析」と特徴づけられるべきかについて拙見を述べ、ほぼ四半世紀後にようやくこの書債を返すことができたのだった。

独占研は、筆者のようなずぼらな者をもこのように鞭撻してくれる貴重な交流の場であったし、これからもそのような場としてさらに発展することを心から願っている。

(法政大学名誉教授)

独占研究会ミニ小史

1965年4月	準備会発足，第1回研究会。会場は一橋大学磯野研究館，世話人は種瀬茂，事務局は一橋大学種瀬研究室内。
1968年4月	科学研究費補助金（総合研究）を受ける（1971年3月まで）。研究テーマ「経済集中の実態と影響に関する総合的研究」。
1969年	独占研究会の資料集を発行。
1972年11月	会場は東京経済大学第1研究棟に，事務局は一橋大学高須賀研究室に替る。世話人は，高須賀義博と高山満。
1975年4月	雑誌『エコノミスト』の「学会パトロール」に研究会が紹介される。
1978年5月	高須賀義博編著『独占資本主義論の展望』（東洋経済新報社）発行。
1982年	事務局が一橋大学都留研究室に替る。
1988年11月	一橋大学経済研究所で合同シンポジウム開催。
1991年11月	世話人が高山満と本間要一郎となる。事務局が東京経済大学高山研究室に替る。
1993年12月	『想い出の高須賀義博』（自費出版）発行（独占研究会のメンバーが刊行委員会の中心となる）。
1994年1月	世話人が高山満と鶴田満彦に替る。
1995年9月	30周年記念シンポジウムを開催。『独占研究会30年の歩み』（パンフ）発行。
1997年4月	事務局が東京経済大学長島研究室に替る。
2002年4月	世話人が鶴田満彦と長島誠一に替る。経済理論学会のメーリング・リストに「独占研究会のお知らせ」発信開始。
2003年1月	独占研究会記録を作成し，経済理論学会のメーリング・リストに「独占研究会通信」発信開始。
2005年12月	『独占研究会40年の歩み』（パンフレット）発行。40周年記念忘年会。
2008年12月	『独占研究会の記録』（パンフレット）発行。
2011年4月	会場が東京経済大学から明治大学に，世話人が長島誠一・飯田和人・岩田勝雄に替る。
2015年6月	独占研究会創立50周年記念出版事業・鶴田満彦・長島誠一編著『マルクス経済学と現代資本主義』（桜井書店）発行。
2015年7月	独占研究会500回記念シンポジウム開催。『独占研究会 第1回〜第500回の記録（テーマと報告者リスト）』（パンフレット）発行。